古代美術史研究

初 編

第 11 冊

論元代文人畫之人生意境

楊佳蓉 著

花木蘭文化出版社

國家圖書館出版品預行編目資料

論元代文人畫之人生意境／楊佳蓉 著 -- 初版 -- 新北市：花木
蘭文化出版社，2017〔民 106〕
序 4+ 目 6+280 面；19×26 公分
（古代美術史研究 初編；第 11 冊）
ISBN 978-986-404-035-3（精裝）
1. 文人畫 2. 畫論 3. 元代
618   103026966

ISBN-978-986-404-035-3

9 789864 040353

古代美術史研究
初 編 第十一冊   ISBN：978-986-404-035-3

論元代文人畫之人生意境

作　　者　楊佳蓉
總 編 輯　杜潔祥
副總編輯　楊嘉樂
編　　輯　許郁翎、王筑　美術編輯　陳逸婷
出　　版　花木蘭文化出版社
社　　長　高小娟
聯絡地址　235 新北市中和區中安街七二號十三樓
　　　　　電話：02-2923-1455／傳真：02-2923-1452
網　　址　http://www.huamulan.tw 信箱 hml810518@gmail.com
印　　刷　普羅文化出版廣告事業
初　　版　2017 年 3 月
全書字數　238868 字
定　　價　初編 15 冊（精裝）新台幣 30,000 元
　　　　　　　　　　　　　　　　　　　　　版權所有・請勿翻印

論元代文人畫之人生意境

楊佳蓉　著

作者簡介

　　楊佳蓉，玄奘大學中國語文研究所文學博士，中國文化大學藝術研究所美術組藝術碩士，輔仁大學法學士。大學助理教授、畫家、作家。任教於國立台灣科技大學、國立空中大學、育達科技大學、中國科技大學、樹林社區大學、土城樂齡大學等。於大學授課十多年，課程包含藝術與美學、藝術治療、藝術賞析、建築賞析、油畫創作、多媒材（壓克力）彩繪、兒童寫作師資培訓……。曾為中華青少兒童寫作教育協會第一、二任理事長。油畫個展十餘次，國內外聯展不計其數，獲各界好評與典藏。出版品有藝術、文學、美學相關著述六十多種，個人著作十多本，如：《藝術欣賞——絢彩西洋繪畫》、《文藝美學論集》。

楊佳蓉發表之期刊論文

1. 現代西洋繪畫受日本浮世繪之影響（中華花藝文教基金會《花藝家》期刊 No.110，2014.8）。
2. 德拉克洛瓦的浪漫主義繪畫（中華花藝文教基金會《花藝家》期刊 No.109，2014.6）。
3.《人物龍鳳／御龍》帛畫與楚人信仰（《國文天地》第 347 期，2014.4）。
4. 敦煌《降魔變文》與經變壁畫之探析（《育達科大學報》第 37 期，2014.3）。
5.《左傳》夏姬史事與美學探析（《育達科大學報》第 36 期，2013.12）。
6. 敦煌莫高窟之元代石窟藝術探析（國立歷史博物館《歷史文物》第 23 卷第 06 期，2013.6）。
7. 馬奈的繪畫與水晶瓶花（中華花藝文教基金會《花藝家》期刊 No.103，2013.6）。
8.《詩經》〈關雎〉之意象與美學探析（玄奘大學通識教育教學發展學術研討會＆論文集，2013.5）。
9. 克爾赫納的表現派花卉（中華花藝文教基金會《花藝家》期刊 No.100，2012.12）。
10. 金庸小說《射鵰英雄傳》之俠義與民族意識探析（《中國語文》月刊，2012.12）。
11. 烏拉曼克的熾熱色彩與花卉（中華花藝文教基金會《花藝家》期刊 No.99，2012.10）。
12.《左傳》〈季札觀樂〉之內容與美學探析（《育達科大學報》第 32 期，2012.9）。
13. 元好問論詩第十一首詩畫同律之美學探析（《育達科大學報》第 31 期，2012.6）。
14. 如花蜜般濃郁感性——波那爾繪畫（中華花藝文教基金會《花藝家》期刊 No.95，2012.2）。
15. 讓學習的喜悅無限延續——樂齡教學的探討（《新北市終身教育》期刊 No.3，2011.12）。
16. 克林姆的絢彩花樣繪畫（中華花藝文教基金會《花藝家》期刊 No91，2011.6）。
17. 莊子的藝術品味初探（玄奘大學第三屆東方人文思想學術研討會論文集，2011.6）。
18. 從老子的美學精神論中國繪畫藝術（玄奘大學第二屆東方人文思想學術研討會論文集，2010.6）。
19. 從康德之品味判斷思考藝術（下）（中華花藝文教基金會《花藝家》期刊 No82，2009.12）。
20. 從康德之品味判斷思考藝術（上）（中華花藝文教基金會《花藝家》期刊 No81，2009.10）。
21. 表現派主義畫家——孟克與克利（中華花藝文教基金會《花藝家》期刊 No80，2009.8）。
22. 後現代拼貼藝術初探（中華花藝文教基金會《花藝家》期刊 No78，2009.4）。
23. 論德安・安德烈之繪畫風格轉變（中華民國後立體畫派論壇研討會發表，收錄於《新意象論壇 n05 藝術論文集》，2008）。
24. 現代主義時期的拼貼藝術（中華花藝文教基金會《花藝家》期刊 No76，2008.12）。
25. 西洋女性圖像之心理觀感（中華花藝文教基金會《花藝家》期刊 No75，2008.10）。
26. 庫爾貝的寫實主義背景與畫作分析（中華花藝文教基金會《花藝家》期刊 No73，2008.6）。
27. 現代法國畫家——安德烈・路德的藝術生涯和創作（中華花藝文教基金會《花藝家》期刊 No72，2008.4）。
28. 巴洛克時期畫家：委拉斯蓋茲的繪畫風格（中華花藝文教基金會《花藝家》期刊 No71，2008.2）。

29. 中國清代以前之花鳥畫概論（中華花藝文教基金會《花藝家》期刊 No69，2007.10）。

30. 翁美娥之真善美繪畫（中華民國後立體畫派論壇研討會發表，收錄於《新意象論壇 n04 藝術論文集》，2007.9）。

31. 尋找達文西繪畫裡的神秘與花卉（中華花藝文教基金會《花藝家》期刊 No66，2007.4）。

32. 夏卡爾的情愛花卉（中華花藝文教基金會《花藝家》期刊 No64，2006.12）。

33. 馬諦斯狂放繪畫中的花卉（中華花藝文教基金會《花藝家》期刊 No63，2006.10）。

34. 當代台灣畫家許坤成之繪畫剖析（中華民國後立體畫派論壇研討會發表，收錄於《新意象論壇 n03 藝術論文集》，2006.9）。

35. 陳景容藝術創作探析（國立歷史博物館《歷史文物》月刊 No154，2006.5）。

36. 當代台灣藝術家陳景容之繪畫剖析——以花卉畫為例（中華花藝文教基金會《花藝家》期刊 No59，2006.2）。

37. 後現代藝術拼貼創作之溯源與探索（中華民國後立體畫派論壇研討會發表，收錄於《新意象論壇 n02 藝術論文集》，2005.8）。

38. 立體派與畢卡索的繪畫——以花卉圖像為例（中華花藝文教基金會《花藝家》期刊 No55，2005.6）。

39. 敦煌壁畫中的唐代舞蹈形象（國立歷史博物館《歷史文物》月刊 No142，2005.5）。

40. 印象派畫家雷諾瓦與花卉畫（中華花藝文教基金會《花藝家》期刊 No54，2005.4）。

41. 花樣歲月——花卉與後立體派（中華花藝文教基金會《花藝家》期刊 No53，2005.2）。

42. 二十世紀西洋女性圖像之探究（中華民國後立體畫派《新意象論壇藝術論文集》No1，2004）。

43. 現代藝術之父塞尚與花卉畫（下）（中華花藝文教基金會《花藝家》期刊 No52，2004.12）。

44. 現代藝術之父塞尚與花卉畫（上）（中華花藝文教基金會《花藝家》期刊 No51，2004.10）。

45. 李梅樹繪畫賞析（國立歷史博物館《歷史文物》月刊 No134，2004.9）。

46. 中國畫家潘玉良之瓶花繪畫（中華花藝文教基金會《花藝家》期刊 No50，2004.8）。

47. 兒童寫作與繪畫：統整藝術與語文教學（台師大《人文研究與語文教育》——研討會論文集，2004.7）。

48. 臺灣現代畫家的花卉畫——以李梅樹、郭柏川、郭雪湖為例（中華花藝文教基金會《花藝家》期刊 No49，2004.6）。

49. 花卉繪畫——魯東之象徵・盧梭之素樸・梵谷之奔放（中華花藝文教基金會《花藝家》期刊 No48，2004.4）。

50. 唐永泰公主墓壁畫宮女圖之賞析（國立歷史博物館《歷史文物》月刊 No128，2004.3）。

51. 莫高窟五代壁畫——「五台山圖」賞析（國立歷史博物館《歷史文物》月刊 No123，2003.10）。

52. 創作靈感與繪畫賞析——統整藝術人文教學（台灣藝術教育館《美育》期刊 No135，2003.10）。

53. 禪餘水墨畫——人物題材之賞析（中華民國工筆畫學會期刊 No27，2003.6）。

54. 現代中國畫家——徐悲鴻（行政院《住福》雙月刊 No40，2003.5）。

55. 西洋女性圖像之社會學觀感（行政院《住福》雙月刊 No38，2003.1）。

提　要

　　元代文人畫位於文人畫發展的成熟興盛時期，其創作表現與人生意境深具意涵。文人畫是最能代表中華民族美學思想的藝術，而元代特殊的社會背景影響了文人畫家的藝術審美取向。元代文人畫在魏晉南北朝、唐、宋歷代的影響和基礎上，開創出不同於前的人生意境，並影響到明清後代。元文人畫繪畫風格以淡泊清新為目標，在畫作中呈現「物我相融」、「追求神韻」、「清靜空遠」與「蕭疏澹泊」的意境美，在呈現意境的同時，表現出風格美與形式美。

　　儒、道、禪三大哲學流派對元文人畫的人生意境有直接的影響，儒家哲學構建文人畫家精神人格的基礎。道家崇尚自然自由、虛靜無為、悠遊逍遙的美學追求，孕育出文人畫的人生意境。禪宗的自性、心性與藝術心靈互相契合，使元文人畫含有禪藝合流的審美精神。

　　元文人畫家創造的境界取之於造化自然，於施展筆墨描繪時，卻是構築一種新的景象，產生新的藝術美感，展現生命的淡泊飄逸。元初趙孟頫與中後期的元四家黃公望、吳鎮、倪瓚、王蒙，為元文人畫代表性人物，他們的繪畫語言雖極為樸素，但皆能讓觀者感受到境中之意、畫外之音，而被畫面意境所薰染、感動。

　　本論文以人生意境進入主題，從元時代橫剖面與文人畫歷史縱線探析，再引入整體內部核心研究，全面性的從文學與藝術、美學觀點以及儒、道、禪三家思想影響，深探元文人畫意境，且具體的以代表畫家的繪畫探討人生意境；由此可見，元代造成中國文人畫新格局的出現，具承先啟後與絢爛重要的地位。

羅　序

　　這篇《論元代文人畫之人生意境》是楊佳蓉君的博士論文。佳蓉先在中國文化大學藝術研究所獲得碩士學位，然後再進入玄奘大學中文系博士班榮獲博士學位。多年來，她一面從事繪畫的嘗試、創作與教學；一面致力於藝術理論的探索，從 2010 年 6 月到 2014 年 4 月，在四年之間，她在學術刊物發表了十篇論文，自不同角度探討繪畫與詩、樂、老、莊的關係，並留意到元朝這個深具特色的時代。至此，這篇研究元代文人畫的大型論文已略具雛形。

　　題目確定後，佳蓉君更從元代的政治、經濟、社會、文化、乃至文人的心理反應各方面做廣泛而深入的了解，再闡述儒、道、禪各家對元代文人畫的影響，在本論的最後，作者則舉元代前期的趙孟頫、中晚期的黃公望、吳鎮、倪瓚、王蒙諸人，並析論各家代表畫作為殿軍。

　　本來，短短八十幾年的元代，在中國美術史卻佔有關鍵性的地位，孕育出來的文人畫風，對後世影響至為深遠，因而備受美術史學學者的重視；至於以趙、黃、吳、倪、王數家為元代文人畫家的代表，亦為學者所普遍接受。易言之，在研究方向和範圍方面，此篇似乎顯得穩妥而不是很新穎。然而，此篇自有其出色之處，例如作者以「人生意境」為主要內涵，這是以往學者較少措意的；再者，作者憑藉她多年在繪畫上的工夫，析論各名家的代表作品，亦多見其獨詣的見解。

　　總之，這篇博士論文在整個中國繪畫史的發展上，雖然只踏出了一小步，但是對佳蓉君而言，卻是從美術史邁入文學領域的一大步。深盼佳蓉悠遊於更寬闊的天地間，精進不已。佳蓉其勉旃！

　　　　　　甲午（103 年）白露　羅宗濤序於台北指南山下

自　序

　　此個人著作有一特點，就是文學與藝術的相遇，且以美學為橋樑，期求趨於均衡、深入的論述。僅以自己在藝術上的一點基礎和累積，做「元代文人畫之人生意境」的研究，希望能夠在文人畫家的繪畫創作上，無論是美學、風格和形式等，有較具體、篤實的論述；書寫時主要大量融會在玄奘大學中國語文博士班的研讀、探析，融入文人詩書畫合一與性情心靈思想的整體研究，以探求元文人畫的人生意境，而對元文人畫有更深刻的了解。期冀這樣的研究對文學與藝術能夠達至密切的聯繫，以我有限的能力提供一研究的成果，及形成持續研究的方向。

　　本書即來自於我的博士論文，從研究計畫到完成可說一以貫之，如今獲得出版，心中無比喜悅。本論文撰寫的過程歷經艱辛，因研究的人不多，通常由我的靈感與創思展開序幕，為在文學與藝術之間取得交集與平衡，我蒐集許多的文獻資料和圖書，並親臨觀賞畫作，長久研究，陸續修改我的想法，並增強我的論點，因而在時間與心力的消耗非常巨大，也碰到不少難題，幸好一一克服了各種困難。此段時光我的生活與論文緊緊相連，日以繼夜的沉浸在研讀、思考、寫作之中，更在恩師羅宗濤教授的指導之下，我不斷修正內文，羅老師的深厚學養與恢宏氣度，令我由衷的景仰欽佩，且始終不敢懈怠，終於完成此部論文，我的內心充滿無限的感恩。

　　本論文撰成之際，非常感謝得到柯金虎老師、季旭昇老師等多位教授的指正與鼓勵；本書仍有許多疏漏不足之處，有待未來繼續努力研究，加以補足，敬請各位學者、先進多予批評指教，萬分感激。

目次

第一章 緒 論

　　最能代表中華民族美學精神的藝術可說是文人畫，此種指向心性的藝術創作在世界上應是獨一無二，文人畫是中國古代集詩詞、書法、繪畫、哲學、文學、宗教等各種文化形態所滋育培養的一種特有藝術，而元代文人畫位於文人畫發展的重要時期，其藝術精神、美學思想與創作表現更是深具意涵，本論文專對元代文人畫之人生意境深入研究，本章緒論將述研究動機、相關研究之回顧、研究方法、研究範圍與架構於下。

第一節　研究動機

　　文人畫出自中國文人畫家的藝術創作，文人畫家在心靈思想和外在行爲上結合文化和人文的精神，在中國繪畫史上形成超高學養的藝術家，兼具文人和畫家兩方面的素養。基於中國文人通常擅於詩、書、畫，文人畫是研究古代文人一個非常重要的主題；又文人畫是古代文明在繪畫藝術上的綜合表現，是研究中國繪畫極爲重要的一個概念，文人畫最早的觀念往往提及其繪畫風格與院體畫相對，歷經長期的歷史演變，文人畫形成一個大致的藝術體系。由於前人的開展與奠基，文人畫歷經魏晉南北朝、唐代、宋代，到元代成爲文人畫的成熟興盛時期，而影響到後代明清的文人畫成爲繪畫的主流，元代位於文人畫演變的重要位置，其興盛的緣由與發展極具研究的價值。

　　元代是一特殊的朝代，當時文人畫家輩出，從元代初期到末期，文人畫的思潮滲透到整個社會，促使整體文化藝術的推進。蒙古族在成吉思汗的帶領下滅金，忽必烈建元滅宋，統一中國，蒙古族進入中原，形成特殊的社會

階級，當時的漢文人的社會地位卑下，文人畫家帶著矛盾、苦悶的心，但依然瀟灑自然的生活於此特定的環境裡，雖不被元統治階級重視，卻獲得思想和心靈的自由，使得繪畫藝術創作蓬勃生發，他們所喜愛的美感並非唐代的濃郁華麗，也非北宋的井然有序，更非南宋的剛猛急烈，而是超然脫俗，抒情寫意，簡約玄淡，今人陳傳席說：

> 元代社會的特殊性，產生了一代抒情寫意畫，南宋的山水畫脫離了自然，故不是典型的寫意畫，至少說不是抒情的寫意畫。所謂寫意畫，指的是作者隨手點染的寫出客觀自然的意態，但在客觀自然的意態中也正能表露作者的心意。……寫意藝術乃是中國繪畫藝術發展的必然趨勢。起於北宋後期（蘇、米等人）的抒情寫意山水畫，正準備向前發展，卻因「靖康之難」而被摧折了。南宋一代一直沒有得到發展的機會，但到了元代卻大大的發展了，很快達到了成熟的高峰。〔註1〕

由上述可知，一代有一代的藝術，元代文人畫所持有的抒情寫意風格，前代無法達到，後代也不能企及，這是在元代社會環境下特有的藝術；那麼元代文人畫家為何有不同於以往朝代的特殊風格？是在怎樣的時代背景之下產生元文人畫？這些都激發研究的動機。

　　文人畫的「意境」是中國藝術史上代表繪畫成就的重要標誌；「意境」屬於中國美學的範疇，追求意境美是美學思想的一個特質，在繪畫領域裡獨具文化特性。何謂「意境」，不同的藝術形式各有不同的意境表現形態和方法，《中國美術大辭典》中對「意境」的定義是：「文藝作品（包括繪畫、雕塑、工藝等造型藝術）中所反映的客觀圖景和所表現的思想感情融合一致而形成的一種藝術境界。」〔註2〕「意境」在中國歷代繪畫的審美與創作中作用極大，文人畫家於「意境」創造的高低，成為評論畫家與作品的首要標準。「意境」的由來與中國文化精神的關係非常密切，在文學藝術領域裡可追溯到先秦諸子；「意境」對於文人畫的面貌形成與創作發展產生積極的影響，它是文人畫中抒發情感與營造畫境的審美表現，產生特有的感染力與生命力，元文人畫家的審美意識如何在意境中表現，今人李澤厚說：

> 自然界或山水本身並無所謂「蕭條淡泊」、「閑和嚴靜」，因之要通過

〔註1〕陳傳席，《中國山水畫史》（天津：天津美術出版社，2001年），頁223。
〔註2〕邵洛羊主編，《中國美術大辭典》（上海：上海辭書出版，2002年），頁5。

> 自然山水來傳達出這種種主觀心境意緒，本是一件非常困難的事
> 情，這一困難終於由元畫創造性地解決了。它開拓了宋元山水畫的
> 第三種意境。即「有我之境」。〔註3〕

元文人畫家不滯於物的追求，為超脫的心靈找尋到最合適的依附和表現形
式；元文人畫在「意境」理論的悠遠長河中，所呈現的「意境美」有何獨特
之處？又如何形成此意境美？皆為本論文所欲探討的論題。

　　儒道禪三家是中國歷代知識份子的處事之道，儒道禪能成為中國思想的
主軸，在於儒道禪三家分別從不同面向匯合成存在者整體的思考，道家的主
題是自然，儒家的核心是社會，而禪宗的根本是心靈，正因儒道禪互補，形
成儒道禪合一；而這三家所思考的內容：自然、社會與心靈，剛好是中國文
人傾其畢生精力所研修的內容。儒道禪三家亦有許多相通相合之處，如中國
傳統人文和文化思想結合儒家的「溫良恭儉讓」、道家的「柔弱勝於剛強」與
禪家的「頓悟」，而在文化與藝術上融匯成「化剛強為陰柔」的境界。又如儒
家講求「達則兼濟天下，窮則獨善其身」，若經世濟民之志已遙遙無期，則不
必盲目追求，宜轉求個人的安身立命；元文人畫家修道參禪，從生活中直接
尋找題材，在畫作中抒發情懷、表現自我，將詩、書、畫、印巧妙的凝結成
一個和諧的藝術創作整體。因而元代眾多生活在民間的文人畫家，他們的人
格、精神與處世是否同前各代文人深受儒道禪三家思想的影響，又元文人畫
家所面臨的歷史原因與社會背景較為複雜，或者受儒道禪的影響情況有所差
異，而在文人畫意境上有特別的呈現，皆成為本論文關切的論題。

　　在藝術領域對意境美的追求至元代達到最高峰，元文人畫家在創作中所
追求的意境大都立意高遠、境界開闊，呈現高潔淡泊的人生意境。由於生不
逢時的元文人面對人生理想與社會現實的反差，大多採取潔身自好、明哲保
身的行為以表現自身價值，此種觀念融入畫境而形成整體的意境。故元代對
意境美的追求有著突出的特點，即更傾向於中國古代哲學的審美觀，文人畫
家在意境創造中，實現自身理想完善的品格，宣揚藝術家的個性美，今人宗
白華對此有所評價：

> 這樣高潔愛賞自然的胸襟，才能夠在中國山水畫的演進中產生元人
> 倪雲林那樣「洗盡塵滓，獨存孤迥」、「潛移造化而與天遊」、「乘雲
> 禦風，以游於塵之表」（皆惲南田評倪話語），創立一個玉潔冰清，

〔註 3〕李澤厚，《美學三書》（天津：天津社會科學院出版社，2003 年），頁 166、167。

　　　宇宙般幽深的山水靈境。〔註4〕

在眾多元文人畫家中，那些具有時代的代表性，他們各以何種風格建構代表性？他們所追求的意境美為何？如何在繪畫創作中表現此種意境？均是本論文所探求的重點。

　　綜上所言，本論文研究的動機，在於元代文人畫家既在前人的基礎上發展文人畫而達興盛成熟，為何也有異於以往各代的創新風格呈現？究竟是在何種時代背景與社會環境下產生元文人畫？元文人畫承先啟後，其影響力延續到明清後代，元居於中國文人畫發展的重要位置，其榮盛原因與別具人生意境的創作頗富研究價值。元文人畫中的意境是抒情與寫意的審美表現，成為作品特有的吸引力，元文人畫的意境美有何特殊處與如何形成？元文人畫家的人品與精神是否深受中國三大思想儒道禪的影響，而融入畫作意境的展現？又元文人畫家中最具代表性的人物有那幾位？他們有何獨特風格？如何在繪畫中表現所追求的意境美？這些皆為本論文所關切及欲探討的論題；因此本論文以元代文人畫之人生意境為主題，為之論作。

第二節　相關研究之回顧

　　近代研究文人畫的論著甚多，與本論文有關的文獻包含中國文人畫的研究、中國山水畫的南北宗研究、元代文人畫研究等，此單元從 1920 年代的陳衡恪《中國文人畫之研究》始，歷經考證南北宗說的學者與著作如：滕固、童書業、啟功、俞劍華、莊申等，五十、六十年代以莊申的《中國畫史研究》（1959 年）、俞劍華的《中國山水畫的南北宗論》（1963 年）與徐復觀的《中國藝術精神》（1966 年）等人的重要論著為代表，到七十年代何惠鑒的元代文人畫研究，八十年代的張安治、謝稚柳、劉龍庭以及九十年代的林木、黃專和嚴善錞相關研究，至高居翰在《隔江山色》中對元代繪畫有所闡釋等，作一研究成果回顧，前人在文人畫的研究上奠下雄厚的基礎，相當具有參考的價值。

一、陳衡恪的《中國文人畫之研究》

　　陳衡恪〔註5〕《中國文人畫之研究》〔註6〕（1922 年），書內載有〈文人

〔註4〕宗白華，《中國美學史論集》（合肥：安徽教育出版社，2006 年），頁 126。
〔註5〕陳衡恪，1876～1923 年，字師曾，號槐堂、朽道人，祖籍江西義寧（今修水），

畫之價值〉一文，陳衡恪的文人畫觀念並非遵循董其昌、四王的傳統，他在開宗明義就界定出文人畫的範疇，他說：「何謂文人畫？即畫中帶有文人之性質，含有文人之趣味，不在畫中考究藝術上之工夫，必須於畫外看出許多文人之感想。」〔註7〕由此並在文末總結出文人畫的要素，他說：「文人畫四大要素，第一人品，第二學問，第三才情，第四思想，具此四者，乃能完善。」〔註8〕陳衡恪對文人畫的旨趣、意涵各方面均進行了論證，開創新的觀點。

陳衡恪在發展歷程上溯脈求源，並沒有拘泥在董其昌的「文人之畫，自王右丞始」的系譜，他提出「文人畫由來久矣」〔註9〕，自漢時蔡邕、張衡等文人都擅於繪畫；至六朝老莊玄學盛行，文人超脫世俗思想與物質欲念，發揮自由的情致，寄託於高曠清靜的意境，因而宗炳，王微等人，認為畫山水以顯現文人的思想與人格，並留下〈畫山水序〉等著作；到了唐代，詩畫結合為時代風尚，順應此大趨勢，於是出現了王維、張洽和鄭虔等文人畫家。

陳衡恪在文人畫技法的觀點，首先對於格局謹嚴、下筆謹慎、意匠精密的畫面，並具有深醇學養、幽微理念的古代文人畫，予以肯定；再對一些略缺繪畫形式的作品有所接受，只要它內含的精神優美，仍可視為文人畫。至於那些在藝術境界不考究的作品，他認為：

> 藝術之勝境，豈僅以表相而定之哉。若夫以纖弱為娟秀，以粗獷為蒼渾，以板滯為沉厚，以淺薄為淡遠，又比比皆是也。舍氣韻骨法之不求，而斤斤於此者，蓋不達乎文人畫之旨耳。〔註10〕

一些捨棄氣韻骨法，而只求表相的畫，均是世俗淺見所致，陳衡恪極不贊成追求表面效果的庸俗文人畫。於今看來，〈文人畫之價值〉一文仍是研究文人畫的典範著作，陳衡恪總結出的文人畫內涵依然具有重要性，不失為真知灼見。

出生於湖南鳳凰縣。曾留學日本，攻讀博物學，歸國後從事美術教育與研究，擅山水花鳥人物，由於人品、學問過人及詩、書、畫、印「四全」，因此被公認為民國初年北京畫壇最有名望的畫家，梁啟超稱他為「現代美術界具有藝術天才、高人格、不朽價值的第一人」。著有《中國繪畫史》、《中國文人畫之研究》等。

〔註 6〕陳衡恪，《中國文人畫之研究》，中華書畫出版社版本；及上海：中華書局1922年版。
〔註 7〕陳衡恪，《中國文人畫之研究》（中華書畫出版社），頁1。
〔註 8〕同陳衡恪，《中國文人畫之研究》，頁19。
〔註 9〕同陳衡恪，《中國文人畫之研究》，頁9。
〔註10〕同陳衡恪，《中國文人畫之研究》，頁9。

陳衡恪提出文人畫觀點的年代，社會也正處於重西方科學與思想的氣氛中，在康有爲「中國近世之畫衰敗極矣，蓋由畫論之謬也」〔註 11〕的悲觀論調下，陳衡恪的觀點確實猛烈的提醒自身具有優越的傳統，與西方繪畫的寫實技巧相比較並非低人一等，應瞭解藝術創作與審美須認識到宇宙世界背後的「本質」與「道」的作用，而不只是流於表相的企求。

二、考證南北宗說的學者與著作：兪劍華的《中國繪畫史》等

在五四運動以後，五十年代以前，一些研究畫史的學者，從文獻和傳世的繪畫作品上，找到南北分宗說的疑點，對於此說法給抱持懷疑與否定的態度。例如滕固的〈關於院體畫和文人畫之史的考察〉〔註 12〕（1931 年）等著作，分別從院體畫、文人畫兩方面來探討「南北宗」之說，他認爲畫分「南北宗」不可靠，就是區分院體畫家與士大夫畫家也是很勉強的，因院體畫家中大部份是士大夫，士大夫畫家中也有很多從事院體畫。

持相同看法的還有童書業，他在 1936 年的《考古社刊》第四期發表了〈中國山水畫南北分宗說辨僞〉，把史上許多的證據提列出來，證明南北分宗說的無稽，並進一步指出創說的董其昌等人別有用心。接著啓功在 1939 年的輔仁大學學志第七卷第一、二合期上發表了〈山水畫南北分宗說考〉，認爲童書業的觀點有待商榷，啓功說：

> 董氏《畫眼》又有「文人畫自右丞始」一條，……因知所謂文人畫，即指南宗，適足考見其規定兩派界限，蓋以畫家身份爲標準。以名目論，「文人畫」之稱，尚屬宋元舊有，（士大夫畫之稱，始見於宋郭若虛《圖畫見聞志》，後人或稱文人，或稱士大夫），不得謂董氏添出，以內容論，與莫氏二宗之說固無以異，莫陳董三氏（按：指莫是龍、陳繼儒、董其昌），同時，同里，同好，著書立說，亦持同調，則南北宗說，謂爲三人共倡者，亦無不可。〔註 13〕

以上認定南北宗說之提倡。同年童書業又在四月份的《大美晚報・文史週刊》

〔註 11〕康有爲，〈萬木草堂論畫〉，《美術論集》第四輯（北京：人民美術出版社，1986年），頁 1。

〔註 12〕滕固，〈關於院體畫和文人畫之史的考察〉，《文人面與南北宗論文匯編》（上海，上海書畫出版社），1989 年。

〔註 13〕啓功，〈山水畫南北宗說考〉，《輔仁大學學志》第七卷第一、二合期，1939年。

第六期發表〈重論中國山水畫南北分宗說兼答啓功先生〉，針對啓功之文有所辨論。之後童書業發表長文〈中國山水畫南北分宗說新考〉於《齊魯學報》第二期（約 1940 年前後），文中對於滕固、啓功以及俞劍華等論說加以歸納，更詳盡的考證南北宗的各種問題，他的主張是不承認董其昌的南北分宗說，並且就地理上、畫法上，另外考據說明繪畫史上的南方畫派與北方畫派。

俞劍華在《中國繪畫史》（1937 年）與《中國山水畫的南北宗論》（1963 年）中均持有這種態度。他說：

> 董氏爲吳派最後之領袖，亦可謂文人畫之集大成者。唱南北分宗之說，強以己之所喜者奉爲南宗，己所不喜者斥爲北宗，其分宗一以好惡爲依歸，並無事實上之根據，尤不合於科學方法。例如王維雖用水墨，而未始不工青綠，已與李思訓無絕對之區別，馬夏未始不工水墨而與劉李同科。郭忠恕之界畫何以不與趙伯駒之青綠同派，而反與米芾之雲山同宗？但南北分宗之論，一經董氏提出，遂成畫壇定案，數百年來，奉爲金科玉律，無敢斥其非者，劇可怪也。〔註14〕

由以上知俞劍華雖肯定董其昌爲文人畫集大成的人物，但對南北分宗之說，認爲其中有許多疑點，並不是符合畫家繪畫事實，故其南北宗區分法有不明確、模糊之處。

五十年代以後，莊申的《中國畫史研究》（1959 年），在著作中第三部分的〈論中國山水繪畫的南北分宗〉，關注著山水「南北宗」與文人畫的現象，他對董其昌等人有關「南北宗」論的依據逐一批駁，認爲想把中國山水畫劃分爲南北二宗，實在是一件很不合理的事，晚明的文人畫論者只是企圖在建立文人畫的畫壇之後，以所提出的論點在無形中幫助他們獲致更高的榮譽與地位。

南北分宗說的批判，到了五十年代，由於啓功在 1954 年的《美術》上發表〈山水畫南北宗問題的批判〉，又展開論戰。1957 年鄭秉珊在《美術研究》第三期上發表〈山水畫南北宗的創說及其影響〉一文，說明董其昌受禪學與王守仁心學的唯心主義影響，以禪學論畫，是南北分宗說的創始人，董其昌表達對山水畫發展的看法，提出美學觀點，認爲天眞幽淡而含有禪意是山水畫的最高境界，因而爲文人畫確立了歷史上的系統；至於莫是龍，與南北分宗說的創始無關。

〔註14〕俞劍華，《中國繪畫史》（下）（台北：台灣商務印書館，1999 年 6 月），頁 132。

三、徐復觀的《中國藝術精神》

徐復觀對董其昌南北宗論的批判持有不同看法，在《中國藝術精神》（1966年）中對前人的批判作一反批判，他說：「自民初以來，始異論蜂起，皆向此說高舉叛旗，並以此說應負畫藝衰微的罪責……大家的偏執之情多於事實所做的搜求、批判之力，致使問題的自身有治絲愈棼之勢。」〔註15〕他肯定南北宗論所造成的積極成果，他認爲分宗說有歷史根據，並提出董其昌以淡爲宗的藝術思想，源自莊子的虛靜之心與禪學，他還對王維與趙孟頫的畫史地位重新作評估。

徐復觀提出以南北宗論畫，只是以禪宗裡北漸南頓的情況作譬喻，取義於所用功夫，並非取決於畫家籍貫的南北，他舉出《畫旨》裡的一段話：

> 元季四大家，浙人居其三：王叔明湖州人，黃子久衢州人，吳仲圭武塘人，唯倪元鎮無錫人耳。江山靈氣，盛衰固有時。國朝明士，僅戴進爲武林人，已有浙派之目；不知趙吳興亦浙人……。〔註16〕

由以上知董其昌反對以地理分派，地理環境雖對畫家的繪畫有啓發作用，但地理環境與畫的流派和品格並無絕對關係。

徐復觀對於童、俞等人否定王維的地位，認爲完全缺乏畫史的常識，他舉出沈括在《圖畫歌》裡說：「畫中最妙言山水，摩詰峰巒兩面起。李成筆奪造化工，荊浩開圖論千里。范寬石瀾煙樹深，枯木關全極難比，江南董源僧巨然，淡墨輕嵐爲一體……」〔註17〕沈括並無分宗立祖的意圖，但所傾慕的山水畫乃以王維爲首，也說明王維的水墨已可到分陰陽向背的程度。另外蘇轍在〈題王詵都尉畫山水橫卷三首〉之一說：

> 摩詰本詞客，亦自名畫師。平生出入輞川上，鳥飛魚泳嫌人知。山光盎盎著眉睫，水聲活活流肝脾。行吟坐詠皆自見，飄然不作世俗詞。高情不盡落縑素，連峰絕澗開重帷。百年流落存一二，錦囊玉軸酬不貲。……青山長江豈君事，一揮水墨光淋漓。手中五尺小橫卷，天末萬里分毫釐。〔註18〕

蘇轍在詩中表達對王維山水畫在高潔精神與水墨淋漓的掌握，也反映出當時

〔註15〕徐復觀，《中國藝術精神》（桂林：廣西師範大學出版社，2007年），頁295。
〔註16〕董其昌，《畫旨》；引同徐復觀，《中國藝術精神》，頁301。
〔註17〕沈括，《圖畫歌》；引同徐復觀，《中國藝術精神》，頁304。
〔註18〕蘇轍，〈題王詵都尉畫山水橫卷三首〉，《欒城集》卷十六；引同徐復觀，《中國藝術精神》，頁304。

對於王維作品的珍視。北宋文人對畫的理想，具體化於王維身上，顯示王維在文人畫中具有開宗作祖的分量。

徐復觀對於趙孟頫的畫史地位亦重估，因董其昌推翻原來所謂的「元四大家」，而建立了新的「元四大家」，在董其昌以前及當時，都以趙孟頫爲「元四大家」，之一，如明代王世貞在《藝苑巵言》中說：「趙松雪孟頫、梅道人吳鎮仲圭、大癡老人黃公望子久、黃鶴山樵王蒙叔明，元四大家也。高彥敬、倪元鎮、方方壺，品之逸者也。」〔註19〕以及明屠隆《畫箋》說：「若雲善畫，何以上擬古人，而爲後世寶藏？如趙松雪、黃子久、王叔明、吳仲圭之四大家，及錢舜舉、倪雲林、趙仲穆（雍）輩，形神俱妙……」〔註20〕而自董其昌及陳繼儒，在四大家中捨去趙孟頫及加入倪瓚，影響極大，遂成爲定論，故董其昌在南宗中並沒有列出趙孟頫，然而董其昌在《容台別集》論畫的內容裡處處可看到趙孟頫的書畫，可見趙孟頫在董其昌的心中份量仍是很重的。徐復觀認爲趙孟頫的成就來自心靈上的清，即他雖身處富貴卻心繫江湖的隱逸性情，趙孟頫在〈桐廬道中〉中說：「歷歷山水郡，行行襟抱清。」又在〈送姚子敬教授紹興〉中說：「高情自清眞。」〔註21〕在許多詩句都表現他心靈之清，因而能把握造化之清，造就作品之清，清遠的風格上追北宋風格，下開新「元四大家」的逸韻。

四、何惠鑒的元代文人畫研究

何惠鑒在文人畫斷代史上有傑出貢獻，對於元代文人畫作深入研究，使這一段時期的研究有重要的成果，至今其觀點仍影響後人研究走勢。元代是文人畫史上顯要的關鍵點，繼承了宋金文人畫的餘緒，從融匯、蛻變到成熟，以至燦然興盛，的確是中國藝術史上的大事。何惠鑒在〈元代文人畫序說〉（1976 年）中說：

> 宋、金兩代，詩、書、畫的三位一體是士大夫畫的理想，而元代文人畫在這基礎之上更進一步，加進了「人」和「齋」的成份。……「人」與「齋」的存在價值既一寓於「詩」、「畫」，而詩畫的意義亦藉人與齋的關係而彰明，元代文人畫與前代，山水畫在這一方面的

〔註19〕明，王世貞，《藝苑巵言》；引同徐復觀，《中國藝術精神》，頁 330。
〔註20〕明，屠隆《畫箋》；引同徐復觀，《中國藝術精神》，頁 330。
〔註21〕元，趙孟頫，〈桐廬道中〉及〈送姚子敬教授紹興〉詩句，引同徐復觀，《中國藝術精神》，頁 330。

分別，不但是內涵的，「先於結構與形體」的，同時也因此直接影響
了表現的方法—風格和筆墨。〔註22〕

以上說明「人」與「齋」影響了詩、書、畫，也影響了風格和筆墨的表現，
對於筆墨，他認爲元代士大夫畫是從李、郭開始，至董、巨完成，著實代表
了南北兩大系統的最後統一。何惠鑒用「遊觀山水」和「書齋山水」來區別
宋畫和元畫的差別，宋畫中的重重山嶺，可觀可遊，畫家運用嫺熟的技巧激
活形象，使觀者能透過想像，把自身置於富藏生機的雄偉或奇巧的山水畫中。
而元代的書齋山水是文人畫家自我表現的方式，不但取材於現實生活，也反
映出自己的人格和性情。

何惠鑒在〈董其昌的新正統觀念及其南宗理論〉一文中主張新正統理論，
剖析董其昌提出南北宗論的用心，他採取一種折衷的態度，在王世貞的復古
主義以及李贄的改革激進之間，走一條中庸之路，並引用佛家禪學的「頓悟」
說，也解決其中的地域問題，解釋文人士大夫對繪畫的心態和方法，「南北宋」
論就是董其昌心目中最恰當的論說模式。

五、八十年代的相關著作

八十年代所發表出版的相關論著，因數量紛繁，故擷取三者作簡單概述。
首先是張安治的〈論中國文人畫〉〔註23〕一文對文人畫歷史有深入的闡述，
並批判文人畫中「氣韻」的消極影響，同時也回顧陳衡恪等人的文人畫觀，
指出文人畫家的「人品」、「才情」、「思想」、「學識」與「審美觀」皆有一定
的階級局限性。

謝稚柳的〈董其昌所謂的「文人畫」與「南北宗」〉〔註24〕，內容主要是
批判董其昌分派的根據以及對王維繪畫風格的看法，他提出不同的意見，認
爲歷代繪畫沿革，溯及淵源有自，各種風貌之高下萬變，實屬自然的事；至
於流派的分宗，他說：「董其昌錚錚有辭尚論歷代繪畫的淵源、流派，似是而
非的甚多，這些論證，是宜於再論證的。」〔註25〕他認爲不應依一己的喜惡，

〔註22〕何惠鑒〈元代文人畫序說〉，《海外中國畫研究文選》（上海：上海人民美術出
版社，1992年），頁249。

〔註23〕張安治，〈論中國文人畫〉，《中國畫研究》第一輯（北京，1981年）。

〔註24〕謝稚柳，〈董其昌所謂的「文人畫」與「南北宗」〉，《中國畫研究》第四輯（北
京，1983年）。

〔註25〕謝稚柳，〈董源、巨然與江南畫〉，《上海博物館集刊》總第二期（上海，1983
年）。

而憑空附會、任意強加。

　　劉龍庭在〈趙孟頫及其藝術〉〔註26〕（1983年）一文中給予趙孟頫高度的評價，認為他在中國藝術史上具有承前啓後的地位，由此肯定他的貢獻，並且一反傳統以人品論畫，爲趙孟頫極力辨解，消除其喪失「民族氣節」的罪責，而這一點在當時是需勇氣和遠見的。對於趙孟頫提倡古意之說，劉龍庭認爲此藝術觀點是繼承自唐代張彥遠以來，經過宋代許多文人畫家持續的補充和發揮，而形成的總結。由此我們可認為「古意」說並不等於「復古倒退」，這不是趙孟頫的本意，只是到了明清，迷古的畫家，往往喜歡以趙孟頫充當「復古主義」的代表，把繪畫引進臨摹古人的狹隘之路。

六、九十年代的相關著作

　　林木先後在八十年代中期至九十年代初出版發表《論文人畫》和《明清文人畫新潮》〔註27〕。林木在《論文人畫》一書中主要闡述文人畫的本質與特徵，及由創作思想、方法和風格各種因素共同構成之文人畫藝術體系，還有文人畫的產生與各階段演變等內容。《明清文人畫新潮》是從整體上給予明清文人畫肯定性評價，將這一時期視爲文人畫發展的「光大期」，從情感面、自我表現的藝術心理，以及藝術特徵、題材、筆墨與美學追求，加上繼承與創造、勢力與影響等方面，來論述明清文人畫的藝術成就，林木說：

> 文人畫的誕生是伴隨著封建社會的衰敗而出現的，是伴隨著一批因政治失意而轉向內心寧靜的文人的出現而誕生的，因此，清淡無華的水墨才代替了金碧，沉寂的玄想才變換了喧騰的熱望，田園山水之趣取代宮廷苑圃之樂，超脫虛無的莊禪觀念壓倒入世理性的儒學理想。文人畫的產生機制，決定了它整個地浸沉在超然出塵、無人間煙火的氛圍中，而與歡樂、美好無緣。靜謐、寂寞、清冷、苦澀成爲明以前歷代文人畫的傳統基調。明代那股人的覺醒、人性的解放之風，給文人畫注進了新的生機。〔註28〕

林木在以上的論述裡，對文人畫既點出明以前歷代的傳統基調，更是對明清文人畫的藝術成就給予肯定，反對以「文人畫的強弩之末」看待，而以「新

〔註26〕劉龍庭，〈趙孟頫及其藝術〉，《朵雲》第五集（上海，1983年）。
〔註27〕林木，《論文人畫》（上海：上海人民美術出版社，1987年）；《明清文人畫新潮》（上海：上海人民美術出版社，1991年）。
〔註28〕同林木，《明清文人畫新潮》，頁108。

潮」一詞論之，試圖重新對明清文人畫有不同的評價。

在九十年代初期，黃專和嚴善錞在《朵雲》等其他刊物上，陸續發表了一系列有關文人畫的論文，也在 1993 年結集成書爲《文人畫的趣味、圖式與價值》〔註29〕。這本著作和林木的兩著作於九十年代初期被認爲是此時期研究文人畫的難得著作，具有相當的學術價值，引起學者極大的關注。這本書以六個章節，即理想橫式與現實困境、山水圖式的修止與衍變、人倫識鑒與藝術品評、傳統觀念的維護與闡釋、分宗別派的戰略意圖、價值終結與圖式轉變，對文人畫進行深入探索；並以「道」與「藝」的關係建立文人畫理論的基點，試圖在文人畫的趣味、圖式與價值上獲得一種新的詮釋，如同在序言中所說：

> 幾乎從孔子開始，中國文人就不斷提醒自己在從事各項具體技能的操作時必須保持一種謹慎的遊戲態度。在繪畫成爲士大夫文化生活的一個有機部分後，這種價值觀以一種更爲具體而現實的方式體現出來：文人畫家總是努力強調繪畫僅僅是完善自身終極人格理想過程中的一種業餘的遣興方式，任何對繪畫技術過程的專注態度都會遭到來自道德方面的詰難。但是，一個眞正使人驚奇的事實是：正是在這種情境中，文人畫建立起了一套具有嚴格的圖像意義、風格規範和技法標準的藝術系統。〔註30〕

由以上可知文人畫在注重人格理想的同時，也建立起一套包含嚴格的圖像意義、風格規範與技法標準的完整獨特的藝術系統。對於文人畫終結的問題，他們以現代畫家潘天壽爲例子，說明文人畫運動在二十世紀的現代，面臨史無前例的困頓之境，是一種生與死的抉擇，《文人畫的趣味、圖式與價值》中說：「中國以其困惑和痛苦的心情迎來了一個新的時代，一個開始擺脫孔子影響的時代，一個使幾乎所有的藝術家都得重新思考藝術的價值及其功能的時代。」〔註31〕這也正是二十世紀以來的現代藝術家思索的問題。

七、高居翰的《隔江山色：元代繪畫》等

高居翰曾受何惠鑒的新正統理論體系影響，而提出「新儒家學說」他說：「尤其是王陽明及明代末期其後繼人的學說，是構成董氏概念的更重要的思

〔註29〕黃專、嚴善錞，《文人畫的趣味、圖式與價值》（上海：上海書畫出版社，1993年）。

〔註30〕同黃專、嚴善錞，《文人畫的趣味、圖式與價值》序言，頁3。

〔註31〕同黃專，嚴善錞，《文人畫的趣味、圖式與價值》，頁268。

想前景。」〔註32〕並認爲董其昌將禪學用於南北宗論，僅是一種類比，分宗論畫不含任何禪學內容的觀點，只不過是經由一些可用以分析的藝術手法，表現某種與禪學相一致的觀察自然與自然現象的方式，高居翰說：「如果進一步探討分宗論的內涵，我們也許會發現這種類比的淵源與其說與禪學有關，不如說與儒家思想的關係更爲密切。」〔註33〕故否定了禪學思想在董其昌論文人山水畫當中具有密切性。

高居翰也對明清繪畫風格作了深入探討，發覺明清文人畫中「仿」是重要現象，它是明清文人畫家的手段，透過「仿」所選擇的風格，顯示與古老儒學有文化連續性，確立畫家自身的藝術史位置，「仿」並不是等於傳統保守主義，而是可能在仿古人的過程，實現其獨創性。

高居翰在《隔江山色：元代繪畫》中對元代繪畫有所闡釋，他說趙孟頫的《鵲華秋色》「作品古怪得扣人心弦，而且展現了美感的極致」〔註34〕，《鵲華秋色》是寄意高古的代表作品，用筆精細沉著，有些部分甚至細碎繁瑣，完全沒有快意淋漓的水墨表現，且山、樹與房屋等景在比例和空間上都很「古怪」，這種失調的情形只能解釋爲返璞歸眞，而此畫在畫史中竟有著劃時代的意義，高居翰用兩個概念爲《鵲華秋色》這一類作品的目的性作出解釋，即「反圖繪」和「超再現」，畫家朝著反寫實又反裝飾的方向努力；《鵲華秋色》畫中用淡筆畫出山體和地面的披麻皴，爲後世畫家展現一種充滿潛能的造型語彙，這本是五代董源、巨然的繪畫作法，成了趙孟頫在復古作爲中的一種形式源頭。黃公望仍然採用這種堅持平淡的理念，以及運用趙孟頫開發出的造型語彙，來描繪畫家隱居其中的眞實山水，高居翰說：

> 如果觀者願意，可以把他帶有土地質感的自然主義作品視爲對日常生活的快意滿足，可是他似乎比較不把繪畫視爲大自然形象的再現，或蘊涵某些特殊的人文傾向，而是當作一種形式的結構，有一套與生俱來的理路，可以從自然現象中抽取出來。〔註35〕

〔註32〕高居翰，〈繪畫史和繪畫理論中董其昌的「南北宗論」再思考〉，《文人畫與南北宗論文匯編》（上海：上海書畫出版社，1989 年），頁 762。
〔註33〕同高居翰，〈繪畫史和繪畫理論中董其昌的「南北宗論」再思考〉，《文人畫與南北宗論文匯編》，頁 764。
〔註34〕高居翰，《隔江山色：元代繪畫》（台北：石頭出版股份有限公司，1994 年），頁 46。
〔註35〕同高居翰，《隔江山色：元代繪畫》，頁 111。

由上可見高居翰認為黃公望是以較為知性與理性的手法來作畫，保留幾分自然景物的樣貌，讓人感覺和自然的次序非常類似，但並不強調現實形象的再現與人文感性的成分。高居翰在其所著《中國繪畫史》中也有著他特殊觀點的陳述：

> 大部分北宋山水畫家都不願使畫中各個構成部分分別具有本身的興味。南宋畫家卻相反，把每個細節都畫得引人無比。這兩種畫法，元代畫家都沒有使用的衝動。在題材和風格上，一種「平淡」的外觀才是美德。而他們的目標，是在這種平淡之中，表現出一種動人的，細膩之中令人興奮的個人品質──「平淡有致」……。在這一點上，沒有一個畫家能夠超越黃公望。他的風格澹泊而收斂。〔註36〕

這與以往學者的評論有著極大的差異。

高居翰認為元代文人畫如以物象外貌的真實感來要求，通常不具說服力，文人畫家畫的是一個內在世界；在宋代畫家筆下，尤其在十一、十二世紀，中國繪畫的寫實風格已達到顛峰，之後數百年，元代以來，畫風就逐漸遠離寫實風格，大都刻意求「不求形似」，繪畫理論之提出也因此相得益彰。

以上是與本論文相關的研究之簡要回顧，以學者發表的著作為主，而在學術研討會上，1992 年在美國納爾遜──艾金斯美術館曾召開「董其昌世紀展與國際討論會」，其會議目的展現在董其昌支配下於十七世紀有關中國書畫的發展，以重新評估董其昌在「正統」與「非正統」兩種藝術活動中的重要地位。就美術史方面的建設而言，它超越距當時二十年前的漢學或風格分析方法，而採用八十年代以來新的綜合式方法方析，且趨於成熟，也就是以充分掌握文獻為基礎，並與切實把握的風格演變予以結合，此次研討會主要策劃人何惠鑒堅持主張：

> 對董其昌和中國畫史的研究，都應該以文獻為基礎結合風格演進以求深入。實事求是地看，中國畫史上的超越，在於形成了與「宋人丘壑」、「元人筆墨」相異的純粹藝術語言，以筆墨統一物我，形成了對象即表現，筆墨即內容並即形式的新格局。〔註37〕

〔註36〕高居翰，李渝譯，《中國繪畫史》（台北：雄獅圖書股份有限公司，1998 年），頁 97。

〔註37〕薛永年，〈納爾遜博物館董其昌國際學術討論會綜述〉，《朵雲》1993 年第 3 期（上海），頁 74。

　　由以上言論，可知新的綜合式研究方法乃深入到中國特有的文化歷史體系中，與一定的時代文化環境裡，去研究中國繪畫藝術的發展變化之跡，並主張以筆墨統一物我，筆墨是內容也是形式，開創審美新格局。

　　到九十年代以來，隨著政策各方面的開放，世界交流的日益頻繁，媒體新技術的採用與更新，更促使對外資訊的流通加速，由此也使得中國繪畫—包括文人畫研究的局面面臨改觀，打破狹窄的地域性封閉空間，寶貴的的文獻資料也被世人所掌握與應用，各種研究方法論的優劣，也為當今研究者相互討論；由此帶來的積極研究動力，則促進中外學者對於問題的思考，進一步深化中國藝術—包括文人畫的研究。

　　除了中國繪畫與文人畫研究的文獻，還有許多美學的著作，在中國美學與藝術的理論上，奠下非常深厚的基礎，皆給予本論文研究豐富的啟發，對元代文人畫意境美學的探析大為提升，這些著作如宗白華的《美從何處尋》、葉朗《中國美學史》、曾祖蔭《中國古代美學範疇》、陳望衡《中國古典美學史》、于民《中國美學思想史》、陳懷恩的《圖像學：視覺藝術的意義與解釋》、高木森的《元氣淋漓：元畫思想探微》等等。在探討元文人畫家的背景時，許多研究元代的史學著作，對於本論文研究十分具有參考價值，這些著作如《中國文明史：第七卷元代》、袁國藩的《元代蒙古文化論集》、劉禎的《勾欄人生》（《華夏審美風尚史》第七卷）等等。在探討儒、道與禪對於元文人畫意境的影響時，許多談到儒、道與禪的著作亦提供給本論文相當寶貴的參考資料，這些著作如：王邦雄等編著的《中國哲學史》、吳言生的《禪宗思想淵源》等三書、李澤厚的《中國古代思想史論》等等。〔註38〕

　　經由對前人研究成果的回顧，發現與本研究《論元代文人畫之人生意境》相關、間接或側面的文獻資料十分豐富，前人的貢獻已奠定非常深厚的基礎，但唯缺少直接的、全面的對於元代文人畫探討其人生意境之研究成果，因此，對本主題予以整體性、綜合性、深入性的探析，是一值得開展嘗試的研究領域。

第三節　研究方法

　　本論文研究主要以六種方法進行，包含理論研究法、歷史研究法、圖像研究法、比較研究法、演繹研究法、歸納研究法等，分述如下：

〔註38〕其他未能盡列之研究參考著作請參閱本論文之「參考文獻」明細。

一、理論研究法

　　運用文獻著作，探究與本論文有關的文學、哲學、美學和藝術的理論和法則，進而分析元代文人畫的特徵、意境、風格與形式。詩文是文人畫發展的基礎，此點是文人畫的特徵之一，元代文人畫上的題畫詩更勝於宋代之前各時期，詩與畫的結合至元代更為密切，當時的文人大都詩畫兼擅，使文人畫達到詩畫合一的境界，並印證出藝術上詩與畫的理論與法則是相通的，故本論文對於這一點以理論研究法予以探討。元文人畫由文人精神、藝術風格與表現形式融匯成整體的意境美，「意境」屬於中國美學思想，於中國古代典籍可看到「意境」的由來，長久以來中國文化推崇「意境」，本論文從中國文學、美學、藝術各方面的理論對於元文人畫的意境有所探析，並自中國三大哲學（儒、道、禪）理論更進一步研究元文人畫的意境。

二、歷史研究法

　　從元代歷史研究元文人畫家的產生背景，並從中國美術史中研究文人畫的轉變，探討元代文人畫興盛的緣由與發展，以及元代文人畫的分期。元代是一個極為特殊的時代，是中國歷史上第一個由少數民族建立起的大一統政權，它吸收各民族、各地區的文化，形成元代文化多樣性的明顯特色，亦促使文人畫達到成熟昌盛的階段，這其中存在政治、地理、經濟、宗教、生活等因素，對於元代文人畫家時代背景將由歷史研究法予以考察，探尋元代建立的歷史，探求元代社會的特殊性、元代政策對文藝創作與審美特性的影響等。在漫長的中國文化歷史演進中，文人畫形成世界上異於他國他族的藝術，對於元文人畫興盛的緣由與發展，將進入文人畫簡史中，以歷史研究法來探析。再就影響元文人畫意境的三大思想儒、道與禪，亦以歷史研究法對三家開展簡要說明。而對於元文人畫代表畫家，在他們的生平述略上，也有以歷史研究法作精要的探討。

三、圖像研究法

　　從元代文人畫創作的主題形象、內容象徵到心靈綜合，直覺分析圖像所透露的意境。在本論文「元代文人畫之美學表現」中，以文人畫家主要描繪的自然對象，化為畫面圖像之後，分析其所呈現的理想意境美，並由圖像解析風格美與形式美，尤其在形式美中，探討元文人畫的自然空間美學、色彩美學、圖像美學，以上皆運用到圖像研究法。至元代，文人畫在繪畫形式上，

有關圖像的符號性、程式化和抽象性得到眞正的實現；當代圖像學將象徵視
爲一種承載著意義的符號，本論文將元文人畫圖像結合文化背景和心理因素
來探討，探知圖像所承載的意義已提升成爲意境。在「元文人畫代表畫家繪
畫之意境」中，對於代表畫家的風格、意境與畫作，亦以圖像研究法密切配
合，作眞實現象的探析。

四、比較研究法

依據各時代背景與美學思想，探析元代文人畫內容與其他朝代文人畫的
差異性；又在文學藝術的領域裡探究元代文人畫意境與其他時期有何異同，
以及儒家、道家、禪宗三家思想對於元文人畫意境的影響，顯出與其他時代
的異同處；並探討元代具代表性的文人畫，顯現他們的藝術風格、形式與意
境之相似相異點等等；這些雖未特別以比較研究法一一比對分析，然亦有比
較研究的精神。

五、演繹研究法

經由美學理論、藝術法則和繪畫觀念，進而推論元代文人畫家的繪畫創
作與意境呈現。在「元代文人畫之美學表現」中，以元文人畫家的產生背景
以及元文人畫興盛的緣由與發展爲前提之下，對於「意境」，透過文藝與美學
理論有所探究之後，推演出元代文人畫主要的四種意境美：包含：物我相融
之意境、追求神韻之意境、清靜空遠之意境、蕭疏澹泊之意境。儒家、道家、
禪宗三大哲學對於元文人畫意境的影響，亦從三家的思想概論、藝術美學觀
點，進行各家對元文人畫啓發的探討，以及各家通向元文人畫意境的探析，
以上於本論文中佔有很大的研究份量，亦運用演繹研究法。

六、歸納研究法

由元代文人畫創作的事實所呈現的具體作品，探討畫家的靈感來源、情
志寄託、題材選擇、表現型態等，歸納出繪畫特徵與意境結果。本論文中，
對於文人畫特徵，從文人畫的發展中，歸納出幾項特徵，包含傳統儒、道、
禪思想是文人畫的精神要旨，詩文是文人畫發展的基礎，文人畫中的文人意
氣來自社會變革與生活磨難，山水成爲文人畫中抒發情感的主要題材，書法
在文人畫發展中具關鍵作用，文人畫強調水墨情趣等，這都是應用歸納研究
法加以探析。亦時常經由元文人畫家的創作精神與畫作，明顯歸納元文人畫

的風格與意境，特別於「元文人畫代表畫家繪畫之意境」中，透過作品舉隅，更實際體會元文人畫的人生意境，最後以歸納研究法獲得結果。

由以上五種研究法，可知在理論研究法中，實含有其他各種研究法，如文藝學研究法、美學研究法、哲學研究法等。在圖像研究法中，也含有象徵研究法、形式研究法、符號研究法、審美心理研究法等；本論文並沒有刻意套用這些術語，或特別採用其思維模式，然在研究析論中與這些方法皆有所呼應。總之，本論文以各種現代研究方法與傳統直觀方式併行，期以較爲周延、詳盡的方式進行本論文的研究析論。

第四節　研究範圍與架構

從文人畫的藝術創作特點來看，具有自由的、獨立的、強烈個性的創作狀態，更能使文人畫家「澄懷味象」〔註39〕，也就是審美主體能澄清心胸，陶冶出純淨的審美情懷，在非功利、超俗塵的審美心態中，冷靜的品味客體物象，體驗感悟其深層的生命精神、情緻意蘊。當文人畫家的靈感、情感與思考相結合，無拘無束的表現審美對象，其表現更爲自由多樣，此時文人畫的審美觀重視內在精神和意趣，除追求境中之意，更追求象外之境，所表達的意境也更耐人尋味。

對於文人畫意境的研討，本論文以元爲主要時代，研究此時期文人畫的人生意境之產生原因、發展過程及表現內容。元代文人畫家的創作擁有自由、獨立與強烈個性等特性，所呈現的意境更爲深刻，這與其所處環境背景息息相關，故本論文首先探析「元代文人畫家時代背景」於第二章，自元代建立，在中國寫下一段由少數民族統治的歷史，此章探討元代社會在階級制度下的特殊性，緊接著探討元代政策對文藝創作的影響，以及在元代環境中所呈現的審美特性；由此探知在元代背景下浮現的文人畫家，雖受到強大的控制及壓抑，卻能將思想與情感寄託於文人畫上，自在的從事繪畫創作，得到心靈的慰藉，並於作品呈現主觀冷靜的整體風格。

中國繪畫藝術起源悠久，在漫長文化的演化中，文人士大夫直接參與繪畫，形成特異於他國他族的文人畫型態，綻放無比光彩，並至元時大爲興盛，

〔註39〕南北朝，宗炳，《畫山水序》，引自鄭午昌，《中國畫學全史》（上海：上海古籍出版社，2011年），頁77～78。

成爲承先啓後的重要時期，故本論文於第三章探討「元代文人畫興盛的緣由與發展」。由文獻上來看，解釋文人畫的角度有許多種，或從繪畫用筆，或從繪畫風格，或從畫家身份，或從文藝氣息等觀點論文人畫，此章開始從古今理論探究文人畫的意義，其目的在於對文人畫能有較開闊清楚的認識，並以全方位思考文人畫的意義。文人畫的形成和演進歷經相當長的時間，爲了解何以在元朝達到興盛狀態，關於文人畫的源起和發展有加以探討的必要，故依時代簡要論說，從魏晉南北朝、唐代、北宋到元代，再延伸至明清，由此亦發現文人畫的美學精神深植於中國藝術家心中；然後依據文人畫演變的歷史，歸納出文人畫的六項特徵﹝註40﹞。

　　意境在文人畫中有著重要的地位，文人畫是畫家自由精神與獨立人格的藝術展現，意境的表達更深化創作的內涵。意境即爲本論文研究的重心，在第四章「元代文人畫之美學表現」中，首先對「意境」一詞加以探討，接著將元文人畫分爲意境美、風格美與形式美深入探析，而風格與形式二者與意境緊密結合。此章主要從文藝理論、美學理論與繪畫理論來論意境，唐宋論意境，多著重作詩的需求，以詩畫同律的觀點來看，這些意境論點亦能應用到畫理上，彼此互通；明清以後，因詩畫相互影響，在畫理中論意境逐漸增多。此章探析元文人畫主要四種意境美，並研析元文人畫主要四種風格美（包含：逸筆草草，不求形似；筆墨簡淡，以書入畫；詩畫融合；崇古尚雅）與三種形式美，無論意境美、風格美與形式美，皆與美學、畫論、文藝理論相關，故獨立成章，爲之析論。

　　元代文人畫家追求創作的意境美，意境是中國美學的一種特質，向來與中國文化思想關係密切，尤其是中國三大哲學儒、道、禪的思想對文人畫意境有直接的影響；故在本論文中特立第五章、第六章、第七章，分別析論儒家、道家、禪宗三家對元文人畫意境的影響。這三章中，由三家哲學與美學思想的論說，進入影響元文人畫意境的析論。第五章探析重視修身養性、禮樂教化的儒家思想如何深植於元文人畫家心中，奠下精神品格與人生境界的基礎，綜合產生元文人畫的意境美。第六章探析重視自由超越、體認自然的道家如何與文人畫家的精神相互契合，老子美學精神與莊子審美思想如何對元文人畫意境產生莫大影響。第七章探析重視思惟修定、豁然通悟的禪家如何增進元文人畫美學的發展，使文人畫家的思想更具多面性，在文人畫上的

﹝註40﹞詳見本論文目次與第三章內文。

表現更富意境。這三章的探析顯示元文人畫的發展與意境就在儒、道、禪三家思想不斷爭鳴與交替影響中前進與呈現。

明張泰階說：「元人尚意。」〔註41〕元文人畫畫風崇尚抒情寫意，表示作品以韻取勝，並也在筆墨形式和表現風格上有所突破，清惲南田說：「元人幽秀之筆，如燕舞花飛，揣摸不得。又如美人橫波微盼，光彩四射，觀者神驚意喪，不知其所以然也。」近人黃賓虹說：「元代四家變實爲虛，元人筆蒼墨潤。」〔註42〕元文人畫家的筆墨情趣與形式美感極令人讚賞；本論文在第八章「元文人畫代表畫家繪畫之意境」中，特提五位元代表畫家予以探析。元初一些北方畫家，如趙孟頫等人都在元廷中任官，同時也以畫家身分活躍於知識分子的生活領域，趙孟頫是從元初新社會、新文化中崛起的第一位文人畫大師，其繪畫思想對元代及後代頗具影響力，故擇其爲代表畫家。元代中晚期以後，一些退出仕進的南方畫家如黃公望、吳鎮、倪瓚與王蒙四人繪畫成就非凡，被稱爲元四大家，其藝術生命力得自於新環境與原創性，建立起新的藝術生活與創作，對後世影響很大，故亦擇爲代表畫家。第八章即以上述五位元文人畫代表畫家分別析論，探討其藝術人生、藝術風格與意境，並各舉出三幅畫作加以分析。

本論文的研究範圍與架構說明如上；總之，本論文以人生意境作爲研究元代文人畫藝術的重點，首從元代社會背景條件的橫剖面研究，以及元文人畫興盛的緣由與發展的歷史縱線研究，進入整體內部核心的探析，包含元文人畫的美學以及儒、道、禪三家對元文人畫意境的影響，並以代表畫家的繪畫意境作爲具體的析論，最後爲本論文的總結。

〔註41〕引自葛路，《中國古代繪畫理論發展史》（台北：華正書局有限公司，1987年），頁147。
〔註42〕引同葛路，《中國古代繪畫理論發展史》，頁147。

第二章　元代文人畫家時代背景

　　元代是中國歷史上由蒙古族建立起來的大政權，王朝統一與進入中原促進了各民族的融合，然由於蒙古統治者的高壓政策，實行民族壓迫與民族歧視，對於漢人和南人是極爲輕視的，加上不重視與廢除科舉制度，採取謹防慎用的作法，致使知識分子追求仕進無門，且人格和思想受到嚴格的控制及壓抑。知識分子由抑制不平情緒，再冷卻滿腔熱情進取，以致產生逃世和厭世的低落心理，其中一部分的知識份子不得已或被迫放棄傳統的「學而優則仕」的道路，將思想與情感寄託於文學與藝術上；另有一部分漢族士大夫雖擠身在元代統治階層中，也從詩文書畫得到舒展。因此在元時代背景下產生的文人畫家，從繪畫得到了心靈的撫慰，在創作中重視主觀心境的抒發與筆墨情趣的展現，並將詩書畫作完美的結合，呈現冷靜而內斂的整體基本風格。

第一節　元代之建立

　　蒙古部落居於蒙古高原，自十至十二世紀，曾臣服於遼國、金國；到1200年左右，隨著勢力增強，停止對金進貢。1206 年，鐵木眞統一蒙古各部，自稱「成吉思汗」，立國於漠北，建立大蒙帝國；成吉思汗（元太祖）開始拓展版圖，進攻西夏、金國，在 1227 年滅西夏，消滅了西遼、花刺子模王國等國，同年三月攻陷敦煌沙洲。當時大蒙帝國包括蒙古高原，和中國西北、東北、華北的一部分，以及中亞、西亞大部分；成吉思汗因病死於 1227 年。1234 年，蒙古與南宋夾擊金，金國滅亡。直到 1260 年，忽必烈定都漢地，建元中統，從 1206 年到 1260 年，共 54 年，稱爲「大蒙古國階段」〔註1〕。

〔註 1〕引自《中國文明史：第七卷元代》上、下冊（台北：地球出版社，1994 年 2

　　1271 年，忽必烈正式建立國號爲元，建立國都於大都（今北京）。1279
年元世祖忽必烈以強大力量消滅了南宋，統一了全國，成爲一個橫跨歐亞的
大帝國。然而當傳位到順帝時，元朝已成官吏腐敗，民不聊生的朝代，1367
年以朱元璋爲首的元末人民起義，1368 年元順帝出亡，遂推翻了元統一政權，
將蒙古大國逐回了漠北。〔註 2〕來去匆匆的元代在中國歷史上寫下一個少數民
族的輝煌征服紀錄，而元代的繪畫藝術在此特定的歷史時期，作爲一種精神
的反映，也被寫進了人類文明的史頁。

　　相對於元王朝，漢民族有較高文化與成熟禮法制度，故漢民族一向視少
數民族爲夷狄，尤其是知識分子，更難以接受元朝統治，有如遭受天催地折、
失父背祖般的痛苦。鄭思肖認爲宋代的滅亡，天子無失德，民心無離散，卻
遭夷賊之禍，內心有著無比的創痛，他說：「我生大不幸，適焉逢此逆境。」
〔註 3〕並說：「厥今三綱五常之道盡廢，人而禽獸爾。」〔註 4〕元初知識分子看
昔日蠻族成爲新君主，對宋代遺民而言簡直是奇恥大辱與一大苦難。

第二節　元代社會之特殊性

　　元代的社會承續封建制度，但與漢民族統治的社會有極大不同之處，即
多了階級壓迫與民族利益的剝削，漢民族尤以「南人」的地位極低，元代將
人分爲四等：蒙古人、色目人（指蒙古人、漢人和南人以外的部族，包括西
域各族和西夏人）、漢人（原金朝統治下的華北漢人）、和南人（南宋統治下
的南方漢人），元朝廷給蒙古人與色目人極大的權利，並把較大的賦稅與勞役
留給漢人與南人負擔，可見階級壓迫和民族壓迫十分沉重，以下將探析元代
社會在階級制度下的特殊性。

一、選才制度忽視科舉

　　在選用人才方面，在元朝前期極少舉辦科舉考試，高級官員的錄用的方

　　　　月），頁 3。
〔註 2〕元史料出自：明，宋濂等撰，《元史》，收錄於《景印文淵閣四庫全書》史部
　　　　正史類第 295 冊（台北：台灣商務印書館，1983 年），與前引《中國文明史：
　　　　第七卷元代》上、下冊，以及劉禎，《勾欄人生》（《華夏審美風尚史》第七卷）
　　　　（鄭州：河南人民出版社，2000 年 11 月），頁 16。
〔註 3〕元，鄭思肖，《鄭思肖集》（上海：上海古籍出版社，1991 年），頁 157。
〔註 4〕同元鄭思肖，《鄭思肖集》，頁 110。

式主要採取世襲、恩蔭及推舉制，錄用與否決定於與元廷的遠近關係。除此之外，還有循胥吏（即小公務員）晉升為官僚的方式，此與前朝不同，宋朝的吏與官之間界限分明，若為胥吏則大多以胥吏為終；故元廷此方式使官吏成為上下升任的關係，打破官吏屏障。

在科舉選才方面，窩闊台汗（元太宗）曾聽從耶律楚材建議，召集名儒於東宮講經，率領大臣子弟聽講，提倡學習漢族古代文化；又在 1234 年設「經書國子學」，命侍臣子弟 18 人入學，學習漢文化；且於 1238 年舉辦戊戌選試，此次科舉考試錄取 4030 人，並建立儒戶以保護士大夫。但最後仍然廢除科舉，改用推舉制度。唯有於 1252 年和 1276 年兩次舉辦科舉，共入選 3890 儒戶。元世祖忽必烈即位後，正式設立了國子學，親擇蒙古子弟入學，遍學儒家經典文史，藉以培養統治人才；1290 年正式施行推舉制度。

直到 1313 年，元仁宗提倡漢化運動，下詔恢復科舉，由於是在延祐年間舉行的，史稱「延祐復科」，1314 年在全國的 17 處考場舉辦鄉試，1315 年在大都舉行會試和殿試（廷試），科舉考試的內容以程朱理學為主。《續文獻通考》〈選舉考〉說：「延祐二年三月，始開科。分進士為左右榜，蒙古色目為右，漢人南人為左……。凡蒙古由科舉出身者，授從六品，色目漢人，遞降一級。」〔註5〕此次科舉恢復，雖蒙古人的條件仍優於色目人、漢人、南人，然及第者都十分感謝統治者的恩寵，紛紛表示願意為元廷分憂解勞。

元代後期的國勢大墜，政治、財政敗壞，使得士大夫如趙天麟等人提出勤政愛民、任用賢才、廉潔公正等各種政治主張；元末民變爆發，南方有不少士大夫出於衛家、保鄉、護國的目的，組織義兵抵擋，甚至捨身殉國；在元代滅亡、明朝建立後，部分元朝遺老的士大夫選擇歸隱不出，這些漢族士大夫亦有出自科舉。元朝前後的科舉考試共舉行過 16 次，選取蒙古人、色目人、漢人、南人進士總計約 1100 餘人。〔註6〕今人劉禎說：

> 在具體實施過程中，也有種族差異。蒙古人、色目人為一榜，漢人、南人為一榜，而兩者會試時名額相等，漢人、南人人口要遠遠超過蒙古人、色目人，造成了科舉事實上的不平等。……科舉的意義與

〔註5〕清，嵇璜，《續文獻通考》（台北：台灣商務印書館）；引自袁國藩，《元代蒙古文化論集》（台北：台灣商務印書館，2004 年 5 月），頁 121。

〔註6〕參自劉禎，《勾欄人生》（《華夏審美風尚史》第七卷）（鄭州：河南人民出版社，2000 年 11 月），頁 18。

宋代已迥然不同，介乎名存實亡。士人的遭遇也與前大不相同，無
進身之階，沉抑之下僚，轉而尋找新的出路。〔註7〕
而且元廷為了保障蒙古人與色目人，漢人、南人的考試偏難，加上錄取名額
偏低，皆讓漢族知識分子失去積極進取的精神。雖然科舉在形式上已經恢復，
但在階級的壓迫下，仍充斥著不平等。儘管如此，漢族士大夫對元廷仍然忠
心耿耿，在元朝滅亡之時，捨身殉國的漢族人就有不少出身自科舉，由此可
見科舉復辦有如懷柔政策，對於漢族士大夫產生相當的效果。

二、法律規範的不平等

在法律上，漢人、南人與蒙古人、色目人的地位充斥著不平等，後兩者
盡力維護其利益，在刑法上前後的量刑標準非常懸殊。元廷為防止漢族人聚
集叛變，對漢人的行動有所限制，規定漢族人不許集會、結社、集體拜神，
例如在江南，白日不許集眾詞禱，夜晚實施燈火管制，這些都在防範江南漢
人；並禁止漢人私藏武器，有關兵器、馬匹等戰爭的用具都嚴禁漢人持有。

《元史》上說「諸蒙古人與漢人爭，毆漢人，漢人勿還報，許訴於有司。」
〔註8〕「諸蒙古人因爭及乘醉毆死漢人者，斷罰出征，並全征燒埋銀。」〔註9〕
（「燒埋銀」指由罪犯償付一定數額金錢給被害者的親屬，作為喪事之用，此
是蒙古族傳統習慣法中的「命價」制度。）若漢人毆打蒙古人，而蒙古人被
漢人打死依法需償命；然蒙古人因爭執或乘酒醉打死漢人，只需「斷罰出征，
並全征燒埋銀」。其他漢人如當兵則不許充宿衛，如當官也只能做副貳，種種
法律規範對於漢族人來說都不平等；然而元廷仍任用很多漢人為官，實際上
存有不少例外情況。

在被壓迫與被剝削的階級中，又分有良民和賤民，良或賤之區別：「名編
戶籍，素本齊民，謂之良；店戶、倡優、官私奴婢，謂之賤。」〔註10〕元代
社會地位最低的是「驅口」，就是奴婢，陶宗儀對於「驅口」有詳細的解說：

今蒙古人、色目人之臧獲，男曰奴，女曰婢，總曰驅口。蓋國初平
定諸國日，以俘到男女匹配為夫妻，而所生子孫永為奴婢⋯⋯。奴
婢男女止可互相婚嫁，概不許聘娶良家，若良家願娶其女者，聽。

〔註7〕同劉禎，《勾欄人生》（《華夏審美風尚史》第七卷），頁18。
〔註8〕明，宋濂等撰，《元史》卷150〈刑法四〉，頁2673。
〔註9〕同明宋濂等撰，《元史》卷150〈刑法四〉，頁2675。
〔註10〕元，徐元瑞，《吏學指南》（浙江古籍出版社，1988年），頁103。

> 然奴或致富，主利其財，則俟少有過犯，杖而錮之，席捲而去，名
> 曰抄估。亦有自願納財以求免脫奴籍，則主署執恁付之，名曰放良。
> 刑律，私宰牛馬，杖一百；毆死驅口，比常人減死一等，杖一百七，
> 所以視奴婢與馬牛無異。〔註11〕

又《元史》〈刑志〉「大惡」說：「諸奴故殺其主者，凌遲處死。」「諸奴殺傷
本主者，處死。」「諸奴詬罵其主不遜者，杖一百七，拘役二年，役滿歸其主。」
〔註12〕由陶宗儀的敘述，驅口無任何人的權利，且子孫永爲驅口，在法律上
毆死驅口，刑罰有如私宰牛馬，故視驅口與牛馬並無差別，相對的視《元史》
〈刑志〉上記載，奴隸殺死、殺傷、詬罵其主的刑法則處以極刑；由此可見
奴隸在元代處於被壓迫與被剝削階級的慘烈情況。

　　元蒙的奴婢來源大都來自戰俘，他們在戰爭中被俘爲奴隸，在《多桑蒙
古史》中記載：

> 蒙古兵侵入一地，各方並進，分兵屠諸鄉居民。僅留若干俘虜，以
> 供營地工程與圍城之用。……役使所俘之多數俘虜，是皆因年幼貌
> 美，而獲免之男女也。此輩不幸之人，命運較死於蒙古兵鋒鏑之下
> 者，更爲可憫。飢餓疲弱，待遇如同最賤之牲畜。〔註13〕

由上可見俘虜的生活與命運之悲慘。其中有女眞人被俘爲奴，如在《元朝名
臣事略》〈參政賈文正公〉記有：「汴京之破，金族屬及朝臣子弟，奴於人者，
公悉聞而民之。」〔註14〕也有漢人被俘爲奴，如《元史》〈劉敏傳〉說：「太
祖七年，大軍次山西，敏十二，從其父母避兵於德興禪房山，盡室被俘，敏
隸於一大將麾下。」〔註15〕以及南人被俘爲奴，如《牧庵集》〈平章政事蒙古
公神道碑〉說：「二十有一年……黃華反，徵內地戍兵進討，未能平賊，多奴
良民以歸。」〔註16〕故不論歐亞各地區的各民族男女，一旦被俘，全部成爲

〔註11〕元，陶宗儀，《南村輟耕錄・卷一七奴婢》（台北：中華書局，1959年），頁
　　　　208。
〔註12〕明，宋濂等撰，《元史》〈刑志〉；引同袁國藩，《元代蒙古文化論集》，頁95。
〔註13〕馮承鈞譯，《多桑蒙古史》（台北：台灣商務印書館）；引同袁國藩，《元代蒙
　　　　古文化論集》，頁89、90。
〔註14〕元，蘇天爵，《元朝名臣事略・參政賈文正公》（中華書局影印本，1962年）；
　　　　引同袁國藩，《元代蒙古文化論集》，頁85〜86。
〔註15〕明，宋濂等撰，《元史》〈劉敏傳〉；引同袁國藩，《元代蒙古文化論集》，頁86。
〔註16〕元，姚燧，《牧庵集》（三十六卷，四部叢刊）（台北：台灣商務印書館，1965
　　　　年）；引同袁國藩，《元代蒙古文化論集》，頁86。

奴婢；後來，蒙人也有貧困者淪為他族的奴婢。

三、思想意識多元化

　　元代的統治階層來自於漠北游牧民族，其思想意識與禮法思維與漢民族的差異很大；連基礎的語言文字也出現與中原交流的障礙，元王朝在某種程度上可說摧毀了漢民族舊有的傳統思想與禮法秩序，元初戴表元說：

> 古之通儒碩人，凡以著述表見於世者，莫不皆有統緒。若曾、孟、
> 周、邵、程、張之於道，屈、賈、司馬、班、揚、韓、柳、歐陽、
> 蘇之於文，當其一時，及門承接之士，固已親而得之；而遺風餘韻，
> 傳之後來，猶可以隱隱不滅。近世以來，乃至寥落散漫，不可復續。
>
> 〔註17〕

故在當時存在文化斷裂的現象，中國的儒家思想、傳統義理到了元代竟至「寥落散漫，不可復續」的窘境。而這種傳統思想統治力量的嚴重削弱，造成元代意識形態的鬆垮，社會的禮法規範也隨之怠懈，出現「思想解放」〔註 18〕的態勢，但此種情形並非自我反思與主觀努力的成果，而是由外在條件和客觀環境所導致的。

　　元代社會因「思想解放」而致思想多元化。宋代理學的產生，使中國封建文化走向極端，人們走入社會化、倫理化的狹隘空間；元代隨著理學影響力的下滑，長久以來重壓在人們身上的封建禮教跟著鬆動，尤其下階層人民和青年，蔑視禮教法治、違反封建倫理的行為舉止增多，孔齊在於《至正直記・卷二・浙西風俗》說：「浙間婦女，雖有夫在，亦如無夫，有子亦如無子，非理處事，習以成風。」種種違背倫常的事比比皆是，以致須宣揚禮教以挽頹廢的社會風氣，但王惲對宣揚禮教的做法也發出：「終無分寸之效者，徒具虛名而已」（《秋澗先生大全集》卷三五《上世祖皇帝論故事書》）的感慨。〔註19〕

　　在倫理方面，蒙古族雖有等級尊卑，卻無漢民族深厚的倫常基礎，也沒有完整的制度，其習俗把烝報情形視為尋常，《岷峨山人譯語》說：「胡俗，婦喪夫，家中男子即收為妻妾，父子兄弟不論也。他適，則人笑其不能贍其

〔註17〕陶秋英編選，《宋金元文論選》〈紫陽方使君文集序〉（人民文學出版社，1984年），頁519。

〔註18〕同劉禎，《勾欄人生》（《華夏審美風尚史》第七卷），頁20。

〔註19〕此處資料參自袁行霈主編，《中國文學史》〈第六編元代文學〉（黃天驥撰）（台北：五南圖書出版股份有限公司，2012年）。

婦。」〔註20〕《馬可波羅行紀》說：「韃靼可娶其從兄妹，父死可娶其父之妻，
惟不娶生母耳。娶者爲長子，他子則否。兄弟死，亦娶兄弟之妻。」〔註21〕
《後漢書》〈烏桓傳〉云：「其俗，妻後母，報寡嫂。」〔註22〕蒙人多妻，無
論貴賤均有數多妻妾，甚至有上烝下報的淫穢習俗。蒙人的習俗還有輕賤老
弱者而喜好少壯者，《蒙韃備錄》說：「韃人賤老而喜壯。」〔註23〕《後漢書》
〈烏桓傳〉亦說蒙人「貴少而賤老，其性悍暴，怒則殺父兄，而終不害其母。」
〔註24〕可見性情強悍暴烈的蒙人，不尊重老者父兄。相對於蒙族，漢民族有
嚴密的君君、臣臣、父父、子子之人倫思想，有「臣事君，子事父，妻事夫。」
與仁、義、禮、智、信之三綱五常，以及三從四德的行爲規範。元蒙不拘一
格的生活觀念，對於漢民族固守的倫理常規產生極大的衝擊。

　　蒙人敬天，在《多桑蒙古史》中說：「承認有一主宰，與天合，名之曰騰
格里。」〔註25〕另在《黑韃事略》中云：

　　　其常談，必曰：托著長生天底氣力，可汗的福蔭。彼所欲爲之事，

　　　則曰：天教怎地。人所已爲之事，則曰天識著。無一事不歸之天。

　　　自韃主至其民，無不然。〔註26〕

由上知蒙人從君主到人民，皆崇敬天。元代建立，幅員遼闊，與各藩國（含
蒙古察合台汗國、蒙古欽察汗國、蒙古伊兒汗國）橫跨歐亞大陸；加上元疆
土內的種族也非常眾多，這些因素都讓元代的宗教逐漸呈現多元化，包括：
佛教（含漢傳佛教與藏傳佛教）、道教、白蓮教、伊斯蘭教、基督教（含景教
和天主教）、猶太教等都取得發展；東西方的商旅、教士往來頻繁，影響力逐
漸增加，忽必烈曾說：

〔註20〕明，尹耕，《岷峨山人譯語》（國朝紀錄彙編本，台北：民智書局）；引同袁國
　　　　藩，《元代蒙古文化論集》，頁129。

〔註21〕馮承鈞譯，《馬可波羅行紀》（台北：台灣商務印書館，2000年）；引同袁國藩，
　　　　《元代蒙古文化論集》。頁129。

〔註22〕宋，范曄，《後漢書》，收於《二十五史》6（台北：藝文印書館，1962年），
　　　　頁1076。

〔註23〕宋，孟珙，《蒙韃備錄》（蒙古史料四種，台北：正中書局，1962年）；引同袁
　　　　國藩，《元代蒙古文化論集》，頁141。

〔註24〕同宋，范曄，《後漢書》，收於《二十五史》6，頁1076。

〔註25〕馮承鈞譯，《多桑蒙古史》（台北：台灣商務印書館，1967年）；引同袁國藩，
　　　　《元代蒙古文化論集》，頁133。

〔註26〕宋，彭大雅，《黑韃事略》（蒙古史料四種，台北：正中書局，1962年）；引同
　　　　袁國藩，《元代蒙古文化論集》，頁132～133。

人類各階級敬仰和崇拜四個大先知。基督教徒，把耶穌作為他們的
神；撒拉遜人，把穆罕默德看成他們的神；猶太人，把摩西當成他
們的神；而佛教徒，則把釋迦牟尼當作他們的偶像中最為傑出的神
來崇拜。我對四大先知都表示敬仰，懇求他們中間真正在天上的一
個尊者給我幫助。〔註27〕

宗教對社會有非常重要的影響，若能夠容納不同的宗教，則思想意識更顯多
元。元朝對各種宗教的態度基本上採取自由放任，對信仰的政策原則上施行
兼容並包，因而更有利於宗教信仰的傳播。但因對宗教的放任，也引起一些
社會問題，例如： 元代的僧人有免稅和免役的特權，致使一些不法之徒為逃
避稅役，而投機為僧，甚至僧人假借清高地位干預訴訟，甚至橫行鄉里；又
如白蓮教、明教等藉著宗教管制的寬鬆，在民間建立秘密組織，圖謀抗元起
事。

　　蒙古族原信仰薩滿教，十二、十三世紀，隨著蒙古社會的進展和軍事的
征討，接觸到藏傳佛教（俗稱喇嘛教），並逐漸信奉佛教。元帝崇佛，保留蒙
古民族草原特質的樸實無華，以講求實利為特色，主要求佛保佑、祈福消災；
對於虛玄深奧的佛教義理似乎並無興趣。元代皇帝重新重視儒、道、佛三家
思想，採用「以佛治心，以道治身，以儒治世」〔註28〕的政策，《元史》〈釋
老傳〉開篇說：「釋老之教，行乎中國也，千數百年。而其盛衰，每繫乎時君
之好惡。」元代佛教的興盛與十代皇帝的崇奉非常密切。

　　元世祖忽必烈至元十一年（1274年），義大利人馬可波羅沿著古絲綢之路，
旅行到中國敦煌，留下美好回憶而寫下行記；他看到甘州區域的佛像，曾說：
「最大者大約有十步，餘像較小。有木雕者，有泥塑者，有石刻者。製作皆佳，
外傅以金。」〔註29〕又說：「敦煌偶像教『佛教』徒自有語言。」〔註30〕至元
十七年（1280年）在沙洲路設統管府，從此河西走廊完全受蒙古人統治。元代
對敦煌莫高窟的新建和重建即其重視佛教的最佳說明，其佛教以喇嘛教為主，
忽必烈曾召請西藏名僧八思巴擔任國師，統管全國佛教，實際上是元代中央政
體的顧問；因此，薩迦派密教流行於當時全中國，包括河西走廊一帶；薩迦派

〔註27〕陳開俊等合譯，《馬可‧波羅遊記》（福建科學技術出版社，1982年），頁87。
〔註28〕元，劉謐，《三教平心論》，大正藏52，頁781。
〔註29〕馮承鈞譯，《馬可波羅行紀》（台北：中華書局，1954年），頁208。
〔註30〕同馮承鈞譯，《馬可波羅行紀》，頁190。

密教徒在元代的敦煌石窟中帶入了含有藏傳佛教風格的密教藝術。至正八年（1348年）在「莫高窟六字眞言碑」上，記載有漢字、梵字、西夏文字、西藏文字、回鶻文字、八思巴文〔註31〕等，可見當時有許多不同民族的佛教徒居住在敦煌地區。

　　元代思想多元化從另一角度來看，也說明元代社會的價值觀念在變化中，與前代和傳統有極大差異。元代此一新崛起的民族爲宋以前漢民族區域凝滯不動的文化，提供了新的客觀環境，開創了新的可能發展，使元這一時代的審美觀呈現新的特色。

四、接納漢民族文化

　　元代統治中原，對中國傳統文化的影響大於對社會經濟的影響，因元提倡蒙古至上主義，主要是爲了維護蒙元自身文化，兼採中華文化與西亞文化，還須防備被漢化。元代這種作法與遼朝、金朝與西夏等王朝不同，後者爲了提升本身文化，對吸收中華文化非常積極，遂逐漸被漢化。元代在宗教上，他們對於藏傳佛教的提倡高過於中國的佛教與道教，在政治上大量使用蒙古人、色目人，歧視漢人、南人，長期沒有舉辦科舉，儒者地位下降，士大夫文化式微，屬於宋代的傳統社會秩序面臨崩潰。因而屬中下層的的庶民文化迅速掘起，在政治上重用胥吏，在藝術與文學上則發展戲劇與藝能，尤以元曲最爲興盛，這些現象皆以庶民爲對象。

　　從另一方面來看，元代統治中國造成漢民族傳統思想文化的斷裂，這並不是指其全部割棄了漢民族的思想文化，漢族的傳統仍然構成了元代社會的基礎，只是在外來的蒙元力量衝擊下，社會的思想文化有了新的變異與發展。儘管在元蒙征服的過程中有殘忍的暴力、屠殺，但入主中原之後，對金宋的社會經濟結構並未予以破壞，在文化領域上，既未實施文化專制主義，也未以蒙元統治者的低級形態文化取代較高的漢民族文化，在實際上也不可能。自元太祖成吉思汗就已開始注重漢族人才，成吉思汗攻佔漢地後，有賴於耶律楚材（契丹人）等人推行漢法以維護漢地的典章制度，他積極改變蒙古軍

〔註31〕忽必烈命八思巴創造蒙古新字，在1269年頒行，但這種蒙古字字形複雜，難以學習書寫，只能在蒙古貴族間使用，並沒有普遍流行於民間；到了元代後期，畏兀兒體蒙文又漸通行各地。蒙元的文字與中原漢民族的文字大爲不同，容易造成統治上的不便和溝通上的隔閡，而圖畫則是共通的語言，統治者對於繪畫藝術的態度有助於文人畫的推展。

以往攻城掠地、殺害拒命者的作風，致力興科崇儒與整頓吏治，實爲推行漢法之祖。這些人才主要是屬於技術型的儒、釋、道、醫、卜等知識分子，他們兼具攜帶、傳播與延續傳統思想文化的任務，因而影響了元蒙統治者。

元世祖忽必烈也任用大批漢族幕僚和文人，以創設典章制度，如劉秉忠、許衡和姚樞等人，他們並提出實行漢法的主張，郝經上勸忽必烈建立以漢法爲基礎的王朝，他說：「今有漢唐之地而加大，有漢唐之民而加多。雖不能便如漢唐，爲元魏、金源之治亦可也。」〔註32〕勸忽必烈學習金朝實行漢制。許衡則上「時務五議」說：

> 國朝土宇曠遠，諸民相雜。俗既不同，論難遽定，考之前代，北方奄有中夏，必行漢法，可以長久。故後魏、遼、金，歷年最多。其他不能實用漢法，皆亂亡相繼。……必如今日形勢，非用漢法不宜也。〔註33〕

由以上內容可見漢族文人之主張，並以不能實用漢法的國家皆相繼亂亡，強調實用漢法之重要。另有劉秉忠上書說：

> 孔子爲百王師，立萬世法，今廟堂雖廢，存者尚多，宜令州郡祭祀，釋奠如舊儀。近代禮樂器具靡散，宜令刷會，征太常舊人教引後學，使器備人存，漸以修之，實太平之基，王道之本。〔註34〕

以上劉秉忠的積極獻言，莫不爲維護漢民族傳統儒家文化竭盡心力，這一切皆促使忽必烈積極推動漢法。忽必烈並推動學習漢文的熱潮，還以法律規定太子必須學習漢文；且接受儒士元好問和張德輝的提議號稱「儒教大宗師」。忽必烈建元稱帝後，建立一套政治體制即以傳統中國中央集權作藍本，設立三省六部和司農司等系列專司機構，使用中原的統治機構來統治人民。由於四大汗國以及與維護蒙古舊法的守舊派蒙古王室都不滿元世祖推行漢人典章制度的做法，或叛變或疏遠之，元世祖到了晚年也逐漸與眾儒臣疏遠，最後漢法終究未能發展爲一套完整的體系。

元代後來的元仁宗、元英宗、元文宗與元惠宗等人君王更可純熟的運用漢文從事創作。一些蒙古貴族在入居中原之後，因對漢文化的欽慕，還邀請

〔註32〕元，蘇天爵，《元文類》，卷 14（四部叢刊）（台北：台灣商務印書館，1967年）；引同劉禎，《勾欄人生》（《華夏審美風尚史》第七卷），頁 23。

〔註33〕同元，蘇天爵，《元文類》，卷 13；引同劉禎，《勾欄人生》（《華夏審美風尚史》第七卷），頁 24。

〔註34〕明，宋濂等撰，《元史》，卷 157〈劉秉忠〉，頁 3691。

儒生擔任家庭教師來教育子女。並且翻譯許多漢文典籍以因應學習的需要，翻譯的漢典如《論語》、《孟子》、《大學》、《中庸》、《周禮》、《春秋》、《孝經》、《通鑑節要》、等。元文宗統治時期大興文治，1329 年設立奎章閣學士院，命令所有貴族大臣的子孫都需到奎章閣學習經史之書，又於奎章閣下設藝文監，專責校勘儒家經典並翻譯成為蒙古文；同年下令編纂《元經世大典》，此典於兩年後完成，是元代重要的一部典章制度巨著。

理學在北方傳播始於宋儒趙復，如《元史》所說：「北方知有程、朱之學，自復始。」〔註35〕由於趙復在元軍南征的俘虜中被發現，方才開始宣揚理學。理學的官學地位則在元代確立，蘇天爵〈伊洛淵源錄序〉說：「至於《論語》、《大學》、《中庸》、《孟子》，專以周、程、朱子之說為主，定為國是，而曲學異說，悉罷黜之。」〔註 36〕從此理學的思想統治貫穿元代社會，這是漢民族文化於元代延續、發展的典型，即使傳統漢法遭受許多衝擊，同時理學思想注入了新的活躍要素，而理學地位的上升也從元代擴展到後世明清。

因此，漢民族文化在元代事實上不曾被阻絕或割棄，並且對入主中原的蒙古外族產生了深刻的影響，在其建立的的元代政權上接納了漢民族思想文化的體系。

第三節　元代政策對文藝創作的影響

元代統一全國帶來新的融匯，在這個大環境的前提下，元代朝廷的政策對文人的影響非常大，以下將進一步從文藝的觀點來探討各方面的影響。

一、宮廷畫家不復存在

元代的文藝政策基本上承續金朝，在宮廷中設置了祕書監，其任務是收藏與管理各種圖書、繪畫、書法和古物，主持者都是碩學之士，裡面的收藏可說集金、宋內府之大成；然真正的文人畫都收藏在集賢院，管理者的地位又超過祕書監諸大員。

另外在工部設置「將作院」與「諸色人匠總管府」，掌管全國藝人與藝術工程，「將作院」下設有畫局，「諸色人匠總管府」下設專司管理宮殿、喇嘛

〔註35〕明，宋濂等撰，《元史》，卷 189〈趙復傳〉，頁 4314。
〔註36〕元，蘇天爵；陳高華、孟繁清點校，《滋溪文稿》（北京：中華書局，1997 年），頁 74。

寺、佛廟、道觀等的建築和裝飾，宮廷中的待詔就是從事諸如此類工作的工匠，但是這些機構並不承擔培養與供養藝術工作者的責任，這一點與宋代的畫院不同，因此專職藝術創作者失去了工作的機會和生活的依靠。今人鄭午昌說：「元掘起漠北，入主中原，毳幕之民而知文藝之足眾。雖有御局使而無畫院……在上既無積極提倡，在下臣民又皆自恨生不逢辰，淪爲異族之奴隸。」〔註37〕在當時可見南宋遺留的宮廷畫家頓失地位和依恃，只得流落到下層社會去當畫匠或工匠，他們的作品也轉爲通俗取向，這些人如顏輝、陳琳、盛懋和王淵等，也藉著與文人的往來，修訂了自己的風格；但比較固執的人就只能摹寫複製南宋的畫。

二、漢族士大夫寄情於文人畫

元蒙以少數人來統治廣大的領土與漢等民族，他們爲了自我保護，縮小甚至停辦科舉制度，改施行薦舉制度是可理解的，而在忽必烈、仁宗、英宗時期，仍然薦舉了許多賢能的漢族士大夫出任元朝廷重臣，雖然如此，大部分時間元代社會大都處於「輸田粥爵、夤緣求進、賄賂公行」的陰影下，不少飽學而貧寒的知識份子求仕進無門，此種特殊情形對眾多的漢族士大夫造成極大的打擊，只能另謀出路，今人鄭午昌說：「凡文人學士無論仕與非仕，無不欲藉筆墨以自鳴高，故其從事於圖畫者，非以遣興，即以寫愁而寄恨。」〔註38〕這些士大夫或者改當地方政府的小吏，或者轉職爲私塾教師，或者放任自己浪跡江湖……；他們糾著滿懷的失意和悶氣，只好寄情於山水繪畫，文人畫正好能夠讓他們紓解心中鬱結的愁恨。

當時有部分士大夫走入山林當隱士，今人王伯敏說：「統治者對漢族士大夫採取分化的辦法……因此，就產生了一部分士大夫徬徨徘徊於野，終於苦悶地走向山林，做起隱士。」〔註39〕尤其在江南一帶，包括西湖、太湖、長江流域、洞庭湖和鄱陽湖這些區域，聚集了不少文人畫家，造成漁隱的形態，在繪畫創作上則產生「漁父」與遊湖文會等題材。

由於元朝廷尊重宗教，在政策上對於佛寺道觀的田產採取免稅，造成許多大地主將私有田產托付給寺觀，使得寺觀的財富大增，因而許多浪跡江湖

〔註37〕鄭午昌，《中國畫學全史》（上海：上海古籍出版社，2011年12月），頁329。
〔註38〕同鄭午昌，《中國畫學全史》，頁329。
〔註39〕王伯敏，《中國繪畫通史》（台北：東大圖書股份有限公司，1997年11月），頁669。

的落魄士人也附庸在大寺觀，得到生活的安頓，可以繼續他們文人的筆墨藝術，不少文人畫家也常自稱是「道人」或「山人」，展開閒雲野鶴的戲墨生活，文人畫家與僧道的結合遂日漸增加。

三、蓬勃的經濟促使文人畫茁壯

　　元代社會、經濟安定之後，也使得文人畫可以在民間茁壯，在元初五十年間，江浙一帶地區由於社會較爲安定，經濟上農業生產與國內外貿易都十分蓬勃發展，形成元代中期、後期的階段在此區域掘起許多大地主及大商賈，這些富人喜歡附庸風雅，除了收集文人的書畫作品，也贊助文人創作，並舉行文人雅集，例如：顧瑛《草堂雅集》〔註40〕，使得許多文人畫家以作畫爲消遣，將滿腹牢騷藉畫寄意，文人畫因而得到推展。

　　元代的城市經濟比兩宋繁榮，貿易與娛樂業發達，促使市民藝術更爲興盛。大都是元代前期的文化中心，高級士大夫是文化的核心人物，帶有較濃厚的貴族氣息；到了元代後期，以江南爲中心，下層的文人成爲核心人物，此時的文人即爲基於「社會性的退避」〔註41〕而隱居山林的文人，這些文人並非眞正與世隔絕的隱士，乃是因「有才無處發，於是引發爲一種對人世生活的超脫之感，並發展爲使個體與社會總體分離的社會性的精神運動。」〔註42〕故實質在於放棄仕途而走向隱逸之路的精神活動，但在生活上仍有與其他文人畫家或同好者接觸與互動。江南的文人畫家使得文人畫藝術呈現一種平民色彩，今人邵彥說：「文人畫成熟和普及的過程其實也是平民化或者說市民化的過程。（文人畫本來就是一種城市文化）」〔註43〕元代文人畫因著江南經濟的繁興，逐漸普及於一般市民階層。

　　元末的商人和地主在江南以商業活動爲軸心，吸收許多文人畫家，贊助文人創作繪畫，這些富豪形成新的社會階層，追求好文知畫的生活情趣，所造成的雅緻生活與政治都城的氣氛完全不一樣，這是在商業城市才能營造出來的生活方式，今人高木森說：

〔註40〕 元，顧瑛，《草堂雅集》，屬於《四庫全書》之集部之總集類。
〔註41〕 此處資料參自〈中國古代文人雅集現象〉（http://3hj.cn/portal.php?mod=view&aid=14476，2012 年 9 月）。
〔註42〕 陳傳席，《中國山水畫史》（天津：天津美術出版社，2001 年），頁 235。
〔註43〕 邵彥，《中國繪畫欣賞》（台北：五南圖書出版股份有限公司，2002 年 8 月），頁 343。

> 藝術活動能否昌旺完全視乎贊助者的態度和力量。即使業餘畫家也
> 需要一種維生的方法，那麼提供或維持其生計的人或機構，無論間
> 接或直接，都可以視爲那些畫家的贊助者。〔註44〕

因此元末這些富人，以其對文人畫家的贊助，促進了文人畫欣欣向榮。

　　當時顧瑛的《草堂雅集》又稱「玉山雅集」，因在昆山顧瑛的玉山草堂舉辦，這是元後期在吳中（今蘇州一帶）頗具影響力的文人雅集活動，參與文人人數上百，持續達十多年，活動的形式即以詩酒風流的宴集唱和進行，被《四庫提要》贊爲「文采風流，照映一世」，其規模是元代歷史上最大，也是歷時最長久、創作質量最整齊最豐富的詩文雅集，所收的唱詠詩人達到80人之多，在中國文學史上留下輝煌的一頁。清初錢謙益《列朝詩集小傳》的甲前集裡列有「玉山草堂留別寄贈諸詩人」的名單，其中文人包括顧瑛、柯九思、黃公望、倪瓚、王蒙、楊維楨、熊夢祥、袁華等 37 人〔註 45〕，這些詩人不只擅長詩文曲賦，還兼擅書畫琴棋諸藝，在元代都是一時之選，而且對後世影響甚巨，比如文人畫中的元四家其中就有黃公望、倪瓚、王蒙三家先後出入過顧瑛的玉山草堂；元後期江南文人畫家中的重要代表如王冕、張渥、趙元等人皆留下詩書畫合璧之佳作。玉山與金谷、蘭亭、西園雅集不同，之間的區別在於後者幾乎都是達官與貴族士大夫的雅集，而前者玉山雅集是真正的文人之會。以玉山主人顧瑛來說，他讀書習儒和廣結文人朋友，純粹是出於文學與藝術至上的精神需要，並無任何功利目的，即無應舉出仕的目標，亦無走上終南捷徑的念頭，只爲表現藝術家的態度，享有自由的創作與自在的生活，而不被一般俗規所拘束，這與當時的文人特質是很類似的。

　　統治者對於文人畫家也有所贊助，文人畫家的活動範圍，包括：宮廷中的集賢院、奎章閣、秘書監，以及佛廟、道觀等，活動的區域以北京、揚州、蘇州和杭州爲重心，贊助他們的人則上從皇室貴族到地方官僚、地主商賈，再至寺院、道觀的主事者等都有。故元代的文人雖生活並非富裕，卻擁有自由的生活，此種特殊的文藝環境的確對文人是非常優厚的，文人遂能放任於文人畫的創作，故文人畫蔚爲一時風尚，且具深遠的影響。

〔註44〕高木森，《中國繪畫思想史》（台北：東大圖書股份有限公司，1992 年 6 月），
　　　　頁 341。
〔註45〕同高木森，《中國繪畫思想史》，頁 341。

第四節　元代背景呈現之審美特性

　　蒙古人建立元朝，對於漢族文明與思想產生極大的衝擊，甚至破壞。漢族文明是中華文化的主體，元之前的中華歷代政權由漢族人締造與掌握，這使得漢族文明建構中華文化思想，也構成中華審美觀念的主導力量；遊牧民族的掘起，蒙元的統治，導致悠久傳統的中華文化與溫良敦厚的審美風格遭受時代的顛覆，元代的審美風格造成震撼，帶來嶄新的變化和獨特的展現，以下將探討在元代背景之下所呈現與以往朝代不同的審美特性。

一、民族性

　　元代是中國第一個由少數民族建立的政權，它的疆域遼闊，延伸直到歐亞大陸，涵蓋許多民族，例如西藏即是納入元中央政權直接管轄的地區，各民族間的交流來往更甚於從前，因而增進各民族的瞭解與融合，使元代呈現不同於以往朝代的面貌，這一點也反映出元代社會的審美特性。

　　當時在少數民族的文人中出現不少畫家，例如畏兀兒人高克恭（字彥敬，1248～1310年），是元代著名山水畫家，他先後學二米、董源，取法寫意氣韻，也擅長墨竹。高克恭的祖先是西域人，後落籍於山西大同，他在至元十二年由京師貢補工部會史，1289年到江淮地區任官，之後十年間，大都在江南，所以與南方的文人例如趙孟頫、周密、仇遠等人往來甚密。高克恭傳世的畫作不多，有兩幅最爲有名的代表作，即《春山晴雨》與《雲橫秀嶺》，後者畫上有李衎在至大二年（1309年）的題跋：

> 予謂彥敬畫山水，秀潤有餘而頗乏筆力，常欲以此告之，宦遊南北，不得會面者今十年矣！此軸樹老石蒼，明麗灑落，古所謂有筆有墨者。使人心降氣下，絕無可議者。其當寶之。至大已酉夏六月，薊丘李衎題。〔註46〕

以筆墨的風格來說，高克恭顯然受到米芾、米友仁的影響，筆墨趨於簡逸，他用乾筆皴，用濕筆橫點，再用淡墨渲染，所以顯得特別清秀溫潤。這些少數民族的文人往往詩、曲、書、畫均通，元文宗皇帝的漢學根基深厚，精通詩與畫，陶宗儀記載：

> 文宗居金陵潛邸時，命臣房大年畫京都萬歲山，大年辭以未嘗至其地。上索紙，爲運筆布畫位置，令按稿圖上。大年得稿，敬藏之。

〔註46〕取自《雲橫秀嶺》，此畫絹本立軸，現藏台北故宮博物院。

　　意匠經營，格法適整，雖積學專工，所莫能及。〔註47〕

由以上記述，可知文宗君主也是一位能畫愛畫的文人雅士。元代的畫家，即審美創作主體，其身具的民族性帶來新的審美領域、審美題材與審美對象。

　　民族的大融合，疆域的擴展，使元代人民的視野驟然開闊，漠北的大草原穿梭著各民族的商人，大批的漢人也跨越長城，走入草原，蒙人的屯住與遷移如《後漢書》〈烏桓傳〉所說：「以穹廬為舍，東開向日。」〔註48〕以及《北史》〈突厥傳〉所說：「其俗被髮左衽，穹廬氈帳，隨逐水草遷徙。」〔註49〕茫茫無際的草原風光，以及草原民族的純樸生活與豪邁天性，為久居中原的漢族人開闢了新的天地與感受，這些異域與異族的獨特地理人文景觀，成為元代社會一種新的風尚。蒙古等少數民族的人文習俗也充斥中原各地，由於元蒙的統治姿態，一般民眾隨之仿效，熱衷和追逐者特別多，例如許多漢人以有蒙古名為榮，而蒙古、女真的語言在元代頗為流行。

二、開放性

　　蒙古族以遊牧漁獵維生，文明程度較漢族低，並無漢民族深厚的綱常倫理思想，此種不受任何常規或模式限制的特點，較易接受新事物，因而元代具有開放、包容的審美特性。

　　元代的軍事征服曾到達歐洲和北非，震驚全世界，在陸地上，元代在中國各地皆設置行中書省（吐蕃地區除外），中國的行政區域規劃乃由元代奠定基礎，而周遭鄰國都曾被元征討，有些還設置過行政區。在海路上，元代的港口主要是泉州、慶元（今寧波）、廣洲、溫州和杭州等地，主以和平貿易的方式建立起與世界各國互通的網絡，遠至波斯灣與阿拉伯半島。據廣東陳大震編輯的《南海志》記載：「元代與中國發生海道貿易關係的國家和地區有140多個」，汪大淵的《島夷志略》則「列舉有100多個國家和地區」。〔註50〕

　　隨著元蒙征服者地位的壯大以及國際貿易的頻繁，作為貢品或交換物的奇珍異寶源源而來，今人劉禎說：

〔註47〕元，陶宗儀，《南村輟耕錄》卷二六《文宗能畫》（台北：中華書局，1959年）。
〔註48〕同宋，范曄，《後漢書》，收於《二十五史》6，頁1076。
〔註49〕唐，李延壽，《北史》，收於《二十五史》21（台北：藝文印書館，1962年），頁1461。
〔註50〕《南海志》與《島夷志略》的資料引同劉禎，《勾欄人生》（《華夏審美風尚史》第七卷），頁38。

> 從海道「舶貨」的種類繁多，根據其性質，大體可分為寶物、布匹、
> 香貨、藥物、皮貨和雜物六類。「寶物」主要有：象牙、犀角、鶴頂、
> 珍珠、珊瑚、碧甸子、翠毛、龜筒、玳瑁等。陳大震編輯的《南海
> 志》說：「故海人獸山之奇，龍珠犀貝之異，莫不充儲於內府，畜玩
> 於上林，其來者視昔有加焉。而珍貨之盛，亦倍於前志之所書者。」
> 尚新逐奇成為一種時尚。〔註51〕

以上追逐新穎奇異亦說明元代的開放性形成審美的特性。當時商業工藝發
達，貴族官吏生活奢華，國內外交通四通八達，造成中國經濟的高度繁榮，
開放性在元代是顯而易見的事實。

　　在元代國內各民族與國外不同種族的人，他們懷著各種目的來到中國，
例如商務、探險、傳教、旅行、戰俘等，形成一股風潮，並逐漸融至儒家倫
理的漢民族生活中；他們駁雜的意識思想、宗教信仰、價值觀、生活習俗和
方式，以及相異的審美觀念和追求，都帶給元代社會衝擊和影響，造成元代
文化思想不拘於傳統或規範，呈現開放與兼容並蓄的特點。

三、異變性

　　異變性隨著開放性而來，兩者緊密的連結一起，且互為推動，蒙古族入
主中原對社會與經濟帶來衝擊，也產生對傳統思想與規範的突破，這是以往
任何朝代更替時不曾發生的；不同的生活風俗、價值觀念都能開放包容，造
成「思想解放」、「正統之辯」的表現，形成社會審美風尚的異變性。

　　與異變性相呼應，一些新的審美形式應運而生，例如元曲的興盛，包括雜
劇和散曲，前者是綜合性舞臺表演的戲劇藝術，後者是由長短句構成的詩歌文
學，這些元代文人的新文學藝術，廣受群眾喜愛和欣賞，替代了正統文學的地
位，在當時大放異彩，還有一些之前不被正統認可的形式如話本等也有所發展，
通俗質樸的文藝在大眾的簇擁下浮現檯面。元曲形式的出現以及內容的超越傳
統，可說從舊的思想和束縛中解放出來，從中看到的異變性非常鮮明，例如雜
劇的創始者關漢卿（約 1210 至 1300 年）是金朝遺民，金亡不仕，畢生致力於
戲劇，然在作品中未看到他具故國之思或文人保性守真的退隱情懷，他在《拜
月亭》中描述金國尚書之女王瑞蘭，在《紫雲亭》中描述完顏氏之子靈春，都
是女真族與漢族青年的戀愛，兩個劇作皆表現青年男女對理想愛情的嚮往與追

〔註51〕同劉禎，《勾欄人生》（《華夏審美風尚史》第七卷），頁38。

求，以及他們面對門第觀念、傳統禮教的抗爭。今人劉大杰說：

> （元代）在文學思想上，是一個較爲放任的時代。因爲儒家思想的
> 衰微，在唐、宋樹立起來的載道的文學理論，在文學界完全失去了
> 理論的指導作用，戲曲本是載道派認爲是卑不足道的東西，恰好在
> 這個文學思想解放的時代出現，加以當代物質環境的優良，於是蓬
> 勃發展起來。南宋孟珙的《蒙韃備錄》記金末的蒙古風俗說：「國王
> 出師，亦以女樂隨行，率十七八美女，極慧黠，多以十四絃等彈官
> 樂，四拍子爲節，甚低，其舞甚異。」國王如此，其臣僚貴族更是
> 如此。……也給與戲曲發展以一定的影響。〔註52〕

以上說明在儒家思想衰落，文以載道的文學理論起不了作用，文學思想解放
的社會背景下，元代在文學藝術的審美上產生了異變。

在元代審美的異變性下，產生一批不同於過去、不同於流俗的藝術家與
思想家，如鄭思肖、趙孟頫、關漢卿、王實甫、白樸、馬致遠等人。在文人
畫家中，元代前期志士的孤芳自賞也是一種異變性，如鄭思肖詩文書畫皆佳，
詩文作品有《所南詩文集》（《四部叢刊續編》本）和《心史》（明崇禎刊本），
他喜愛畫蘭，因蘭最可代表「孤芳」，現留傳有一幅短橫披，畫中有一簇無根
蘭花，象徵故國之思，。其蘭都是無根無土，鄭思肖說：「國家已亡，何來土
地生長！」〔註53〕題詩云：「向來俯首問羲皇，汝是何人到此鄉？未有畫前開
鼻孔，滿天浮動古馨香。」〔註54〕詩中「何人」指蘭，也指鄭思肖自己，意
寓高節孤芳，以蘭象徵氣節，乃出於屈原的〈離騷〉。

元代歷經多種思想、多元文化的發展，到後期有向漢民族傳統文化回歸
的傾向，因在穩定的社會環境裡，蒙古族和其他民族在與漢民族融合的過程
中一再被同化，而此種回歸同化，是經歷各種思想文化的斷裂與融合後，在
一種新的意義與新的程度上的回歸，而南方成爲回歸漢族傳統文化的主要地
區。元代思想的開放、異變與融合是一種客觀的過程，讓後人有更深刻的反
思與更創新的超越。

〔註52〕劉大杰，《中國文學發展史》（上）（中）（下）（台北：華正書局，2001 年 9
月），頁 926。

〔註53〕據《韓山人詩集》，原文作「士爲蕃人奪，忍著耶？」，引自陳高華，《元代畫
家史料》（上海：人民美術出版社，1980 年），頁 330。

〔註54〕取自元，鄭思肖《蘭》，1306 年，紙本墨繪，卷，25.7x42.4cm，大阪市立美
術館藏。

第五節 小結

　　由於商業經濟發達與東西交通方便，使得元帝國成為當時東亞地區一個強盛、富裕的大國，至元十一年（1274 年），義大利人馬可波羅沿著古絲綢之路，旅行到中國，留下美好回憶而寫下《馬可波羅行紀》〔註 55〕，可看出元代的盛況。元代多民族文化交流，造成社會文化興起，也使元朝文藝呈現多元化。蒙元為鞏固蒙古人的地位，分立蒙古人、色目人、漢人與南人四個階級，因崇尚蒙古至上觀念，在法律、科舉、任官等方面給予蒙古人與色目人較多的優惠，而對漢人與南人採取民族歧視政策，並忽視科舉，不重用漢人儒者，這些政策致使大部分的江南儒者放棄仕進之路，轉向文藝創作上發展。

　　元代的背景和政策使得大批漢族文人喪失優越的社會地位和朝廷仕進的前途，因而也擺脫對政權的依附，他們身為社會庶民，一方面加強與一般民眾階層的聯繫，謀取生活的需求，一方面加強個人的獨立意識，從超世的思想，培養個人的藝術風格，呈現於文人畫中，如此也使得元代文人畫家的人生觀念、審美情趣發生與以往所謂「士人」明顯相異的變化。綜觀元代的文人畫光芒四射，照耀古今，元文人畫家強調抽象超然的境界，擁有自己的繪畫創作理念，這些開創性的理念至今仍然意義重大。

〔註55〕參同馮承鈞譯，《馬可波羅行紀》。

第三章　元代文人畫興盛緣由與發展

　　中國繪畫源遠流長，可推溯到西元前六世紀春秋時代的壁畫，或可更推溯到西元前九世紀，在河南安陽宮殿的牆面幾何圖飾。帛畫是最早使用的繪畫材質，指描繪在絲織物上的圖畫，盛行於前秦到西漢；而紙於漢代才開始使用。《人物龍鳳帛畫》、《人物御龍帛畫》〔註1〕是史上記載中國最早的帛畫，也是目前所知先秦時期最具獨特意義和代表性的繪畫作品，這兩幅帛畫雖不是嚴格定義下的書畫，但已具卷軸畫的基本特點：繪於可移動可舒卷的絹或紙材料上，且使用中國毛筆和墨爲主要繪畫工具；不過它們在當時並非供人欣賞的繪畫藝術品，畫中傳達楚國的禮俗與信仰〔註2〕。

　　在漫長文化歷史演化中，由於中國文人士大夫直接參與繪畫，形成異於其他國家民族的繪畫結構，並綻放光彩奪目的文化藝術。文人介入繪畫的史料記載，可能至少追溯到漢代的蔡邕（133 年～192 年）〔註3〕，依據魏孫暢之《述畫記》說：「靈帝詔邕畫赤泉侯五代將相於省，兼命爲贊及書，邕書畫與贊，皆擅名於代，時稱『三美』。」〔註4〕到魏晉南北朝時期，文人士大夫

〔註1〕《人物龍鳳帛畫》在 1949 年於湖南長沙陳家大山楚墓中發現，另一幅《人物御龍帛畫》在 1973 年於長沙子彈庫楚墓中發現。兩幅畫是至今所發現中國最早（距今 2400 年）的帛畫作品，皆屬於引導逝者靈魂升天的旌幡性質。
〔註2〕《人物御龍帛畫》的男子形象映現出士大夫屈原的氣度，相對的，屈原奔放浪漫的文學養分來自其生長的南方楚地。參見楊佳蓉，〈《人物龍鳳/御龍》帛畫與楚人信仰〉《國文天地》第 347 期（台北：萬卷樓圖書股份有限公司，2014 年 4 月）。
〔註3〕蔡邕，字伯喈，陳留圉（今河南杞縣南）人，中國東漢末年名士。東漢靈帝熹平四年，蔡邕等上奏請求正定六經文字獲得許可。蔡邕親自用丹砂將經文書寫於石碑，再命工匠鐫刻，立於太學門外，即熹平石經。
〔註4〕後魏，孫暢之，《述畫記》；俞劍華，《中國古代畫論類編》（上）（人民美術出

從事繪畫成爲普遍的現象，甚至畫家在繪畫創作的基礎上，開創理論的探討；至唐代，由於社會經濟的繁榮發展，文藝上出現燦爛景象，文人在詩畫的審美觀上展開新境界；宋代文人士大夫大力提倡與積極參與文人畫，形成可與院畫相抗衡的藝術思潮；至元時，文人畫大爲興盛；到明清，文人畫已延伸成爲中國畫的主流；本章即將探討元代文人畫興盛的緣由與發展。

第一節　文人畫意義

　　探究文人畫的意義，可從文人士大夫對於繪畫藝術的追求，得其與畫工的繪畫有所不同，從兩者的區別可窺知何爲文人畫；由於文人士大夫對儒家思想的推崇，具有重道輕器的觀念，因而對畫工畫或畫匠經常給予貶抑和責難。南齊謝赫評劉紹祖的畫說：「傷於師工，乏其士體」〔註5〕；而初唐彥悰有「不近師匠，全範士體」〔註6〕的優點；晚唐張彥遠則說：「自古善畫者，莫非衣冠貴冑，逸士高人，振妙一時，傳芳千祀，非閭閻鄙賤之所能爲也。」〔註7〕由以上可知古人對畫工的匠氣加以批評，而對文人逸士的畫大爲褒賞。

　　在崇尚文人士大夫畫的思想氛圍中，蘇軾的觀點亦認爲士人畫與畫工畫南轅北轍，蘇軾說：「觀士人畫，如閱天下馬，取其意氣所到。乃若畫工，往往只取鞭策皮毛槽櫪芻秣，無一點俊髮，看數尺許便倦。漢傑眞士人畫也。」〔註8〕他認爲士人畫是超越物象的，而畫工畫拘泥於物體本身，欣賞士人畫猶如閱天下馬，取其「意氣」，即氣韻、神韻；蘇軾重視藝術形象神似的觀點，強調溢於畫面的內蘊之氣，而這是從文人畫可體會得到的。

　　明萬曆年間，董其昌（1555～1636年），直接提出「文人之畫」之詞，他先以禪家南北二宗與繪畫作類比，把中國山水畫分成南北二宗，這在中國繪畫史上，是首次出現的畫派理論，董其昌在《畫旨》中說：

> 禪家有南北二宗，唐時始分，畫之南北二宗，亦唐時分也，但其人非南北耳。北宗則李思訓父子著色山水，流傳而爲宋之趙幹、趙伯

版社，2000年），頁351。

〔註5〕唐，張彥遠，《歷代名畫記》（人民美術出版社，1963年），頁137～138。

〔註6〕唐，彥悰，《後畫錄》：引同俞劍華，《中國古代畫論類編》（上），頁385。

〔註7〕唐，張彥遠，《歷代名畫記》（人民美術出版社，1963年），頁15。

〔註8〕宋，蘇軾，《跋漢傑畫山》；鄧立勛《蘇東坡全集》（中）（黃山書社，1997年），頁495。

駒、伯驌，以至馬夏輩。南宗則王摩詰始用渲淡，一變鉤斫之法，
其傳為張、荊、關、董、巨、郭忠恕、米家父子，以至元之四大家。
亦如六祖之後，馬駒雲門臨濟兒孫之盛，而北宗微矣〔註9〕

進而，董其昌以唐代王維為文人畫宗師，他說：

文人之畫，自王右丞始。其後董源、巨然、李成、范寬為嫡子。李
龍眠、王晉卿、米南宮及虎兒，皆從董、巨得來。直至元四大家黃
子久，王叔明、倪元鎮、吳仲圭，皆其正傳。吾朝文、沈，則又遠
接衣缽。若馬、夏及李唐、劉松年，又是大李將軍之派，非吾曹當
學也。〔註10〕

董其昌創立「南北宗」，提出對山水畫發展的看法，在歷史上為文人畫確立了
系統，在他的美學觀點中，天真幽淡而蘊含禪意的文人山水畫達至最高的境
界。董其昌提出以上言論後，人們皆以王維為文人畫的始祖，而董、巨、二
米、元四家為嫡子，如此符合廣大文人畫家的要求，因而普遍得到贊同與支
援，國內外受此論影響長達幾百年。但近幾十年來有些學者對南北宗論抱持
懷疑的態度，因為董其昌在言論中只是列出諸畫家的名字，並沒有對文人之
畫進一步作具體的闡釋，以致後人為說明和界定文人畫，提出許多不同的看
法。

從文獻上來看，解釋文人畫的角度有多種，有人從繪畫用筆的角度，如
明代陳繼儒（1558～1639年）說：「文人之畫，不在蹊徑，而在筆墨」〔註11〕；
清代王學浩（1754～1832）在《山南論畫》中說：「王耕煙雲：『有人問如何
是士大夫畫，曰：只一寫字盡之。』此語最為中肯。字要寫，不要描，畫亦
如之，一入描畫，便為俗工矣。」〔註12〕有人從繪畫風格的角度，如明末清
初沈顥（1586～1661）說：「畫之簡潔、高逸：曰士大夫畫也。」〔註13〕有人
從畫家身份的角度論文人畫，今人阮溥說：

在蘇軾大量論及的文人畫家當中，上起王維，下至宋子房，這些人

〔註9〕 明，董其昌，《畫旨》卷上；吳孟復、郭因，《中國畫論》卷一（安徽美術出
版社，1995年），頁307。
〔註10〕 同明，董其昌，《畫旨》卷上；吳孟復、郭因，《中國畫論》卷一，頁307。
〔註11〕 明，陳繼儒，《盛京故宮書畫錄》；林木，《中國古代畫論發展史實》（上海：
上海人民美術出版社，1997年，頁223。
〔註12〕 清，王學浩，《山南論畫》；俞劍華，《中國古代畫論類編》（下）（人民美術出
版社，2000年），頁248。
〔註13〕 明，沈顥，《畫塵》；同俞劍華，《中國古代畫論類編》（下），頁778。

的畫其實都是文人所畫的正規畫。……都與畫工所畫並不顯著的外
在區別。區別只是在於這些人的作品於無形中顯示出文人大夫所具
有的氣質、素養和情趣。〔註14〕

以上從文人畫家的身分界定文人畫,其作品呈現內在的「意氣」或情致。關
於文人畫的意義,今人陳衡恪(1876～1923 年,字師曾)的看法被認為影響
最大、見解最深,他在〈文人畫之價值〉一文中說:

何謂文人畫?即畫中帶有文人之性質,含有文人之趣味,不在畫中
考究藝術上之工夫,必須於畫外看出許多文人之感想。此之所謂文
人畫。或謂以文人作畫,必於藝術上功夫欠缺,節外生枝,而以畫
外之物為彌補掩飾之計。殊不知畫之為物,是性靈者也,思想者也,
活動者也,非器械者也,非單純者也。〔註15〕

從以上的敘述,看出陳衡恪認為文人畫由三方面來界定: 第一,文人畫是文
人所畫之畫,出於文人的手筆;第二,文人畫中自然的流露和表達文人的思
想意蘊;第三,思想與性靈是畫的優先需求,技法工夫則在其次。此三點也
顯出文人畫的長處。陳衡恪對文人畫的意義進行了較為全方位的思考,他不
贊成把文人畫僅視為「文人所作之畫」,而是將界定的根本落實在「畫裏帶有
文人之性質,含有文人之趣味」這一層次上,的確是意義重大。

　　以今人俞劍華對文人畫的觀點,他在注重文人文藝氣息這一重點上,與
陳衡恪持有相同的看法;但俞劍華在文人所畫之畫是否都是文人畫的問題
上,提出一個新的思路,他根據董其昌南北宗論裡列出的畫家,分析他們的
身份、職業、繪畫技法等方面,研究出文人之畫與非文人之畫的區分:「就是
文藝氣氛比較重的(在人和畫兩方面)是文人的畫,文藝氣氛不是沒有,而
是比較輕的就是非文人的畫。」〔註 16〕由此可見,在文人之畫與非文人之畫
的區分上,只是畫上的文藝氣氛的輕重有所差別而已,這種差異是相對的存
在,並不是絕對的不同;也就是說文人所畫的畫不見得都是文人畫,而且文
人畫也可能是其他非文人之畫。

　　在中國畫在歷代發展的過程中,文人畫逐漸確立為主導地位,但因在封

〔註14〕阮璞,《蘇軾的文人觀論辯》;《中國繪畫研究叢書——文人畫的趣味、圖式與
　　　　價值》(上海:上海書畫出版社,1993 年),頁1～3。
〔註15〕陳衡恪,〈文人畫之價值〉,《中國文人畫之研究》(中華書畫出版社),頁1。
〔註16〕俞劍華,《俞劍華美術論文集》(山東美術出版社,1986 年),頁 115。

建社會裡，文人士大大於現實環境遭遇到曲折變化的人生，使得文人畫家的
真實形態趨於多樣和複雜；除此之外，文人畫家也與民間畫師產生相互交流
與影響，民間畫師吸收了文人畫家的繪畫思想，在文人畫的藝術氛圍中培養
自己的內涵，在繪畫創作中表現出文人的氣質；另外，文人畫家也向民間畫
師學習優秀的技法，進而將文人的氣息與畫工的技法結合起來，讓文人畫的
表現手法更加的豐富。由於以上的情形，令文人畫家分為三個類型，第一，
文人出身，具有業餘性質的文人畫家；第二，文人出身，具有專業性質的文
人畫家；第三，非文人出身的文人畫家。分述如下：

　　第一是文人出身，具有業餘性質的文人畫家：文人出身的畫家，在他們
自己的生活環境裡發揮具體的藝術創作，身分上表現出各種不同的形態，情
況也很複雜。其中之一是具有業餘性質的文人畫家，他們的身分通常是文官，
取一部分精力和時間來從事繪畫，他們一般都具有豐富的文化的修養，擅長
文學和書法，有的在文藝理論的基礎上，進行藝術的實踐，繪畫創作呈現清
新格調、簡浩筆墨，較不重視技法上的專精功夫，這一類的文人畫家例如：
宋代的蘇軾、文同、米芾等人。

　　第二是文人出身，具有專業性質的文人畫家：這一類文人畫家長期專心
於繪畫，在創作技法上十分重視，也經過長久的錘煉。一種是仕者，他們具
有全面性的藝術文化修養，且技法優秀，他們的繪畫形式多樣，作品富於變
化，能夠展現出獨具風格的藝術創作。此種文人畫代表畫家有東晉的顧愷之、
宋代的李公麟、元代的趙孟頫等人。一種是不仕者，可能這些文人畫家在人
生中由於各種客觀條件和本身因素，讓他們變成隱士或僧人，在藝術上，這
些文人畫家深受蘇、米等文人畫觀念的影響，並廣泛的吸收前人的繪畫技法，
且於繪畫中滲透文學、書法的藝術，使詩、書、畫產生融合，他們具有強烈
的藝術創造精神，所累積的不朽藝術思想和傑出的繪畫作品，將中國文人畫
推上更高的藝術境界，具代表性者如元代的黃公望、吳鎮、倪瓚、王蒙，明
代的沈周、文徵明、徐渭，以及清代的朱耷、石濤、虛穀、吳昌碩等文人畫
家。與此相對的，還有從晚明到清初的幾百年中，有大量的文人不論是在朝
或在野、知名或無名，他們崇尚模擬古人，繪畫作品往往缺乏創造精神，有
的甚至對於文人畫的發展造成不良的影響，其代表人物例如清初的王時敏、
王鑑、王翬、王原祁等人。

　　第三是非文人出身的文人畫家：這一類來自於民間畫家或出身於貧苦畫

工，因長期有機會受到文人畫氛圍的薰陶，提高了自身在文學、書法、繪畫各方面的藝術修養，加上他們具有篤實的民間繪畫的基本能力，所以爲文人畫的發展開拓了新的表現區域，此類主要的代表畫家如清代的華喦〔註 17〕、黃愼〔註 18〕等人。

以上的分類參考自今人俞劍華對文人畫的觀點，以及今人程明震的研究〔註 19〕，再進一步對文人畫家予以精簡的分類，其目的和價值在於對文人畫的意義與現象能夠有較開闊的瞭解。因此，文人畫主要是風格上與非文人畫不同，不能用畫家的身分來區別文人畫與非文人畫，也不能用繪畫技法的考究與否來做評斷的標準。從文人畫發展的過程來看，文人畫以文人的性靈、思想爲繪畫的內蘊，這與中國哲學的主觀情感性思考有緊密的關聯，且將詩、書、畫與印予以整體性的結合，成爲一種藝術思想與表現形式；文人畫的內涵與形式是隨著時代而進展的，在不同的時代所表現的審美價值或作品意涵也會有所差異，如元代與其他時代的文人畫即有明顯的不一樣。

第二節　文人畫簡史

文人畫在元朝達至興盛的時期，對於文人畫的源起、歷程和發展有探討的必要。文人畫的形成和發展有著一段相當長的演進過程，它是在中國封建社會中因多種因素綜合促成的一種文化現象，以下將依時代予以探析。

一、魏晉南北朝爲文人畫的開端

對於文人畫的形成，可說魏晉南北朝時代的畫學是文人畫得以建立的重要根本，因而此時代是文人畫形成的開端。魏晉南北朝陷入分裂的局面，今人宗白華說：「漢末魏晉六朝是中國政治上最混亂、社會上最苦痛的時代，然

〔註 17〕華喦（1682 年～1756 年），字德嵩，更字秋嶽，號新羅山人、東園生、離垢居士，福建上杭白砂裡人。清代畫家。少年家貧，早年在造紙坊當學徒。喜愛繪畫，勤奮好學，畫風早年受惲壽平影響，後師法朱耷和石濤。張庚《國朝畫征錄》評爲「脫去時習，而力追古法，不求妍媚，誠爲近日空谷足音。」

〔註 18〕黃愼（1687 年～1772 年），初名盛，字恭壽、恭懋，號癭瓢子，東海布衣等，福建寧化人，清代畫家。爲揚州八怪之一。少年喪父，家貧，事母至孝，學畫爲業，作品多取材自歷史人物、神仙佛道、樵夫漁父。鄭燮贈他詩：「愛看古廟破苔痕，慣寫荒崖亂樹根；畫到情神飄沒處，更無眞相有眞魂。」

〔註 19〕程明震，《文心後素～文人畫藝術研究》（南京：東南大學出版社，2007 年 12月），頁 9～10。

而卻是精神史上極自由、極解放、最富於智慧、最濃於熱情的一個時代。」
〔註20〕精神上的自由使得士大夫由原本信奉的儒家思想逐漸轉為清靜無為的
老莊玄學，也將老子的思想帶進了他們所從事的藝術工作。玄學是老莊思想
在魏晉南北朝的新變化，基本特徵是「『略具體而深究抽象』，表現於天道之
求」〔註21〕。士大夫重言、重虛、重神，他們擁有文化涵養和閒暇時光，由
於脫離勞動生產和實踐，以致可終日談論玄學，探究心的奧秘及宇宙的本體；
他們以道家的無為與自然來補充儒家的理論。

　　五胡亂華迫使晉代偏安江左，藝術家長期在江南從事藝術創作，一些文
人畫家在繪畫上激發出不少創作思想和藝術理想，例如王微的「畫乃吾自畫」
思想，強調創作中的感情成分，還有宗炳的「暢神」說，以及顧愷之的「形
神」理論等，都應被視為文人畫的開端。顧愷之的「傳神論」具有樸素的美
學觀點，他強調畫家須知「人心之達」與「遷想得妙」，能體察人類的生活和
心靈，並尊重客觀事物的變化，透過對對象的客觀認識，在創作時才能達到
「以形寫神」的藝術境界。

　　山水畫在魏晉南北朝與山水詩同時產生，依附在老莊思想盛行的田園文
學而發展，當時的哲學思想鼓舞苦悶的士大夫縱情山水，因此描繪自然風景
的山水畫和山水詩便興起了。山水畫的出現乃因文人大量參與繪畫，文人學
士一方面欣賞山水景色，一方面創作山水畫。此時對山水的熱衷也是漢代神
仙思想的延續，人們登山尋仙，甚至於入山隱居修練，隱逸文化就由士大夫
文人創造起來，這股熱潮到了宋元明依然熾熱，其中原因即在於中國人傳統
「天人合一」的觀念，以及儒道佛三家思想都有隱逸理論；這個時代的山水
畫就在隱逸文化下發生。

　　文人畫的出現正是在隱逸文化中的直接產物。文人士大夫羨慕隱逸、嚮
往歸隱，他們擺脫掉政統與外在規範束縛，回到「自然」與「人（自我）」，
從而得到自由與獨立人格，此轉變成為魏晉南北朝以來文人的一種自覺意
識。宗炳的《畫山水序》被視為中國山水畫論之祖，他首先肯定山水畫是體
現聖人之道，他說：「聖人含道應物，賢者澄懷味像。至於山水，質有而趨
靈。……」〔註22〕山水的靈氣與人的精神融合，能領會聖人之道；宗炳注重

〔註20〕宗白華，《美學散步》（上海：上海人民出版社，1998 年），頁 173。
〔註21〕于民，《中國美學思想史》（上海：復旦大學出版社，2010 年），頁 255。
〔註22〕南朝宋，宗炳，《畫山水序》；引自俞劍華，《中國繪畫史》（上）（台北：台灣

畫家個人修養，創作以表現自我，自暢其神，開啓後世「寫胸中逸氣」的先端。

南朝南齊謝赫（479～502 年）在《古畫品錄》中所提出的「六法論」，其完整的理論爲文人畫的產生提供極大的貢獻，尤其是「氣韻」一法，構建出文人畫的理論基礎，成爲文人畫家繪畫的至上圭臬。「六法」指「（一）氣韻生動，（二）骨法運筆，（三）應物象形，（四）隨類賦彩，（五）經營位置，（六）傳移模寫。」〔註23〕其中，「氣韻生動」列置於六法之首，被視爲創作與審美的最高法則，要求畫家以自然之氣韻爲本，其概念就是「神韻」、「神氣」、「生氣」、「壯氣」、「神運氣力」……南朝梁鍾嶸（468～518 年），在《詩品序》中說：「氣之動物，物之感人，故搖蕩性情，行諸舞詠。照燭三才，暉麗萬有，靈祇待之以致饗，幽微藉之以昭告，動天地，感鬼神，莫近於詩。」氣是萬物變化的一大動力，作爲主體的人心，內在性情的搖蕩是對客體外物的感應作用，故詩的發生既根源於人的「性情」，往前推也源自於天地間自然的「氣」，而詩亦表現出氣韻，於是構成天人感應之完整循環，此「氣」之於畫理，也是相通的。

魏晉南北朝是隱逸文化的第一高潮，形成一個宣揚主體性，以及凸顯隱逸精神的時代新風尚；此時期所構建的山水畫理想體制與審美意境理論，爲迎接唐代文人畫開闢了一條便捷的道路。

二、唐代奠定文人畫的基礎

唐代再度進入統一盛世，藝術得以蓬勃的發展，達到繁榮的階段，加上佛教盛行，使得中國藝術吸收了西域色彩；老子的自然之道，則在水墨山水上彰顯出來，創作具筆簡形具的樸素特質，以虛無飄渺和破墨的繪畫表現方式，呈現「大象」的境界。唐代文人士大夫所受到的思想薰陶和修養，是儒、佛、道三家的整合，然其核心仍是禪宗之「清淨自性」，禪悟在繪畫上所化現的是對「韻」的追求，當時的文人士大夫幾乎都學禪談禪，成爲一種風尚，也影響了文人畫的表現。自唐代開始文人以禪入詩入畫，詩書結合也從唐代始爲風行，文人居士與詩僧、畫僧常聚在禪院等處交流，習禪談詩論畫三者已密切成爲一體。

商務印書館，1999 年 6 月），頁 53～54。

〔註23〕南朝，謝赫，《古畫品錄》；引同俞劍華，《中國繪畫史》（上），頁 59～60。

　　此時山水畫的風格多采多姿，有李思訓父子以青綠著色的「青綠山水」，也有王維以水墨淡淡渲染的水墨山水，前者設色謹慎、勾勒細緻的要求，與迅速興起的文人重自然、意氣的思想相違背，水墨山水畫因而替代了金碧青綠山水，王維說：「夫畫道之中，水墨爲上，肇自然之性，成造化之功。」〔註24〕水墨畫成爲當時繪畫風尚，文人使用水墨渲染的表現方法，藉以參禪問道；相對的，禪、詩入畫，促進了水墨畫的誕生與意境的提升，以詩詠畫，能以詩意昇華畫意，進而以詩境提高了畫境。

　　王維是畫家，也是詩人，他的山水詩中反映出禪理和虛靜的生活，繪畫中也流露一股禪學思想，王維與禪宗的聯繫，在文學史與繪畫史上都具有傑出的代表性。其畫作《輞川圖》被形容爲「山谷鬱鬱盤盤，雲水飛動」，還有「意出塵外」的構思，故其繪畫風格被後世稱爲「輞川樣」。元代湯垕於《畫鑒》說：

> 王右丞維工人物山水，筆意清潤。畫羅漢佛像至佳。平生喜作雪景、劍閣、棧道、騾網、曉行、捕魚、雪灘、村墟等圖。其畫《輞川圖》世之最著者也。蓋胸次瀟灑，意之所至，落筆便與庸史不同。〔註25〕

清代布顏圖於《畫學心法問答》也說：

> 王右丞與友人詩酒盤桓於輞川之別墅，思圖輞川以標行樂。輞川四面環山，其危岩疊巘，密麓稠林，排窗倒戶，非尺山片水所能盡，故右丞始用筆正鋒，開山披水，解廓分輪，加以細點，名爲芝蔴皴，以充全體，遂成開基之祖，而山水始有專學矣。從而學之者，謂之南宗。〔註26〕

以上內容說明「輞川樣」的繪畫風格；與《輞川圖》相對照的是《輞川集》，依據羅宗濤先生所說：

> 《輞川集》是王維與裴迪針對王維輞川別業二十處風景「各賦絕句」集結而成的集子，細讀這四十首五言絕句，當可令吾人對輞川別業以及這兩位詩人的心境有較爲深刻的認識。〔註27〕

〔註24〕唐，王維，《山水訣》，轉引自張彥遠《歷代名畫記》，俞劍華注釋本（上海：上海美術出版社，1963年），頁193。

〔註25〕元，湯垕，《畫鑒》，出於《欽定四庫全書・子部八》。

〔註26〕清，布顏圖，《畫學心法問答》。

〔註27〕羅宗濤，〈《輞川集》中王維、裴迪詩作異同之探討〉《唐宋詩探索拾遺》（天津：天津教育出版社，2012年），頁88。

由上可知王維融合藝術中的詩與畫，蘇軾評論他的作品：「詩中有畫，畫中有詩。」王維的水墨山水符合中國文人的審美情趣，也符合老子的美學精神，人以超越世俗的虛靜之心面對山水，山水也以純淨之象進入人心，人與自然相融相忘，在藝術上達至「體物精微，狀貌傳神」的境界。王維敏銳的以詩入畫，使此觀念由萌芽進入實踐，採用水墨的特性創作，並開闢水墨畫新境界，由此啓蒙了後來蓬勃發展的文人畫，王維從理論與技法上奠定了文人畫風格的基礎，在精神與意境上都可被稱爲「文人畫之祖」。

在王維定型文人畫之後，又有後人如畢宏、張志和、董源（南唐）等文人畫家給予充實和發揚。董源的山水畫，在造型結構與筆墨表現上所營造的空間效果與靈動感受，爲觀者提供一「可居可遊」的理想境界，符合文人畫的風格趣味，使繪畫的形式由畫匠的山水走向文人山水。巨然的繪畫一方面承襲董源，一方面改變董源的高麗而略爲平淡，兩人常被並稱爲「江南董源巨然」，在美術史上的貢獻雖不及王維，但對元代文人畫的興盛有著直接的影響，乃至於明代的董其昌「南北宗」論的誕生也有著重要的關聯。

三、北宋爲文人畫掘起的時期

到了宋代，在崇文抑武的國策下，文人士大夫的思想非常活躍，他們涉入繪畫，將繪畫看作是文化修養與風雅生活的重要部分，當時的文人士大夫如司馬光、歐陽修、文同、蘇軾、米芾、黃庭堅等人，在文人畫的理論批評與創作實踐上開始初步的探索。北宋在繪畫理論上亦有蓬勃的發展，關於繪畫鑑賞、史傳與技法各方面的著作紛紛出現，例如沈括的《圖畫歌》、郭熙的《林泉高致》、郭若虛的《圖畫見聞志》、鄭椿的《畫繼》、韓拙的《山水純全集》等著作。

北宋中期，一些文人士大夫開始重視形與神的聯繫，如沈括於《夢溪筆談》說：「書畫之妙，當以神會，難可以形器求也。」蘇軾於《東坡詩集》說：「論畫以形似，見與兒童鄰；作詩必此詩，定非知詩人！」黃休復於《益州名畫錄》中說：「六法之內，惟形似氣韻二者爲先，有氣韻而無形似，則質勝於文；有形似而無氣韻，則華而不實。」韓拙於《山水純全集》說：「凡用筆先求氣韻，次采體要，然後精思。若形勢未備，便用巧密精思，必失其氣韻也。」〔註28〕由以上可知北宋文人認爲形似與氣韻關係密切；南宋鄭椿的《畫

〔註28〕以上分別引自於宋沈括《夢溪筆談》、宋蘇軾《東坡詩集》、宋黃休復《益州

繼》更指出：

> 畫之爲用大矣！盈天地之間者萬物，悉皆含豪運思，曲盡其態，而
> 所以能曲盡者，止一法耳。一者何也？曰傳神而已矣。世徒知人之
> 有神，而不知物之有神，此若盧深鄙眾工，謂雖曰畫而非畫者，蓋
> 止能傳其形不能傳其神也。故畫法以氣韻生動爲第一，而若盧獨歸
> 於軒冕巖穴，有以哉！〔註29〕

故繪畫要表現天地萬物，達到「曲盡其態」，只能傳其形是不夠的，尚須傳其
神，也就是以氣韻生動爲首要畫法。

　　北宋有著名的理學家周敦頤、張載、程顥和程頤，周敦頤的《太極圖·
易說》明顯具有儒、道相結合的特色。在理學家眼中繪畫反映出畫家的品性
道德，在「理趣」的審美意識上，宋理學家認爲要評定畫家和畫作的優劣，
多取決於畫家在作品中所顯示的社會倫理觀念的深淺程度，也就是「畫品即
人品」，畫品的優劣在於畫家人格的修養。蘇軾《書晁補之所藏與可畫竹》曾
對文同的道德與詩文書畫作過評論：

> 與可之文，其德之糟粕也。與可之詩，其文之毫末也。詩不能盡，
> 溢而爲書。變而爲畫，皆詩之餘。其詩與文，好者益寡。有好其德
> 如好其畫者乎？悲夫！……然與可獨能得君（竹）之深，而知君之
> 所以賢……與可之於君，可謂得其情而盡其性矣。〔註30〕

以上蘇軾認爲道德是藝術的核心，觀者易被藝術形貌迷惑，因而掩蓋了道德
的光芒，如果藝術家已將所追求的人格理想融入藝術形貌中，如文同畫竹，
與其說文同畫出竹的情性，不如說文同的精神人品已表現在竹畫中。文人畫
尤其重視抒情寄興、狀物言志，在宋代文人畫的審美上，從「理」拓展到「趣」，
藉著畫與詩的融合，建立了以理念爲依歸，以詩意爲情懷的藝術審美體系。

　　北宋中、晚期，是文人畫掘起的時期。蘇軾是最先提出文人畫觀念的人，
他在《又跋漢傑畫山》第一次以明確的概念提出「士人畫」〔註31〕，也即「文

　　　名畫錄》、宋韓拙《山水純全集》；引自傅抱石，《中國繪畫理論》（台北：里
　　　仁書局，1985 年），頁 38～40。
〔註29〕宋，鄭椿，《畫繼》；引同傅抱石，《中國繪畫理論》，頁 40。
〔註30〕宋，蘇軾，《書晁補之所藏與可畫竹》；王水照選注，《蘇軾選集》（上海：上
　　　海古籍出版社，1984 年），頁 186。
〔註31〕宋，蘇軾，《跋漢傑畫山》；鄧立勛《蘇東坡全集》（中）（黃山書社，1997 年），
　　　頁 495。

人畫」。他主張「詩畫本一律」，大力提倡詩與畫結合，使之成為文人畫的其中一項特徵，此乃直接上承王維所形成的審美意境。這些文人士大夫使文人畫化為一股具有相當影響力的藝術思潮，並從院體畫和畫工畫中分化脫離出來。隨著文人畫思潮的發展，以詩意入畫的主張，亦影響到郭熙等畫院畫家的創作，同時成為王室貴族所崇尚的審美意趣。因此，北宋的文人畫，在蘇軾心目中包括文人墨戲畫與文人正規畫，主要是將上自王維，下至李公麟、王詵、宋子房等文人所畫的正規畫都歸類為文人畫，畫作的外在與畫工所畫並無明顯區別，不同在於這些作品含有內在的「意氣」或「思致」，即無形中顯示文人士大夫所特有的氣質、涵養與情趣。

與蘇軾同時期的米家父子：米芾與米友仁，則突破前人的格局，創立「米氏雲山」的畫風，提高水墨渲染的技法，此種以點代線，以染代皴的方法，表示文人畫轉向「以簡代密」的風格，米友仁常自題「墨戲」，即表現「平淡天眞」、「不裝巧趣」的筆墨情趣，呈現文人畫追求清新神奇意趣的創作思想，對明、清文人畫產生深遠影響。

南宋繪畫因董、巨與二米的影響衰弱，而讓位給畫院的李唐、馬遠、夏圭等人，他們的繪畫重刻畫、躁動，畫風持續一個半世紀（南宋 1127～1279 年）；直到元初的趙孟頫等力倡古意，使北宋的文人畫得以整飭，以及追引晉、唐的遺風，續接宗炳、王維，方才復返文人畫的道路。

四、元代為文人畫成熟興盛的時期

元代以蒙古族的異族身分入主中原，中原地區大部分的文人多隱於民間農、工、商、醫卜等各行各業，加上元朝廷施行民族歧視政策，即使復辦科舉之後，仍未使眾多文人回到「學而優則仕」的傳統道路上，他們寧願隱逸山林，專心致力於文藝創作，山水繪畫就成為他們宣洩情感與自我表現的最好方式。元政府並沒有在思想上作出過多約束，儒、道、佛三教妥協調和，使得元社會在意識形態上出現較為寬容和活潑的氣氛，文人思想與審美觀也呈現多元化。

文人畫家自身所處的生活環境、事物情趣、人生理想成為繪畫表現的重心，而文人繪作山水、墨竹等題材昭示著一種注重隱逸文化的狀況，隱逸不僅是士人避世的的消極方式，也是士人自主的人生價值的追求，且是對民族文化的一種延續，故隱逸的境界包含個人心性、自然宇宙與傳統文化的融合。

隱逸使得元代文人沉浸於禪與道之中，藉以陶冶內在精神，安撫苦悶不安的心靈，並從事繪畫，運用筆墨來抒發內心鬱悶孤憤的情緒。從元代文人畫，可觀看到筆墨呈現平和舒展的狀態，可感受到畫中透露禪與道之虛靜空遠的意境，流露的氣韻則來自文人孤芳高節的人格氣質。

元代的文人畫承續董、巨山水畫風，抒發自身真性情，文人畫家在藝術的表現偏向「逸」，「逸」指文人畫家內在心靈的超然灑脫，因而更加強調氣韻生動的筆墨情趣，崇尚簡逸清韻。在「逸氣」上，元四家的倪瓚是最突顯的例子，他以「逸筆」的方法傳達個人胸中逸氣，筆墨恣意縱橫，天機偶發、生意盎然，呈現天趣與率真的審美品味；可見「逸」是元代的文人畫的出發點，將畫家內蘊精神的「逸」與筆墨表現的「逸」，予以完美的結合。

元代筆墨的素養和風格的形成，離不開對「造化」、「心源」與「古人」的學習，唐張璪說：「外師造化，中得心源。」這是畫家獲得風格與創作的恆定原則，而元代的師古人即復古，既對古人的筆墨、構圖與主題的師承，還包括對文人畫趣味的推崇，由此構成了元代文人畫的審美理想的體系。元代文人畫的復古，應是文人畫經過宗炳與王微的啟蒙，王維的始創、蘇軾的提升與定型，到元代必然的一個重整階段，是對古人繪畫養分的再吸收，加上對當時文人繪畫表現再認識，而為後人樹立文人畫新的模式。

元代趙孟頫提出「古意說」，他在大德五年自題畫卷《清河書畫舫》說：

> 作畫貴有古意，若無古意，雖工無益。今人但知用筆纖細，傅色濃艷，便自謂能手。殊不知，古意既虧，百病橫生，豈可觀也！吾所作畫似乎簡率，然識者知其近古，故以為佳，此可為知者道，不為不知者說也。〔註32〕

以上與唐反南宋的「古意說」，全面承繼了北宋文人的思想，北宋蘇軾評畫曾涉及「古」，如「終未得古人用筆相傳之法」；米芾與米友仁在《畫史》中多次提到「古意」，如「武岳學吳古意」、「余家董源霧景橫披全幅，山骨隱顯，林梢出沒，意趣高古。」北宋文人畫畫家的崇古思想到元代得以發揚光大，這種復古整合的新風氣在錢選、高克恭等文人的協助之下，終於在元初形成一種頗有「古意」且獨具風采的文人畫畫風，並直接影響到元四大家，在具體化與實踐化下，使得「蕭散簡遠」成為文人畫的審美品味，走上新的繪畫里程。

〔註32〕元，趙孟頫，自題畫卷《清河書畫舫》；轉引自《朵雲》編特輯成《趙孟頫研究論文集》（上海：上海書畫出版社，1995年），頁651。

　　以下分析元代文人畫的分期，此分期不僅具有畫史上的意義，也有政治史上的意義 [註33]，即於元代政治社會背景下產生的繪畫分期。第一期是在忽必烈奠定治國基石後，之後雖有武宗排斥漢人，以及國勢中落，然在仁宗即位後，能復用漢人，使老臣歸朝，國勢因而再興；第二期是在元朝廷發生劇烈政爭之時，歷經的君主有英宗（1321～1323 年）、泰定帝（1324～1328年）、明宗（1329 年）、文宗（1330～1332 年），到順帝（1333～1368 年）中期。第三期則已到最後的君主順帝的中後期，此時漢人於宮廷內的處境日逼窘狀。

（一）第一期：元初（1279～約 1320 年）

　　元代在藝術上既發揚自身蒙古民族的傳統，也吸收了其他民族的特點，在內容、形式和風格上都有所進步，於壁畫、圖案、雕塑各方面都反映了此時期繪畫和造形藝術的創新表現。繪畫方面，文人畫成為主流，元初趙孟頫、高克恭等文人畫家提倡復古，回復到唐朝和北宋的畫風，且將書法入畫，創造出重氣韻、輕格律、注重個人主觀抒情的元畫風格。

　　元初的繪畫風格可分為南北兩大部分，雖都是源於北宋畫，但北方的文人畫，已歷經了金朝約一百多年時間的發展，加上官場的作風較為保守，故繪畫的表現也相當的「古典化」，這些北方文人畫家如宮廷中的趙孟頫、高克恭等人，呈現不同於南方文人畫的畫風，也與元代強調裝飾的宮廷繪畫迥然不同。

　　北方文人畫家趙孟頫從遺民的文人中脫穎而出，一方面是他的天賦表現，一方面是君主忽必烈與仁宗的重用，仁宗常遣使四方遍尋賢能之士，對趙孟頫更是禮遇，當時於宮中活躍的名儒書畫家，除趙孟頫之外，還有元明善、李衎、高克恭與商琦等人。趙孟頫繼承了宋人先賢的繪畫理論和技法，發揚文同、王庭筠、李公麟與蘇軾等人的文藝理想，但他於元廷任官也引發一些民族主義者的批評；若能撇開偏狹的民族主義思想，考慮到趙孟頫的處境，自然會了解其心境，進一步體會其文人畫中的哲學內涵。

　　而南方畫家面臨國破家亡的事實，受到極大的衝擊，無奈的看著重視文化藝術的南宋滅亡，不得不屈服在元蒙的統治下，他們失望的從社會中隱退，以保氣節，因此南方產生一批遺民畫家如錢選、鄭思肖、龔開等人，在繪畫

[註33] 以下分期年代引自高木森，《元氣淋漓：元畫思想探微》（台北：東大圖書股份有限公司，1998 年 10 月），頁 9。

表現上除了繼續沿用南宋「清愁」畫風的筆墨意境，更添加國仇家恨的題旨與落寞孤寂的內容。當趙孟頫（字子昂）等賢才之士稱臣元朝，錢選（字舜舉）卻「勵志恥作黃金奴」，寧「老作畫師頭雪白」〔註34〕張羽在《靜居集》中說：

> 吳興當元初時，有八俊之號，蓋以子昂爲稱首，而舜舉與焉。至元間，子昂被薦入朝，諸公皆相附取官達，獨舜舉齟齬不合，流連詩畫，以終其身。〔註35〕

錢選選擇隱居吳興，遊於詩畫，他具有忠君、好義的傳統儒家美德，其出世人格更接近陶淵明，其山水畫《浮玉山居圖》畫的是他隱居的地方：霅川浮玉山，畫上錢選自題說：

> 瞻彼南山岑，白雲何翩翩；下有幽棲人，嘯歌樂徂年。聚石映倩化，
> 嘉木澹芳研；日月無終極，陵谷從變遷。神襟軼寥廓，興寄揮五弦；
> 塵飄一以絕，招隱奚足言。〔註36〕

這首題畫詩的旨意即歌詠他所嚮往的陶淵明境界，也表明他隱居山林的心志。

（二）第二期：元中期（約1320～約1350年）

元代中期的文人畫風格主要受趙孟頫影響，而所啓發的年輕文人畫家的思想倒是有所分歧，有追求仕進的官宦畫家，例如朱德潤、李士行、柯九思、唐棣等人；也有不想出仕或曾出仕但不久即隱退的文人畫家，最爲有名的是元四大家：黃公望、吳鎮、倪瓚和王蒙。

追求仕進的文人理解儒家所講的「忠」並非一成不變的教化，而是可以有彈性的供人自行解讀，一解讀是元初的遺民若是曾於南宋政府當過小官，本著儒教忠義的精神，大都不願出仕元廷，至於未曾受惠於前朝的文人，出仕元廷就無「忠」的疑慮；另一解讀是「忠」爲忠於天命，而元蒙入主中原乃得天命使然，漢人出仕元廷自然是「忠」的表現。因此儘管有反元之士，大部分的文人仍抱持「有官作官，無官作吏，無吏歸隱」〔註37〕的態度，這也是元代中期官宦畫家變多的因素。

〔註34〕同高木森，《元氣淋漓：元畫思想探微》，頁15。
〔註35〕陳高華，《元代畫家史料》（上海：人民美術出版社，1980），頁309～310。
〔註36〕見《式古堂書畫彙考》畫卷之一七，頁159；並參見朱蔚恆，〈錢選浮玉山居圖〉一文，《文物》第九期（1978年），頁68。
〔註37〕同高木森，《元氣淋漓：元畫思想探微》，頁11。

　　而元四大家等不出仕的文人雖不滿元廷，但對天命的態度也只好逆來順受，唯有以翰墨為精神的寄託，以消解心裡的苦悶。中期也是元代畫壇的黃金時期，元四大家在繪畫藝術上各有非常重要的成就，他們將文人畫進展到一個高峰；他們在繪畫上寄託清高人格的理念，以隱逸山水以及松、石、梅、蘭、竹、菊等為意象，並在畫面上方留出空白處以便題上詩句，使詩、書、畫三者合而為一，此種藝術表現方式影響明清繪畫至今。

　　元代中期文人畫家的足跡分布在社會的各階層，使得繪畫的風格日趨多樣化。更值得讚頌的是他們懷有道家超脫世俗的思想，從中培養個人的風格，於文人畫裡表現畫家獨特的個性。

（三）第三期：元末（約 1350～1368 年）

　　到了元代末年，由於朝廷的政治鬥爭與各地的變亂頻頻發生，以致戰事連年，除倪瓚與王蒙等根基深厚的老畫家之外，其他後起年輕畫家，都因生活困頓、教育缺乏、前途茫然，所以繪畫藝術的創作力一再退步，到了明初又成為政治上的犧牲品，於是文人畫在奄奄一息的狀態中。

五、明清的文人畫成為繪畫主流

　　至明代，經過一番沉潛生息之後，文人畫已位居畫壇的主導地位，並直接影響到清代繪畫的基本格調和審美取向，形成獨具民族特色的繪畫體系。

　　明代在江浙一帶的繪畫活動十分頻繁，明代中葉以蘇州的文人畫「吳派」最為聞名，例如：沈周、文徵明；後期的董其昌講求筆墨韻致，宛如以書法作畫，已脫山水形似，風格平淡古樸，從容自然，影響力直到清代。董其昌所提出的「南北宗論」更將文人畫推向一個繪畫史高潮，董其昌分析文人畫，其正統是從王維始，經由董源傳至元四大家的相承畫風，除在創作方式上予以肯定，並在理論基礎上為文人畫正身。

　　「南北宗論」出自禪宗的根源，使文人畫在民間更加寬廣及深入的被接受，此時期的文人畫因而成為繪畫的主流。加上經濟因素，畫作商品化後得到市民和商人的贊助收藏，流為一股時尚，文人畫遂成為大眾藝術，漸漸的人人都可畫上幾筆，世俗化的傾向更是明顯，雖可滿足文人安閒恬適的生活心態，但從文人畫的發展來看，此趨勢卻是衰退的跡象。

　　明末清初的隱逸畫家中，八大山人（朱耷）是頗受注目的創新畫家，他棄僧還俗，浪跡市井間；繪畫筆簡意密，構圖精審，反樸歸真，達最高境界，

表現出老子「樸」與「拙」的精神，且流露出強烈的個人情感，呈現生動的氣韻；吳昌碩推崇：「用筆蒼潤，筆如金杵，神化奇變，不可彷彿。」八大山人學習古人畫家內在品質，其次才是技法，主要抓住「一簡二拙」精義。畫家們在動盪不安和災難頻仍的環境下，接受道家的無為、淡泊和佛教的空寂、虛無，於是選擇隱居山林、寄情書畫，把筆墨帶到另一頂點；他們更從自然取材，卻非具象，也非抽象，畫家把視覺外象轉成藝術，和自然仍是保持相關性，筆法卓越而非正統，作品往往展現意象與個性。

　　從中國繪畫史的發展來看，從明代中葉至清初這段時間，才是文人畫的內涵和技巧發展至到完善的時期。文人畫講究「意氣」，特別是明末董其昌等人大力提倡「筆墨神韻」，使得士大夫在純粹自娛的情形下，繪畫創作幾乎完全成了「雅興」的發作，「恬淡沖和」、「虛和蕭散」也成為文人畫的最高境界，若達此境界則稱得上「雅」，否則曰就是「俗」，此種精神上的形式化，竟成了一種約束，且似阻礙了文人畫的突破和創新，以至到清代，文人畫的代表畫家「四王」（王時敏、王鑑、王翬、王原祁）、吳歷、惲壽平，作畫均臨摹前人，已少有個人主觀創作，畫壇也風靡著臨摹古人畫作的風氣。

　　揚州八怪突破四王的羈絆，開創了繪畫新局面，他們均以發揮梅竹等題材而聞名；文人畫畫家擅以山水為主要題材之外，也喜畫梅蘭竹菊四君子這類具有象徵意義的題材，用以表現他們的處事態度，意寓個人的志節情操，揚州八怪即是如此，並透過畫與詩、詞、題跋相互結合的形式，整體呈現胸中情感。例如：汪士慎畫梅，予人孤芳冷潔的感受；又如鄭燮的一些蘭、竹畫作，畫竹也夾以荊棘，表現出民胞物與的思想，萬物不分貴賤，都是一視同仁、平等對待；因而畫家的主體意識更加被強化，文人的藝術觀點與審美理想在創作中得到更突出的呈現。

　　晚清開始，西方文化進入中國，文人畫又經趙之謙、吳昌碩等畫家影響到現代的齊白石、潘天壽等人；使得中國藝術有新的發展，逐漸跳脫傳統，然文人畫的美學精神仍深植中國藝術家心中。

第三節　文人畫特徵

　　依文人畫演變的歷史，歸納出文人畫特徵，包含：傳統儒、道、禪思想是文人畫的精神要旨、詩文是文人畫發展的基礎、文人畫中的文人意氣來自

社會變革與生活磨難、山水成爲文人畫中抒發情感的最佳題材、書法在文人畫發展中具關鍵作用、文人畫強調水墨情趣，以下將一一予以探析。

一、傳統儒、道、禪思想是文人畫的精神要旨

文人畫的思想基礎是儒、道、禪三家的融合。在藝術美學的精神上，儒家以質爲貴，追求質樸的美學理想，在《禮記·郊特牲》中說：

> 酒醴之美，玄酒明水之尚，貴五味之本也。黼黻文繡之美，疏布之尚，反女功之始也。莞簟之安，而蒲越稾鞂之尚，明之也。大羹不和，貴其質也。大圭不琢，美其質也。丹漆雕幾之美，素車之乘，尊其樸也，貴其質而已矣。〔註38〕

以上說明儒家在祭祀時所用的物品，不求繁華，皆以尚質貴本爲重，故取於月中之水，陳列酒尊，爲尊尚其古；「疏布之尚」、「大羹不和」、「大圭不琢」，皆尊尚其質；尋常車用丹漆雕飾它，而祭天使用素車，尊尚其樸素；因此貴其質樸之美爲儒家所注重。

道家老子於藝術上的觀點有「五色令人目盲，五音令人耳聾」（《老子》第十二章）之論，若貪戀繁多色彩而多欲多求，反而不易滿足，而使視覺失去正常欣賞的功能；莊子承續其說，也認爲「五色亂目，使目不明」，他要求的是「散五彩，膠離朱之目，而天下使人含其明矣」（《莊子·胠篋篇》），嚮往的是「無爲也而尊，樸素而天下莫能與之爭美。」莊子認爲需要找回自然本色的美，藝術是自然、無爲、樸素的，這才是眞正的藝術美。而佛學上說「色不異空，空不異色；色即是空，空即是色」〔註39〕意爲物質的本體就是空，空的現象就是物質；老莊思想與同樣追求超脫的佛學有相似之處。老莊哲學的思想被文人所推崇，特別是被失意的文人士大夫奉爲至寶，形成所謂文人的風度與氣質，而成爲文人畫的精神。

此種文人的風度與氣質在現實環境中表現，並藉由文人畫流露出來，概括來說，其一是不仰仗權貴，具有不屈不撓的文人氣節；其二是因逃避現實，產生消極遺世的隱逸思想；其三是屈服於現狀，懷有安貧樂道、清高脫俗的文人胸襟；其四是瀟灑、放蕩之餘，追求超然出塵的文人想法；其五是自尋

〔註38〕摘錄自唐文志，《十三經讀本：禮記（三）》〈郊特牲〉（台北：新文豐出版公司，1980年）。
〔註39〕摘錄自斌宗上人，《般若波羅密多心經要釋》。

浪漫自適，持有淡泊平和、情景交融的文人情操。以上這一切的思想與情操，使得受老莊思想影響的文人士大夫們的繪畫美學思想，必然是重自我表現的、重自娛的、重抒情的，因而在文人畫風格上，也就傾向於自然平淡，厭棄刻意求工和金璧輝煌。有關儒、道、禪三家對元文人畫意境的影響將在本論文第五、六、七章做詳細探析。

二、詩文是文人畫發展的基礎

由於傳統儒家教育將作詩視爲基本的文字能力訓練，故大多數文人都能夠主動參與作詩的藝術活動，作詩甚且成了最便利的娛樂活動，另外，這些文人多以科舉出身，詩文是他們長期以來的必備才能；長久以來，中國古代的文人幾乎都成了詩人，詩也成爲中國古代主要的溝通方式。《毛詩序》說：「詩者，志之所之也，在心爲志，發言爲詩，情動於中而形於言。」《左傳‧襄公二十七年》記載趙文子對叔向說：「詩以言志」，《尚書‧堯典》中記舜的話：「詩言志」，《莊子‧天下篇》說：「詩以道志。」《荀子‧儒效》篇說：「《詩》言是其志也。」由以上綜合「志」的含義指思想、抱負和志向，也指意願和感情，「詩言志」的傳統使得歷代文人一旦遇到不如意的事而顯得沉鬱時，常藉著詩的語言與詩的意境表現內心情志。

文人在現實生活中塗抹上詩的色彩，他們用詩的形式來抒寫情懷、發表感慨、傾訴隱秘時，顯得毫無顧忌。當文人要投入於繪畫創作，自然的在這文藝領域裡採取與詩文結合，及運用詩文創作的原理與方法，如此使得文人畫在一初始就以富含深厚的文化素養而自居，即因借用了詩文和書法的創作理論與法則，因而在後來近二千年的文人畫發展中，其最基本的理論規範幾乎就在歷代一些著名文人所提出來的論述範圍之內，以此點來看，文人畫可說是一種先有理論後有創作的藝術。

宋代蘇軾說：「古來畫師非俗士，摹寫物象略與詩人同。」進而提升了畫家的地位，又自文人畫興起以來，繪畫成爲文人怡情養性的方式，因而文人也促使畫家地位的升高，甚至將文人與繪畫聯繫於一起，宋鄧椿即說：「畫者文之極也，故古今之人，頗多著意……其爲人也多文，雖有不曉畫者寡矣；其爲人也無文，雖有曉畫者寡矣。」〔註40〕鄧椿認爲畫是文的極致，繪畫是

〔註40〕宋，鄧椿，《畫繼雜說‧論遠》（收於《百部叢書集成‧學津討原叢書》，台北：藝文印書館，1965 年），頁 1。

由聖人與聖主所制，將繪畫的功用推至極點，對文人而言，知畫曉畫是必要的修爲。

因此從唐代之後，詩畫合一的觀念持續發展，到宋代更爲開展，宋晁說之說：「畫寫物外形，要物形不改。詩傳畫外意，貴有畫中態。」〔註41〕他提出詩的作用在於傳達畫外之意，此即詩畫結合之一種理論。宋徽宗對於詩與畫的結合更加以推動，他改革畫院取士制度，建立以詩句命題以取士的考試方式，以錄取優秀人才。因此詩畫合一的理念在文人與宋徽宗與的大力推展之下，此種以畫境作爲詩作、以詩境作爲畫作的形式，大大擴展詩畫作品的境界，亦影響了元、明的詩畫關係。中國文人畫家喜歡在畫中空白處題上詩文，此種形式自元、明以後成爲常態，詩與畫相互融合，經過長久的演變過程，可區分爲三個階段，最後確立了以詩入畫、詩畫合一的藝術表現形式，成爲文人畫的重要特徵；演變的三個階段探討如下：

（一）圖文並行及以詩文為繪畫題材

中國早期常將圖與書並稱於一起，例如長沙楚墓出土的《繪書》、《山海經》、《穆天子傳》等都是圖文並行的書，圖與文二者具有互補的作用，此種形式的文類稱爲題畫贊，題畫贊在戰國時期就已存在，晉太康二年（281 年）時汲郡不準盜掘魏襄王墓，得到竹書七十五篇，其中〈圖詩〉一篇即是屬於畫贊；又如《楚辭·天問》中所列舉的事項傳說，與當時的祭祀、引導逝者靈魂升天儀式的圖畫有關，如長沙楚墓中的《人物龍鳳帛畫》，畫有身著長袍、頭戴薄紗高冠、蓄有鬍鬚、腰佩長劍的男子，駕馭舟形巨龍向天國飛升的景象；且頭頂有飛揚著飄帶的華蓋，龍頭高昂，龍尾企立一引頸放歌的孤鶴，龍身下部遊動一鯉魚，郭沫若先生題詞說：「仿佛三閭再世，企魁孤鶴相從，陸離長劍握拳中，切雲之冠高聳。」「三閭」即指屈原。〔註42〕

漢代的圖繪形象尤其在漢墓中可發現很多，他們認爲圖畫的主要用途是在祭祀上；另外，從漢代壁畫的繪畫題材，可知其繪畫尚有記錄歷史、生活以及宣揚教化的用途。漢代爲壁畫與帛畫盛行的時期，此時並盛行爲圖作贊，如在武梁祠西母王、歷史故事和車騎畫像等壁畫旁邊都有榜題，又如漢武帝

〔註41〕宋，晁說之，《景迂生集》（收於《中國畫論類編·山水下》，台北：華正書局，1984 年），頁 66。

〔註42〕參楊佳蓉，〈《人物龍鳳／御龍》帛畫與楚人信仰〉，《國文天地》第 347 期（台北：萬卷樓圖書股份有限公司，2014 年 4 月）。

太初四年明光殿的壁畫有古聖賢和烈士等人物畫像，並配合贊文曰：「尚書奏事於明光殿省中畫古烈士，重行書贊。」〔註43〕其作用明顯的在於歌頌與教化。

因在壁畫上有題贊的形式產生，漢代也逐漸將文學作品的內容呈現在畫上，東漢劉褒首先將《詩經》內容畫成《雲漢圖》、《北風圖》，後來魏晉南北朝也興起以詩文作為繪畫題材，例如顧愷之所畫的《女史箴圖》〔註44〕、《洛神賦》〔註45〕等作品。唐以後詩歌盛行，畫家常以詩人所寫的詩為繪畫題材，例如張萱的《虢國夫人遊春圖》〔註46〕、王維的《孟浩然吟詩圖》、張志和的《漁歌圖》等，在今人鄭文惠的研究中，對於以詩、文作為繪畫題材做過統計：東漢魏晉南北朝有 21 幅，唐五代有 19 幅，宋代有 70 幅，元代有 20 幅。〔註47〕這些畫都是從文人抒發情感的詩、文作品引為作畫題材；從詩境再創畫境，此為詩與畫的初步結合。

（二）題畫詩出現於畫作

相對於以詩的內容為畫的題材，題畫詩接著出現於畫作，它可說是題畫贊與詠物詩聯結下的新產物，這是唐代發展出的形式，即是以畫的內容為詩的題材，如宋《宣和畫譜》所說：「使覽者得之，若寓目於其處也。而足以助騷客詞人之吟思，則有不可形容者。」〔註48〕因詩人從畫的意境得到靈感，而創作出題畫詩。自魏晉南北朝就有吟扇畫與屏風畫的詩，如東晉桃葉《答王團扇歌》、北周庾信《詠畫屏風詩》等，這些詩已漸漸脫離銘贊的形式，是唐代題畫詩的前身。

明清以來大都認為題畫詩創始於杜甫，明胡應麟於《詩藪》說：「題畫自

〔註43〕唐，徐堅，《初學記・職官部尚書令・畫省》（台北：新興書局，1972 年），頁599〜600。

〔註44〕《女史箴圖》是依晉張華的〈女史箴〉一文而成，畫作與箴文內容相符。

〔註45〕《洛神賦圖》是依曹植於魏文帝黃初四年（223 年）所著的《洛神賦》一文而成，其文最早見於蕭統《昭明文選》。

〔註46〕此圖採杜甫〈麗人行〉內容，這首詩作於天寶十二年春，自天寶十一年十一月楊國忠在朝廷拜右相，從此氣勢高張、為所欲為，又與原為堂妹的玄宗之妃，即虢國夫人有染，詩中寫出虢國夫人和秦國夫人等的奢華生活，也提到楊國忠和虢國夫人的緋聞，婉轉而不隱晦，形成一首諷刺現實的詩作。

〔註47〕此統計資料引用自鄭文惠，《明代詩畫對應關係之探討—以詩意圖、題畫詩為主》，政治大學，1991 年博士論文。

〔註48〕宋《宣和畫譜・卷 11・山水 2・董元》（台北：台灣商務印書館，1983 年），頁 278。

杜諸篇外,唐無繼者。」明沈德潛亦說:「唐以前未見題畫詩,開始體者,老杜也。」以上皆認爲杜甫創題畫詩。杜甫所作的題畫詩共計有十八首,李白也有題畫詩十八首,清王漁陽在《蠶尾集》裡說:

六朝以來,題畫詩絕罕見。盛唐如李白輩,間一爲之,拙劣不工。……杜子美始創爲畫松、畫馬、畫鷹、畫山水諸大篇,搜奇抉奧,筆補造化……子美創始之功偉矣。〔註49〕

王漁陽認爲題畫詩主要由杜甫所始創,雖李白也偶一爲之,然杜甫的功勞還是最大,尤其杜甫擴大了題畫詩的題材,松、馬、鷹與山水等題材都可入詩,如他的《畫鷹》:「素練風霜起,蒼鷹畫作殊。身思狡兔,俱目似愁胡。絛鏇光堪摘,軒楹勢可呼。何當擊凡鳥,毛血灑平蕪。」在白色的絹帛上,突然興起漫天風霜,就是畫中栩栩如生的蒼鷹帶起了風霜;雖僅是懸掛在軒楹上的一幅畫,但似乎只要解開絲繩,畫中鷹就能一飛沖天。「畫鷹」將鷹描繪得氣勢非凡,神情畢現,表現出鷹的氣態、精神,明末清初仇兆鰲(1638年~1717年)在《杜詩詳註》評杜甫詩說:「每詠一物,必以全副精神入之,故老筆蒼勁中時見靈氣飛舞。」因而這首詩不僅是詠畫鷹而已,此鷹也成爲英勇之力與猛烈之美的象徵,且託物寄寓詩人「猛志逸四海」(陶淵明詩)的心境。由上可見題畫詩具有闡發畫意與寄託感慨的作用;畫作完成之際,詩人在觀看之後心有所感,而在畫面題上詩句,以收相得益彰、詩情畫意的效果,詩與畫的關係因此更爲密切。北宋以來,文人意識到繪畫可透過詩人的品題而提高價值,並流傳千古,更助長題畫詩的創作。

　　金代元好問〔註50〕曾以杜甫的秦川寫景詩與范寬的秦川圖相互對照,可明白詩畫貴眞貴神的義理,在元好問《范寬秦川圖》(於《宣和畫譜》卷4)的題畫詩中,對於畫面有想像的表現,在一至十八句中寫著:

亂山如馬爭欲先,細路起伏蛇蜿蜒。秦川之圖范寬筆,來從米家書畫船。變化開闔天機全,濃澹覆露清而妍。雲興霞蔚幾千里,看我

〔註49〕清,王漁陽,《蠶尾集·卷10·跋聲畫集》(收於《四庫全書存目集成·集部第227冊》,台北:莊嚴文化公司,1997年),頁316。

〔註50〕元好問(1190~1257年),字裕之,號遺山,山西秀容(今山西忻州)人,世稱遺山先生;是金、元之際詩壇翹楚,當時詩家地位以元好問排名第一。元好問的先祖是北魏鮮卑族拓跋氏,隨著北魏孝文帝由平城(今大同市)南遷至洛陽,後改姓元。著作有《中州集》、《遺山集》、《壬辰雜編》、《南冠錄》,以及清光緒讀書山房重刊本《元遺山先生全集》等,其〈論詩三十首〉對後世的影響很大,由元至清的詩家與學者予以回應者眾多。

如在峨嵋巔。西山盤盤天與連，九點盡得齊州煙。浮雲未清白日晚，矯首四顧心茫然。全秦天地一大物，雷雨項洞龍頭軒。因山分勢合水力，眼底廓廓無齊燕。〔註51〕

「看我」句、「矯首」句和「眼底」句這些視點都是詩人虛擬站在畫裡山巔的視角，就是畫家范寬當時站立山上展望所得到的視野，詩中描寫的景物：亂山、細路、雲興霞蔚、西山、浮雲等，都統攝於這個視野範疇內。畫家對於畫面的構圖，表現了景物的逼真；詩人也進入畫面構思，表達了對畫中風景或生活的嚮往，元好問不僅繼承蘇軾喜在題畫詩中引入自己的經歷和記憶，更突出在畫中觀看的視點。〔註52〕

　　由以上杜甫畫自題詩與范寬畫他題詩，可見早期題畫詩以詠畫式居多，無論摹形繪狀或者托物寄興，都不脫離詠唱畫面事物，所以題畫詩與繪畫的關係是直接、封閉與穩定的。北宋自蘇軾之後漸多寓意的題畫詩，以符合當時重寫意輕寫形之審美趣味。元代文人在異族統治下不仕隱逸，多以山水花竹等畫題詩，詠懷寫志，托興寄情，故題畫詩較呈現開放的形式，給予更大的想像空間，提供觀者思考意象背後歷史與社會結構的意義；例如錢選以花果山水傳達內心的悲痛憤怨，在他《秋瓜圖》的題畫詩云：「金流石爍汗如雨，削入冰盤氣似秋，寫向小窗醒醉目。東陵閑說故秦侯。」〔註53〕詩裡引用秦侯召平的典故，召平於秦亡後歸隱首都的東門，種瓜耕讀，忠於前朝的隱士錢選顯然認同召平之隱痛，並亟欲保有傳統文化，以免被異族同化。元文人在蒙古政權的生活裡，於詩畫創作全指向自我的境遇，在題畫詩的寫意風尚中，表露文人顛沛流離的困頓之外，也顯現延續文化的心志。

　　元代的題畫詩更勝於宋以前各代，根據《御定歷代題畫詩類》統計：元代題畫詩高達 3798 首〔註54〕，而有關梅蘭竹的題畫詩就有 800 首之多〔註55〕，大都是文人托物詠志所題之詩。元代題畫詩激增，來自於複雜的社會因素，以及有關文學與藝術發展的規律。元代文人寄情於山水或遊戲於筆墨，因而出現

〔註51〕宋，《宣和畫譜》，景印文淵閣《四庫全書》第 813 冊（台北：台灣商務印書館，1983 年），頁 250。

〔註52〕參楊佳蓉，〈元好問論詩第十一首詩畫同律之美學探析〉，《育達科大學報》第 31 期（苗栗：育達科技大學，2012 年 6 月）。

〔註53〕元，錢選，《秋瓜圖》，軸，紙，水墨，63.1×30 公分，台北：國立故宮博物院藏。

〔註54〕引自劉繼才，《中國題畫詩發展史》（瀋陽：遼寧人民出版社），頁 253。

〔註55〕引同劉繼才，《中國題畫詩發展史》，頁 256。

大量山水詩和題畫詩，不少文人畫家藉畫發洩對政治社會的不滿，並寫下許多
意曲心直的題畫詩。宋元的繪畫藝術為題畫詩的書寫提供大量的題材，元代的
題畫詩中就有一大部分是為宋代名畫而題的詩。而元代能詩工書善畫的文人在
作畫之後，常親自題詩，翁方綱在《石洲詩話》中說：「元人自柯敬仲、王元
章、倪元鎮、黃子久、吳仲圭，每用小詩自題其畫。」王士禎也說：「倪雲林
每作畫，必題一詩，多率意漫興。」〔註56〕除了畫家自題詩，另一方面因畫富
有意境，也會使得其他的詩人或書法家樂於為之題詩。

於是「畫難畫之景，以詩湊成；吟難吟之詩，以畫補足。」〔註57〕詩與
畫的結合到了元代愈加緊密。如元倪瓚所說：「國朝天馬來西極，振鬣駕駘為
辟易。玉堂學士寫真龍，筆陣長驅萬人敵，學士歌詩清且腴，當時作者屬楊
虞。畫成題詠兩奇絕，價比連城明月珠。」他認為詩與畫都有如「連城明月
珠」的價值，加上當時詩畫兼擅的文人日漸增多，詩與畫的融合愈趨於完備，
進展至文人畫之詩畫合一的境界。

（三）詩畫創作理趣與方法相通

宋元時期進入此階段，達到詩畫融合的完成期，除了將詩當作畫中結構
的一部分，並運用作詩的方式作畫，印證在藝術上詩畫創作的理趣與方法是
相通的。宋《宣和畫譜》記李公麟〔註58〕作畫，曾說：

> 蓋深得杜甫作詩體制，而移於畫。如甫作《縛雞行》，不在雞蟲之得
> 失，乃在於「注目寒江倚山閣」之時，公麟畫《陶潛歸去來兮圖》，
> 不在田園松菊，乃在臨溪流處。公麟作《陽關圖》，以離別慘恨為人
> 之常情，而設釣者於水濱，忘形塊坐，哀樂不關其意。其他種種類
> 此，唯覽者得之。〔註59〕

由以上可見當時的畫家已將「興」的作詩方法引用到作畫中，從別的景物引

〔註56〕 翁方綱，《石洲詩話》卷五，以及王士禎；轉引同劉繼才，《中國題畫詩發展
史》，頁256。

〔註57〕 曹庭棟，《宋百家詩存》卷十九；轉引同劉繼才，《中國題畫詩發展史》，頁255。

〔註58〕 李公麟（1049～1106年），北宋畫家。字伯時，號龍眠居士，舒州（今安徽桐
城）人。進士出身，官至朝奉郎。擅畫人物、佛道像，下筆形神兼備。注重
寫生，畫技博取前人之長，承繼顧愷之、吳道子等人筆法，在新畫中表達新
義。李公麟畫作時人評價甚高，宋徽宗曾讚他為當朝最重要畫家。

〔註59〕 宋，《宣和畫譜・卷7・人物3》（台北：台灣商務印書館，1983年），頁199
～200。

起所詠之事物，以委婉含蓄的手法表現，或者所興之源與下文無關，或者所興之源與所詠之辭相關而有比喻現象，或者起興交代了正文背景和烘托形象；有興的手法，由景引起情，引發詩人和畫家當下的感悟，畫的意境也因此提高了。

在北宋郭若虛《圖畫見聞志》卷五曾記載晚唐畫家段贊善與詩人鄭谷的一段詩畫往來的情形，文中說：

> 唐鄭谷有雪詩云：「亂飄僧舍茶烟濕，密灑歌樓酒力微，江上晚來堪畫處，漁人披得一簑歸。」時人多傳誦之。段贊善，善畫。因採其詩意景物圖寫之，曲盡蕭灑之思。持之贈谷。谷珍領之。〔註60〕

以上所引的鄭谷詩為《雪中偶題》，詩中描述日暮江畔有一漁翁在雪中歸來，其歌詠的景物具有繪畫性，畫家段贊善讀了這首「如畫」的景物詩後，非常喜愛，據此作畫，並贈給鄭谷，鄭谷也十分珍惜的接受這幅畫作。由這段記述，今人淺見洋二在《距離與想像—中國詩學的唐宋轉型》裡的研究說：

> 這段記載表明，在唐代後期，詩人與畫家已經找到了運用各自創作手段互相啓發的共同之處；同時它也表明這種詩學觀、藝術觀—詩與畫屬於具有相同描寫功能的藝術，它們可以擁有共同的對象世界—在當時已經形成了吧。也許可以認為，在這則軼事中，一種與宋代所謂「詩畫一律」的文學觀、藝術觀相銜接的觀念已經出現了。〔註61〕

詩人與畫家的創作手段不同，但對於物象、景象都擁有描寫的功能，作詩作畫間互相啓發，詩人可透過繪畫的眼光來掌握景物，畫家也可透過詩意詩情來作畫，宋代「詩畫一律」的觀念於唐代後期已可初步看到。

錢鍾書的〈中國詩與中國畫〉一文對於中國的詩與畫之融合和同質化有深入的論述，他說：

> 一切藝術，要用材料來作為表現的媒介。材料固有的性質，一方面可資利用，給表現以便宜，而同時也發生障礙，予表現以限制。於是藝術家總想超過這種限制，不受材料的束縛，強使材料去表現它性質所不容許表現的境界。譬如畫的媒介材料是顏色和線條，可以表示具體的跡象，大畫家偏不刻劃跡象而用畫來「寫意」。詩的媒介

〔註60〕宋，郭若虛《圖畫見聞志》，轉引自淺見洋二，《距離與想像—中國詩學的唐宋轉型》（上海：上海古籍出版社，2013年10月），頁78～79。
〔註61〕同淺見洋二，《距離與想像—中國詩學的唐宋轉型》，頁79。

材料是文字，可以抒情達意，大詩人偏不專事「言志」，而要詩兼圖

畫的作用，給讀者以色相。詩跟畫各自跳出本位的企圖。〔註62〕

繪畫是採用色彩與線條以表現現實事物的形象，詩是運用文字以表現人類內在的志、情與意。然而優異的畫家可能會超越繪畫的功能，用畫寫意，進入詩的領域；優異的詩人也一樣，超越語文的功能，用文字描繪物象與色相，進入畫的領域；達到詩與畫的融合，使詩與畫趨向同質化。淺見洋二認為詩畫的同質藝術觀可從兩方面觀察其形成過程：

(甲)詩歌同樣作為一種具有繪畫的描寫、再現功能，即服務於「形」

的藝術而逐漸被人們認可的過程。

(乙)繪畫同樣作為一種具有詩歌的表現功能，即服務於「志」、「情」

的藝術而逐漸被人們認可的過程。〔註63〕

淺見洋二的觀點與錢鍾書幾乎完全一樣，經由甲、乙的過程，詩與畫的同質化因而形成，淺見洋二並補充說：「詩畫同質化並非由於詩畫自身的變化所致，反倒可說是由於人們對詩畫看法的轉變才出現。」〔註64〕對於詩畫看法有所轉變的年代是在宋代，明確出現詩與畫的同質藝術觀。

宋代蘇軾認為詩畫的創作理念是相通的，自蘇軾提出文人畫概念後，更主張「詩畫本一律」的原則，他提出詩與畫在創作審美意象的共同要求，蘇軾說：「論畫以形似，見於兒童鄰。賦詩必此詩，定非知詩人。詩畫本一律，天工與清新。」〔註65〕他認為詩與畫都在傳達「言外之意」、「象外之意」，因此詩與畫的本質是一致的。蘇軾所說的「形似」，通常被認為是畫或詩如實的描繪、再現事物的形，大野修作在〈文學與書畫〉中說：

為了確立「詩畫一致」，「形似」也許可說是一種障礙性的存在。因

此，人們選擇了實質上等於將「形似」束之高閣的注重神似的立場，

從而獲得了表達「詩畫一致」乃至「詩書畫一致」的觀念的自由。

〔註66〕

〔註62〕 錢鍾書，〈中國詩與中國畫〉，《開明書店二十周年紀年文集》（中華書局，1985年）；引同淺見洋二，《距離與想像—中國詩學的唐宋轉型》，頁113。

〔註63〕 同淺見洋二，《距離與想像—中國詩學的唐宋轉型》，頁112。

〔註64〕 同淺見洋二，《距離與想像—中國詩學的唐宋轉型》，頁114。

〔註65〕 北宋，蘇軾，《蘇軾詩集》卷二十九〈書鄢陵王主簿所畫折枝二首〉之一；引自傅抱石，《中國繪畫理論》（台北：里仁書局，1985年），頁38。

〔註66〕 大野修作，〈文學與書畫〉，《中國文學研究指南》（興膳宏編，世界思想社，1991年）；引同淺見洋二，《距離與想像—中國詩學的唐宋轉型》，頁115～116。

由以上可知大野修作在繪畫上疏離「形似」，用接近詩的方式以理解蘇軾「詩畫本一律」的觀點。近年來關於詩畫同質論的研究，大都將重點放在繪畫超其自身領域，而向詩靠近，脫離「形似」的約束，經由獲得神似、傳神、氣韻生動、寫意等功能，達到詩的境界，因而形成「詩畫同律」、「詩畫一致」的觀念。蘇軾也曾讚美王維的詩與畫：「味摩詰之詩，詩中有畫；觀摩詰之畫，畫中有詩。」淺見洋二的研究說：

> 一般說來，詩畫同質論可劃分爲兩方面；一方面是在詩歌中找到繪畫的要素（「詩中有畫」）；另一方面則是在繪畫中找到詩歌的要素（「畫中有詩」）。蘇軾在這段話中，從上述兩方面概括了詩歌與繪畫的這兩種同質性特點。後者所謂的「畫中有詩」，可以認爲指的是繪畫也可以表現超越單純的形象、映像的精神世界這一特點。〔註67〕

蘇軾的「詩中有畫，畫中有詩」將詩與畫在作法與精神上予以強力的連結，詩中有畫的要素，畫中有詩的要素，從而詩畫具有同質性，繪畫因超越形象，而進入了精神的世界。

在宋代有許多文人持與蘇軾同樣的看法，他們都強調了詩與畫的同一性，如：張舜民與郭熙都曾說：「詩是無形畫，畫是有形詩。」（張舜民《跋百之詩畫》；郭熙《林泉高致》）；孔武仲說：「文者無形之畫，畫者有形之文，二者異跡而同趣。」（《宗伯集》卷一，《東坡居士畫怪石賦》）；黃庭堅（1045～1105年）說：「李侯有句不肯吐，淡墨寫作無聲詩。」（《次韻子瞻、子由—憩寂圖》）；周孚（1135～1177年）說：「東坡戲作有聲畫，嘆息何人爲賞音。」（《題所畫梅竹》）以上種種文詞，都把畫說成「無聲詩」、「有形詩」，把詩說成「有聲畫」、「無形畫」，亦即詩與畫在於有聲無聲、無形有形之別，但就創作審美意象來看卻是具有同一性。

「詩畫同律」的道理，可依據詩畫皆經由景象和情趣的契合，兩者融合爲一體，將景象情趣化，或將情趣景象化。宋元美學家強調單有情或單有景都不行，只有情景交融，才能構成審美意象；明代謝榛（1495～1575年）承續宋元美學思想，在《四溟詩話》中多處提及情與景的關係：「作詩本乎情景，孤不自成，兩不相背。……景乃詩之媒，情乃詩之胚，合而爲詩，以數言而統萬形，元氣渾成，其浩無涯矣。」「詩乃模寫情景之具。情融乎內而深且長，景耀乎外而遠且大。」情景融合構成的意象是一種藝術形象，創作主體對於

〔註67〕同淺見洋二，《距離與想像—中國詩學的唐宋轉型》，頁199。

客觀物象賦予獨特的主觀的情感活動，因而創造出來；或是將主體情趣經驗與內心的感悟，脫化出可視的形象。詩畫藝術要含蓄與張力並兼，必須依靠意象語言來充實，以顯出豐富內涵；簡言之就是借物抒情，融入藝術家感情和思想的「物象」，是注入某種特殊含意與藝術意味的實體形象。

　　元好問〈論詩三十首〉〔註68〕中的第十一首：「眼處心生句自神，暗中摸索總非眞。畫圖臨出秦川景，親到長安有幾人？」一方面以杜甫（712～770年）曾親身到秦川遊歷，寫下不少有關秦川的詩作，這些寫景詩有如繪畫般生動傳神，驗證「眼處心生句自神，暗中摸索總非眞」的美學觀點；一方面以畫家范寬（1020年左右在世），做爲類比，以「詩畫同律」的道理，點出「親到長安」的妙處。宋元藝術家強調詩畫同質，元好問身處當時，他舉畫來談詩理，正是對詩畫同律的體察；在此詩中藉畫言詩，正是在宋金元的詩畫美學背景下產生的。〔註69〕

　　畫家應物我融合爲一體，證之於詩理，則詩人內在情景交融，詩句自然具有神韻，與畫理「傳神」、「氣韻生動」相通。詩人杜甫對繪畫的鑑賞也有深刻的見解，在鑑賞的角度上，杜甫十分重視「形」與「神」的結合爲一，故「形神兼備而以神爲重」是其繪畫理論最重要的一部分。杜甫在〈丹青引贈曹將軍霸〉一詩中將他的繪畫理論全然發揮，詩中說：

> 開元之中常引見，承恩數上南薰殿。凌煙功臣少顏色，將軍下筆開生面。良相頭上進賢冠，猛將腰間大羽箭。褒公鄂公毛髮動，英姿颯爽來酣戰。先帝御馬五花驄，畫工如山貌不同。是日牽來赤墀下，迥立閶闔生長風。詔謂將軍拂絹素，意匠慘澹經營中。斯須九重眞

〔註68〕元好問的〈論詩三十首〉以絕句形式表達詩歌理論，成詩年代從詩題下自注「丁丑年，三鄉作」，知寫作年份於「丁丑年」（1217年），元好問時年二十八歲。「〈論詩三十首〉是一長篇詩史，上始於漢魏，中歷晉代、劉宋、北魏、齊梁、唐代、以迄北宋。所論述的詩家有：曹植、劉楨、張華、阮籍、劉琨、陶潛、潘岳、陸機、謝靈運、沈佺期、宋之問、陳子昂、李白、杜甫、元結、韓愈、柳宗元、劉禹錫、盧仝、孟郊、元稹、李商隱、溫庭筠、陸龜蒙、歐陽修、梅聖俞、王安石、蘇軾、黃庭堅、秦觀、陳無己等人。元好問論詩嚴分正體、偽體，推崇具漢魏風骨、風雲氣勢、天眞自然、清淳淡雅、韻味天然之詩……亦重視人品與詩品的結合，強調人品高於詩品……」以上說明引自：方滿錦，《元好問〈論詩三十首〉研究》（台北：萬卷樓圖書股份有限公司，2002年），頁390。
〔註69〕參楊佳蓉，〈元好問論詩第十一首詩畫同律之美學探析〉，《育達科大學報》第31期（苗栗：育達科技大學，2012年6月）。

龍出，一洗萬古凡馬空。玉花卻在御榻上，榻上庭前屹相向……。

　　將軍畫善蓋有神，偶逢佳士亦寫眞。〔註70〕

在「凌煙功臣少顏色」至「英姿颯爽來酣戰」的詩句中，杜甫描寫曹霸繪作人物畫非常精妙，不僅相貌逼眞，神采尤爲颯爽，今人李栖認爲：「杜甫形神兼備而以神爲重的鑑賞觀在這段流露無遺。」〔註71〕自「先帝御馬五花驄」至「一洗萬古凡馬空」，敍述曹霸畫馬的過程，李栖認爲：「這一段完全顯示杜甫的繪畫創作觀。曹霸寫生馬時，表面上看是拂絹素，實際上正是集中精神，慘淡經營，苦心構思布局，醞釀氣氛，必先意在筆先。」〔註72〕故能畫出栩栩如生的馬。下面「玉花卻在禦榻上，榻上庭前屹相向」，描寫曹霸畫馬達至形神兼備；「將軍畫善蓋有神，偶逢佳士亦寫眞」兩句，更爲強調以神爲重的觀點。

　　杜甫作詩重「刻畫」，即詳盡描述，將其所見所聞，都做詳細的敍述，使讀詩者能夠宛若視得其形，聞得其聲，見得其事，李栖論杜甫的詩說：「在描寫或敍述的部分，無一不是達到形、聲、事巨細靡遺的『刻畫』。」〔註73〕；如讀其描寫秦川之〈麗人行〉〔註74〕等詩，可瞭解皆有「刻畫」，最後達「語不驚人死不休」之神的境界。對於杜甫的題畫詩，近人孔壽山以謝赫「六法」分析說：

　　　　他的題畫詩都是以畫法爲詩法，饒有藝術之美，可謂有聲畫。……
　　　　非但生動逼眞地再現了畫面的藝術形象，而且還將蘊藏在畫內的深
　　　　意盡情地表達出來，強烈地感動著讀者……眞乃無形畫。〔註75〕

〔註70〕李栖，《題畫詩散論》（台北：華正書局，1993年），頁160。

〔註71〕引同李栖，《題畫詩散論》，頁161。

〔註72〕引同李栖，《題畫詩散論》，頁161。

〔註73〕引同李栖，《題畫詩散論》，頁189。

〔註74〕張健主編，《大唐詩聖杜甫詩選》（台北：五南圖書出版公司，1998年），頁25，〈麗人行〉：三月三日天氣新，長安水邊多麗人。態濃意遠淑且眞，肌理細膩骨肉勻。繡羅衣裳照暮春，蹙金孔雀銀麒麟。頭上何所有？翠爲盍葉垂鬢唇。背後何所見？珠壓腰衱穩稱身。就中雲幕椒房親，賜名大國虢與秦。紫駝之峰出翠釜，水精之盤行素鱗。犀箸饜飫久未下，鸞刀縷切空紛綸。黃門飛鞚不動塵，御廚絡繹送八珍。簫鼓哀吟感鬼神，賓從雜遝實要津。後來鞍馬何逡巡，當軒下馬入錦茵。楊花雪落覆白蘋，青鳥飛去銜紅巾。炙手可熱勢絕倫，愼莫近前丞相嗔！

〔註75〕孔壽山，〈杜甫的題畫詩〉，出於《中國畫論》（台北：駱駝出版社，1987年），頁275～282。

孔壽山認爲杜甫的題畫詩完全符合繪畫「六法」的要求，又再次闡釋「詩畫同律」的道理。

尤其是到了元朝，詩文印信也逐漸正式進入畫面，成爲畫面佈局的構成部分；且更直接的抒發文人畫家的心聲。詩、書、畫和印始成一體，詩畫相融，詩是「無形畫」，畫是「有形詩」，而詩是「有聲畫」，畫是「無聲詩」，詩與畫在文人畫中更加緊密的相聯，詩情貫注於畫意之中，彼此相輔相成，這也標誌著文人畫形式與內涵臻於完善的境界。

三、文人畫中的文人意氣來自社會變革與生活磨難

文人畫中具有的文人意氣來自於社會與生活的變化，文人畫家幾乎皆是封建階級中的失意落魄人物，由於文人士大夫個人的不幸遭遇以及對政治的強烈不滿，促使他們在不得已的情況下背棄封建文化的政教傳統，而在心態上轉向緣情言志的個性表現，寄託情志於文人畫的創作，如此可見文人畫是社會矛盾的直接產物。

唐代的文人畫家正處於我國封建社會由鼎盛而趨向沒落的轉折時期，當時社會的現實情況，使朝廷統治階級的內部分成兩類人物，一類是當權的皇親國戚與達官貴人，隨著國力和財政的日趨好轉，他們過著奢華和享樂的生活；另一類則是一些文人士大夫們，他們在統治階級的傾軋下成爲敗北、落魄的人物，這些人隱而不仕，改變對外在名利欲望的追求，轉向對自我內在的探索，他們也崇道信佛，以獨善自守，因而產生文人意氣；例如被視爲文人畫鼻祖的唐代的文人畫家王維，當他隱居輞川以後，他的水墨畫創作更具藝術觀念和審美情趣，更加呈現鮮明的文人畫特色。

元代建立，以傳統儒家文化爲核心封建社會從鼎盛走向衰敗，漢族文人的社會地位是中國歷史上最爲低下階層的，文人的生活與尊嚴一落千丈，眞正的需要歸隱山林，創作詩畫成爲文人苦讀之後消磨時間、忘卻痛苦的良方。元蒙統治帶來許多社會影響，促使文人意氣擴張，文人畫因而達到鼎盛期；由於眾多的文人士大夫產生厭世和逃世的心態，只好投入繪畫，以此作爲個人精神上自我調節的方法，在文人畫家進行繪畫創作的過程中，他們提出自己的藝術理想，例如趙孟頫、柯九思強調以書入畫，錢選主張「士氣」說，倪瓚提出「自娛」思想，文人意氣遂融入文人畫中。

明代建立之後，明太祖朱元璋樂於自滿，獨權專橫，對文人的態度更是若

有不滿就輕易殺之，由此文人心中對朝廷政策和社會現狀感到非常不滿，卻抑鬱於心，不敢言論，也就更加依賴繪畫來表達胸中鬱悶之氣；而民眾要是被強壓所迫，也多認同與文人們相同的自我排解的方法，即藉繪畫以解愁悶。

四、山水成爲文人畫中抒發情感的主要題材

文人畫自開始以來，將淡泊蕭條當做最高的境界，表現作者超塵脫俗的思想、藉物明志的胸懷，倪瓚說他作畫是「聊以自娛」，此種對世俗的迴避必定會影響到文人畫家的繪畫題材，既然是脫俗超世，不能像民間繪畫一般描繪市井小民現實生活的物象，必須要擇取能「托物言志」的題材。

文人繪畫的取材包括山水、人物和花鳥三大題材，在山水畫中，文人以自然山水明志，元代並多以「漁父圖」見長，常表現隱居、漁隱、高隱、小隱的生活形態，表達文人清高孤傲的情感；人物畫則畫有高人逸士、孤潔自身、忠臣烈士、孝子先賢；花鳥畫多以「四君子」梅蘭竹菊與「歲寒三友」松竹梅爲寄託人生情懷的物象，具有人格精神的象徵，意謂孤芳高潔、保持節操。文人視山水景物爲君子的化身，山水、漁隱意喻淡泊名利、不問世事，有陶淵明「悠然見南山」的胸懷；文人藉著描繪親臨目及的自然山水，抒發內心的情思，山水便成爲文人畫家的首要選擇。今人劉禎說：

> 中國山水畫萌芽於晉，至南朝逐漸脫離人物畫而自成一科，唐末五代宋初的山水畫高度成熟，出現了南北五大家，即：關仝、李成、范寬、董源和巨然，使山水畫開始占據畫壇之首，南宋山水畫形成水墨剛勁的特點，元代拋棄了南宋傳統，繼承北宋後期蘇軾、米芾等人開創的抒情寫意山水畫，使之達到了成熟的高峰。元代的山水藝術是發達的，一方面當然是人們對自然熱愛的天性和遊賞樂趣的表現，另一方面它也與元代的政治變化有直接的關係。〔註76〕

山水看似縹緲虛無的物狀，卻頗符合文人的精神要求，加上對高山仙境的想像與追求，使得文人透過山水表達自身對於超脫的需要。基於文人對山水畫的情有獨鍾，其他如人物畫被衝擊得漸漸退出畫壇主流位置，山水畫遂成爲文人畫的主要題材；以下將從文人繪作山水畫的開始至清代的情況予以探討。

魏晉南北朝以來，文人基於在精神上的需求，由漢代的入世生活，轉向

〔註76〕劉禎，《勾欄人生》（《華夏審美風尚史》第七卷）（鄭州：河南人民出版社，2000年），頁231。

出世的田園生活，此時也是中國山水畫的萌芽期，有以自然山川為繪畫題材的山水畫記載，雖現已看不到眞跡，但從顧愷之的《洛神賦圖》、《女史箴圖》中，可看到在人物畫的背景上，有山水畫作為環境的襯托，形式較為古拙，比例不大協調，具有濃厚的裝飾性。但當時已有相當嚴密完整的山水畫理論的著述，遠遠超越對山水畫的實踐，例如顧愷之的《畫雲臺山記》，記述畫雲臺山的內容，並論畫面佈置的方法；宗炳的《畫山水序》，全面闡述山水畫的審美表現；王微在山水畫論《敘畫》中強調山水畫的功能在於寄託和抒發畫者的內在情懷。

到了唐代，在情景交融之下，自然山水、邊塞大漠成了文人抒展豪情的素材。盛唐出現賦彩濃麗、畫法工整的青綠山水以及筆墨豪放、簡筆抒情的水墨山水，山水畫從此自成繪畫體系，山水畫更成了文人畫家的最佳題材。唐中後期的國勢轉弱，社會動盪致使一些文人無意仕途，他們眞實的體驗山水，將精神寄情於山水，青綠山水已不能滿足心靈與表現的需求，而水墨畫卻適切的描繪自然山水景物，創作出如詩一般的繪畫意境，此時的畫家如：王維、張躁、項容等人，將山水畫轉向水墨山水，王維的山水畫以詩入畫，創造出山水抒情簡淡的意境。

五代的山水畫不斷推陳出新，畫家面對大自然，繼續拓展山水畫的表現範圍，後梁荊浩以生生不息的眞實山水來進行描繪，開創北方山水畫派，與他的弟子關全於畫史上合稱「荊關山水」，由他開始使用立式全景的構圖，畫面主要部分安排有氣勢雄偉的主峰，四周環繞富於變化的山巒，此種格式為李成、關全、范寬等人的全景式山水畫奠立基礎，他還創造筆墨並重的論點，他所寫的《筆法記》、《山水訣》也成為古代山水畫理論之經典。南唐董源、巨然（五代、北宋間）則開創南方山水畫派，他們以江南的煙雨雲山作為山水畫題材，繪畫手法具有水墨淋漓、靈秀明麗的特色，董源的構圖採平遠法，安排起伏舒緩的連綿山巒，近水遠山，表現出清淡天眞、幽深蒼茫的情趣。

北宋是文人山水畫全面開展的時期，完全脫開隋唐以來空勾無皴的簡單畫法，出現講究筆墨效果的技法，包括皴、擦、點、染，對於水墨山水有所突破，進入山水畫的繁榮階段。元湯垕《畫鑒》說：「宋畫家山水超絕唐世者，李成、董源、范寬三人而已，嘗評之董源得山之神氣，李成得山之體貌，范寬得山之骨法，故三家照耀古今，為百代師法。」〔註77〕李成以寒林平遠著

〔註77〕元，湯垕，《畫鑒》，出於《欽定四庫全書‧子部八》。

稱，他的《寒林圖》，具有「林木清曠，氣韻蕭深」的平遠畫境，「圖畫見聞錄」評李成山水「氣象蕭疏，煙林清曠，毫鋒穎脫，墨法精微。」其山水不但表現山川氣象形勢的變化，還特別強調季節氣候的特點，創造了「寒林」的形象，李成善於運用水墨的溫透特性，以及以平遠法構圖，表現在齊魯一帶所見到的煙林清曠的景色，令人觀看猶如有千里之遠，形成曠遠蕭疏的意境。在宋代的山水畫家大都宗李成的畫法，例如許道甯、郭熙等人，許道甯以漁父、漁艇等為主題，開創深山野逸的意境，影響後世的山水畫題材，推動了文人山水畫客體主體化的演變。

郭熙的名作《早春圖》描繪自然界由冬轉春的細膩變化，頗似老子的「守柔約強」的柔弱之美；所描繪寒冬剛過的早春景色，山野上冰雪融化，泉水涓涓流下，雄偉山巒位於畫幅正中，如卷雲狀的山頭上生長樹木（以「雲頭皴」畫山巒，以「蟹爪枝」畫樹木，筆法回護），迷濛的晨霧繚繞，近處正中三棵巨松挺立，圖中表現高遠、深遠和平遠，構圖採 S 形，象徵早春的生命律動。「林泉高致集」是郭熙之子郭思記錄他山水畫創作實踐的總論，在此書中，郭熙提出「三遠四可」的畫論，三遠指高遠、深遠和平遠，四可指可行、可望、可遊和可居，他說：「凡畫至此，皆入妙品，但可行可望，不如可居可遊之為得」如老子追求純真自由、超越物我的境地。郭熙的「三遠」說：「山有三遠自山下而仰山巔，謂之高遠；自山前而窺山后，謂之深遠；自近山而望遠山，謂之平遠。」〔註78〕此三遠說是中國山水畫極為適當、常用的技法，以上精闢的論述是對傳統山水畫構圖與透視法的總結，也闡釋畫家從不同視點觀察山水對象，所呈現的空間感與透視現象。

郭熙在《林泉高致》〈山水訓〉中說：「今執筆者，所養之不擴充，所覽之不淳熟，所經之不眾多，所取之不精粹，而得紙拂壁，水墨遽下，不知何以綴景於煙霞之表，發興於溪山之顛哉？」〔註79〕藝術家缺乏審美的涵養，缺乏閱覽經略的深度廣度，也就缺乏萃取精華的藝術功夫；這可從景象和情趣的關係看出，提煉的意象要能恰好貼合心中的情趣，為求「取之精粹」，就須賴「飽遊飫看」的親自遊歷體會，直到「養之擴充」、「覽之淳熟」、「經之

〔註78〕 宋，郭熙，《林泉高致集》；出於傅抱石，《中國繪畫理論》（台北：里仁書局，1985 年），頁 190～191。

〔註79〕 宋，郭熙，《林泉高致集》〈山水訓〉；收於王進祥，《中國美學史資料選編》下卷（台北：漢京文化事業有限公司，1983 年 4 月），頁 15。

眾多」，創作下筆才能「取之精粹」。郭熙也曾提到「景外意」、「意外妙」，於
《林泉高致》〈山水訓〉中的這段話如下：

> 春山煙雲連綿人欣欣，夏山嘉木繁陰人坦坦，秋山明淨搖落人肅肅，
> 冬山昏霾翳塞人寂寂。看此畫令人生此意，如眞在此山中，此畫之
> 景外意也。見青煙白道而思行，見平川落照而思望，見幽人山客而
> 思居，見岩壁泉石而思遊。看此畫令人起此心，如將眞即其處，此
> 畫之意外妙也。〔註80〕

在親自「飽遊飫看」之後，自然山水景物印在藝術家的心裡，與藝術家的人
格情意思想相融合，因而轉化爲審美意象，昇華爲審美層面，也就是寫景畫
景已由眞實眞切而進入神的意境。如果暗中摸索，縱使模擬得很像，但因沒
有親自體驗，而無法產生深刻感受，也就難以令人產生「景外意」、「意外妙」，
永遠不能進入傳神之境。

北宋與李成同時代的范寬，他是陝西華原人，常往來京洛間，他的山水
畫初學荊浩、李成，後來漸覺師於人總是「尙出其下」，領悟出「師古人不如
師造化，師造化不如師心源。」范寬的山水畫氣勢磅礴，達到自然與生命渾
然一體的無形境界，他說：「前人之法，未嘗不近取諸物。吾與其師於人者，
未若師諸物也；吾與其師於物者，未若師諸心。」〔註81〕所謂「師物」可視
爲來自張璪「外師造化」的啓發，與元好問「眼處」說法相同；然「師心」
之說則受到當時盛行的禪宗「心法」影響，如六祖大師所說：「心若未明，學
法無益。」以及「我於忍和尙處，一聞言下便開悟，『頓見』眞如本性。」；
故范寬「師心」與張璪「中得心源」、元好問「心生」說法不同；若從此觀點
來看，范寬畫秦川景物，「師物」必須「親到長安」；「師心」則似乎無需「親
到長安」。然而在實際情況下，范寬繪作山水畫都經歷過艱苦的寫生，是親臨
實地，眞實的描繪關陝地區的自然景色，因此元好問仍然將他與杜甫類比，
引爲「眼處心生」的代表性畫家。

范寬爲了體驗秦嶺、終南山、太華山、太行王屋的山林，經常獨自深入
崇山峻嶺，坐臥終日，縱目四顧，對自然山水進行細心體察，故能盡得山川

〔註80〕 同宋，郭熙，《林泉高致集》〈山水訓〉；收於王進祥，《中國美學史資料選編》
下卷，頁14。

〔註81〕 宋，《宣和畫譜》卷11，景印文淵閣《四庫全書》子部第119冊（台北：台灣
商務印書館，1983年），頁132。

的真實風貌，所作的山水畫也就能實際描繪他所熟悉的自然環境，表現關陝
景觀的特色，如「山從人面起，雲傍馬頭生」（〈送友人入蜀〉，李白詩）的景
況。范寬常實地寫生，於遍觀奇勝之後，落筆雄偉，真得山骨，達畫之神的
境界；宋《宣和畫譜》中曾記述范寬刻苦寫生的情形：「居然終南山華巖隈林
麓之間，而覽其雲煙滲澹風月陰霧難狀之景……（畫）則千巖萬壑，恍如如
行山陰道中，雖盛暑中，凜凜然使人急欲挾纊也。」〔註82〕宋代劉道醇在《聖
朝名畫評》中說他的山水畫：「真石老樹，挺生筆下，求其氣韻，出於物表，
而又不資華飾。」由此可見范寬繪畫的美學觀點，不僅追求山水景物外在的
摹寫和形似，並且在這真實的觀察和描繪的基礎上，盡力表現內在的風神。

　　米芾、米友仁父子以水墨渲染與橫點的「米家皴」或「米點皴」來描繪
物象，表現虛無飄渺的意境以及崇尚自然天真的心境，呈現文人之審美觀念，
亦符合老子的審美精神。米氏山水，不像傳統水墨山水以勾皴來表現樹木山
石輪廓和凹凸肌理結構，而是以飽筆水墨橫落生紙紙面，形成層次、模糊感，
來顯現煙雲迷漫，雨霧朦朧的江南山水，樹木山林都不取工細的形象，只要
意似就好，看似草草而成，卻不失天真，在當時頗具創新意義，豐富中國山
水的形式和表現力，更加符合文人畫的意趣。

　　在繼承宋代寫實畫風、筆墨技巧和文人畫思想的基礎上，元代文人畫開
始走往成熟，除了繪畫理論的產生之外，工具材料的變革更為拓寬文人筆墨
的發展，因元代用各種材料製造的繪畫專用紙增加，紙的特性是比絹容易受
墨，尤其是未加工的生紙，與水墨有著極佳的溶合姓，足以表現濃淡、輕重、
乾溼的韻味變化，為元代抒情寫意的文人山水畫風提供了更好的條件。山水
畫成為元代文人畫家寄託情感的重要題材，他們在繪畫時著重心境的表達以
及筆墨的表現，將詩、書、畫緊密的結合，由趙孟頫開啟元代山水畫抒情寫
意的序幕，他繼董、巨、李、郭的傳統技法，且結合唐人簡、古的筆意，此
種崇古復古的思想形成他個人的畫風。

　　趙孟頫的主張接著由黃公望、吳鎮、倪瓚和王蒙為代表的元四家所承繼，
並師法造化，促使文人山水畫風格展開新局面。元四家完成了文人山水畫的
轉型，他們皆生活在江浙一帶，各自有不同的遭遇，於是在此過著隱居不仕
的生活，於江澤湖柳間雲遊往來，體察自然山水無窮的變化，感悟山水美感
而化作繪畫，並重視筆墨的趣味與內涵，意識到筆墨不僅是可造成結構美、

〔註82〕同宋，《宣和畫譜》。

形式美，並能傳達文人的主觀精神、獨特氣韻與人生境界。

　　明代文人山水畫派別雖多，但多出於摹倣，不屬獨創，他們只知師古人，卻不知師古人所師的造化，忘了自身也可創造出獨特的山水面貌，因而親臨自然寫景的畫家少之又少，若有也是吉光片羽，非常珍貴；故此時大多數畫家沉溺於古人的繪畫法則中，可說是山水畫臨摹的全盛時期。他們臨摹自唐代王維以來，荊、關、董、巨、李成、二米、趙孟頫、高克恭至元四家，其中文人畫畫家大都是吳人，故稱爲吳派，與臨摹劉松年、李唐、馬遠、夏圭的浙派形成對峙。吳派四大家即沈、文、董、陳（沈周、文徵明、董其昌、陳繼儒），沈周是明代山水畫吳派的宗主，他用筆勁利，有如「鐵畫銀鈎」；文徵明用筆娟秀，暈染迷濛，以氣韻與墨採取勝；董其昌畫山水樹石，形似拙稚，用筆柔和，用墨秀潤，卻常被批評爲魄力、氣勢不足，然其詩文書法與畫論皆獨步當時，著有《畫旨》、《畫眼》等，提出南北宗之說，影響中國文人畫之論，可謂文人畫集大成者。山水畫發展至元，已臻極致，到明代除崇拜與臨摹古人，似無其他法子可行。

　　到了清代的山水畫，明末清初的隱逸畫家如道濟、八大、髡殘、梅清、龔賢等，能不被時習所限制，而有獨特的創作，例如龔賢，遠宗董、巨，用墨深厚。而其餘畫家則仍以臨摹爲主；清山水畫家以四王吳惲並稱（王時敏、王鑑、王翬、王原祁、吳歷、惲壽平），王時敏的山水畫布墨神逸、丘壑渾成、工整清秀，然終身作畫不出黃公望、董其昌二家的範圍，只有臨摹，不知創作，清山水畫遂走入衰弱不振。清張庚《畫徵錄》說：

> 唐宋人畫山水，多用濕筆，故稱水暈墨章，迨元季四家，始用乾筆，至明而董其昌合倪黃兩家之法，純用枯筆乾墨，雖然此不過晚年偶然爲之而已，今人便之，遂以爲藝林絕品而爭趨之，骨幹雖若老逸，而於氣韻生動之法，則遠失之矣。〔註83〕

由於清山水畫極力推崇元四大家，對於黃公望尤爲倣效，以枯筆乾墨、淡皴輕染爲習尙，甚至貶斥濕筆爲俗，使山水畫逐漸變得槁木死灰，由以上言論可見清時期已深知山水畫弊病，但積習已久，難以挽救。山水一開始成爲文人畫的主要題材是爲抒發情感，使得山水畫因筆墨的運用，而呈現氣韻生動的表現，至明清竟過於推崇、臨摹、倣效古人，致使山水畫陷入困境爲始料未及。

〔註83〕清，張庚，《畫徵錄》；引自於俞劍華，《中國繪畫史》（下）（台北：台灣商務印書館，1999年6月），頁180～181。

五、書法在文人畫發展中具關鍵作用

文人畫是文人具多方面文化素養的集中表現，文人畫也是聚文學、書法、繪畫及篆刻等多種藝術為一體的綜合型藝術，尤其與書法的關係極為密切，文人畫家幾乎皆是書法家，這種固有的素養來自歷代「書畫同體」、「書畫同源」的書畫理論與觀念。中國早期繪畫以線條描繪為主，而書法表現的即為線條之美，唐代張彥遠說：「書畫異名而同體」；宋代趙希鵠稱：「書畫其實一事」；元代趙孟頫云：「書畫本來同」；到明代何良俊提出：「書畫本同出一源」後，「書畫同源」成為書法與繪畫關係的主要觀點，兩者關係深厚，特別是書畫的筆墨技法相通，因此「以書入畫」成為文人畫的風格之一。

進一步看「書畫同源」之說，魏曹植於「畫讚序」說：「蓋畫者，鳥書之流也。」他說明畫也是書寫的一種方式；唐張彥遠在《歷代名畫記》中探討繪畫的起源時，認為書畫同源都因與象形有關，他說：

> 庖犧氏發於榮河中，典籍圖畫萌矣。軒轅氏得於溫洛中，史皇蒼頡狀焉。奎有芒角，下主辭章；頡有四目，仰觀垂象。因儷鳥龜之跡，遂定書字之形。造化不能藏其秘，故天雨粟；靈怪不能遁其形，故鬼夜哭。是時也，書畫同體而未分，象制肇創而猶略。無以傳其意，故有書；無以見其形，故有畫；天地聖人之意也。……顏光祿曰：「圖載之意有三，一曰圖理，卦像是也，二曰圖識，字學是也，三曰圖形，繪畫是也。」又周官教國子以六書，其三曰象形，則畫之意也。是故知書畫異名而同體也。〔註84〕

對於書與畫關係，張彥遠說明書法為傳達聖人之意而寫，繪畫則為傳遞聖人之形而作，因此書畫是聖人之意欲所為，目的為使後人藉以明白天地間事理，書畫是同體的。

宋代的書畫家亦均提出「書畫同體」之論，如宋徽宗時的《宣和畫譜・敘》說：「至周官教國子以六書，而其三曰象形，則書畫之所謂同體者。」〔註85〕又如宋趙希鵠在論及書畫關係時說：

> 畫無筆蹟，非謂其墨淡模糊而分曉也，正如善書者藏筆鋒，如錐畫沙，印印泥耳，畫之藏鋒，在乎執筆，沈著痛快，人能知善書執筆

〔註84〕唐，張彥遠，《歷代名畫記・敘論》（收於《百部叢書集成・學津討原叢書》，台北：藝文印書館，1965年），頁1～2。

〔註85〕同宋，《宣和畫譜・敘》，頁1。

之法，則知名畫無筆蹟之說，故古人如孫太古，今人如米元章，善
書必能畫，善畫必能書，書畫其實一事爾。〔註86〕

以上之意說明書畫實爲一事，也在強調以書入畫的觀念。至元代，「書畫同體」
的觀念更深植於文人的心中，趙孟頫於《秀石疏林圖卷》的題畫詩說：「石如
飛白木如籀，寫竹還應八法通。若也有人能會此，須知書畫本來同。」〔註87〕
再如元楊維禎爲《圖繪寶鑑》作序說：「書盛於晉，畫盛於唐宋，書與畫一耳。
士大夫工畫者必工書，其畫法即書法所在。」〔註88〕說明士大夫畫家也必擅
於書法，並且畫法與書法同源，著實書法與繪畫同爲一體，此論點影響到明
代對於書畫關係的看法，明代宋濂說：

倉頡造書，史皇制畫，書與畫非異道也，其初一致也。……六書首
之以象形，象形乃繪事之權輿，形不能盡象而後諧之以聲……。書
者所以濟畫之不足也。〔註89〕

宋濂認爲書畫本爲一體的，且書法的產生爲補足繪畫的不足。明代何良俊承
續說：「夫書畫本同出一源，蓋畫即六書之一，所謂象形者事也。虞書所云：
彰施物采，即畫之濫觴矣。」〔註90〕他說畫即是六書之一，直接點出書畫本
是同出一源的。

從歷史的因素來看，書法與繪畫的關係密切，除了在理論上可證書畫同
體外，在形式上也可發現書畫的表現互相結合。尤其在筆法的運用，魏晉南
北朝後，書法的「骨力」用筆進入繪畫中，如謝赫在《古畫品錄》中談到作
畫六法第二條爲「骨法用筆」，提出作畫時須具有骨力；骨力的表現有賴用筆
的技巧，書法與繪畫的筆法是相通的，唐代張彥遠對於筆法的作用提出更進
一步的看法，他在《歷代名畫記》中說：

顧愷之之跡，緊勁聯綿，回圈趨忽，調格逸易，風趨電疾，意存筆
先，畫盡意在，所以全神氣也。昔張芝學崔瑗、杜度草書之法，因

〔註86〕宋，趙希鵠，《洞天清祿集·古畫辨》（收於《百部叢書集成·讀書齋叢書》，
台北：藝文印書館，1968年），頁41。

〔註87〕元，趙孟頫，《秀石疏林圖》（收於《古代題畫詩分類選編·第一編山水園林
類》，嶺南美術社，1991年），頁45。

〔註88〕元，夏文彥，《圖繪寶鑑·楊維禎序》（台北：商務印書館，1970年），頁1。

〔註89〕明，宋濂，《宋學士全集·卷25·畫原》（收於《百部叢書集成·金華叢書》，
台北：藝文印書館，1965年），頁51～52。

〔註90〕明，何良俊，《四友齋叢說·四友齋畫論》（北京：中華書局，1959年），頁
255。

而變之，以成今草書之體勢，一筆而成，氣脈通連，隔行不斷，唯
王子敬明其深旨，故行首之字往往繼其前行。世上謂之「一筆書」。
其後陸探微亦作一筆畫，連綿不斷，故知書、畫用筆同法。陸探微
精利潤媚，新奇妙絕，名高宋代，時無等倫。張僧繇點曳斫拂，依
衛夫人筆陣圖，一點一畫，別是一巧。鉤戟利劍，森森然，又知書
畫用筆同矣。國朝吳道玄，古今獨步，前不見顧、陸，後無來者，
授筆法於張旭，此又知書畫用筆同矣。〔註91〕

以上張彥遠以陸探微、張僧繇與吳道玄的筆法，說明書法與繪畫的用筆是相
同的。他又說：「夫大畫與細畫，用筆有殊，臻其妙者，乃有數體。只如王右
軍書，乃自有數體，及諸行草，各有臨時構思淺深耳。畫之臻妙，亦猶於書。」
〔註92〕他認為在筆法的運用，書法與繪畫二者所重視的皆為骨力的表現，如
此使得書畫都是臻妙的藝術。

　　宋代文同、蘇軾等文人在畫竹時，已察覺到各體的書法筆法可運用於繪
畫筆法中，如蘇軾說：「詩鳴草聖餘，兼入竹三昧。」〔註93〕他認為畫竹以草
書的筆法，可畫出竹的真正味道。至元代，書畫筆法的結合到達一個完成期，
繪畫時除了重筆力（骨力）之外，更要將繪畫筆法與各體的書法筆法彼此結
合，如元柯九思說：「凡踢枝，當用行書法為之。古人之能事者推蘇、文二公，
北方王孟端得其法。」〔註94〕他認為畫竹應用行書的筆法；趙孟頫在詩上則
有「如飛白木如籀，寫竹還應八法通。」之說，將書法的筆法融入繪畫中，
柯九思曾為趙孟頫此詩的論點加以註解：「寫竹幹用篆法，枝用草書法，寫葉
用八分法或魯公撇筆法，木石用折叉股屋漏紋之遺意。」由上可知趙孟頫的
繪畫結合書法各體的筆法。此繪畫觀點至明代仍為董其昌所沿續，他的理論
曾提出：「士人作畫，當以草隸奇字之法為之。」即將書法筆法與繪畫筆法結
合；因此，「以書入畫」成為文人畫的的特徵。

　　以書入畫在文人畫中屢被運用，到了清代，揚州八怪〔註95〕以簡率疏朗

〔註91〕 張彥遠，《歷代名畫記・卷2・論顧陸張吳用筆》（收於《百部叢書集成・學津
　　　　討原叢書》，台北：藝文印書館，1965年），頁5。
〔註92〕 同張彥遠，《歷代名畫記・卷2・論名價品第》，頁11。
〔註93〕 宋，蘇軾，〈題文與可竹〉；收於《古代題畫詩分類選編・第一編山水園林類》
　　　　（嶺南美術社，1991年），頁244。
〔註94〕 元，柯九思，〈丹邱題跋〉；收於《中國畫論類編・山水下》（台北：華正書局，
　　　　1984年），頁1064。
〔註95〕 揚州八怪是清代乾隆年間活躍在江蘇揚州畫壇的革新派畫家總稱，即「揚州

的筆法畫出梅、蘭、竹、菊四君子，並用「枯藤」、「屋漏痕」、「錐畫沙」、「勁
松倒折」、「亂石鋪街」等來自書法的筆法，僅用純粹的線條即能把握物象本
質。可見書法的線條具有不可言傳的形式美，書法中的點、線以及筆畫間的
組合構成藝術形象的基本元素，運筆的輕重緩急、點線的疏密粗細形成了特
殊的節奏感和韻律感，具有獨特的審美價值，而以書入畫，將這些書法用筆
及所要表現事物的形神，予以結合起來，做到心手相應，筆不周而意周，更
能表現出文人畫家在創作過程中所持有的心態、個性與氣質，文人畫家所追
求的精神氣韻便從書畫同源的筆法中流露出來。

　　近代畫家在文人畫以書入畫上，表現了具有近代性質的審美理想，這
些畫家如：趙之謙（1829～1884 年）、任伯年（1840～1895 年）、吳昌碩（1844
～1927 年）、盧谷（1824～1896 年）、蒲華（1832～1911 年）等人，相繼為
這一文人畫浪潮推到高點。任伯年的花鳥畫富有巧趣，初仿北宋人法，純
以焦墨鈎骨，賦色肥厚，後吸取惲壽平的沒骨法以及陳淳、徐渭、朱耷的
寫意畫法，筆墨趨於簡逸，設色明淨淡雅，格調為兼工帶寫、明快溫馨，
對近代、現代畫家產生莫大的影響，任伯年的山水畫不多，早年師法石濤，
中年後兼取明代沈周等人，並上追元代吳鎮、王蒙，以勁眞和縱肆的筆法
見長。吳昌碩是一典型的代表，他提倡「以書之法作畫」，他作畫的方式「以
樸質和蒼勁的篆書用筆，以簡練和深厚的造型，以奇闢或不經意的畫面佈
局」〔註96〕，故畫作具有「氣韻取長」、「雄渾豪放」、「氣勢彌盛」的風格，
將文人畫「水墨為尚」的特點發展到極至，更推升了文人畫的意境；後起
一批年輕畫家追隨吳昌碩的腳步，例如王震、陳師曾、趙雲壑、王個簃等
人；此外，齊白石（1864～1957 年）和潘天壽（1897～1971 年）也受到吳
昌碩畫法的影響。

　　畫派」。其具體人數不止 8 人，綜合《揚州畫苑錄》、《天隱堂集》等各家說法，
　　計有 15 人。今多採李玉棻《甌缽羅室書畫目過考》的說法，指金農、鄭燮、
　　黃愼、李鱓、李方膺、汪士愼、羅聘、高翔八人；其他被稱爲「揚州八怪」
　　尚包括華喦、高鳳翰、邊壽民、陳撰、閔貞、李葂、楊法等。「揚州八怪」的
　　共同特點是：憤世嫉俗，不向權貴獻媚，瞭解民間疾苦；重視思想、人品、
　　學問和才情對繪畫創作的影響。畫題以花卉爲主，也畫山水、人物，在於繼
　　承宋、元以來寫意的傳統，他們的文學及書法修養都很高，因之形成詩、書、
　　畫綜合藝術的整體，爲繪畫藝術的發展開闢了新的途徑，和當時的所謂「正
　　統」畫風迥然不同。
〔註96〕引自彭修銀，《墨戲與逍遙》（台北：文津出版社，1995 年 9 月），頁 26。

六、文人畫強調水墨情趣

在色彩和水墨上，文人畫更注重水墨的運用與情趣。唐代之前的繪畫以線條描摹物像，再加上賦彩用色，這種作畫的方式注重圖形，而不注重筆墨，中國繪畫由圖形轉向筆墨的注重，是發生在唐代。唐代水墨畫興起，使繪畫技法逐漸重視運用墨色，張彥遠說：「草木敷榮，不待丹綠之采。雲雪飄颺，不待鉛粉而白。山不待空青而翠，鳳不待五色而綷。是故運墨而五色具，謂之得意。」〔註97〕他首先提出「墨分五彩」之論，有了水墨的五色，不論萬物繽紛色彩為何，皆可以運用墨色自然表現。儘管文人畫家以水墨取代了青綠色彩來作畫，但他們並非主張完全廢除用色，若是色彩有助於墨的藝術表現效果，適當的設色也是可接受的。

筆與墨的區別從技巧上來說，筆指勾、勒、皴、點等筆法，加上輕、重、徐、疾等變化；墨則指烘、染、破、積等墨法，並有濃、淡、乾、濕等不同的程度。唐代文人畫家王維、張璪等人改變傳統的作畫方法，直接運用水墨作畫，且十分強調墨的重要性，他們開創的水墨渲染方法，受廣大的文人畫家效法與承續，成為文人畫的主要標誌。對於筆墨，文人畫家也有不同的側重，有的側重筆，有的側重墨；而最理想的作法是筆墨並重，不必強分主次。

其後五代的荊浩在「山水」中說：「其用者，乃明筆墨虛皴之法。筆使巧拙，墨用重輕，使筆不可反為筆使，用墨不可反為墨用。」可見他對筆墨的同等看重；宋代韓拙在《山水純全集》中說：「嘗謂道子山水，有筆而無墨。項容山水，有墨而無筆，此皆不得為其全善也。唯荊浩采二賢之長，以為己能，則全矣。」〔註98〕由他的言論，顯見他對荊浩的繪畫採取筆墨並重給予高度的評價。

宋代文人畫家並無受賦彩用色的專業訓練，賦彩用色在當時是屬於畫匠的專業知識和技巧，文人畫家即以墨為主要的繪畫工具，使用上較為得心應手，加以當時造墨的技術也較以前進步，因此墨色的運用非常受宋代文人畫家的重視。郭熙對墨的濃淡作用提出很多論點：

> 用淡墨六七成，加而成深，即墨色滋潤而不枯燥。用濃墨焦墨，欲

〔註97〕張彥遠，《歷代名畫記》（收於《百部叢書集成・學津討原叢書》，台北：藝文印書館，1965年）。

〔註98〕宋，韓拙，《山水純全集・論用筆墨格法氣韻病》（收於《文淵閣四庫全書・子部第813冊》，台北：商務印書館，1931年），頁322。

特然取其限界，則松林石角不瞭然。固爾瞭然，然後用青墨水重疊

過之，即墨色分明，常如霧露中出也。〔註99〕

以上說明濃墨、焦墨的作用以畫物象的輪廓為主，淡墨則是用以一層一層渲
染，造成深淺不同的亮度。郭熙在《林泉高致集・畫訣》中提到墨法有：淡
墨、濃墨、焦墨、宿墨、退墨、廚中埃墨、青黛雜墨等名稱，對於墨色有進
一步的區分。米芾作畫自稱「墨戲」，世有米家山水之稱，由其子米友仁的畫
作《雲山圖》，可窺知米家父子繪作山水的墨戲情趣。

在宋人的題畫詩中，對於用墨的描述實多於對筆法的描述，如文同（孫
懷悅紙本亂石）曾題有：「孫老抱奇筆，臨紙恣揮灑。從頭掃亂石，礌砢隨墨
下。焦頑與圓潤，無一不精者。」〔註100〕詩裡即描述在繪畫中的墨色使用技
巧；除此之外，宋人的繪畫是較著重淡墨的，如釋善權（仁老湖上墨梅）的
題畫詩說：「乃知淡墨妙，不受膠粉殘。」〔註101〕因宋人認為淡墨可以再區分
不同的色調，若依水墨比例不同以及渲染的作用不一，將產生種種變化；對
於墨色變化的追求就成了文人畫的主要標誌之一。

元代的文人畫承續宋代而來，當時的文人畫家對用墨的技巧十分關注，
如黃公望說：「作畫用墨最難，但先用淡墨，積至可觀處，然後用焦墨、濃墨，
分出畦徑遠近。故紙上有許多滋潤處，李成惜墨如金是也。」〔註102〕從這段
話，可看出他在作畫時對用墨的慎重。元人對筆墨的的運用是並重的，正如
黃公望說：「山水中用筆法謂之筋骨相連，有筆有墨之分。用描處糊突其筆，
謂之有墨。水筆不動描法，謂之有筆。此畫家緊要處，山石樹木皆用此。」
〔註103〕他強調有筆有墨的重要性，此理論至明代更加開展。

明代董其昌受元代筆墨並重論點的影響很大，他多以筆墨來闡述對繪畫
的觀點，他說：

吳道子畫山水，有筆而無墨；項容有墨而無筆，吾當采二子之所長，

為一家之體，故關仝北面事之。世論荊浩山水為唐末之冠，蓋有筆

〔註99〕宋，郭熙，《林泉高致集・山水訓》（收於《文淵閣四庫全書・子部第812冊》），
頁582。

〔註100〕宋，孫紹遠編，《聲畫集》；收於《文淵閣四庫全書》冊1435，頁166。

〔註101〕同宋孫紹遠編，《聲畫集》；收於《文淵閣四庫全書》冊1349，頁883。

〔註102〕元，黃公望，《寫山水訣》；收於《中國畫論類編・山水下》（台北：華正書局，
1984年），頁699。

〔註103〕同元黃公望，《寫山水訣》，收於《中國畫論類編・山水下》，頁696～697。

無墨者，見落筆蹊徑而少自然；有墨無筆者，去斧鑿痕而多變態。
〔註 104〕

由以上知有筆無墨者或有墨無筆者皆有所缺憾，董其昌又說：「古人云有筆有墨。筆墨二字，人多不曉，畫豈有無筆墨者。但有輪廓而無皴法，即謂之無筆；有皴法而不分輕重、向背、明晦，即謂之無墨。」〔註 105〕中國文人畫不能沒有筆墨，筆墨是同等重要的。

　　文人畫講求筆墨情趣，筆法以點法、線法與皴法稱為三元素，點法有各種苔點、墨點；線法有高古遊絲描、琴弦描、鐵線描、行雲流水描等；皴法有雲捲皴、斧劈皴、披麻皴、解索皴、雨點皴等。文人畫家運用筆法，表現神采秀逸的風韻，明代唐志契說：「筆之所在，如風神秀逸，韻致清婉，此士大夫氣味也。」〔註 106〕士大夫清致婉約的筆法即尚簡的原則。墨法則有黑、白、乾、濕、濃、淡六彩〔註 107〕等說，清代鄭績說：「有由淡加濃，或焦或濕，連皴數層而取深厚者；有重疊焦擦以取秋蒼者；有純用淡墨而取雅逸者。」〔註 108〕文人畫家經常將淡墨的形式歸為雅逸類，且墨的濃淡濕乾與水有關，故以水墨稱畫。清代華琳在《南宗訣秘》中說：

　　墨濃淡濕乾黑之外加一白字便是六彩，白，即是紙素之白。凡山石之陽面處，石坡之平面處，及畫外之水，天空闊處，雲物空明處，山足之杳冥處，樹頭之虛靈處，以之作天、作水、作煙斷、作雲斷、作道路、作日光，皆是此白。〔註 109〕

加上白，成為六彩，華琳又說：「位置相戾，有畫處多屬贅疣；虛實相生，無畫處皆成妙境。」〔註 110〕此處的「虛」之結構與留白有關，虛與實必須相生相應，若是畫面少有留白，就會因結構太擁擠而失去雅致。文人畫重意也重

〔註 104〕明，董其昌，《容台別集・卷 6・畫旨》（台北：國立中央圖書館，1971 年），頁 2101。

〔註 105〕同明，董其昌，《容台別集・卷 6・畫旨》，頁 2109～2110。

〔註 106〕明，唐志契，《繪事微言》，收於《景印文淵閣四庫全書：816》（台北：台灣商務印書館，1983 年）。

〔註 107〕清，唐岱，《繪事微發・墨法》：收於《中國畫論類編》下冊（台北：華正書局，1984 年），頁 847。

〔註 108〕清，鄭績，《夢幻居學畫簡明・論墨》：收於《中國畫論類編》下冊，頁 952。

〔註 109〕清，華琳，《南宗訣秘》：收於于玉安編，《中國歷代美術典籍匯編》15（天津：天津古籍出版，1997 年），頁 419。

〔註 110〕清，笪重光，《畫筌》：收於《中國畫論類編》下冊，頁 809。

簡，甚至簡到「零」的地步，「零」即是白，即是空，空白能給人無盡的想像，滿足深遠悠長的豐富感受，猶似「此時無聲勝有聲」的空靈境界。文人畫重水墨情趣，運用墨的乾濕濃淡、渾厚蒼潤的巧妙變化，再加上留白，僅以單純的墨彩即概括表現了絢麗的自然。

第四節　小結

　　「文人」一詞之意在東漢之後，由品德與文藝兼備的人，轉爲專擅文藝的人，由於唐代科舉制度建立，「文人」的身分是經科舉考試的詩詞專才者，他們隨著進士科考而受到重視，加上唐代詩文興盛，因此具詩文專才的文人逐漸釀出文人族群意識。在宋代，君主重文抑武，尊崇文人，這時的文人主指在朝爲官的士人，例如蘇軾、黃庭堅、米芾、文同等人，他們整合詩、書、畫，提升繪畫地位，對文人畫的的貢獻很多，如《宣和畫譜》說：「自唐至本朝以畫山水得名者，類非畫家者流，而多出於縉紳士大夫。」〔註111〕繪畫名家往往出於文人士大夫，他們在作詩詞之餘亦兼作書畫，繪畫仍處於詩詞之下。

　　南宋末至元代，文人的範圍已逐漸從官宦身分擴展到一般庶人，因元爲異族統治，不少漢族文人恥於在元爲官，紛紛隱退於山林，便專注於文藝的創作，此時可說是詩、書、畫整合的成熟時期，文人畫因而興盛起來。明代文人繼承元代文人的文藝思想，追求詩、書、畫三者合一的文人畫藝術創作，「文人」一詞至此已非專指在朝的士大夫，而是致力於詩文與書畫的創作者；由宋元開展而來的繪畫觀念，明董其昌在建構繪畫理論時，更以「文人畫」稱之，並使「詩畫合一」、「以書入畫」成爲文人畫的創作理念，詩、書、畫的結合到明代達至完成期。文人畫的特徵含精神要旨爲傳統儒、釋、道思想、文人意氣來自社會變革與生活磨難、山水成爲抒發情感的最佳題材，以及文人畫強調水墨情趣；就筆法用墨上而言，書法與繪畫相通；就意境與內容而言，詩與畫的創作理趣相合，故詩、書、畫三者合而爲一，成爲文人畫的主要特徵。

〔註111〕宋，《宣和畫譜・卷 10・山水序論》（台北：商務印書館，1983 年），頁 251。

第四章　元代文人畫之美學表現

　　元代大多數文人在當時社會背景下，寄情於山水，不問世事，這種隱逸思想和生活狀態，形成了文人特殊的人生觀與藝術觀。文人由於命運的困頓艱辛、內心的失落寂寞，導致真正退隱山林，尋求一片淨土與心靈安慰，在文人畫中表現的是文人人生的一種境界，此種境界由心而造，成為意境。本章探析元代文人畫美學，將先探討「意境」，接著分成元文人畫之意境美、風格美與形式美予以剖析，均由於元文人畫在意境上的獨特表現而產生意境、風格與形式的美學，風格與形式皆與其意境息息相關，成為一體。在元文人畫之意境美裡，分析四種意境，即物我相融、追求神韻、清靜空遠與蕭疏澹泊之意境。在元文人畫之風格美裡，則分析：逸筆草草，不求形似；筆墨簡淡，以書入畫；詩畫融合；崇古尚雅四種藝術風格。在元文人畫之形式美裡，將探析：自然空間、色彩與圖像三種美學。

第一節　「意境」之探討

　　元代文人畫家描繪的自然物象成為感情的載體，甚至化為某種觀念符號，因而繪畫的目的在於表現文人主觀意趣，故惟妙惟肖的相似感、逼真感對畫家來說並不是重點，最重要的是在描繪自然時，能充分的表現自身心境與情感意味。自然山水對藝術家而言，是直觀的心相，在創作過程中有著心對物的直觀，而在畫家作品中顯出心靈與物象的統一；因此，文人畫最終所要表現的是被描繪的客觀自然呈現蘊藏於胸中的感懷與意境。在探析元文人畫意境美之前，首先需對「意境」一詞加以探討。

　　意境源於意象，從情感、情緒的感受到詩意、畫意的生成，這其中有一具體外化的過程，既是「意與象俱」的意象構成過程，更是「思與境偕」的意境構建過程，意象與意境是藝術家必要的創作元素。中國文化中推崇意象由來已久，「意象」一詞出自漢代王充《論衡》，儒道的源頭《周易・繫辭》說：「易者，象也。」而《周易》別名《易象》，研究「易」的卦象結構功能，可明瞭人生諸事象甚至宇宙的「境」象；道教則以「意象」闡述、詮釋自然之道；延伸爲所謂「意象」，是客觀的自然物象經過主體內心的體察經驗，脫化出可視的形象。意象是一種藝術形象，創作主體對於客觀物象賦予獨特的主觀的情感活動，因而創造出來。意象就是寓「意」之「象」，「意象」的「意」指「意念」或「意圖」，「象」指「現象」或「物象」，「意象」即上述二者的結合，也就是主觀的「意」和客觀的「象」的組合。「意」與「象」代表一虛一實，虛的意念或思想是無形的，藏在主體的腦中，藉助一個可見可感的實體、具體物象來顯露，便架構一個「意象」的呈現。元代文人畫即是借物抒情，融入畫家的感情和思想的「物象」，是注入某種特殊含意的實體形象，成爲「意象」；意境的內涵則大於意象。

　　意境的生成階段即「意與境會」、「思與境偕」的渾融階段，在此階段中「比興」觀是一個重點，梁劉勰從孔子的「興觀群怨」及詩經的「賦比興」，爲「比興」做出總論，使後世認識藝術美學的本質特徵，也將「意象」引進文藝理論，提出「闚意象而運斤」的要旨，劉勰的理論可說爲「意境」範疇之形成奠定重要的基礎，緣境起情，因情作境，以至於意境生成。劉勰在《文心雕龍》中明確指出：「且何謂爲比？蓋寫物以附意，颺言以切事者也。」〔註1〕可見比是以另外一種事物來表現這種事物的方法，劉勰又提到：「故比者，附也；興者，起也。附理者切類以指事，起情者依微以擬議。起情故興體以立；附理故比例以生。比則畜憤以斥言，興則環譬以託諷。」〔註2〕他認爲比是索物附情，以他物比此情意；興是托物起情，先言他物以引起所詠之情意。在比興之間的差異爲「比顯而興隱」，比喻的情感確知其存在，內省而發，較爲激憤；而起興的感情不自覺其存在，外觸而生，則較加婉轉。比在意象上，物象與主題的關係是客觀的，有條理可尋的；興在意象上，物象與主題的關係是主觀的，是感

〔註1〕梁，劉勰，《四庫全書・集部：文心雕龍輯注卷》（上海：上海古籍出版社），頁1478～156。
〔註2〕同梁，劉勰，《四庫全書・集部：文心雕龍輯注卷》，頁1478～156。

情的興會。

　　今人宗白華認爲意境是在靜觀寂照中，返求於自我的心靈節奏，以體和宇宙內在的生命節奏，使兩者同一，達到「天人合一」的境界；他認爲中國畫首重「氣韻生動」，就是以藝術來表現生命的節奏，宗白華說：

> 藝術家以心靈映射萬象，代山川而立言，他所表現的是主觀的生命情調與客觀的自然景象的交融互攝，成就一個鳶飛魚躍，活潑玲瓏淵然而深的靈境；這靈境就是構成藝術之所以爲藝術的意境。〔註3〕

由於主觀的情調與客觀的景象相互交融，因此「意境是情與景（意象）的結晶品。」〔註4〕藝術境界是化實景爲虛境，創形象爲意象，賞玩宇宙人生的景象，欣賞它的構成、色彩、節奏與和諧，藉使自我心靈能映射萬象，生發審美的意趣，代自然萬物而立言，表現人心深處的意境。

　　唐宋人論意境，多從詩的創作需求出發，所談的大都是詩運用意境理論的情形，以詩畫同律的觀念來看，這些意境理論應用於畫理也是相通的。唐王昌齡（698～756年）於《詩格》說：「搜求於象，心入於境，神會於物，因心而得。」最早提出「境」之美學的王昌齡把詩描繪的對象分成「三境」：

> 詩有三境：一曰物境。欲爲山水詩，則張泉石雲峯之境，極麗極秀者，神之於心，處身於境，視境於心，瑩然掌中，然後用思，了然境象，故得形似。二曰情境。娛樂愁怨，皆張於意而處於身，然後用思，深得其情。三曰意境。亦張之於意而思之於心，則得其真矣。〔註5〕

此三種境界於今人葉朗認爲：「物境」指「自然山水的境界」，「情境」指「人生經歷的境界」，「意境」指「內心意識的境界」。這裡的「意境」與「物境」、「情境」都是屬於審美客體的「境」；有別於意境說的「意境」，後者是「一種特定的審美意象」，是審美主體的藝術家之情意與「境」（含前者三境）的結合。中國審美意識自魏晉南北朝之後，漸由「象」轉變爲「境」，在繪畫方面，由謝赫「六法」中的「應物象形」推移到「景」，荊浩爲補充謝赫「六法」的不足，在「六要」〔註6〕中提出「氣」、「韻」、「思」、「景」、「筆」、「墨」之

〔註3〕宗白華，〈中國藝術意境之誕生〉，收入《美學的散步》（台北：洪範書店，1982年），頁4。

〔註4〕同宗白華，〈中國藝術意境之誕生〉，收入《美學的散步》，頁4。

〔註5〕唐，王昌齡（698～756年），《詩格》；引自葉朗，《中國美學史》（台北：文津出版社，1996年），頁192。

〔註6〕荊浩字浩然，五代後梁畫家，山西沁水人；在避世時隱居於太行山洪穀，故

「六要」，主要針對山水畫，但對其他畫類也可適用。

《詩格》中對詩意境的產生有「三格」說，包含：1.「生思」，指靈感和想像是被「境」所觸發；2.「感思」，指藉前人作品裡的意象來觸發靈感；3.「取思」，指主動尋求生活裡的境象，心物交感，產生新的意象：「夫置意作詩，即須凝心，目擊其物，便以心擊之，深穿其境。如登高山絕頂，下臨萬象，如在掌中。以此見象，心中了見，當此即用。」〔註7〕「生思」和「取思」圍繞在「境」、「心」和「思」，「境」為審美客體，「心」為審美主體和主觀情意的發源，「思」為藝術家的靈感和想像。

金元時期元好問論詩說：「眼處心生句自神，暗中摸索總非真。畫圖臨出秦川景，親到長安有幾人？」〔註8〕清人查初白（1650～1727年）也說：「見得真，方道得出。」元好問詩前兩句意謂眼目觸及物象，心物交融後的詩文表達，自能達到傳神的境界；若未能親臨其境，只是暗中摸索，總是無法傳述真實的情景。後兩句意指杜甫在久居長安，盡覽秦川景物，作詩題詠，刻劃入神，猶如范寬畫出的《秦川圖》，只是像杜甫、范寬這樣能親到長安而真切創作的藝術家能有幾人？此詩指出創作重在身臨體察、心靈意會、貴真貴神。元好問的「眼處心生」屬於「生思」和「取思」的情況，至於「暗中摸索」與模擬前人都是元好問所不認同的。意境的創造來自於「目擊其物」，亦即在「眼處」的基礎上；主觀情意（「心」）和審美客體（「境」）有所契合，因而引發藝術靈感和想像，也就是「心生」。審美創造與審美主體的「心」和審美客體的「境」關係密切，這是意境說（唐代）的重要思想，「眼處心生」與意境說因而產生關聯。〔註9〕

明清以後，由於詩畫互相影響，繪畫中論意境者增多，而畫論中說意境大都只用一個「境」字，如明顧凝遠《畫引》說：「氣韻或在境中，亦或在境外。」〔註10〕清笪重光《畫筌》說：「山下宛然經過，即實境，林間如可步入，

自號洪穀子。他潛心於水墨繪畫研究，荊浩上承王維水墨畫的傳統，下啟宋元水墨山水的文人畫。

〔註7〕葉朗，《中國美學史》（台北：文津出版社，1996年），頁198。

〔註8〕元好問，〈論詩三十首〉中的第十一首，引自方滿錦，《元好問〈論詩三十首〉研究》（台北：萬卷樓圖書股份有限公司，2002年），頁200。

〔註9〕參楊佳蓉，〈元好問論詩第十一首詩畫同律之美學探析〉，《育達科大學報》第31期（苗栗：育達科技大學，2012年6月）。

〔註10〕明，顧凝遠，《畫引》；引自《中國畫論類編》上卷第一編泛論上（台北：河洛圖書出版社，1975年），頁118。

實足怡情」〔註11〕此處所說的實境，指的是具體生動的藝術形象使人有身歷其境的感覺，故在繪畫中致力於意境的營造。

　　再進一步探索意境說的根源；意境說以老子與莊子美學為基礎，老莊思想把虛靜視為審美觀照的主觀要件，只有保持內心處於虛靜狀態，方能感受到客觀的「境」，也才能表現真實的「境」，如蘇軾〈送參寥師詩〉表示：「欲令詩語妙，無厭空且靜。靜故了群動，空故納萬境。」〔註12〕司空圖《二十四詩品》說：「體素儲潔，乘月返真。」皆說詩人須超越世俗欲念，保有內在虛靜。《老子》說「曠兮，其若谷。」〔註13〕（第十五章）、「谷神不死」〔註14〕（第六章）、「致虛極，守靜篤。」〔註15〕（第十六章）虛其心的極境是篤實明淨的最高境界。《莊子》〈天道篇〉說：「夫虛靜恬淡，寂寞無為者，萬物之本也。」〔註16〕「虛靜恬淡」是萬物之本，同時也是美之本，一切任其自然，才能達到天下無與倫比的美。

　　並且，意境須能表現宇宙的本體和生命，老子的哲學認為：宇宙的本體和生命是「道」，《老子》說：「道生之，德畜之，物形之，勢成之。」〔註17〕（第五十一章）、「道生一，一生二，二生三，三生萬物。」〔註18〕（第四十二章），道是「有」與「無」、「虛」與「實」的統一。還有，意境不應侷限於有限的「象」，而須超出孤立的物象，而擴至「大象」，老子認為「大象」是宇宙中一個最大的整體；在老莊美學影響下，唐美學家提出「境」的美學範疇，莊子認為「象罔」能表現道，「境」就是「象罔」，即司空圖說的「象外之象」及「景外之景」〔註19〕；文人畫家「以意寫象」、「以形寫神」，這藝術的思想與老莊哲學正好相合。〔註20〕

〔註11〕清，笪重光《畫筌》；引自《中國畫論類編》下卷第六編山水上（台北：河洛圖書出版社，1975年），頁118。

〔註12〕清，查慎行，《蘇詩補注》卷十七，《四庫全書》（台北：台灣商務印書館，1983年）。

〔註13〕晉，王弼注，《老子帛書老子》（台北，學海出版社，1994年），頁15。

〔註14〕同晉，王弼注，《老子帛書老子》，頁6。

〔註15〕同晉，王弼注，《老子帛書老子》，頁15。

〔註16〕晉，郭象注；清，郭慶藩集釋，《莊子》（台北：台灣中華書局，1973年），頁244～245。

〔註17〕同晉，王弼注，《老子帛書老子》，頁59。

〔註18〕同晉，王弼注，《老子帛書老子》，頁50。

〔註19〕同葉朗，《中國美學史》，頁201。

〔註20〕老莊哲學思想參本論文「第六章道家對元文人畫意境之影響—第二節老子美

第二節　元文人畫之意境美

　　對「意境」有所探究之後，以下將探析元代文人畫主要的四種意境美：包含：物我相融之意境、追求神韻之意境、清靜空遠之意境以及蕭疏澹泊之意境。

一、物我相融之意境

　　元代文人退隱山林，以獲得「我見青山多嫵媚，料青山見我應如是」（南宋辛棄疾〈賀新郎〉）的情感滿足。自然山林是文人的隱居地方，切實的與文人的生活密切連結，成為文人精神的寄託與生命的需求。與宋代相比，元代的自然觀以深入自然、瞭解自然物性與認識一般自然美為基礎，然又超越自然美，臻於心靈化與境界化，即是道家「天地與我並生，萬物與我為一」的思想，不僅是物我不分的審美層次，也是物我合一的自然哲學；也如禪宗對自然的看法，繼承大乘佛教的心物觀，將自然從時空孤立抽離，使自然化為喻象而歸於心境，就將物收歸心有〔註21〕。心是真正的存在，境是純粹的現象，心化的物與真實的自我得以合而為一，成為物我相融的意境。元代文人畫畫家承繼了文人追求自由與疏淡的審美理想，山水畫等意象成為情景交融的性靈抒寫〔註22〕。

　　唐代畫家張璪說：「外師造化，中得心源。」，「外師造化」指需親眼所見，親身觀察外在萬物，以大自然為師；「中得心源」的意思，即眼見之後，經由心裡內化而創造出作品出神入化的境界。宋代畫論專著《林泉高致》〔註23〕

　　　　學精神對元文人畫意境的影響，以及第三節莊子審美思想對元文人畫意境的影響」。

〔註21〕　禪宗內容參自張節末，《禪宗美學》（浙江人民出版社，1999年12月），頁16～17。

〔註22〕　「情景交融」參本論文「第三章元代文人畫興盛緣由與發展—第三節文人畫特徵—二、詩文是文人畫發展的基礎—（三）詩畫創作理趣與方法相通」，頁61。

〔註23〕　《林泉高致集》，論山水畫的重要專著，是北宋中期最有代表性的畫家郭熙的繪畫理論，郭熙之子郭思收集其父親的創作理論，以及有關事蹟，集結成書，足可視為郭熙本人的畫論。全書共分為十章，分序言、山水訓、畫意、畫訣、畫題、畫格拾遺和畫記。今多以文淵閣《四庫全書》本為底本。舊本題宋郭思撰。思父熙，字淳夫，河陽溫縣人，後人習慣依地名稱郭河陽，官翰林待詔直長；郭熙的生卒年無明確記載，元好問記載「元章占以來郭熙，明昌、泰和間張公佐，皆年過八十，而以山水擅名。」故不少學者認為郭熙享有高

中郭熙（約 1023～1085 年）對於繪畫也認為需親自歷臨，以俯瞰、遠眺、近看等各種視點，仔細觀看，再一一記憶於心胸中，得心應手的磊落畫出，書中記述：

> 學畫花者，以一株花置深坑中，臨其上而瞰之，則花之四面得矣。
> 學畫竹者，取一枝竹。因月夜照其影於素壁之上，則竹之真形出矣。
> 學畫山水者，何以異此。蓋身即山川而取之，則山水之意度見矣。
> 真山水之川穀，遠望之以取其勢，近看之以取其質。〔註24〕

以及「欲奪其造化，則莫神於好，莫精於勤，莫大於飽遊飫看，歷歷羅列於胸中。而目不見絹素，手不知筆墨，磊磊落落，杳杳漠漠，莫非吾畫。」繪作山水，見真實山嶺川壑，心領神會而下筆，便不會落入臨摹的形態窠臼，才能使畫中山水擁有生命，明唐志契《繪事微言》也說：「胸中富於聞見便富於丘壑。」〔註25〕及「凡學畫者，看真山真水，極長學問便脫時人筆下套子，便無作家俗氣。古人說：『墨瀋留川影，筆花傳石神』，此之謂也！」〔註26〕看真實山水，深入自然，才能確實認識自然美並瞭解自然物性，再進一步於畫中呈現物我相互交融的意境。

學山水畫「須身即山川而取之」，對山水直接觀照，才能悉見山川的真貌，掌握山水的意度，也就是發現山水的審美形象。《林泉高致》有「三遠四可」的畫論，三遠指山水畫有高遠、深遠和平遠，「四可」謂：「山水有可行者，有可望者，有可遊者，有可居者。一畫凡至此，皆入妙品，但可行可望，不如可居可遊之為得。」所謂「飽遊飫看」，就是審美觀照包含廣度與深度，比「身即山川而取之」更進一步，才能窮盡領會山水「奇崛神秀」的奧妙，使意象更鮮明，與情趣更貼切，畫景也就更加得境之神。

晉代顧愷之（約 344～405 年）的畫論強調畫家須知「人心之達」與「遷想得妙」，能體察人類的生活和心靈，並尊重客觀事物的變化，透過對對象的客觀認識，在創作時才能達到「以形寫神」的藝術境界。明董其昌（1555～1636 年）於《畫眼》說：

壽。以下《林泉高致》的引文取自文淵閣《四庫全書》。
〔註24〕宋，郭熙，《林泉高致》；引自王進祥，《中國美學史資料選編》下卷（台北：漢京文化事業有限公司，1983 年 4 月），頁 13。
〔註25〕明，唐志契，《繪事微言》；引自傅抱石，《中國繪畫理論》（台北：里仁書局，1985 年），頁 8。
〔註26〕同明，唐志契，《繪事微言》；引同傅抱石，《中國繪畫理論》，頁 9。

> 畫家以古人爲師，已是上乘。進此當以天地爲師。每每朝看雲氣變
> 幻，絕近畫中山……看得熟，自然傳神，傳神者，必以形，形與心
> 手相湊而相忘，神之所託也。〔註27〕

對藝術家而言，師法古人不如師法自然，才能對前人不斷超越，藉以推動藝
術的發展。董其昌認爲畫家應當以天地爲師，以脫去歷代名家習氣，當形已
融入心手創作中，便能達到傳其神的境界。

　　藝術家講求「物我相融」的意境，「想像模畫」不如師法自然，當縱觀自
然，使客體對象了然於心胸，就能信筆揮灑，能描繪其「形」更能表現其「神」，
宋朝羅大經（1196～1242 年）在《鶴林玉露》（卷之六，丙編）〈畫馬〉中記
述：

> 唐明皇令韓幹觀御府所藏畫馬，幹曰：「不必觀也，陛下駝馬萬疋，
> 皆臣之師。」李伯時工畫馬，曹輔爲太僕卿，太僕廨舍國馬皆在焉，
> 伯時每過之，必終日縱觀，至不暇與客語。大概畫馬者，必先有全
> 馬在胸中。若能積精儲神，賞其神俊，久久則胸中有全馬矣，信意
> 落筆，自然超妙……故由筆端而生，初非想像模畫也。東坡文與可
> 竹記云：「……今畫者節節而爲之，葉葉而累之，豈復有竹乎！故畫
> 竹必先得成竹於胸中，執筆熟視，乃見其所欲畫者，急起從之，振
> 筆直遂，以追其所見，如免起鶻落，少縱則逝矣。」坡公善於畫竹
> 者也，故其論精確如此。曾雲巢無疑工畫草蟲……曰：「是豈有法可
> 傳哉？某自少時，取草蟲籠而觀之，窮晝夜不厭。……於是始得其
> 天，方其落筆之際，不知我之爲草蟲耶，草蟲之爲我也。」〔註28〕

以上韓幹畫馬，得全馬於胸中；東坡畫竹，得成竹於胸中；曾雲巢畫草蟲，
得整草蟲於心中；皆賴細心觀察，才能熟知且潛藏於內心，而需「振筆直遂，
以追其所見」，甚至物我兩忘，達互相交融之境。以竹來說，「眼中之竹」是
對自然眞實景物的感知；「胸中之竹」是經由理性思考後的內在意象；此時「手
中之竹」既是意在筆先以寫神的形象，也可能是在創作過程無意間出現的「天

〔註27〕明，董其昌，《畫眼》；引同葉朗，《中國美學史》，頁 41。

〔註28〕宋，羅大經，〈畫馬〉《鶴林玉露》（卷之六，丙編），《鶴林玉露》分甲、乙、
　　　　丙三編，各編六卷，共十八卷，約成書於宋理宗淳祐年間。明葉廷秀評論
　　　　羅大經：「其言以紫陽爲鵠，學術治道多有發明，而不離王道。」《鶴林玉露》
　　　　之名取自杜甫《贈虞十五司馬》詩：「爽氣金無韜，精淡玉露繁」之意；書中
　　　　對於先秦、漢朝、六朝、唐朝和宋朝的文章與文人多有所評論。

趣」。

宋郭熙在《林泉高致》〈山水訓〉中說:「今執筆者,所養之不擴充,所覽之不淳熟,所經之不眾多,所取之不精粹,而得紙拂壁,水墨遽下,不知何以綴景於煙霞之表,發興於溪山之顛哉?」藝術家缺乏審美的涵養,缺乏閱覽經略的深度廣度,也就缺乏萃取精華的藝術功夫;這可從景象和情趣的關係看出,提煉的意象要能恰好貼合心中的情趣,為求「取之精粹」,就須賴「飽遊飫看」的親自遊歷體會,直到「養之擴充」、「覽之淳熟」、「經之眾多」,達至物我相融,創作下筆才能「取之精粹」。

元代文人畫中的實景是一種更深層的「有形」的自然,客觀自然形象已轉化為文人內心的理想圖像;對於自然,透過眼所見與心所感而表達出來,也把對生命存在的體悟包含在其中。靜謐的自然氛圍,隱喻著逸士「只在此山中,雲深不知處。」(唐賈島〈尋隱者不遇〉),是一種心靈世界的呈現,也賦予畫裡的自然有著出世的性格,似無所繫念而又意味無窮,是物我為一的怡然自得。倪瓚曾在一畫跋中說:「渚上疏林枯柳,似我容髮蕭蕭可憐。生不滿百,其所以異於草木者獨情耳!」簡單的自然中加入人情,就蘊含了生命的觀照,是自然與心境、情感、思緒的綜合表現,在此種理性的高層次境界中,文人得到精神上的歸屬,達到心與物象的統一。

二、追求神韻之意境

元代文人畫的畫品全都崇尚「氣韻生動」,以追求天趣為最高境界,趙孟頫與四大家可以永垂畫史,因他們的畫作具有「氣韻」之真正文人氣,清屠隆於《畫箋》論元畫說:

> 評者謂士大夫畫,世獨尚之。蓋士氣畫者,乃士林中能作隸家,畫品全法氣韻生動,不求物趣,以得天趣為高。觀其曰寫而不曰畫者,蓋欲脫盡畫工院氣故耳。此等謂之寄興,但可取玩一世,若云善畫,何以上擬古人而為後世寶藏?如趙松雪黃子久王叔明吳仲圭之四大家,及錢舜舉倪雲林趙仲穆輩,形神俱妙,絕無邪學,可垂久不磨,此真士氣畫也。〔註29〕

以上指元代文人畫「氣韻生動」是「真士氣畫」,當時文人注重神韻為其重要的意境美學。

〔註29〕清,屠隆,《畫箋》;引同傅抱石,《中國繪畫理論》,頁41。

中國人的繪畫重視傳神與氣韻生動,至元代更是發揚光大。在中國古代哲學中,「神」與「形」的關係屢被探究,如宋代袁文說:「作畫形易而神難。形者其形體也,神者其神采也。凡人之形體,學畫者往往皆能,至於神采,自非胸中過人,有不能為者。」〔註30〕在「神」較「形」困難得多的情況下,以神存形尤被重視。魏晉時期,在玄學盛行、儒學式微的社會環境下,重「神」是當時的一種審美風尚,顧愷之的「傳神」論和宗炳的「暢神」說就是其中的繪畫理論,顧愷之認為人物畫的「傳神」注重眼的傳神,而不需對「四體妍蚩」太過於關注,「傳神」主要是讓所繪的事物實現「神」的方法,即是「傳」審美客體的「神」;而「暢神」則側重於當畫具有「神」之後讓觀者達到審美愉悅的效果,指「暢」審美主體的「神」。受顧愷之的「傳神」論的啟發,南朝南齊謝赫(479～502 年)把「神」以「氣韻」代之,既承繼了「傳神」並作創新的闡釋,「氣韻」乃是傳自然萬物含人的整體之「神」。繪畫重神與韻的審美意識對元文人畫的發展與美學意境的生成都產生了極大影響。

文人畫重神韻,但不盡然需在實地繪作實景,也不需畫得很相似;往往接觸山水自然之後,心神意會,並融入個人精神氣度,表現大自然其中韻味;故與西人繪作風景畫大為不同,西人常於當地景物之前寫生,畫出眼中所視具體的景色。陳衡恪(1876～1923 年,字師曾)有一段話即比較出中國人繪畫獨特之處:

> 西人畫山水,必就山水之處畫之,畫花鳥必就花鳥畫之,宋人趙昌寫生,每以畫具自隨即其法也……嘗謂西人之畫,目中之畫也。中國人之畫,意中之畫也。先入於目而會於意,發於意而現於目。因具體而得其抽象,因抽象而完其具體,此其所以妙也。然行萬里路又必須讀萬卷書者,正以培養精神,融洽於客體,以生畫外之韻味也。〔註31〕

因此,「外師造化」為必要條件之後,「中得心源」除了能意在筆先,畫出意會後的形象之外,還需能在畫裡蘊含天然的氣韻,方能達到最高的意境;董其昌在《畫旨》中就曾說明如何求取氣韻:「士大夫當窮工極研,師友造化。」文人以大自然為師為友,行萬里路,讀萬卷書,培養胸中逸氣,足以為山水傳達神韻;以下是《畫旨》另一段話:

〔註30〕引自楊大年,《中國歷代畫論采英》(江蘇教育出版社,2005 年),頁 88。
〔註31〕引同葉朗,《中國美學史》,頁 20。

　　畫家六法，一曰氣韻生動，氣韻不可學，此生而知之，自然天授。
然亦有學得處，讀萬卷書，行萬里路，胸中脫去塵濁，自然邱壑內
營，成立鄞鄂。隨手寫出，皆爲山水傳神。〔註32〕

董其昌所說「六法」即南朝南齊謝赫於所著《古畫品錄》一書中，在序言裡
提出的「六法」：「一曰氣韻生動，二曰骨法運筆，三曰應物象形，四曰隨類
賦彩，五曰經營位置，六曰傳移模寫。」其中，「氣韻生動」最顯重要，「氣
韻生動」的概念就是「神韻」、「神氣」、「生氣」、「壯氣」、「神運氣力」……；
除了具備運筆與形象的有力與確實、位置的妥善經營、色彩的巧妙敷設外，
更須注重「以形寫神」，藉由物體的外在形象表現大自然內藏變化萬千的氣
韻。宋鄧椿的《畫繼》提到：「畫之爲用大矣，盈天地之間者萬物，悉皆含毫
運思，曲盡其態，而所以能曲盡者，止一法耳。一者何也？曰傳神而已矣……
故畫法以氣韻生動爲第一……。」〔註33〕也揭示以「氣韻生動」爲首要方法，
才能全然表現天地萬物的神態。

　　藝術創作必然反映本身自由的靈魂與無欲的心境，因而產生「自然」、「大
巧」、「逸品」等上乘的作品，宋郭若虛《圖畫見聞志》說：「人品既已高矣，
氣韻不得不高；氣韻既已高矣，生動不得不至，所謂神之又神，而能精焉。」
〔註34〕人品高潔，氣韻隨之提升，信手繪畫、寫詩，豈不生動，都能爲山水
傳達精神韻致；《林泉高致》〈山水訓〉也說：「看山水亦有體。以林泉之心臨
之則價高，以驕侈之目臨之則價低。」以及〈畫意〉說：「人須養得胸中寬快，
意思悅適，如所謂易直子諒，油然之心生，則人之笑啼情狀，物之尖斜偃側，
自然布列於心中，不覺見之於筆下……」故畫家、詩人修養人品性情，描繪
山水景物自會於筆下流露意境。

　　蘇軾論說形似與神似的問題，曾舉花鳥畫的始祖—唐代邊鸞，他最大特
色是以「折枝花卉」的畫法創作，所畫花鳥從寫生而來，只畫出花卉的局部，
呈現具有美感的理想構圖；又舉北宋宮廷畫家趙昌（？～1016 年），他被譽爲
「與花傳神」，也是以設色亮麗的折枝花卉聞名，所畫花卉一樣從觀察寫生而
來，趙昌常於清晨曉露未乾時，就在花圃中調色摹寫，所寫生的杏花等花卉

〔註32〕明，董其昌，《畫旨》；引同葉朗，《中國美學史》，頁 20。

〔註33〕宋，鄧椿《畫繼》；引自俞劍華，《中國繪畫史》（台北：台灣商務印書館，1999
　　　　年），頁 218。

〔註34〕宋，郭若虛，《圖畫見聞志》；引同葉朗，《中國美學史》，頁 39。

生動逼真。東坡於〈書鄢陵王主簿所畫折枝〉詩中說：

> 論畫以形似，見與兒童鄰。賦詩必此詩，定非知詩人。詩畫本一律，
> 天工與清新。邊鸞雀寫生，趙昌花傳神。何如此二幅，疏澹含精雲。
> 誰言一點紅，解寄無邊村。〔註35〕

「天工與清新」、「精雲與疏澹」，指的就是形似與神似，以傳神貴於形似，但並非把形似全部否認，而是在形似的基礎上，朝向傳神的最高境界，東坡在〈李潭六馬圖贊〉中也說：「畫師何從，得所以然。」「得所以然」何意？即在〈傳神記〉中所說：「亦得其意思所在而已。」就是描繪出對象的內在本質主要的特點，此「神」是需經由特定的「形」來呈現的，沒有「形」，「神」也無從表現，這是「須身即山川而取之」與「飽遊飫看」等更深化的說法，待將對象以具深度廣度的全然觀照之後，領略到「形」的精神特徵，然後才能臻於「傳神」的最高境域，繪畫是如此，卻除「暗中摸索」，強調「眼處心生」，身臨實境，心物交融，興起感發，最後達到「神」的最高境界。

范寬繪作秦川圖也是一樣的，親臨其地，親眼目睹當地的自然景色，並常實地寫生，於遍觀奇勝之後，落筆雄偉，真得山骨，達畫自神的境界。宋《宣和畫譜》中曾記述范寬刻苦寫生的情形：「居然終南山華嚴隈林麓之間，而覽其雲煙滲澹風月陰霧難狀之景……（畫）則千巖萬壑，恍如如行山陰道中，雖盛暑中，凜凜然使人急欲挾纊也。」宋代劉道醇在《聖朝名畫評》中說他的山水畫：「真石老樹，挺生筆下，求其氣韻，出於物表，而又不資華飾。」由此可見范寬繪畫的美學觀點，不僅追求山水景物外在的摹寫和形似，並且在這真實的觀察和描繪的基礎上，盡力表現內在的風韻。

郭熙也曾提到「景外意」、「意外妙」，於《林泉高致》〈山水訓〉中的這段話：

> 春山煙雲連綿人欣欣，夏山嘉木繁陰人坦坦，秋山明淨搖落人肅肅，
> 冬山昏霾翳塞人寂寂。看此畫令人生此意，如真在此山中，此畫之
> 景外意也。見青煙白道而思行，見平川落照而思望，見幽人山客而
> 思居，見岩壁泉石而思遊。看此畫令人起此心，如將真即其處，此
> 畫之意外妙也。〔註36〕

〔註35〕 北宋，蘇軾，《蘇軾詩集》卷二十九〈書鄢陵王主簿所畫折枝二首〉之一；引同傅抱石，《中國繪畫理論》，頁38。

〔註36〕 宋，郭熙，《林泉高致》；引同王進祥，《中國美學史資料選編》下卷，頁14。

在「飽遊飫看」之後，自然景物印在藝術家的心裡，與藝術家的人格情意思想相融合，因而轉化為審美意象，昇華為審美層面，也就是寫景畫景已由真實真切而進入神的意境。如果獨自暗中摸索，縱使模擬得很像，但因沒有親自體驗，而無法產生深刻感受，也就難以令人產生「景外意」、「意外妙」，永遠不能進入傳神之境。

　　明李日華《六研齋筆記》中記載：「黃子久終日只在荒山亂石，叢木深筱中坐，意態忽忽，人莫測其所為。又居柳中通海處，看激流轟浪，風雨驟至，雖水怪悲詫，亦不顧。」〔註37〕可知黃公望認真觀察自然，其寫實功夫也是「不求形似」的基礎；「意態忽忽」是畫家感悟到了人生的蒼涼感、孤獨感和渺小感，此種審美體驗可以呼應南朝宗炳（375～443 年）的「閑居理氣，撫觴鳴琴，披圖幽對，坐究四荒，不違天勵之叢，獨應無人之野」〔註38〕是以空明虛靜的心胸得到自然的真神情，渾然與自然萬物同體，既投入精神，下筆便能揮灑自如，不違創作常理，雖草草數筆，即攝現全神，保有相當的形象與相對應的精神涵養，從摹寫形似的技法層次提升到悟得的意象層次。

　　元文人畫用筆概括凝煉，任意揮灑，作純形式美的表現，強調以書入畫，在結構形式上以抽象方式處理，畫風明顯趨於追求深層精神境界。元湯垕在《畫鑒》中具體明確的提出：

> 觀畫之法，先觀氣韻，次觀筆意、骨法、位置、傅染，然後形似，
> 此六法也，若看山水、墨竹梅蘭、枯木奇石、墨花墨禽等遊戲翰墨，
> 高人勝士寄興寫意者，慎不可以形似求之。先觀天真，次觀筆意，
> 相對忘筆墨之跡，方為得之。〔註39〕

又說「凡畫，神為本，形似其末也。」可見元人在審美意識上以氣韻傳神為重，而不以形似為追求的要件。吳鎮《梅道人遺墨》說：「寫竹之真，初似墨戲，然陶寫性情，終勝別用心也。」在另一幅畫跋中說：「墨戲之作，蓋士大夫詩翰之餘，適一時之興趣，與夫評畫者流，大有寥廓，嘗觀陳簡齋墨梅詩云：『意足不求顏色似，前身相馬九方皋。』此真知畫者也。」內有文

〔註37〕明，李日華《六研齋筆記》，收於《欽定四庫全書・子部十・雜家類》（影印古籍）。

〔註38〕南朝，宗炳，《畫山水序》，引自王進祥，《中國美學史資料選編》上卷（台北：漢京文化事業有限公司，1983 年 4 月），頁 212。

〔註39〕元，湯垕，《畫鑒》，收於《欽定四庫全書・子部八・藝術類》（影印古籍）。

人通曉詩書與道禪的自信表白,「墨戲」與「適興」是經過長久的心胸洗滌,不再汲汲於形似後,以隨意的簡筆顯現平淡天眞,畫面表露如此的審美價值取向。

元代文人畫仍遵循中國繪畫藝術的發展規律,循序的探索與發展,所謂「不求形似」其實是對「以形寫神」與「形神兼備」的再強調,可見「不求形似」絕非對客觀自然形象不予形似的追求與表現,更非不要形似,而是將繪畫創作視爲文人自身抒懷明志的方法,將重點放在神韻的表現上,把客觀自然形象與筆墨表現形式融於繪畫法度之中,以達形象、筆墨與神韻完美結合。

元代文人畫不重「形似」而重「意氣」的形神觀點,是自魏晉以來對形神關係的承繼與發展,也是文人畫山水的社會因素轉化而來的結果;它是在宋代很重視理性寫實繪畫的基礎上產生出來的,雖不重「形似」,但在實際繪畫創作中,還是需尊重物象的基本特徵,要對自然有細緻的觀察與體會,寫實功夫仍然是傳神的條件,因對形似的過於關注可能會限制心思的自由和筆墨的靈活,所以要做到不刻意追求形似,才能不喪失自然天性與自我心靈,使「形」的描繪處處成爲「胸中逸氣」的表現,以達到氣韻生動的藝術最高境界。從元代文人畫的理論中,可以發現倪瓚所說的「不求形似」其實是對「寫神」的再強調,是要求「形神兼備」,這是與當時的社會審美意識有所聯繫的。

三、清靜空遠之意境

元代文人畫體現的人生境界是由心而造。唐代美學家司空圖說「超以象處,得其環中。」清代神韻派王士禎(1634~1711年)也說:「天外數峰,略有筆墨,意在筆墨之外。」其中由「意」延伸了無窮無盡的象。禪宗對文人畫家有所影響,禪宗以情境空明的自體爲本,因著這種神秘體驗,將虛靈明覺的心提高到本體的高度,成爲超物我、超時空的絕對存在;這思想促成文人畫家以內心體驗爲主,以主體自身心靈的反省、品味與感悟爲重,從直覺思維向外發展,而不注重外界客觀事物的描摹,因此這是內向型的思維方式。劉熙載在《藝概·書概》中也說:「筆性墨情,皆以其人之性情爲本。」認爲創作是內在心靈的抒發,是內在實有性情的外化。

在道家老莊思想的影響下,文人畫家的創作和藝術思維就十分注重內心直覺體驗,在虛靜空遠狀態裡讓想像馳騁,追求象外之象與言外之意。老子主張要保持精神安靜恬淡,思緒排除雜念,因只有在虛靜的狀態中,方能觀

照萬物萬事的變化，明白萬物萬事的根源。莊子說「心齋」與「坐忘」，人需保持審美心靈的清靜與澄明，才能靜觀宇宙一切事物的發展遞變。受老莊影響的元代文人畫家都善用簡練的形式來表現意味無盡的道，尤其是人與自然關係中的道，以在有限的時間空間下表現無窮的道，因而也使得文人畫充滿「空遠」的意蘊。

元文人畫家的主要描繪對象，除了自然山水，還有枯木竹石、梅蘭松菊等題材，透過清幽的氣氛，表現出寧靜、淡遠、隱逸、超脫的思想情感與審美境界。文人畫的理想境界是一種含蓄自然、平淡清新，即是指文人畫不滯於「物」，而追求和表現「意」，蘇軾說：

> 余常論畫以爲人禽、宮室、器用，皆有常形，至於山、石、竹、木、水波、雲煙，雖無常形，而有常理。常形之失，人皆知之，常理之不當，雖曉畫者有不知。故凡可以欺世而取名者，必托於無常形者也。雖然，常形之失，止於所失，而不能病其全；若常理之不當，則舉費之矣。以其形之無常，是以其理不可不謹也。世之工人，或能曲盡其形；而至於其理，非高人逸才不能辦。〔註40〕

蘇軾認爲，常理是物理，物理也是畫理，客觀自然物象通常既有常形又有常理，有的雖沒有常形但具有常理，畫家在創作中，應謹慎於常理，須通過筆墨與形象表現出主體情感與審美情趣，亦即「象外之象」「味外之旨」，這是高人逸才方能了悟的的常理。

文人畫崇尚清靜趣味在畫壇佔領了主導的地位，追本溯源，正是中國哲學有關美學思想的文化表達，水墨山水的荒寒空遠在靜觀默照的禪境裡，即表現了文人畫家清寂的心境，宗白華說「澄觀一心而騰悼萬象，是意境創造的始基，鳥鳴珠破，群花自落，是意境變現的圓成。」其中散發出幽靜淡雅的清氣，這是文人畫的美學意境。

四、蕭疏澹泊之意境

元代文人畫的寫意風格是以文人畫家爲主體，依據自然，有選擇的尋求客觀物象，作爲心境的寄託，甚至透過構圖方式和筆墨描繪形式，來表現主體的精神涵養，畫面上冷清蕭瑟景象的再現，也是元代文人清高冷寂的心境

〔註40〕引自鄭午昌，《中國畫學全史》（上海：上海古籍出版社，2011 年 12 月），頁 245。

表現，整體呈現蕭疏、荒寒、澹泊的意境，成為一種獨特的審美方式。

文人畫以蕭疏荒寒之境為最高美學意境，這是與禪合流，詩、禪相通，畫、禪也相通，而禪以荒寒清冷為最高境，明李日華說：「繪事必以微茫慘澹為妙境，非性靈廓徹者，未易證入。所謂氣韻必在生知，正在此虛瞻中，所含意多耳。」逸格高品的文人畫家幾乎都推崇「冷寒筆」，如北宋李成寒林精微細緻，多畫郊野平遠曠闊的寒林景色，畫法簡練，筆勢鋒銳，喜用淡墨，有「惜墨如金」之稱。又如元代吳鎮在畫作中多用濕筆重墨畫出平巒秋水和蘆蕩扁舟，顯現沉鬱寂寥的氣氛，予人一種長天落寞、抑鬱惆悵的感受，這一切表現出文人畫家安貧守志的情懷。

元代真正達到最高境界的文人畫家還是倪瓚，倪瓚作品擁有「澹泊」、「蕭疏」的特質，這是中國畫評家給予畫家的最高讚美。倪瓚的一生可說將文人的高風亮節發揮得淋漓盡致。鄭元佑（1292～1364年）題倪瓚畫：「倪郎作畫如斫冰，濁以淨之而獨清；溪寒沙瘦既無滓，石剝樹皺能有情。珊瑚忽從鐵網出，瑤草乃向齋房生；譬則飲酒不求醉，政自與物無疵成。」倪瓚畫品的蕭逸、沖淡是伴隨著人品的孤潔、清朗而來的。倪瓚總是用一種清高淡泊的人生態度描寫出山水的荒寒蕭疏，畫面景致的蕭瑟使人有無限寂寞之感，畫的氣氛與人的情感交匯在一起，整個現實環境都變得疏遠，讓人產生世事無所爭的情懷，以及對隱逸的嚮往；使審美情趣更加投注於自然景象中，在自然的浩瀚廣博中撫平內心的苦悶。

在倪瓚的畫中，畫清秋靜水全以淡墨描寫出來，給人蕭瑟荒寒的感覺，也是孤寂自恃的「高人逸士」之心境寫照。並將自然景色物象進行高度的概括和淨化，最後只剩下簡而又簡的「三段式」構圖，近景的平坡上有數棵枝葉疏落的樹木，加上一座空蕩的茅亭，中景留有大片空白，代表平靜遼闊的湖水，遠景一列平緩縹緲的山巒，畫中不見禽鳥、舟楫和人跡；畫面流洩蕭疏、荒寒的氣氛，含蓄著「大音希聲，大象無形」的意涵。

元代畫家大都於山林隱逸，其畫境最富含荒寒、蕭疏的意趣，對於自然生命的體悟可說空前絕後，只有心襟超脫的畫家才能達此神境，故許多文人畫家都竭力表現深山幽境、寒江獨釣、寒雪冷雨、寒梅冷竹、曠野荒原等景象，轉化為審美意象，產生了獨特的意境。既然世俗生活未能給予文人畫家慰藉，他們就透過「荒」、「寒」來表示自身的灑脫和曠達，他們沒有絕望，不但在畫作中繼續對社會的批判，還要展現文人畫家獨立於天地的樂觀精神與澹泊意境。

第三節　元文人畫之風格美

在元代的社會背景下，文人的隱逸思想和生活，形成特殊的世界觀與藝術觀，進而使文人畫家在繪畫創作上有「不求形似」以及「墨戲之作」的言論與風格。風格是形象的總體特徵，內含創作個性的表現，藝術形象的獨特性就呈現爲風格，包括思想內容與形式結構兩方面的特徵，是內容與形式的統一。〔註41〕元代文人畫在繪畫風格上已進入成熟期，他們以繪畫作爲抒情明志的主要方式和慘澹經營的生活模式，在藝術表現上除了有「逸筆草草，不求形似」，尚有「筆墨簡淡天眞，以書入畫」、「詩畫融合」與「崇古尚雅」的風格特質。

一、逸筆草草，不求形似

元代文人畫家關於「逸筆草草，不求形似」的論說，是當時文人在特定社會環境之下，所產生的矛盾思想與複雜心理，也是他們的處世態度在藝術上的一種反射。元代文人氣質上的「逸」可追溯自先秦的「逸民」特徵〔註42〕和魏晉時期的「放逸」習氣。「不求形似」的言論從宋代蘇軾提出以後，到元代高漲起來。「逸筆草草」之「草草」，指倪瓚在繪畫時的一種狀態，亦即筆墨關於情發於心，來自創作主體心境的「逸氣」導致草草繪作自然形象，這就是「不求形似」的表現，不同於院畫的精工繪製，促進文人畫走向藝術本質的道路。

唐宋書畫品評中常出現「逸品」，五代、北宋時期的黃休復把畫分爲「逸」、「神」、「妙」、「能」四格（《益州名畫錄》，1006年），他對四格的說明如下：

> 逸格：畫之逸格，最難其儔。拙規矩於方圓，鄙精研於彩繪，筆簡

〔註41〕參自楊春時，《文學理論新編》（北京：北京大學出版社，2009 年 4 月），頁153。

〔註42〕《後漢書‧逸民列傳》云：「易稱『遯之時義大矣哉』。又曰：『不事王侯，高尚其事。』是以堯稱則天，不屈潁陽之高；武盡美矣，終全孤竹之絜。自茲以降，風流彌繁，長往之軌未殊，而感致之數匪一。或隱居以求其志，或回避以全其道，或靜己以鎮其躁，或去危以圖其安，或垢俗以動其概，或疵物以激其清。然觀其甘心畎畝之中，憔悴江海之上，豈必親魚鳥樂林草哉，亦云性分所至而已。」這是對隱逸文化的評述，其中提的「不屈潁陽之高」、「終全孤竹之潔」即爲堯舜和商周之際的許由及伯夷、叔齊等人；可見自從華夏民族有了文明社會與政治的現象和意識起，隱逸現象就已經出現，而許由及伯夷、叔齊等人則成爲隱逸的鼻祖。

形具，得之自然，莫可楷模，出於意表，故目之曰逸格爾。神格：
大凡畫藝，應物象形，其天機迥高，思與神合；創意立體，妙合化
權，非謂開廚已走，拔壁而飛，故目之曰神格爾。妙格：畫之於人，
各有本性，筆精墨妙，不知所然；若投刃於解牛，類運斤於斲鼻；
自心付手，曲盡玄微，故目之曰妙格爾。能格：畫有性周動植，學
侔天功，乃至結嶽融川，潛鱗翔羽，形象生動者，故目之曰能格爾。
〔註43〕

「能格」指畫家對於山水鳥獸各種特點觀察得非常精細，再以很高的技巧作
畫，因此能創作出生動的形象，劉道醇（《聖朝名畫評》，約 1080 年）說「能
格」是「妙於形似」、「長於寫貌」、「盡事物之情」，達「能格」也不易，但「能
格」的地位一向很低。同屬於上品的「逸格」、「神格」、「妙格」三者的區分
就不明顯了。

「妙」就是超出現實有限的物象，通向大宇宙的本體生命，達詩畫的絕
妙意境，與道家的「道」相通。「神」是說藝術家創造的獨特意象要符合自然
造化所顯現的外在形象，而使藝術達至一神化的境界，讓詩畫創造得到一種
高度的自由。「逸」本是一種生活態度與心靈境界，滲透到詩畫藝術中，成為
最高層次的「逸品」、「逸格」，擁有「得之自然」的特點，表現超脫世俗一切
的生活型態和精神境界，藝術家的「筆簡形具」與道家的「簡」是相合的，
也有「寫意」的傾向，表現特定的「意」，即「清逸」、「高逸」、「超逸」之意，
總稱為「逸氣」，到元代成為藝術的主要潮流，四家之吳鎮、黃公望、倪瓚和
王蒙即典型代表，「逸品」於元代達到成熟的階段，與元代的社會情況和文人
遭遇有密切關係，顯現當時文人的生活與心理狀態。

元倪瓚說：「僕之所謂畫者，不過逸筆草草，不求形似，聊以自娛耳。」
〔註 44〕他認為「逸」是自然、天真的表露，筆簡形具，有素樸的特質，不刻
意求工，以免流入匠氣；逸品即為上上之品，出於意表之作，是大自然神魄
與藝術家的靈魂及筆墨媒材運作的極高度渾然融合，也就是天人合一的產
物。倪瓚又說：「餘之竹，聊以寫胸中逸氣耳，豈複較其似與非，葉之繁與疏，
枝之斜與直哉！或塗抹久之，他人視之為麻為蘆，僕亦不能強辯為竹，真沒

〔註43〕引同王進祥，《中國美學史資料選編》下卷，頁 1～2。
〔註44〕元，倪瓚，《雲林集》、《清閟閣全集》；引自俞劍華，《中國古代畫論類編》（北
京：人民美術出版社，1986 年），頁 702。

奈覽者何！」〔註45〕可見藝術家一如倪瓚的不求形似，僅爲描繪胸中逸氣，已是追求傳神之深探，藝術創作應以「寫胸中逸氣」爲根本目的，而不以「求形似」爲目的。

當文人畫家在直觀自然萬物與自身生活中捕捉到眞，並在創作時表現出兩者融合的意趣，所繪山水畫便顯得筆墨精微，且與塵俗隔離。倪瓚於《爲方厓畫山就題》說：

> 摩詰畫山時，見山不見畫。松雪自纏絡，飛鳥亦間暇。我初學揮染，見物皆畫似。郊行及城遊，物物歸畫笥。爲問方厓師，孰假孰爲眞。墨池挹涓滴，寓我無邊春。〔註46〕

倪瓚評王維畫的山，不存在物象似與不似的問題，唯見到山，即此山得了自然天趣；在意是否畫得形似則不可取，「飛鳥亦間暇」的意味才是最眞的逸筆。倪瓚也說明他最初學畫也是刻苦練習與注重形似的，進而領悟到「愛此風林意，更起丘壑情。寫圖以閑詠，不在象與聲。」筆下的不再追求簡單的相似逼眞，弱化刪略無關緊要的細節，掌握強調最能表現「胸中逸氣」的部分，觸景生情，情融於景，畫面始終能喚起人生某種情感意味。

若將倪瓚與元四家中其他三家：黃公望、吳鎮、王蒙相互比較，雖其他三家也有「逸氣」，但卻缺乏倪瓚畫作中彌漫的「寂寞之意」，故「逸氣」的表現有所不同。逸筆指創作的主體與自然形體、社會環境的接觸過程中所產生人生體驗與審美情感，是起於創作者的心，而完成於筆墨的結構形式，也就是將心中的物象轉成「意象」化的形式。徐復觀在《中國藝術精神》中說：

> 倪雲林可以說是以簡爲逸；而黃子久、王蒙卻能以密爲逸；吳鎮卻能以重筆爲逸。這可以說，都是有能、妙、神而上升的逸，是逸的正宗，也盡了逸的情態。〔註47〕

以上對於元四家的「逸」以簡、密、重分析，並稱是「逸的正宗」，著實對元四家十分推崇。

元代文人爲了在畫中表現出「逸」的意韻，大爲強調畫家的人品與繪畫之間的關係，清王原祁（1642～1715 年）在《麓台畫跋》說：「筆墨一道，同

〔註45〕同元，倪瓚，《雲林集》、《清閟閣全集》；引自俞劍華，《中國古代畫論類編》，頁702。
〔註46〕元，倪瓚，《清閟閣全集》；引自彭修銀，《墨戲與逍遙》（台北：文津出版社，1995年9月），頁46、47。
〔註47〕徐復觀，《中國藝術精神》（桂林：廣西師範大學出版社，2007年），頁244。

乎性情。非高曠中有眞摯，則性情終不可出。」清沈顥（1586～1661 年），也說：「伸毫構景，無非拈出自家面目。」指出個人的品行、性情都納入審美的視野。元代文人對品格的要求不再侷限於儒家思想，還包含了道與禪的思想，並且人品和人生的體驗感觸深深的結合。黃公望說：「逸墨撒脫，士人家風。」元文人畫家的人生態度與藝術創造皆要求放逸、清逸與得之天然，回歸到自然觀的本體根源，其作品是生活的濃縮，也是人格的表現。

　　元代文人山水畫中的「逸」是在審美意識中把握情感、修養與品格的表現，是詠物抒懷，也是自況人生，更是對本性的維護。徐建融曾對逸品提出見解：

> 逸品的美學涵義有兩點：一是畫家的主體心境是超逸的，即逃遁於世俗的政治功利與物質功利之外，高蹈遠引，離世絕俗，身心投向自然或「第二自然」之「道」，返樸歸眞。二是作品圖式的表現樣式也是超逸的。包括用筆、用墨、用色、造型、佈局等，即所謂「格外物不拘常法」。這可以在元代山水畫中得到印證。道最終以內心修養、人格修養爲中心而落實、展開，一切實踐的品格最終都歸於精神的品格、人格的品格。〔註48〕

以上指出「畫家的主體心境」與「作品圖式的表現樣式」都是超逸的，這種「逸」是動態的，包含自然生生不息之氣與文人由內心溢出的生命之氣，故「逸」源於畫家對自然山水的感應，以及畫家精神意識的流露。

二、筆墨簡淡，以書入畫

　　在筆墨上對簡率與平淡天眞的追求是元畫風格的特色。對「簡」的企求由宋代開始，例如梁楷、二米的畫作都具有簡約的特徵，元代從探索初期的趙孟頫起，就自覺的尋求簡率的畫風；高克恭學米家山水，畫風自然簡淡；黃公望的《富春山居圖》也是簡筆簡墨；倪瓚的「簡」更爲元畫之首，無論在章法、物象、筆墨上，都是以「簡」爲重，達致蕭條寂寞、簡淡天眞，成爲「簡」的楷模。宋人之「簡」是個別畫家所爲，元人的「簡」則是普遍的文人畫現象。

　　元代文人畫家以筆墨呈現平靜、恬淡的心境，以及荒寒簡遠的意境，五代董源江南山水的平淡天眞畫風頗符合當時的需求，因而影響元代文人畫風

〔註48〕彭吉象主編，《中國藝術學》（高等教育出版社，1997 年 12 月），頁 387。

格。從元初趙孟頫開始，就受董源畫風的影響，如《水村圖》仿董源而有變化；黃公望山水「師董而實出於藍」，《富春山居圖》具董、巨天真爛漫的風格；吳鎮也學董、巨而有變化；王蒙風格接近與董源同一派的巨然；倪瓚風格有人評論「故作荊關」，但實質還是董源一脈；故元代文人畫四大家無不受董源影響。但元文人畫家的平淡天真風格絕非完全照仿董源，而是發展的更為淡逸、雅潔、寂寥、枯瘦，具有濃厚書法意味的簡筆淡墨，側鋒皴擦，加上淡暈輕染，意境空靈澄澈，主要就是此種風格對後世造成影響。

對於筆墨形式的追求，元代之前，主要是從書畫用筆是一致性的這一點出發，運用筆墨有助於形體的塑造；到了元代，筆墨形式才在「以書入畫」中構形，並同時獲得獨立的審美價值。以書入畫是元代文人畫的一大特徵，書畫結合於唐代提出後，唐宋時期真正實踐的文人不多。直到元代，由於錢選、趙孟頫等文人畫家的強調，以及柯九思分析各種書體，將其中所包含的形象內涵與具體物象的線型塑造加以聯繫，更推展了以書入畫的主張。錢選的畫論，將「士氣畫」視為以書法入畫的畫；明代屠隆進一步發展此論點，他在《畫箋》中說「蓋士氣畫者，乃士林中能做隸家，畫品全法氣韻生動，不求物趣以得天趣為高。」這一說法較錢選有很大進步，為經過元代，對文人畫歸納出更成熟的說法。

元代的以書入畫，從理論至實踐都有特定意涵的審美標準，也就是從作用、氣質表現到具體運用都包括在內。元代社會的特殊性，加上前朝南宋的繪畫手法已不能符合需求，山水畫剛勁鋒利的線條、激烈的大斧劈皴及重墨的畫法規範都已不適合元人使用，為配合當時文人柔和文雅的心境，位居承前啟後的趙孟頫順理成章提出「以書入畫」以改造繪畫。

趙孟頫在《秀石疏林圖》題跋道：「石如飛白木如籀，寫竹還與八法通。若也有人能會此，方知書畫本來同。」〔註49〕「飛白」是書體的一種，筆劃呈現枯絲平行狀，於轉折處筆路完全顯露；「籀」是大篆文字；「八法」即楷書的「永字」書法。故描繪山石用飛白法，以表現石頭的形狀和質感；描繪樹木用篆法，以追求一種蒼老遒勁的效果；描繪竹子更充分運用楷書各種筆法加以表現，使竹子具備一定的形似要求；其結論是「書畫本來同」。趙孟頫憑藉他自身高深的書畫涵養，在當時提出以書入畫的美學觀念，在實踐中運用

〔註49〕元，趙孟頫，《秀石疏林圖》；收於《古代題畫詩分類選編・第一編山水園林類》（嶺南美術社，1991 年），頁 45。

中鋒、側鋒、露鋒、藏鋒以及輕重、緩急、轉折、頓挫等筆法，操作靈活，進退自如，表現一種感情舒展的節律和韻趣。趙孟頫在畫法上同時採取南北的長處，水墨上表現出一種剛柔相濟的視覺效果，呈現靜穆、溫和的氣氛，開創了元代以書入畫的先風。元代繪畫也在趙孟頫「以書入畫」此一文人畫審美原則中拉開序幕，直接承其審美傾向的就是稍後的元四家，他們受趙孟頫影響，繪畫講究書法意味，進而追求主體情感的表達。

黃公望說山水之法「大概與寫字一般」、「山水用筆謂筋骨相連，有筆有墨之分。」〔註50〕所說的用筆就是通過富有書法抽象意味的線條來表現。《富春山居圖》是黃公望晚年的精彩畫作，清代鄒之麟評論說：「知者論子久畫，書中之右軍也，聖矣；至若《富春山居圖》，筆端變化鼓舞，右軍之《蘭亭》也，聖而神矣。」〔註51〕《富春山居圖》的筆墨已達神的境界，在「以書入畫」上，黃公望先用淡墨勾勒出自然景物的大致輪廓，再逐一增添墨色，今人陳龍海說：

> 正如他在《寫山水訣》中所云：「作畫用墨最難，但先用淡墨，積至可觀處，然後用焦墨、濃墨，分出遠近，故在生紙上有許多滋潤處，李成惜墨如金是也。」在筆法上，有董源、巨然的披麻皴，也有長短乾筆皴擦，叢樹平林多用橫點，峰坡之間還能見到「米氏雲山」的手法。而墨有濃淡枯潤之分，筆有輕重徐疾之別，隨心運作，依興揮灑，老到精熟，遊刃有餘。顯示出較深的筆墨功夫。〔註52〕

其墨色先淡後濃，一層層覆蓋，循序暈染，自然潤色，筆墨平淡天眞。元人以較乾的筆法在紙上作畫，作法不同於宋人絹畫，山水畫除了皴法以外，增多擦的效果；黃公望創始「淺降山水」，先用水墨勾勒皴染爲畫面基礎，加上以赭石爲主色，成爲淡彩山水畫。黃公望隨心依興揮灑筆墨，筆墨在簡淡中見情趣。

元代的文人畫已從宋人的重理法、重丘壑，轉爲重筆墨情趣，對於筆墨自身的變化非常注重，趙孟頫主張以書入畫，更將筆情墨趣貫穿於畫作之中，也強調筆墨與心源的作用。元代文人開始重視書法用筆本身具有表達情感的

〔註50〕元，黃公望，《寫山水訣》：收於《中國畫論類編・山水下》（台北：華正書局，1984年），頁696。

〔註51〕引自萬新華，《元代四大家》（遼寧美術出版社，2003年），頁87。

〔註52〕陳龍海，《名畫解讀》（長沙：嶽麓出版社，2005年），頁200。

功能，趙孟頫提出「寫」畫，將書法的表現性與抒發性用於繪畫上，著力於
書畫藝術的追溯、傳承與重建，把書法的審美趣味融入畫法。元文人以書入
畫一方面描繪物件，一方面其自身具有抽象化、形式化與符號化的趣味，一
方面其表現情感的功能被彰顯出來，故文人畫家在藝術實踐上有意的運用以
書入畫，把書法的韻律和節奏感浸濡到繪畫的形象思維中，以書運筆，變繁
爲簡，加強筆墨的力度與韻致，以筆墨的自由多變讓情意畢現，使畫面具有
一種天眞抒情、自然淡泊的意味。

　　清代惲格於《南田畫跋》說：「元人幽秀之筆，如燕舞飛花，揣摸不得，
又如美人橫波微盼，光彩四射，觀者神驚意喪，不知其所以然也。」〔註 53〕
惲格之言正指出元人幽秀筆墨和風格，是強求或模仿不來的；他又說「筆墨
本無情，不可使運筆墨者無情。作畫在攝情，不可使鑒畫者不生情。」〔註 54〕
文人畫家以揮灑的筆墨呈現出自己內心的情感，觀畫者不自覺的被感動，被
引起情思，進入審美世界。元代文人畫在繪畫精神與繪畫語言兩大方面的突
破，使得筆墨成爲文人畫家心態與情感的表現，也成爲評判「士氣」的標準，
筆墨情趣因而有著獨特的審美價值，可以加強作品所要造成的氣韻，並達到
心意境界。

三、詩畫融合

　　元代文人畫家借自然山水抒發情懷，畫的物象已予以意象化、詩情化，畫
裡的題畫詩更增添「意象」的表現，由於詩的表達含蓄，常以最少的文字，說
出最多的意思，最需憑藉緊縮的意象語言來表現，由很多有象徵性的畫面疊加
而成想像，使我們感受到情感的狀況，這就是因「象」而知「意」的一種意象
構成，詩要含蓄與張力並兼，必須依靠意象語言來充實，以顯出豐富內涵；在
文人畫中，已有畫的意象，再配合題畫詩的意象，整體提升畫作的美感。

　　元代以詩題畫成爲藝術風氣〔註 55〕，從形式上來看，題畫詩有平衡佈局
的作用，滿足整體畫面的均衡美；題畫詩表現精湛的書法，與繪畫風格、筆

〔註 53〕清，惲格，《南田畫跋》：引自《榮寶齋畫譜・現代編（21）：山水人物部分》
　　　　（榮寶齋出版社，2004 年），序。

〔註 54〕清，惲格，《南田畫跋》：引同《榮寶齋畫譜・現代編（21）：山水人物部分》，
　　　　序。

〔註 55〕參本論文第三章第三節二、詩文是文人畫發展的基礎—（二）題畫詩出現於畫
　　　　作。

墨情趣造成協調統一，使畫面具有豐富的美感；並且詩詞內容與畫作意境、畫家意趣融爲一體，相得益彰而使作品整體意義充實飽滿。宋元方回說：「文士有數千言不能盡者，一畫手能以數筆盡之。詩人於物象極力模寫或不能盡，丹青者流邂逅途抹輒出其上，豈非精妙入神而後是耶！」文人內在的心情和感發，有文字與詩歌不能盡言者，在畫中反而能達到精妙入神的境界。相對的，清代方薰在《山靜居畫論》中說：

> 款題圖畫，始自蘇米，至元明而遂多以題語位置畫境，畫亦由題益妙。
> 高情逸思，畫之不足，題以發之，後世乃爲濫觴。古畫不名款，有款者亦於樹腔石角題名而已，後世多款題，然款題甚不易也。〔註56〕

當畫家的主觀情思有形象不能盡畫者，以題畫詩顯著的表現，反而意味深長。元代文人的精神逸氣寄託山水畫而發揚，再有題畫詩的參與，而演變得更有表現力與象徵性。

元代文人畫家常自題詩句，趙孟頫的題畫詩以自然清美見長，以畫境入詩境，使詩也有繪畫美，他在《萱草蛺蝶圖》題詩云：「叢竹無端綠，幽花特地妍。飛來雙蛺蝶，相對意悠然。」〔註57〕詩中借物抒情，以情寫物，前兩句抒發心悅氣爽之情，後兩句描寫悠然自在之趣，將觀者帶入物我交融的境界。黃公望的題畫詩大都寫山水之景與隱逸之情，幾乎不涉及政事，他爲《王叔明爲陳惟允天香書屋圖》題詩云：

> 華堂敞山麓，高棟仿巖起。悠然坐清朝，南山落窗几。以茲謝塵囂，
> 心逸忘事理。古桂日浮香，長松樹向媚。彈琴送飛鴻，柱笏來爽氣。
> 寧知采菊時，已解哦松意。〔註58〕

這首詩寫山林隱居生活的悠然自得，深得陶淵明志趣，閒適的生活與心境，加上面對恬淡的畫境，造就黃公望表現出明麗清新的題畫詩風格。

吳鎮淡薄名利，心境閒逸，題畫詩與畫作一樣淡然蕭散，亦有陶淵明的境界與風韻，他的《草亭詩意圖》畫面簡潔，不見隱者，卻透過題畫詩點明畫家自比隱者的情懷、思想，上面的自題詩云：「依村構草亭，端方意匠宏。林深禽鳥樂，塵遠竹松清。泉石供延賞，琴書悅性情。何當謝凡近，任適慰平生。」以周圍山水的意象，呈現出畫家閒適清淡的心境，自身的生活意趣

〔註56〕清，方薰，《山靜居畫論》。
〔註57〕引自劉繼才，《中國題畫詩發展史》（瀋陽：遼寧人民出版社），頁271。
〔註58〕引同劉繼才，《中國題畫詩發展史》，頁286。

得以表露，主體的意興感受得到抒發。

　　倪瓚的題畫詩如其人，如其畫，清朗潔淨，透現逸氣，《春山圖》上逸筆草草，勾皴春山，空勾流雲，自題詩云：「狂風二月獨憑欄，青海微茫煙霧間。酒伴提魚來就煮，騎曹問馬只看山。汀花柳岸渾無賴，飛鳥孤雲相與還。對此持杯竟須飲，也知春物易闌珊。」詩中有對春山周圍景象的描述：「青海微茫」、「汀花柳岸」、「飛鳥孤雲」，並無對春山有鮮明的視覺描寫，隨之直敘隱士憑欄、酒伴提魚、騎馬看山、持杯獨飲又補足了詩意，最後點出主題意趣，即高士感歎韶光易逝，寂寥無限，表現出與塵世隔離的隱逸之情。

　　王蒙的題畫詩代表作是《陳惟允荊溪圖》：「太湖西畔樹離離，故國溪山入夢思。遼鶴未歸人世換，歲時誰祭斬蛟祠？」〔註59〕此詩引用《續搜神記》中「遼鶴」飛天典，抒寫故國情；又引用《呂氏春秋》中「蛟龍」的典故，表明對為民除害英雄的懷念；此詩婉轉的表露對元代社會的不滿，詩句的寄託頗深，意蘊豐厚。

　　元代文人畫的題畫詩大多闡揚文人對自然的關懷與對人生的超脫態度，其中以反映隱居生活、民族意識、自然美與恬淡生活情趣的作品居多，宗白華說：「中國畫以書法為骨幹，以詩境為靈魂，詩、書、畫同在一境層。」詩的情意深妙，書的筆意縱橫，畫的意態高遠，它們的結合為的是經營氣氛、表達心意，也促使文人畫家的筆墨形式與詩書修養一起提升，文人畫家處於無拘無束且遊刃有餘的隱逸狀態，使得繪畫思想與審美追求隨之開展。

四、崇古尚雅

　　元代文人畫家主宰當時畫壇，趙孟頫率先提出「師古」說，主張拋下南宋的畫風，回復到唐與北宋的「古意」風格。對於南宋文壇，趙孟頫批評「文體大壞，治經者不以背於經旨為非，而以立說奇險為工。作賦者不以破碎纖靡為異，而以綴緝新巧為得。」他也對南宋院畫的審美情趣不感興趣，對畫工畫持否定態度，認為「古意既虧，百病橫生」，例如：畫作骨骼粗健、內在意旨不夠深遠、畫風剛勁等，都無法滿足元文人的審美要求。趙孟頫的「師古」說，師唐代畫風就是回歸恢弘風格，把超功利的自然審美追求看作自身生命存在的意義與價值；北宋的繪畫重視神韻，追求清雅樸素的畫風，師北宋畫風，即推崇北宋文人內斂虛靜的創作心態、清遠平淡的審美趣味與追求

〔註59〕引同劉繼才，《中國題畫詩發展史》，頁292。

超越的文化品格，這些北宋文人的藝術氣質才符合元代的文人心理。

唐末司圖空著《詩品》二十四篇，將「高古」設爲其中一篇，大約是首次將古作爲審美標準。宋是一個保守且復古的朝代，歐陽修領導的古文運動不僅在文學上深具份量，甚至影響到繪畫藝術的領域。趙孟頫對「古意」的尋求，上溯到五代北宋的董源、巨然、李成與郭熙，他的繪畫風格有出自董源、巨然的，如《鵲華秋色圖》、《東洞庭圖》；有出自李成、郭熙的，如：《水村圖》、《雙松平遠圖》；另有一種青綠山水貌似上追晉唐，如《秋郊飲馬圖》、《幼輿丘壑圖》。趙孟頫是舉復古之名而行創新之實的典型例子，只見孤高自恃的才情流瀉在他的畫作裡，他以閑淡的韻致抒寫自然，顯出對高潔超塵的生活十分嚮往。

趙孟頫身爲元初重要的文人畫家，他的繪畫理念與創作實踐都處於一種承前啓後及全面探索的情況。趙孟頫在藝術上主張「古意」，他曾說：「予自少小愛畫，得寸縑尺緒，未嘗不命筆模寫。此圖是初傅色時所作，雖筆力未至，而粗有古意。」並在《清河書畫舫》載〈自跋畫卷〉說：

> 作畫貴有古意。若無古意，雖工無益。今人但知用筆纖細，傅色濃艷，便自謂能手。殊不知古意既虧，百病橫生，豈可觀也。吾所作畫，似乎簡率，然識者知其近古，故以爲佳。此可爲知者道，不爲不知者說也。〔註60〕

趙孟頫少時作畫，雖筆力尚弱，但大致上有「古意」；他提倡「古意」，若繪畫無「古意」，再怎麼用筆精工，仍充塞缺失；「古意」其實表現的就是一種「簡樸」的審美品味，今人高木森說：「這裡我只想再強調趙氏的『古意』是以『樸素』的觀念爲旨歸，而涵攝『反現實』或『游離情感』。」〔註61〕趙孟頫的「古意」呈現簡樸，或由簡樸所表現的反現實，以及因反現實所延伸出的游離情感；元文人崇尚「古意」的文人畫風意謂返樸歸眞、簡率不似，以達「古雅」、「典雅」之「雅」趣。

文人畫意識經過南宋再度興起，尤在山水畫中發揚光大，闡揚了北宋以蘇軾爲代表的文人畫思想。蘇軾超越一般人之處在於其人生苦痛的體驗較爲深重，卻從不放棄，珍視內在生命與情感省悟，他的文藝理論重視抒情，在

〔註60〕引自高木森，《元氣淋漓：元畫思想探微》（台北：東大圖書股份有限公司，1998年10月），頁62、63。
〔註61〕同高木森，《元氣淋漓：元畫思想探微》，頁63。

《送參寥師》中說：「欲令詩語妙，無厭空且靜，靜故了群動，空故納萬境。」
他認為心靈靜空，就能觀萬象之變動，與自然靈氣互通，使萬境納於胸中，
融入人的生命和靈性，從而詩的妙語和妙境便創造出來，同樣的山水繪畫之
創造也是如此。蘇軾強調保有自然與自身的審美特性，完全就是一種藝術創
作的審美心胸與方法，留給後人許多深入思考的空間。蘇軾強調的「理趣」
集內心情理體驗、外在審美理念與理性思考於一身，運用到山水畫中就是情
與理、形與神的相互作用，把對自然的認識理解與自身的情感體驗聯結在一
起，既賦予山水一種世人性格，也使山水轉化成內心的理想圖像。

　　明代莫世龍評倪瓚的山水畫「天眞幽淡為宗」、「漸老漸熟」，此種「老熟」
即來自於蘇軾的「理趣」說；然倪瓚在蘇軾的「常形」與「常理」中加入他
自己的理解與看法，他在《畫竹》詩中說：「坡曉畫法難為語，常形常理要玄
解。」把禪宗的「玄解」思想引入繪畫，認為山水畫就是心中幻境的表現，
這幻境剛好又證明生命的自由解脫，並不是生命的死滅。黃公望也認為「作
畫只是個理字最要緊」，而此「理」是禪家之理、儒家之理、道家之理與繪畫
之理的統合為一，可以見到他的《寫山水訣》貫穿著觀察自然、表現自然的
寫實精神，然後才進入眞正的創作自由，沉浸在自然無礙的境界。

第四節　元文人畫之形式美

　　元文人畫家的繪畫所想要傳達的是主觀意識的心境美，而不再是客觀物象
的物境美，當然這其間仍然有對自然山水的關注和刻畫，例如：趙孟頫說「到
處雲山是我師」，黃公望在《寫山水訣》說：「皮袋中置描筆在內，或於好景處，
見樹有怪異，便當模寫記之，分外有發生之意。」〔註62〕這些對自然的客觀的
描繪，即形式美，原則上都服從於主觀意識而抒發的，此主觀意識就是元文人
畫家面對自然萬物而產生的超然絕俗的隱逸思想；故元文人畫的藝術形式所給
予的感官愉悅，並不脫離情感性和人生意境，而蘊含美的本質和意涵，不只是
一般美的形式（純粹指由空間、色彩和圖像形成的美感）〔註63〕。

　　元文人畫首先呈現在我們面前的是感性意象，它是現實經驗的對象，包

〔註62〕元，黃公望，《寫山水訣》；引自高居翰，《隔江山色：元代繪畫》（台北：石
　　　　頭出版股份有限公司，1994年），頁107。
〔註63〕參本論文「第五章儒家對元文人畫意境之影響—第二節儒家主要藝術美學思
　　　　想—一、藝術美具有善的目的」之「美的形式」內容。

括文人畫家在現實生活中的感知經驗和情感體驗，如趙孟頫、黃公望等繪出平常對於自然山水的體認和情思，這是具有原初性、完整性和直接性的；此種感性意象向審美意象流動並超越〔註64〕，進而推想到元文人畫家超脫世俗，追求隱逸，展現生命的飄逸淡泊，於是自然山水成為理想化的審美意象，而具有了審美的品格。因此，感性意象和審美意象兩個層面共同形成藝術意象，藝術意象是從現實的感性意象流向超越的審美意象的過程，並不是感性意象與審美意象兩者的相加；在這種意象的流動中，藝術意象就呈現在我們眼前。

於感性意象此層面，可說存在認知意象與情感意象兩者的分離；而在審美意象這一層面上，客觀的和主觀的對立消失，認知意象與情感意象互相融合為一體。〔註65〕故元文人畫的藝術意象既是主觀的情感意象，又是客觀的認知意象，克服了現實領域中客觀與主觀的分裂，達到客觀與主觀的統一。

繪畫的「形式」指的是空間、色彩和圖像，而繪畫的「內容」指的是主題和意義；元文人畫的藝術意象在感性意象向審美意象超越之際，實現了形式與內容的統一〔註66〕。在藝術意象的感性意象層面，內容與形式存在著分離的狀態；而在藝術意象的審美意象層面，內容與形式的差別消失不見了。審美意象已經脫離現實，它的內容和形式都已經不是現實的內容和形式；由是內容和形式融合為一，成為完整的審美意象。在構成中，元文人畫的繪畫形式具有了審美意義，從而變成了內容，它們本身就具備特殊的美感，畫作的表現力和感染力因而增強，因此具有審美意義，也成為審美內容的一部分。相對的，審美意象的內容脫離了現實，現實意義失去了，因而轉化為審美形式，產生了審美意義，元文人畫的自然山水作為審美意象，就已經不是現實中的物象，而是審美對象，具有象徵意義，成為元文人畫家逸氣的表達，如此自然山水就被形式化，成為審美的形式，又具有審美意義；因此，藝術意象就成為形式與內容的統一。

探析了元文人畫在藝術意象裡客觀與主觀的統一以及形式與內容的統一，在本節將探討元文人畫之形式美，包含自然空間美學、色彩美學與圖像美學。

〔註64〕參同楊春時，《文學理論新編》，頁150。
〔註65〕參同楊春時，《文學理論新編》，頁151、152。
〔註66〕參同楊春時，《文學理論新編》，頁152、153。

一、自然空間美學

探尋元代藝術的自然觀，其核心就是畫家思想與感情的表達及創造，受儒、禪、道三家思想合流的影響，文人描繪山水帶有儒家化解人生憂患以及禪、道超物我、齊生死的內涵，賦予山水以人格化的象徵意味，訴諸意象與意境的呈現。元代自然觀使文人畫家開創了新的山水畫形式，其空間表現乃「以情結境，以境構景」，不予雕飾，自在自如。

自然就是造化，所有一切繪畫題材都取於自然，中西繪畫方式也都以模寫自然為指標，然中國藝術家的空間意識卻融以精神的視角，創造出具有節奏性與和諧性的境界，今人宗白華說：

> 中國詩人畫家確是用「俯仰自得」的精神來欣賞宇宙，而躍入大自
> 然的節奏裡去「遊心太玄」。晉代大詩人陶淵明也有詩云：「俯仰終
> 宇宙，不樂復何如？」用心靈的俯仰的眼睛來看空間萬象，我們的
> 空間意識……是「俯仰自得」的節奏化音樂化了的宇宙。易經上說：
> 「無往不復，天地際也。」這正是中國人的空間意識！〔註67〕

在空間表達上，中國藝術家持有獨特的空間美學，空間意識取決於在自然宇宙間一種「遊」的心境，是有節奏感、韻律感的，是用心靈視點來看自然萬物與空間，得到「俯仰自得」的審美樂趣。此「俯仰自得」不僅是文人畫家心靈上的象徵，也是在創作時的真實作為，表現在畫作中就是移步換景，造成虛實相生、俯仰自得的散點透視，宗白華也說：

> 畫家以流眄的眼光綢繆於身所盤桓的形形色色。所看的不是一個透
> 視的焦點，所採的不是一個固定的立場，所畫出來的是具有音樂的
> 節奏與和諧的境界。〔註68〕

中國畫的空間感和表現不是凝固於一點一處的定點透視，在畫中是有許多立足點的，透過身體的移動，畫家邊遊邊畫，觀畫者也邊欣賞邊遊歷，不同視點散置，使畫面無盡延展。例如在趙孟頫《鵲華秋色圖》、黃公望《富春山居圖》的長條橫披畫作中可看到此種散點透視法。

元文人畫亦運用到中國畫的宇宙空間觀即「三遠法」，郭熙在《林泉高致》裡提出山水畫的「三遠論」：

> 山有三遠：自山下而仰山巔，謂之高遠；自山前而窺山後，謂之深

〔註67〕宗白華，《美從何處尋》（新北：駱駝出版社，1987年8月），頁89。
〔註68〕同宗白華，《美從何處尋》，頁88。

遠；自近山而望遠山，謂之平遠。高遠之色清明，深遠之色重晦；
平遠之色有明有晦；高遠之勢突兀，深遠之意重疊，平遠之意沖融
而縹縹緲緲。其人物之在三遠也，高遠者明瞭，深遠者細碎，平遠
者沖澹。明瞭者不短，細碎者不長，沖澹者不大，此三遠也。〔註69〕

中國繪畫的「三遠」透視法很特殊，高遠法的視點在水平線之下，仰望山勢
顯得高聳；深遠法的視點在水平線之上，可以從前景俯瞰後景，有多山重疊
的感覺；平遠法的視點在水平線處，可從近景望向遠景。中國山水畫常綜合
應用三遠法，對一片山景，畫面的視線是流動的，有轉折的，在視覺移動下
構圖；而西洋繪畫是由科學性透視法所構建的三度空間幻景，一切視線集結
於一個焦點（或消失點）；這是中西繪畫有所不同的地方。例如黃公望的「富
春山居圖」採用三遠法做巧妙構圖，有些山景採高遠法，有些山景採深遠法，
有些山景採平遠法，視點是移動而多點的。

　　分析中國的山水畫，可以發覺畫面常以中間的山石爲主，而往上方或旁
邊堆砌、疊置的山石，愈堆愈多，表示愈遠或愈後面的景象。例如在黃公望
《天池石壁圖》〔註70〕、王蒙《花溪漁隱》〔註71〕等畫上，可以見到這樣的
構圖形態。這種透視法是在二次元的畫面上，以堆砌表達三次元的空間，有
較強烈的繪畫性，此種透視法稱爲「堆砌法」。

　　中國山水畫講求以遠景、遠勢、遠思來造境，突破自然山水的有限形質，
將觀者的目光與思想引向極遠處。元代文人更是將「有」與「無」、「虛」與
「實」相互統一，豐富且靈動的虛白散佈在作品中，與有形的景象結合在一
起，將畫面的內涵空間無限拓展。畫家以一致的思緒、情感，使畫面流洩著
縹緲無定、深遠悠長的情韻，這些審美意象觸動觀者的審美體驗，使觀者獲
取更多層面的審美感受。

　　中國人的宇宙觀總是虛實相生、動靜相宜，《莊子·外篇·刻意》說「靜
而與陰同德，動而與陽同波」，因而形成了充滿合規律的節奏與韻律的時空統
一體，《周易·繫辭》云：「一陰一陽之爲道」，在此生命體驗中把空間也時間
化了，將「萬物與我爲一」的空間呈現爲「我與天地並生的」的時間。因此
中國畫的構圖方法非常特別，不拘於一個焦點的透視，大多採用散點透視法，

〔註69〕宋，郭熙，《林泉高致》；引同傅抱石，《中國繪畫理論》，頁190～191。
〔註70〕元，黃公望，《天池石壁圖》；引同高居翰，《隔江山色：元代繪畫》，頁112。
〔註71〕元，王蒙，《花溪漁隱》圖；引同高居翰，《隔江山色：元代繪畫》，頁141。

就是可移動的遠近法，視野遼闊寬廣，可移動的多視點透視意謂將時間的流動也包含進去，如此使得畫面的形象和構圖靈活自由，突破空間與時間的侷限。中國繪畫正是依據老莊捨象求意的思想，形成獨特的取象取景方法，並把寫意作爲創作思想與實踐的審美原則。

　　中國的時空觀造成中國畫有著「一」的哲學、「一」的抽象，是感性和抽象的合一，是質與量的合一，文人畫家在「天人合一」中所要表現的不是實體空間，而是蘊含富韻律節奏的「虛」、「無」、「空」的時空統一體。他們借物寓志，注重意與象間的關係，形成意象，更注重畫家本身主觀情感的展現，憑藉畫家的技法與構思，畫出具有表現力的形象，把意與境完美的表達出來，即成意境。文人畫家自己心中流盪著自然中流行運化的氣，也融自我於自然，宇宙之氣與心靈之氣相結和，創造超越自然與自我的藝術世界；元代文人繪畫藝術推崇的是人與自然的和諧統一，是人格理想的一種表現。

二、色彩美學

　　元代文人畫家在藝術上提倡高雅與平淡天眞，畫家的主體意識進一步被強調，運用草草逸筆，更加提升水墨的藝術境界。元文人以繪畫爲寄託爲樂趣，文人畫重畫家的才情學養，具有寫意抒情性，並且表現色彩之淡，以水墨黑白之逸格虛靈性爲特徵，與青綠山水、重彩人物和花鳥畫的色彩樣式有明顯區別。元畫家由於繪畫色彩獨具淡雅的特色，使得文人畫的藝術觀念與審美理想在創作中得到更突出的表現。

　　《尚書‧益稷》說：「予欲觀古人之象，日，月，星，辰，山龍，華蟲，作會，宗彝，藻，火，粉米，黼黻，絺繡，以五采彰施於五色，作服汝明。」〔註72〕這是中國繪畫設色最古的記載。「五色」之意，中國古代歷來以《周禮‧冬官》的記載爲準：「畫績之事，雜五色，東方謂之青，南方謂之赤，西方謂之白，北方謂之黑。天謂之玄，地謂之黃。」所謂「玄」即黑色，天與北方同色，故爲五色。魏晉南北朝時期，繪畫處於「隨類賦彩」、「以色貌色」的階段，力求以色彩表現客觀對象的絢爛外貌。自唐代開始發生重大轉折，從王維在山水畫裡「始用渲染，一改勾斫之法」之後，又有王洽以潑墨爲畫，張璪不貴五彩而獨鍾水墨，項容用墨放逸大膽，水墨山水因而蔚成風氣，終

〔註72〕《尚書‧益稷》，收於《十三經注疏》（台北：藝文印書館，1993 年 9 月），頁 67～68。

於出現「水墨類王維」的態勢，加上王維始創「潑墨山水」，把墨加水份潑成濃淡各種層次，此渲染法利用墨色的濃淡變化，既可變虛為實，也可變實為虛，以致畫面產生濃淡、虛實的變化韻致，如此以水墨創造了特殊色相，成為最樸素而又富含色階變化的色彩，並取代了青綠山水，而成為中國山水畫的主要色彩形式。到了北宋，蘇軾、米芾等文人畫家的「水墨渲染」與淡墨成為當時畫壇的主流。

文人畫中的色彩可說是中國哲學的形式化表徵，也是文人心理的藝術化符號。元代文人畫用單純的墨色即概括了絢麗的大自然，用抒情的水墨韻致表現了文人畫中生動的氣韻。文人畫家在作畫時強調用色單純，主要就是要求重意，以展現靜謐、曠遠、蕭疏、澹泊的意境，例如他們總是將寒林、落葉、疏石、遠山等意象結合起來，共同營造出寂寞、悠閒、憐清或悲涼的氣氛。

明代董其昌將中國繪畫分為「南宗」與「北宗」兩宗派，把工筆重彩畫歸類為「北宗」，把水墨寫意畫歸類為「南宗」，即實際用「賦彩」的方式來分宗派。文人畫用色的主要特點是以墨代色，唐張彥遠首先提出「墨分五彩」之論，墨分五色：濃、淡、乾、濕、黑，運用墨色來代替色彩，以表現物體和景觀的明暗遠近色調；清代唐岱、華琳皆說加一白成六彩，由白至黑就是自然所有色彩的表現，只用墨的濃淡、暈色來表現一切自然景物，可見到由這些黑白的色彩展現出一個以純色為中心的色彩世界。水墨畫以黑白灰為主體，不僅是顏色的表達，更是境界上「道」的表現，也表現出宇宙時空的「有」、「無」，這是人生抒情性與歸宿性的表達。

明代文徵明說：「余聞上古繪畫，全尚設色，墨法次之，故多青綠；中古始變淺絳，水墨雜出。」〔註73〕將中國畫色彩的歷史演變過程簡要說出，中國畫從色彩行向水墨，深邃空靈的水墨色彩蘊含深刻的中國文化精神，正是文人畫家追求心靈清靜虛空的隱逸思想的表達，由此色彩更趨向內斂的人生觀，開闢了形而上、高雅空靈的境界。

在中國文化發展中，儒、佛、道思想共同影響了中國繪畫的色彩，三家思想相互有所交融的影響之下，形成中國多姿多彩的繪畫面貌。以哲學本體論色彩，是由「色界」朝向「無色界」超越的一種形式，文人畫以水墨和淡

〔註73〕明，文徵明，《衡山論畫山水》（「人文經典：山水」，台北：國立台北科技大學）。

彩形成獨具特色的色彩樣式，其色彩樣式的哲學基礎應是儒、佛、道思想的共同合力而成的。「虛」、「無」、「空」與黑白是道家的本體論色彩觀，老子的「知白守黑」、「玄之又玄」、「致虛守靜」以及莊子的「虛實生白」、「心齋坐忘」等，都將道家虛靜的人生審美觀和樸素的色彩審美觀做了連結，描繪出了色彩觀念的輪廓。禪宗色彩觀是從禪宗理論的自然衍生和凸顯，禪宗的色彩觀關注的不是現象界的五彩斑斕，《指月錄》記載一則禪話：「青青翠竹盡是法身，鬱鬱黃花無非般若」〔註74〕，鬱鬱黃花或青青翠竹都是本然的呈顯生命的真實相，不執著於翠竹黃花的彩色真實現象，而是現象還原後黑白相的本體虛空。儒家色彩觀中的和諧與純淨、雅與平和，對文人畫色彩有沉澱性的內在影響，《論語・陽貨》中孔子說「惡紫之奪朱也。」強調色彩的使用一定需合「禮」合度，如此才能達到「絢麗」的效果。因此文人畫的色彩之淡，是道家、佛教與儒家合力的結果。

　　元代文人畫的虛白包括兩種含義：既是藝術樣式的虛白，又是情感表達中的虛白，而後者更為人所注重。水墨之境貴在簡淡，以一當十，以少總多，以「少少許勝多多許」，甚至簡到「零」，「零」既是白又是空，計白當黑，白與空是為了「多」，為了「夠」，為了滿足心靈，空白能給予人無窮無盡、深遠悠長的感受，這是水墨畫的特殊審美訣竅。虛白的無定形，最能表現自然變化莫測的精神，虛白可以給人豐富的美感，景為實，意為虛，文人寄託含而不宣的情懷，使得畫面本身充滿靈動，繪畫的虛白美學因而得以發揚。例如山水畫的煙霧雲水最常用虛白表示，這種虛白與樹木山石等固態實景於畫面結合，表現出一種流動性的動態感，形成一種生動的氣韻，展現更加真實靈動的客觀世界，增加了靜寂清幽的感受。清笪重光在《畫筌》中說：「空本難圖，實景清而空景現；神無可繪，真景逼而神境生。位置相戾，有畫處多屬贅疣；虛實相生，無畫處皆成妙境。」〔註75〕文人畫家寄意於渲染虛白的藝術表現形式，即為塑造含蓄的審美意象，再發展到畫中意象的露與藏、深與淺、形與神等等的相生相融，進而產生象外之象、意外之意，擴大了畫面的變化及寄寓，形成更圓融的意境。

　　畫中空白、淡化彩色、重水墨的色彩追求是「逸格」的重要標誌，具「拙

〔註74〕引自吳言生，《禪宗哲學象徵》（北京：中華書局，2001年9月），頁4。
〔註75〕清，笪重光，《畫筌》，收於《叢書集成新編》（台北：新文豐出版公司，1981年），頁54。

規矩於方圓，鄙精研於彩繪。」〔註76〕（黃休復《益州名畫錄》）的特點，更強調藝術表現的靈活自由。「逸格」是對藝術表現內涵的強調，用極其簡約洗練的筆法，略去不必要的細節，傳達出物象的神采氣韻與主體的精神修養特質。元四家中倪瓚最善留白，他的《漁莊秋霽圖》〔註77〕兩岸之間不著一筆，大片虛白既似平靜無波的湖水，又似蒼茫混沌的天地，近處突出地描繪了幾株秀麗的樹木，畫面疏鬆、清淡而又自然，極為空寥，達到「創前人以未造，示後人以難摹」的意境，畫面留白處任由觀畫者運用無限想像去填補，其中流露出畫家孤傲自賞的隱逸心胸。

　　元代繪畫作品中顯現出強烈的主觀意識，藉著重水墨而輕色彩表現出清逸的品格，這都是文人畫的色彩美學精髓。文人畫家從中國古老的哲學思想裡吸取有關的美學思想，受到儒、道、佛思想影響的文人士大夫，選擇用黑白墨韻來抒發個人性情心靈，不同於畫院畫家的堂皇富麗和民間畫工的豔麗俗甜，故文人畫中呈現理性的哲學與淡雅的抒情，而以追求虛境為宗旨。

三、圖像美學

　　中國文人畫在繪畫形式上愈來愈講求圖像的符號性與程式化，到了元代文人畫，這種符號性和抽象性得到真正的實現，如倪瓚的畫，剝去一切可以剝離的外在元素後，提供出很好的程式化樣本，呈現蕭疏荒寒的意境。在五代，董源即創造出一系列獨特的圖像造型語彙，例如用好像披散麻縷的披麻皴和渾圓點的點子皴，來表現江南的特殊地貌，在不離形似卻又高度概括的同時，已經蘊含了文人畫走向抽象化與符號化發展的可能性。

　　元代文人畫的圖像尚意念，更加強了天人合一、人本精神的韻致，透過文人畫家主觀的情感和相對應的繪畫形式而得到創作的表現，隨著筆墨技法變化，山石皴法與樹法從與自然相似的要求下獲得解放，營造出畫家內心情感所致的境界，顯現強烈的主觀意味。皴法是以一些線條、細點表現山石的肌理、明暗、凹凸，元四家以「披麻皴」繪寫江南山貌，此種如披麻般不規則又常散亂的線條，更能自由的抒發性靈，文人畫家以此皴為根本，各自使用具個性化的「披麻皴」，來書寫胸中逸氣。黃公望的「披麻皴」變化得更為簡略隨意，因強化書寫性而使線條富抒情寫意。王蒙的「披麻皴」更加繁密，

〔註76〕同王進祥，《中國美學史資料選編》下卷，頁1〜2。
〔註77〕元，倪瓚，《漁莊秋霽圖》，引同高居翰，《隔江山色：元代繪畫》，頁135。

甚至成為「解索皴」。倪瓚的「披麻皴」以乾筆淡墨寫出，發展為用筆方折，
從中鋒轉以側鋒為主，形成帶方角的「折帶皴」。吳鎮的「披麻皴」以濕墨濕
筆寫出，線條的濃淡變化微妙，墨沉蒼潤。無論畫家的皴法簡、繁、濕、乾，
皆是對筆墨語言予以個性化的表現，可看到元代文人畫家以主觀駕馭自然的
審美圖像。

在抽象繪畫中，點、線、面和色彩的構成給予人一種視覺的抽象審美經
驗，這種視覺形式的抽象繪畫傳達出「意象美」，觀看它時，它帶給人一種只
可意會、不可言傳的「審美愉悅」。抽象藝術用符號性的語言，概括的、簡單
的、抒情的表達出深層的象徵意義，《圖像學》說：「只要是意義的載體，就
是象徵。」〔註78〕文人畫的符號性語言就是象徵，它使我們意識到藝術是個
人生命的組成部分。今人陳懷恩在《圖像學》中說：

> 象徵界包含他者，亦即想像所賴以自我成型的語言結構和文法層
> 次。實境是存在於語言出現之前的世界，永遠無法被清楚掌握與言
> 說，和禪宗無有語言文字的境界頗有相通之處。〔註79〕

當代圖像學視象徵為承載意義的符號，明確的符號是可感知的，但藝術象徵
的意義，有時沒辦法用純粹理性的語言予以表達或者解釋，一般需結合文化
背景和心理因素來說明，元代文人畫的圖像所承載的意義，後來提升成為意
境。《圖像學》裡又說：

> 符號具有指涉作用，象徵則通向詮釋。圖像當然可以作為指示性的
> 符號存在，用來告知他人，指涉某個語句、命令、場所或情境，但
> 是這些作為符號的圖象也可以被第二序的理解為象徵，使得觀看者
> 對其產生更深入的認識。〔註80〕

圖像可作為具有指涉作用的符號，圖像也可作為象徵，元代文人畫的藝術圖
像所形成的象徵，使觀看者有興趣更深入了解其意義。元文人畫圖像的抽象
性使被壓抑在模仿藝術裡面的主體意識和創造權利得到空前的解放，藝術家
不再按照客觀的自然去構造形象，而是完全在主體意志的驅使之下去創造圖
式，創作主體更加信任自身的直覺、想像、潛意識和自我的力量，不再侷限

〔註78〕陳懷恩，《圖像學：視覺藝術的意義與解釋》（台北：如果出版社/大雁文化事
　　　　業股份有限公司，2008年1月），頁132。
〔註79〕同陳懷恩，《圖像學：視覺藝術的意義與解釋》，頁133。
〔註80〕同陳懷恩，《圖像學：視覺藝術的意義與解釋》，頁133、134。

於形似的技巧和自然的模仿，在藝術觀念、藝術技法與藝術語言各方面有新穎的創意。

在元代倪瓚筆下的符號化和抽象化，還是呈現心靈寧靜的創作之畫。經董其昌到清「四王」，仿古之作層出不窮，陳陳相因的程式化成為了無生氣的筆墨裝飾；中國文人畫的圖像變成抽象的程式化主題，幾乎一切繪畫題材例如山水、梅、蘭、竹、菊、仕女等都有畫譜，翻開任何畫譜，都可找著類似「山有三遠」、「石分三面」等作畫程式，還有「六法」、「六要」等作畫法規；在中國繪畫裡發現可以完全依賴學習而獲得圖像語彙的情況。

文人畫就如一種抒情表現性抽象藝術，是藝術家的自我感覺與自我創造的藝術，是「涉及自身目的的情緒表現」，從創作的心態到作品的形態特徵都可以稱為「感性抽象」，唐張彥遠用形似與神似兩者的結合來說明謝赫「六法論」中的「氣韻生動」，並將繪畫創作規律總結為「意存筆先，畫盡意在」。文人山水畫中的自然山水都是畫家的自我表現，是畫家的精神氣質與山川景物巧妙結合後的再創造，表現強烈的主觀個性。文人畫的抒情性，飽含著人性，「四君子」畫中的梅蘭竹菊，是文人畫家性格和理想的化身，他們透過描繪「四君子」來寄託自己的思想和感情，是心性的自然流露。文人畫家寓情於景或寓情於物，賦予景物人格化的精神氣質，賦予景物活潑的靈氣與生命。

其實文人畫的抽象只能算是「半抽象」，文人畫家以具體物象為依據，運用筆墨的簡練與高度概括，灑脫的表現自然物象的形神，並抒發畫家的內心情感；文人畫的藝術注重畫家主觀情感的抒發，情景交融，情理統一，創造出蘊含深厚的景外之意、弦外之音與味外之致，以創造出真切感人的意境。

第五節　小結

元代文人於現實環境受挫，加上儒、道、禪思想的影響，使他們追求曠達隱逸，流連自然山水與世隔絕，希冀在無所留念的社會中明哲保身，畫筆下作品既表現自然的神趣，又超越自然唯美，於其中寄託暢懷和高逸的人生理想，故在畫作裡充滿意境美，所表現的意境美包含物我相融、追求神韻、清靜空遠與蕭疏澹泊等，文人畫家內心的憂悶在藝術意境中得到心理的平衡。

　　元文人尋求精神的自由與人格的完美，如趙孟頫與四大家等畫家，在呈現山水畫等題材的意境時，有獨到的修養和功夫，表現出「逸筆草草，不求形似」、「筆墨簡淡，以書入畫」、詩畫融合與崇古尚雅的風格美，繪畫與書法、詩文緊密結合，創造出意到筆不到、有意無意、若有若無、靜謐恬淡的審美意境。

　　元文人畫家筆下的山水，大都是內心的客觀山水，也就是由主觀延伸而歸於客觀，是主觀中的客觀。山水天荒寒蒼茫的自然畫面，皆是畫家主觀情懷的抒發與抒寫，而散點透視法和三遠法等運用，則加強了在繪畫構圖上創造畫境的功能，在形式美上因此歸納有自然空間美學、色彩美學與圖像美學，以繪畫形式表現出主觀心靈，使元文人畫的意境呈現物我合一的追求，並呈現含蓄空遠的審美的理想。

第五章　儒家對元文人畫意境之影響

　　元文人畫家追求繪畫的意境美，意境是藝術家創作時在抒情或造境的美感表現，意境成爲中國美學思想的一種特質，向來與中國文化思想有密切關聯，儒、道、禪三大哲學流派對中國藝術美學有深遠的影響，更對文人畫意境有直接的影響。本章首先探討儒家對元文人畫意境之影響。以孔子爲代表的儒家美學，對於道德修養與人生境界的影響，構建出文人畫家的精神和人格基礎，以下將從儒家哲學思想談起；再論及儒家主要藝術美學思想；接著進入儒家通向元文人畫意境之探析；由以上探知元文人畫家受儒家的影響，而綜合產生文人畫的意境美。

第一節　儒家哲學思想概說

　　儒家的人生智慧是德性的智慧、禮樂教化的智慧，經由修身養性而具體實踐，得以盡心、知性而知天。儒家提出「和諧意識」與「憂患意識」，和諧意識將自然人性化，同時又將人自然化，讓人與自然相互作用、滲透、融通，達到最高的和諧境界；憂患意識使中國文人認同於現實的變化和處境，促進文人儒者入世品格的形成。以下探討儒家哲學思想，包含：孔子對於儒家思想與美學的開創、宋代新儒學對元代美學與文人畫的影響。

一、孔子對於儒家思想與美學的開創

　　孔子（前 551～前 479 年）是儒家思想與美學的奠基人，孔子名丘，字仲尼，魯國陬邑人（今山東省南部），生於魯襄公二十二年，卒於魯哀公十六年。

孔子處於春秋晚期，其思想學說承襲殷、周二代的文化遺產，在《論語‧八佾》中孔子說：「周監於二代，郁郁乎文哉！吾從周。」〔註1〕可見孔子法先王，並較重視周代文化。孔子在自然觀與宇宙觀上為非迷信論者，但承認有天命存在；其人生觀重人為；他的心性論是「性近習遠」〔註2〕（《論語‧陽貨》）。孔子出身於士階層，他認為人人都可經由修德而成君子，其教育思想主張有教無類，他開設私學講授六書與六藝，六書是《詩》、《書》、《禮》、《樂》、《易》、《春秋》六大儒家經典，即六經；六藝是禮、樂、射、御、書、數六種技能藝術，「行有餘力，則以學文」〔註3〕（《論語‧學而》）在品德修養之外，求學問也是儒者重要的任務。孔子在教授學生的過程中，給予經書新的解說，對人與他人、人與社會、人與天的關係都有獨到的見解。孔子之後，孟子和荀子各自發展由孔子開創的儒家美學思想，進一步形成一套獨具風格的儒家美學體系，對後世的審美觀念和藝術理念產生極大的影響。

孔子的政治思想是仁政，並提出「正名」與「復禮」，以使社會達到「君君、臣臣、父父、子子」的和諧境界。孔子認為社會需走上軌道而井然有序，首先必須「正名」，意為客觀事物應與其名字的原本含義相符，孔子認為：「名不正則言不順，言不順則事不成，事不成則禮樂不興，禮樂不興則刑罰不中，刑罰不中則民無所措手足。」「子曰必也正名乎」〔註4〕（《論語‧子路》）在社會關係中任何一個人皆要有其「名」，還要有其「實」，人人都有相應的社會責任和義務，如此才能興禮樂，行仁政，使人民生活安樂。

孔子的倫理思想主張「仁」，一個人為人處事有應循的義務，這些義務的本質應是出於仁愛之心，如此才是一個品德完備的人。《論語‧衛靈公》記載：「子曰，其恕乎。己所不欲，勿施於人。」〔註5〕〈雍也〉篇說：「夫仁者，己欲立而立人，己欲達而達人，能近取譬，可說仁之方也已。」〔註6〕將這兩

〔註1〕明，胡廣等，《論語》，收於《景印文淵閣四庫全書經部199四書類》（台北：台灣商務印書館，1983年），頁205-167。本論文《論語》引用出自於此書。

〔註2〕同明，胡廣等，《論語》，收於《景印文淵閣四庫全書經部199四書類》，頁205-472。

〔註3〕同明，胡廣等，《論語》，收於《景印文淵閣四庫全書經部199四書類》，頁205-118。

〔註4〕同明，胡廣等，《論語》，收於《景印文淵閣四庫全書經部199四書類》，頁205-384。

〔註5〕同明，胡廣等，《論語》，收於《景印文淵閣四庫全書經部199四書類》，頁205。

〔註6〕同明，胡廣等，《論語》，收於《景印文淵閣四庫全書經部199四書類》，頁

方面結合起來，稱爲「忠恕之道」，〈里仁〉篇記載曾參解釋孔子「吾道一以貫之」說：「夫子之道，忠恕而已矣。」，而「盡己之謂忠」、「推己及人之謂恕」，能以忠恕待人，即仁心的表現。儒家教導人有所爲而無所求，每個人都應盡自己的義務，所關注的並非達到任何目的，眞正的意義在於盡其所能的做，不需在意得失結果，也就理所當然的保有快樂。

《論語·述而》說：「志於道，據於德，依於仁，游於藝。」〔註 7〕孔子論進德修業的方法，立志於正道，據守於德行，依循於仁愛，而悠遊於禮、樂、射、御、書、數六藝之中，儒家思想對文人繪畫藝術影響深遠，唐代張彥遠更將「依仁游藝」的思想作爲繪畫創作的基本原則。宋代文人畫家受到當時理學的影響，而突出藝術的道德性因素，秉承「詩言志」的精神，尊奉「志道據道，依仁游藝」爲藝術創作的圭臬，將藝術視爲手段，而非目的，以創作的方式來窮理悟道，以藝術寓情，表達自身對人生的體悟。

二、宋代新儒學對元代美學與文人畫的影響

宋代士人期望從儒家思想找到強國安邦的方法，復興的新儒學以一種時代哲學的面貌出現，即理學，亦爲唐以來的中國繪畫提供新的養分，此時的畫家，不論是文人畫家或院體畫家都受到儒學的影響；從另一角度看，繪畫成爲表明儒學思想的一種語言。理學以儒家思想爲基礎，吸收道家與佛教的思想，南宋朱熹（1130～1200 年）是理學的集大成者，他繼承並發展北宋程顥、程頤的理論思想，故後人稱程朱理學。朱熹提出「存天理，滅人欲」的思想，認爲「人欲」是一切罪惡的根源，而將「天理」與「人欲」對比起來。朱熹把事物分爲「物」和「理」，「物」指具體的自然萬物，亦即「氣」、「器」，「理」指自然的本源，即「道」，「氣是形而下者，道是形而上者。」故「理」是凌駕於自然界之上的主宰。另一理學派別則是心學的陸九齡的思想。比較孔子儒學與新儒學理學對藝術的影響，前者對音樂的影響比繪畫大，而後者對繪畫的影響更深更廣些，理學對宋及其後的繪畫美學思想產生極大的影響。

到了元代，理學家大多綜匯程朱理學與陸的心學兩派所長，「合會朱陸」

205-244。
〔註 7〕同明，胡廣等，《論語》，收於《景印文淵閣四庫全書經部 199 四書類》，頁205-251。

成為元代理學的重點。當時的許衡、劉因與吳澄被稱為元代理學三大家。朱學的後繼者為了配合元帝的需求，更注重在程朱理學內的倫理道德思維，從而由學問思辨轉為對道德實踐的重視，這也促使朱、陸學說的合流。元代理學也為明代朱學與陽明心學的崛起提供某些思想的開端。元朝的思想上採兼收並用，對各種思想幾乎都加以承認與提倡，早在 1234 年時趙復被俘到北方後，就在燕京設立太極書院，講授程朱理學，使得理學得以北傳；元成立後，元帝尊崇儒學，冊封孔子為「大成至聖文宣王」，並且以理學為官學；元仁宗初年恢復科舉，稱延祐復科，在「明經」、「經疑」和「經義」的考試皆規定使用南宋儒者朱熹等人的注解，此作法也影響了明代的科舉考試。

　　元代在文人畫藝術中，可體會其中蘊藏著儒家哲學與形而上的氣息，在畫面上處處顯示著道德的比喻與象徵。文人畫喜歡以有道德象徵性的自然物象作為描繪的對象，其目的就在於以畫筆來寫志、寫情和寫意。文人在繪畫中以高揚的道德主題作為儒家情懷的外在表現，此點成為文人畫藝術的一大特色；相對的也常以情操道德水準來評價文人的作品。由於理學思想在文人畫創作內在層次上的作用，文人畫的道德精神不僅反映在藝術作品的外觀上，同時也反映在文人畫的創作過程中。

　　宋元明理學發揚儒學的「內聖外王」，「內聖」是將道藏於心而自然無為，「外王」即將道顯於外而推行王道，「內聖外王」意謂內含有聖人之德，外施行王者之政，將人格理想與政治理想兩者結合。理學強調個人內在心性的修養陶冶，推崇高尚的人格境界，《中庸》說「君子尊德性而道問學，致廣大而盡精微，極高明而道中庸。」〔註8〕這是君子最高的修養藝術境界，尊德性意謂存性而入聖，道問學意謂博知而益能，最後達到中庸之道，即至誠而合道；以上成為理學的重要綱領之一，反映人心性修養的重要性，此點呈現在文人畫創作過程的「養氣論」上，「養氣論」追溯自孟子對儒學的「內在性」主張，他說：

> 夫志，氣之帥也；氣，體之充也。夫志至焉，氣次焉。故曰：持其志，無暴其氣。」……「敢問夫子惡乎長？」曰：「我知言，我善養吾浩然之氣。」「敢問何謂浩然之氣？」曰：「難言也。其為氣也至大至剛，以直養而無害，則塞於天地之間。其為氣也，配義與道，

〔註8〕 明，胡廣等，《中庸》，收於《景印文淵閣四庫全書經部 199 四書類》（台北：台灣商務印書館，1983 年），頁 205。

無是，餒也。」〔註9〕

孟子認爲「志」爲形而上的存在，且爲氣的主宰；然而「氣」的性質決定著「志」的好壞、善惡，爲要保持精神上的高尚，必須修養「浩然之氣」，養氣的方法是「配義與道」，孟子的「養氣論」是建立在儒家心性論與道德觀的基礎上，具主觀精神性的「浩然之氣」成爲後世文人「養氣論」的理論起點。文人畫家都非常重視養氣在藝術創作上的重要作用，養氣使文人畫家的精神淨化，並建構心理本體，文人畫家的養氣，不僅在讀書和生活細節上注重修養，注重人品胸懷，且需有自由虛靜的審美心境〔註10〕。

第二節　儒家主要藝術美學思想

元代文人畫家在繪畫藝術中，他們理想中的自己總是將自由的藝術人格與道德人格集於一身，對兩者的共同追求融貫於文人的繪畫生命。儒家的積極意義即將道德仁義的規範化爲人的本性，且依照遵循，宗白華說：「質地本身放光，剛健，篤實，輝光，絢爛至極又複歸於平淡，才是眞正的美。」這也是元代文人自身所冀望達到的最佳狀態。以下將探討儒家主要藝術美學思想：藝術美具有善的目的、主靜內省的美學思想、人格自然化與自然人倫化的審美觀、中和之美是儒家中庸原則的審美表現。

一、藝術美具有善的目的

孔子以「仁」爲人生最高境界的審美觀，《論語》所載孔子言及「仁」達百餘次，可說明「仁」既是諸善的總稱，也暗示孔子以「仁」爲至高的審美態度，如《論語》〈里仁〉：「里仁爲美」〔註11〕、〈八佾〉中孔子謂〈韶〉與〈武〉；故「美」的源始雖是一個獨立的感官客體，但儒家的美學觀卻還是常把美（屬藝術）與善（屬道德）合而爲一，在此觀點之下往往形成所謂善高於美。

「美」具有良善與比德的意義；又如孟子說：「我善養吾浩然之氣」

〔註9〕明，胡廣等，《孟子》，收於《景印文淵閣四庫全書經部199四書類》（台北：台灣商務印書館，1983年），頁205。

〔註10〕從文人畫家「養氣論」這方面來看，也受到道家「心齋」、「坐忘」、「虛壹而靜」的「虛靜論」的理論影響。

〔註11〕同明，胡廣等，《論語》，收於《景印文淵閣四庫全書經部 199 四書類》，頁205-177。

〔註12〕，樹立起中國審美範疇中崇高的美；屈原在《楚辭》中以香草美人的形象象徵芳潔美善，《離騷經‧王逸序》說：「《離騷》之文，依《詩》取興，引類譬諭，故善鳥香草，以配忠貞；惡禽臭物，以比讒佞；靈脩美人，以媲於君。」〔註13〕乃至宋朱熹所言：「美者，聲容之盛。善者，美之實也。」〔註14〕這都是一種融合道德的美感型態，儒家美學觀點在「美與善」、「美與倫理道德」有必然的聯繫。〔註15〕

　　當孔子在齊聞〈韶〉，感覺三月不知肉味，說：「不圖為樂之至於斯也。」孔子認為〈韶〉：「盡美矣，又盡善也。」認為〈武〉：「盡美矣，未盡善也。」〔註16〕「美」與「善」分屬兩個不同範疇，「美」實屬藝術的範疇，「善」實屬道德的範疇，在此可見藝術美的本質達到「美」與「善」的統一。古時樂的美以音律和歌舞的形式而使欣賞者感受到某種意味的美；創作者也會由美的意識發展創造出某種美的形式。鄭國之聲能風靡於當時，一定含有美，如《左傳‧季札觀樂》中季札所評「美哉！其細已甚。」但孔子認為「鄭聲淫」，今人徐復觀說：「此處的『淫』字，指的是順著快樂的情緒發展得太過，以至於流連忘返，便會鼓盪人走上淫亂之路。」〔註17〕此時就顯示藝術中有「善」（道德）的約束。

　　《荀子》〈富國篇〉一文中，荀子曾描述一個以施行儒家禮樂，重視音樂與文章美節的理想社會：

> 先王聖人……知夫為人主上者，不美不飾之不足以一民也，不富不厚之不足以管下也，不威不強之不足以禁暴勝悍也，故必將撞大鐘，擊鳴鼓，吹笙竽，彈琴瑟，以塞其耳，故必將雕琢刻鏤，黼黻文章，以塞其目，必將芻豢稻梁，五味芬芳，以塞其口，然後眾人徒，備

〔註12〕李澤厚說：「孟子對美、大、聖、神的區分，包含有對美的各種不同情況和性質的觀察和區分，都是針對人格美而言的。」《華夏美學》（台北：時報文化出版公司，1989 年），頁 67。

〔註13〕王逸章句、王興祖補注《楚辭》卷 1（台南：北一出版社，1972 年）。

〔註14〕宋，朱熹集注，《四書集注》所釋《論語》〈八佾〉（台北，世界書局，1966 年 10 月），頁 10。

〔註15〕參楊佳蓉，〈《左傳》夏姬史事與美學探析〉，《育達科大學報》第 36 期（苗栗：育達科技大學，2013 年 12 月），頁 76。

〔註16〕同明，胡廣等，《論語》，收於《景印文淵閣四庫全書經部 199 四書類》，頁 205-175。

〔註17〕徐復觀，《中國藝術精神》（桂林：廣西師範大學出版社，2007 年），頁 11。

官職，漸慶賞，嚴刑罰，以威其心，使天下生民之屬，皆知己之所
願欲之舉在是於也，故其賞行，皆知己之所畏恐之舉在是於也，故
其罰威......。〔註18〕

可知荀子認爲音樂、雕刻、文學等藝術之美的意涵呈現有意義、具教訓的德
目，目的要人民順從。

在儒家美學裡，美的本質往往被制度的善或美的目的所替代，也就是所
謂善高於美，因而藝術美的本質往往被禮制論或目的論所取代。而藝術美的
意涵往往僅能分析出模糊不清甚至分歧相反的意涵；美的意涵在詩學和文學
裡也經常以比喻（如詩經賦、比、興之比）或類比表達，而趨近象徵化或模
糊化。只有在藝術美的形式上有較高的原則性與一致性；但美的形式若過度
追求又常被貶抑爲失德，以致在分析美學及推論藝術的發展時，對於裝飾性
的技術美、形式美〔註19〕或純粹的美，往往把它們歸類爲逸樂取向，乃至於
視爲政權喪失和國家滅亡的原因；由此可見我國遠古時期的審美觀與其他時
期的審美觀有所不同。〔註20〕

由以上可見儒家對於藝術的審美觀，以美學上有關美的本質、美的意涵
與美的形式三項分析如下：（一）美的本質：在於有感而發，實質上涵蓋感動
自己（自得快樂和滿足）也感動別人（說服力與感染力），往往被禮制或目的
的論點所取代，成一種融合美與善的美感型態。（二）美的意涵：在於故事的
內容、寓意或戲劇性；常呈現有意義、具教訓的德目，目的是要別人順從。（三）

〔註18〕本文《荀子》引文引自《四部叢刊初編》中第312～317冊，唐，楊倞注，《荀
　　　子》，景上海涵芬樓藏黎氏景宋刊本本書二十卷。
〔註19〕「康德認爲獨立存在的美是自由的美，不以對象應當是什麼的概念爲先決條
　　　件，而是按照單純的形式，這種品味的判斷是純粹的，沒有任何目的的概念
　　　被預想，不需要雜多服務於給予的對象。藝術的形式主義主要根據於康德的
　　　美學，強調純形式，不具其他的含意，形式本身即是藝術。形式主義由形狀
　　　延展而來，視覺藝術的形式特質包括：外形（點、線、面）、結構、規格、空
　　　間、光線和色彩等，不強調內容的說明性，通常和現代主義聯結，主要倡導
　　　者有羅杰‧弗萊（Rogert Fry，1866～1934）、克里弗‧貝爾（Clive Bell1881
　　　～？）、克雷蒙‧格林伯格（Clement Greenberg，1909～1994），此藝術思潮
　　　盛行於約40至70年代。」以上引自：楊佳蓉，〈從康德之品味判斷思考現代
　　　藝術（上）〉，《花藝家》No.81（台北：中華花藝文教基金會，2009年），頁
　　　54。
〔註20〕此段觀點引自楊佳蓉，〈《左傳》〈季札觀樂〉之內容與美學探析〉，《育達科大
　　　學報》第32期（苗栗：育達商業科技大學，2012年9月），頁42。

美的形式：藝術常用形式可帶來感官的愉悅，若是脫離詩等文學性、情感性
或意境，則無美的本質和美的意涵；至於一般美的形式，如繪畫乃純粹指由
空間、色彩和圖像形成的美感。

　　以「仁」爲核心的儒家美學思想，在審美與藝術領域裡，極力提倡美與
善的和諧統一，相對的，亦高度重視審美與藝術所具有的陶冶個人情操、穩
定社會秩序的作用。《論語‧陽貨》中說：「詩可以興，可以觀，可以群，可
以怨。」〔註21〕「興」意謂引發詩意、興味，深至生命美感；「觀」指可兼觀
察時政得失與周遭事物，以及觀照人生自然；「群」則了解交友處眾的道理，
並能擴展生命境界；「怨」是指包括喜怒哀樂愛惡欲等所有情緒的表露，提升
爲使情感滌清淨化，表達自我情志；故《詩》可以活躍人的思想，透過自身
修養，加深人與人之間的合作團結。《毛詩序》說：「正得失，動天地，感鬼
神，莫近於詩。先王以是經夫婦，成孝敬，厚人倫，美教化，移風俗。」都
明確反映出儒家思想重視藝術在治國安邦與移風易俗的功能，既然如此重視
藝術在社會生活中的政治教化作用，儒家思想必然在審美和藝術領域裡，充
分肯定協調個人與社會關係的意義和價值。

二、主靜內省的美學思想

　　儒家的美學思想主張「情理合一」，而「發乎情，止乎禮義」是基本的原
則，但從儒家美學藝術思想的落實情形來看，「理」的方面實際上有著決定性
影響，往往是以「理」節「情」，「志」大於「情」。

　　魏晉南北朝向「眞」的美學思想發展之後，這種情況得以根本扭轉。隨
著由「詩言志」的傳統轉變成「詩緣情而綺靡」，藝術理論有關道德論的影響
已經大爲減弱。至唐代，儒士又開始重建道統，力求恢復儒家的地位；直到
宋代，以儒家爲底蘊的理學建立起來，周敦頤的「主靜說」成爲一部分士大
夫的世界觀，強調「主靜」、「主誠」、「修身」，在思維上，將前期儒學的「天」
演變爲「理」和「心」，突顯主體的自主精神，以及以理智省思爲主的內向型
思維方式，取代傳統儒家以倫理實踐行爲爲導向的外向思維模式。以往儒家
對於藝術的影響很具體，藝術多含有道德觀念，如後漢王延壽所說：

　　圖畫天地，品類群生，雜物奇怪，山神海靈，寫載其狀，托之丹青，

〔註21〕同明，胡廣等，《論語》，收於《景印文淵閣四庫全書經部 199 四書類》，頁
　　　　205-479。

千變萬化，事各繆形，隨色象類，曲得其情。上紀開闢，遂古之初，
五龍比翼，人皇九頭，伏羲鱗身，女媧蛇軀，鴻荒樸略，厥狀睢盱，
煥炳可觀，黃帝唐虞，軒冕以庸，衣裳有殊，下及三後，淫妃亂主，
忠臣孝子，烈士貞女，賢愚成敗，靡不載敘，惡以誡世，善以示後。
〔註22〕

由於理學在思維上由外而內、由物而心的轉向，使得美學和藝術亦普遍的將
審美觸角指向人的內心，而與表現情感、體驗的寫意方式相互呼應；因此宋
代以來，儒家思想對於藝術所加諸的道德觀念不再直接傳達，而改採較為隱
晦、含蓄的方式來表達，流露藝術家內心的人格、操守以及對於社會的理想。

元初文人的「靜」，是致禮達道的途徑，是處世態度，是「超脫」與「入
世」二者統一的媒介，也是世界觀，其思想基礎則是儒、道、佛三家的融合。
儒家之「靜」謂「虛壹而靜」（《荀子・解蔽篇》），是指求道、了解新事物的
方法；道家之「靜」，謂「至虛極，守靜篤」（《老子・第十六》），主張無為；
佛家之「靜」，是「靜觀」，指禪定的修習。元人三教合一的趨勢明顯，但還
是以儒家為根本，其「靜」頗有理學色彩；元人將儒、道、佛融彙，而取其
根本，說「聖人貴名教；老莊明自然，佛居一方以空寂化流天下蓋求其善，
善之心本同也。」這與元人仕隱觀的觀念是一致的。在元統治者的倡導之下，
使程朱之學在改良中得以綿延發展，至元、大德年間「（上）而公卿大夫，下
而一邑一鄉之士，例皆講讀，全謂精詣理極，不可加尚。」〔註 23〕由於元代
特別的社會因素，使「靜」溶入自身感情因素，普遍的付諸於現實，形成文
人畫家的的美學思想。

三、人格自然化與自然人倫化的審美觀

儒家學說重視理性，文人也難以忘卻禮教和責任，儒家將人比喻作自然
萬物，也認為自然萬物猶如人一般有著個人美德，在中國的傳統中，山水有
情，花草樹木與鳥獸禽魚皆是有感情的，可成為某種意象，有著不同的寓意，
且與不同的傳統美德相聯繫；因此儒家審美觀將人格自然化，亦將自然人倫
化。

〔註22〕後漢，王延壽，〈魯靈光殿賦文考賦畫〉，《新譯昭明文選》（台北：三民出版
　　　　社，1997 年），頁 456～457。

〔註23〕高銘潞，《論趙孟頫的古意》（上）（台北），頁 4。

在《論語‧雍也》中記載：「子曰智者樂水，仁者樂山，智者動，仁者靜，智者樂，仁者壽。」〔註 24〕孔子本在說明「智者」與「仁者」的不同特點，同時也道出儒家有關山水之自然美的審美觀點，經過後人不斷擴展，孔子成自然比德為美的始祖。孔子將山水與思想特點、氣質個性與修養品格緊密聯繫，使山水人格化，凡是人所具有的美德，都可賦予山水；而且人可經由遊歷山水，達到安樂、長壽的目的。智者與仁者總喜歡與自身的氣質品格相類似的自然物象，當人的審美趣味與山水等自然物象產生關聯，兩者即能於審美領域生發相應的情感交流和寄託，文人畫家的藝術活動就是表現出人與自然物象之間富有人性的形式結構，此種審美觀的實質是人格的自然化和自然的人倫化。

孔子又曾以自然事物做抒發，據《論語‧子罕》記述：「子在川上曰逝者如斯夫，不舍晝夜。」〔註 25〕孔子表達消逝的光陰或天地人事就像這河水一樣，不分晝夜的向前流去，興起無限感歎；以及「歲寒，然後知松柏之後凋也。」以松柏耐寒喻在逆境艱難中仍能保持節操、堅守仁義的君子。在文人畫家看來，山水、梅蘭竹菊「四君子」與松竹梅「歲寒三友」是寄託內心道德情懷最佳的物象。山水、「四君子」、「歲寒三友」被視為與儒家的道德有關，這是與儒家傳統的「比德」觀念是分不開的。

元代文人畫發展中，山水畫與墨竹進展最快速，其次就是墨梅。元初期的李衎、趙孟頫，元中期的柯九思、吳鎮，元後期的顧安、倪瓚和王蒙等文人畫家皆擅長畫墨竹，朱德潤為文稱讚顧安（約 1295～1370 年）的墨竹，朱說：「夫竹之淩雲聳壑，若君子之志氣；竹之勁節直幹，若君子之操行；竹之虛心有容，若君子之謙卑；竹之扶疏瀟灑，若君子之清標雅致。」〔註 26〕竹子被比喻為君子，被用來比附文人的人格高潔；文人的行為處事亦得竹趣。元代畫墨梅最為有名者是王冕（1310 年～1359 年），他曾自題墨梅詩云：「吾家洗研（硯）池樹頭，，箇箇華開澹墨痕。不要人誇好顏色，只流清氣滿乾坤。」〔註 27〕不僅表現梅花的天然神韻，且寄寓文人高標孤潔的思想、感情。

〔註 24〕同明，胡廣等，《論語》，收於《景印文淵閣四庫全書經部 199 四書類》，頁 205-236。

〔註 25〕同明，胡廣等，《論語》，收於《景印文淵閣四庫全書經部 199 四書類》，頁 205-307。

〔註 26〕陳高華，《元代畫家史料》（上海：人民美術出版社，1980），頁 498。

〔註 27〕元，王冕，《清氣滿乾坤》，紙本，墨繪，短橫卷，32×52 公分，北京故宮博

荀子對於「比德」的儒家審美觀進一步發揚，在《荀子‧宥坐》中以水「比德」：

> 孔子觀於東流之水，子貢問於孔子曰：「君子之所以見大水必觀焉
> 者，何也？」孔子曰：「夫水大遍與諸生而無爲也，似德；其流也埤
> 下，裾拘必循其理，似義；其洸洸乎不淈盡，似道；若有決行之，
> 其應佚若聲響，其赴百仞之谷不懼，似勇；主量必平，似法；盈不
> 求概，似正；淖約微達，似察；以出以入，就鮮潔，似善；化其萬
> 折也必東，似志。是故君子見大水必觀焉。〔註28〕

以上論述了水性的道德象徵意義，儒家以物比德的美學傳統是以「仁」爲核
心命題，及以中國傳統文化中「天人合一」的觀念所共同決定的。

儒家孔子認爲人的情感與自然能處於一種單純和諧的靜態狀態，自然山
水成爲理想道德的比擬與象徵，「比德」是儒家欣賞自然景物時產生的類比聯
想，並將客觀自然中的具體對象與人的精神相互聯繫，作爲人生德行的追求。
孔子的繼承者孟子更強調將人格與自然的靜態相互類比，發展出人的情感與
自然萬物深深的結合，《孟子‧盡心》說：「萬物皆備於我矣。反身而誠，樂
莫大焉。」〔註29〕先秦儒家人倫道德與自然不可分，人追求自然以達道德目
的，使自然進入人的精神領域，個人在品德上得到滿足感，人格與自然在相
通的過程中都更爲充盈、提升。

四、中和之美是儒家中庸原則的審美表現

儒家的理想以社會政治和人倫社會爲中心，而強調整體和諧的「中和」
之美，「中和之美」是孔子「中庸」原則的審美表現，「中庸」是與「仁」、「禮」
等同樣重要的儒家最高道德標準，《論語‧雍也》云：「中庸之爲德也，其至
矣乎！」〔註30〕朱熹解釋「中庸」是：「中者，不偏不倚，無過不及之名。庸
者，平常也。」故中庸可說是至善、至美的德行。

《中庸》說：「中也者，天下之大本也；和也者，天下之達道也。致中和，

　　物院藏。

〔註28〕 唐，楊倞注；清，王先謙集解，《荀子集解‧考證》（台北：世界書局，2000
　　　　 年12月）。

〔註29〕 同明，胡廣等，《孟子》，收於《景印文淵閣四庫全書經部 199 四書類》，頁
　　　　 205-810。

〔註30〕 同明，胡廣等，《論語》，收於《景印文淵閣四庫全書經部 199 四書類》，頁
　　　　 205-242。

天地位焉，萬物育焉。」〔註31〕「中和」達到不偏不倚、協調和諧的狀態，這是天下萬物通達的道路，如此天地便能各在其位而運行不息，萬物便也能各得其所而生長育化。以自然來看，萬事萬物雖複雜紛紜，卻存在於一個無比和諧的整體環境之中；以社會來看，《禮記‧樂記‧樂論》云：「大樂與天地同和，大禮與天地同節。」所有禮樂教化的目的皆是讓個人與社會達到猶如自然一般和諧、無矛盾的境界，使國家安定，天下太平。

古先民哲人總會以「樂」論「和」，如〈樂記‧樂論篇〉說：「樂者，天地之和也。」「樂者敦和，率神而從天。」《禮記‧儒行篇》：「歌樂者仁之和也。」〔註32〕《莊子‧天下篇》：「樂以道和。」〔註33〕《荀子‧儒效篇》：「樂言是其和也。」《荀子‧樂論篇》：「故樂者天下之大齊也，中和之紀也。」〔註34〕周敦頤〈通書〉中也有：「樂，和也。」由以上可知「和」最初是與「樂」同義的，「和」含儒家「仁」、「天下大齊」的意義，「和」意指和諧。

孔子對於《詩經‧關雎》的評價：「樂而不淫，哀而不傷。」（《論語‧八佾》）〔註35〕把〈關雎〉當作表現中庸之德的典範；表現陰陽五行對立卻和諧的思維，突現美學上中和的特點，把藝術表現擴展到樂與哀相對並存的情感上。〈關雎〉詩表達真率熱烈的感情，孔子認為有樂有哀，但不淫不傷，在詩裡有意象、故事和戲劇性，從中呈現中和之美的意涵。《論語‧為政》說：「詩三百，一言以蔽之，曰思無邪。」〔註36〕孔子選詩，以合乎至誠與禮義為準則，即程子之所謂「誠」（朱子四書集註引），以及司馬遷之所謂「禮義」（《史記‧孔子世家》），所以說：「思無邪」，這就是「溫柔敦厚」之緣由，人性中和之根本；李迂仲說：

> 夫喜怒哀樂未發謂之中，發而皆中節謂之和。方喜怒哀樂之未發，
> 則無思也，及喜怒哀樂之既發，然後有思焉：其思也正，則喜怒哀
> 樂發而中節而和矣。其思也邪，則喜怒哀樂發而不中節而不和矣。

〔註31〕同明，胡廣等，《中庸》，收於《景印文淵閣四庫全書經部 199 四書類》，頁 205。
〔註32〕楊家駱主編，《宋本禮記鄭注》（台北：鼎文書局，1972 年），頁 790。
〔註33〕晉，郭象注；清，郭慶藩集釋，《莊子》（台北：台灣中華書局，1973 年）。
〔註34〕同唐，楊倞注，《荀子》，收於《四部叢刊初編》中第 312～317 冊，景上海涵芬樓藏黎氏景宋刊本本書二十卷。
〔註35〕同明，胡廣等，《論語》，收於《景印文淵閣四庫全書經部 199 四書類》，頁 205-170。
〔註36〕同明，胡廣等，《論語》，收於《景印文淵閣四庫全書經部 199 四書類》，頁 205-133。

故詩三百，雖箴規美刺之不同，而皆合於喜怒哀樂之中節，以其思
之正故也。孔子又嘗舉一隅以告學者矣，曰關雎樂而不淫，哀而不
傷。樂之與哀，出於思矣；不淫不傷，思之無邪也。樂而淫，哀而
傷，則入於邪矣。〔註37〕

以上李迂仲所言最合乎孔子之意旨，為學詩者之樞要，思正而無邪，則抒發
情感之喜怒哀樂能合於中節平和，達至溫柔敦厚之詩教目的。《禮記・經解篇》
說：「入其國，其教可知也，其為人也，溫柔敦厚，詩教也。」〔註38〕能夠「溫
柔敦厚而不愚」，即深得詩之教，而使為人懷有「溫柔敦厚」之中和性情。

　　元文人畫談「中和」，其根本宗旨與儒家的「中庸」一致，然儒家的「中
庸」主指道德倫理，畫論的「中和」則多指情感的抒發，情感含蘊於內是「中」，
放發於外而合度謂之「和」。「中庸」並不是消極折衷，而是對於真、善、美
的主動選擇；「中和」也不是情感的被動控制，而是積極的引導和統一。「和」
與「同」是有差異的，《國語》中記載史伯的話云：「夫和實生物，同則不繼。
以他平他謂之和，故能豐長而物歸之。若以同裨同，盡乃棄矣。」〔註39〕「和」
是將兩相對立的事物統一起來，而產生一新事物，若非如此，只能算是「同」，
不能算是「和」。因此，元趙孟頫和當時一些文人追求的「中和」，是建基在
自身的審美特質上，企圖對違反己願的極端進行融和統一，實則消除此種矛
盾，從而產生一種新的情感抒發的藝術形式。

　　趙孟頫追求「古意」，他所推崇的古人和古人的藝術皆符合他理想的「中
和」之美，這「中和」之美既是審美過程中的沉澱物，也是特定的時代（元）
和個人（元文人）的審美特質與「古意」交流的產物。元畫論中的「復古論」
與儒家的崇古意識相似，畫論中對畫工畫與士夫畫加以區別，其中有儒家的
業別與等級意識等，都表現出儒家思想對於繪畫藝術的影響是潛移默化的。

　　「雅」與古、正、「中和」均有關。「雅」即《詩經》中「風、雅、頌」
的「雅」，「雅」指宮廷樂曲，「頌」指宗廟祭祀樂曲，皆是正樂。《論語・子
罕》孔子自述：「吾自衛反魯，然後樂正，雅、頌各得其所。」〔註40〕鄭玄《周

〔註37〕《李黃毛詩集解・周南關雎訓詁傳》，通志堂經解本。引自文幸福，《孔子詩
　　　　學研究》（台北：台灣學生書局有限公司，2007年3月），頁24。
〔註38〕同楊家駱主編，《宋本禮記鄭注》，頁639。
〔註39〕周，左丘明，《國語》（台北：台灣古籍出版有限公司，1997年），頁730～731。
〔註40〕同明，胡廣等，《論語》，收於《景印文淵閣四庫全書經部 199 四書類》，頁
　　　　205-307。

禮》注有：「雅，正也。言今之正者，以爲後世法。」故「雅」又引申爲正統、規範之意，趙孟頫認爲「雅」應當追求古人的「典型質樸」，質樸的形式要素是拙、簡、粗、生等，「典型」就是指舊法、常規，因而又有「典雅」之稱，「雅」的實質仍是「中和之美」。相對於「中庸之道」，「雅」的「中和之美」主要指形式美，並沒有強調倫理、道德因素和功利性，主要是強調《詩經》的抒情傳統和情感性意境，以及一般形式美的美感。元文人畫家也要求藝術情感的「淨化」，以合於「禮」，故十分注意創作表現時更含蓄合度，使整體趨於「雅」。

「雅」強調沖虛、內在、高尚，雖經修飾但不致奢華藻飾，應是優美而不近妖冶靡亂。後人多以「雅」評鑑元人的藝術風尚。元初文風日開，清人戴熙說：「畫得元人，益雅益秀。」此種風尚與趙孟頫的倡導與實踐有很大的關係。錢選曾得「畫取於晉代衣冠雅素之美」的美譽；高克恭、李衎、李倜等元初畫家也都以雅爲宗，元代畫風由此展開，以達中和之美。

第三節　儒家通向元文人畫意境之探析

陳衡恪於《中國文人畫之研究》中說：「文人畫之要素：第一人品，第二學問，第三才情，第四思想，具此四者，乃能完善。」〔註41〕由此可看出文人畫受儒家思想之影響深刻，以下歸納出儒家通向元文人畫意境之四個面向，內容包含：人品與畫品的關係密切、儒家的仕隱觀在元代的映現、文人畫以表現儒家志道遊藝思想爲形式，以及文人畫尙簡、善、意、仁之儒家風格。

一、人品與畫品的關係密切

元代將人品與畫品結合，此受到宋代畫學的影響，宋代畫學提出人品與畫品兩個重要概念，並論述兩者之間的關係，也正是與新儒學（理學）的契合點。宋代論畫品將儒家的「依仁游藝」的思想作爲繪畫創作的根本原則，強調畫家必須「志於道，據於德，依於仁」，有一流的人品方有一流的畫品，人品的高低是畫品高低的前提和決定因素，所說人品並非先天，而是來自後天修爲所致，並從心性中自然的流露，藝術出於心靈，繪畫創作是心跡的表現，高曠的心靈就會折射出高逸的作品內容與意境。

〔註41〕陳衡恪，《中國文人畫之研究》（中華書畫出版社），頁19。

　　新儒學講求「去欲」的理論，擴大到藝術的領域，去除私欲也是畫家和畫論家所關注的問題，為求創造一個純淨的畫中世界，如此才能達繪畫的最高境界，他們認為繪畫首重道德因素，往往在畫作中注入儒家思想，這些都影響著畫家的人品與畫品，宋代繪畫理論中最早提出繪畫與道德修養有關係的是郭若虛，他在《圖畫見聞志》中說：

　　　　竊觀自古奇跡，多是軒冕才賢、巖穴上士，依仁遊藝，探賾鉤深，
　　　　高雅之情，一寄於畫。其人品既高矣，氣韻不得不高，氣韻既已高
　　　　矣，生動不得不至，所謂神之又神而能精焉。〔註42〕

畫家的人格修養非常重要，擁有良好的人品，才能使繪畫氣韻生動，達至最高的畫品，這是宋代畫學與儒學的一個明顯的契合點。

　　繪畫的產生與「明禮樂，著法度」相關，繪畫不能背棄用世的功能，須能表現自己的高潔的人品。郭若虛也在《圖畫見聞志》中說：

　　　　《易》稱「聖人有以見天下之跡，而擬諸其形容，象其物宜，是故
　　　　謂之象。」又曰：「象也者，像此者也。」嘗考前賢畫論，首稱像人，
　　　　不獨神氣、骨法、衣紋、向背為難，蓋古人必以聖賢形象，往昔事
　　　　實，含毫命素。製為圖畫者，要在指鑒賢愚，發明治亂。〔註43〕

郭若虛強調古人繪畫作品的勸誡功能，他說「製為圖畫者，要在指鑒賢愚，發明治亂」，對繪畫與儒學之間的關係有明確的論述。宋代畫論不僅在理論上使儒家學說和繪畫緊密聯繫著，同時以繪畫創作成為表達儒家思想的工具，郭若虛認為繪畫與六籍同功，四時並運，這是為發揮繪畫的載道功能。

　　繪畫雖為藝術，但卻負有載道的任務，正因如此，人品決定畫品，畫家品德高尚，其作品必然會得到較高的評價；畫家欠缺品德，其作品也難得好評，清代王原祁於《麓臺題畫稿》說：「學畫者先貴立品，立品之人，筆墨外自有一種正大光明之慨，否則畫雖可觀，卻有一種不正之氣，隱躍毫端，文如其人，畫亦有然。」〔註44〕北宋書畫高手蔡京由於為人卑劣，而導致畫品低下，使得他的作品不得流傳。明董其昌論文人畫，趙孟頫不被列於元四家

〔註42〕北宋，郭若虛，《圖畫見聞志》；轉引自李栖，《題畫詩散論》（台北：華正書
　　　　局，1993 年），頁 53。

〔註43〕北宋，郭若虛，《圖畫見聞志》（台北：人文經典・泛論—台北科技大學—通
　　　　識教育—資料庫系統）。

〔註44〕清，王原祁，《麓臺題畫稿》，轉引自傅抱石，《中國繪畫理論》（台北：里仁
　　　　書局，1985 年），頁 24。

中，原因在於董其昌對趙孟頫的民族氣節問題有所遲疑。中國畫學對儒家「德成而上，藝成而下」（《禮記》）的思想由此可見十分遵從。

清代鄒一桂在《小山畫譜》說：「古之工畫者，非名公巨卿，即高人逸士，未有品不高而能畫者。」〔註45〕清沈宗騫《芥舟學畫編》亦說：

> 筆格之高下，亦如人品，故凡記載所傳，其卓乎昭著者，代惟數人，
> 蓋於幾千百人中，始得此數人耳。苟非品格之超絕，何能獨傳於後
> 耶？夫求格之高，其道有四：一曰清心地，以消俗慮。二曰善讀書，
> 以明理境。三曰卻早譽，以幾遠到。四曰：親風雅，以正體裁。具
> 此四者，格不求高而自高矣！〔註46〕

由以上知儒家思想影響深遠，畫論中經常出現畫品如人品之說法，有超絕的人品，方能使畫作留傳後世，而求品格高超一直是儒者文人所希冀。元黃公望、吳鎮、倪瓚、王蒙之四大家品格高尚，學問淵博，不仕而隱為他們人生主要基調，人品既清高，畫品自然高逸，人品與畫品皆能傳於後世為人頌揚。

二、儒家的仕隱觀在元代的映現

在元代，「隱逸」的企求瀰漫於朝野上下，儒家學說雖鼓勵文人入世參政，但也贊成明哲保身，尤指在亂世或君王無道時，文人不如隱逸避世，而這種隱逸只是權變的手法，並不排除以後的入仕；無論文人仕或隱，於傳統儒家同屬積極的禮或德，並不意味它完全是消極的佛、道思想的表現。元人認為，隱者只要懷聖人之道（禮），則亦為入仕；而仕者有德，也是「逸士」。晉葛洪《抱朴子·逸民篇》說：

> 仕人又曰：隱遁之士，則為不臣，亦豈宜居君之地，食君穀乎？逸
> 民曰：何謂其然乎！昔顏回死，魯定公將躬吊焉，使人訪仲尼，仲
> 尼曰：「凡在邦內，皆臣也。」定公乃升自東階，行君禮焉。由此論
> 之，率土之濱，莫匪王臣可知也，在朝者陳力以秉庶事，山林者修
> 德以屬貪濁，殊途同歸，俱人臣也。王者無外，天下為家，日月所
> 照，雨露所及，皆其境也。安得懸虛空，餐咀流霞，而使之不居乎
> 地，不食乎穀哉？〔註47〕

〔註45〕清，鄒一桂，《小山畫譜》，轉引同傅抱石，《中國繪畫理論》，頁27。
〔註46〕清，沈宗騫，《芥舟學畫編》，轉引同傅抱石，《中國繪畫理論》，頁27～28。
〔註47〕晉，葛洪《抱朴子外篇》（http：//www.wt38.com/to05/to05～17～01.htm）。

以上表達仕隱相參的願望，但其所指的古逸民是理想中的聖人，聖人是非常人所能及的；山林隱者的行跡並非不安或消極的，尚有理想和寄託，其隱逸是熱愛生活的，緊隨著社會脈絡的，入世與超脫對於隱者而言並無涇渭之分，而是融匯一體。

　　元趙孟頫與其他文人畫家，在感情上不免將南宋亡國、異族統治與尚空談的理學思想相連，元代的理學雖受宋代理學影響，但沒有森嚴林立的學派，學說趨於「開放」，其中以佛、道成分居多。趙孟頫並未大談過理學，他深研孔子的正統儒學，是對儒家「大同之世」的嚮往，爲明「二帝三王之道」，他苦心考證《古文尚書》，他領受的「道」表現在進取與無爲、仕與隱的「中行」態度上，趙孟頫說：「古所謂體國之忠，然而進退有道，弗磨弗涅。位廊廟則不忘於山林，在山林則心存於魏闕，古所謂識時之傑。」最初孟子冠之於孔子「識時之傑」，《孟子・公孫丑篇》中說：

> 非其君不事，非其民不使，治則進，亂則退，伯夷也。何事非君，
> 何使非民，治亦進，亂亦進，伊尹也。可以仕則仕，可以止則止，
> 可以久則久，可以速則速，孔子也。皆古聖人也，吾未能有行焉；
> 乃所願，則學孔子也。〔註48〕

孟子認爲孔子可做官時就做官，可隱居時就隱居，可久留就久留，需要急速離去，就急速離去，這是他所願學習的風格；這也正是趙孟頫所奉行的政治準則，亦是元代大部分文人的仕隱觀。

　　元代統治者對漢族士大夫採取分化的政策，部分士大夫求仕無門而走入山林當隱士。元初文人畫家如錢選，具有儒家忠君好義的傳統美德，他隱於吳興以詩畫自娛。清代唐岱於《繪事發微》中說：

> 古今畫家，無論軒冕巖穴，其人之品質必高。……元吳仲圭不入城
> 市，誅茅爲梅花庵，畫《漁父圖》，作《漁父詞》，自名煙波釣叟。
> 倪雲林造清秘閣獨居，每寫溪山自怡。黃子久日斷炊，猶袒腹豆棚
> 下，悠然自適，常畫虞山，此皆志節高邁放達不羈之士，故畫入神
> 品。〔註49〕

黃公望隱居常熟，以書畫大振；吳鎮崇尚隱逸，畢生不入仕途，隱於嘉興；

〔註48〕同明，胡廣等，《孟子》，收於《景印文淵閣四庫全書經部 199 四書類》，頁205-606。

〔註49〕清，唐岱，《繪事發微》，轉引同傅抱石，《中國繪畫理論》，頁24～25。

倪瓚遠離塵世二十餘年，浪跡於太湖和吳淞江之間；王蒙中年棄官隱入山林，於杭州隱居達三十年之久；聚集於江南一帶的文人畫家成為漁隱的形態〔註50〕，以隱逸顯示志節高邁，其畫亦入神品。

而「朝隱」在元之前僅是企盼，其實從未實現過，這種企盼卻在元代有著部分的實現，元人並未因異族統治而喪失追求功名之心，入仕新朝曾是部分文人的願望，例如洺水劉公膚、吳興趙孟頫、保定郭公貫等人皆被元廷眷顧，但政治上本能退避的消極性卻又使他們樂於「朝隱」，某些客觀因素造成「以仕為隱」的可能。

三、文人畫以表現儒家志道游藝思想為形式

文人畫家受到儒家思想的影響，創作也是畫以「載道」和表現儒家綱常思想為主要形式，畫家作品中呈現「亦畫亦儒」的現象非常普遍，畫家把繪畫作為宣揚儒家思想的工具。「游於藝」的思想影響文人繪畫的性質、方向與樣式，從構成繪畫樣式的三大主要因素：筆墨語言、造型習慣與構圖方式來看，往往繪畫中工整的作品相對不受重視，反而是蘇軾、米芾、吳鎮、倪瓚、徐渭等文人畫家的筆墨遊戲更為世人稱道。

《周易·繫辭傳》中說：「觀物取象」〔註51〕對畫家起觀察物象而作畫的作用，方法是「仰則觀象於天，俯則觀法於地，觀鳥獸之文與地之宜。」〔註52〕（《周易·繫辭傳》）畫家須普遍而詳細的觀察自然萬物，以擴大見識與胸襟，觀察時須嚴密細微的追究，即儒家格物致知的精神。雖文人畫以寫意為主，但仍出自堅實的摹寫功夫，元文人畫家李衎在《竹譜》中說：「當一節一葉，措意於法度之中，時習不倦，真積力久，自信胸中真有成竹，而後可振筆直遂，以追其所見。」〔註53〕由此可知繪畫必從規矩入手，方能不失法度的放手揮灑，故遊歷、觀察、摹寫等嚴謹精神，是文人畫家的基本態度；元文人畫不以形似為尚，然而嚴密的構圖、有法度的筆法與端正的繪畫心態，皆是屬於嚴謹創作。

儒學影響畫家對繪畫題材與創作方式的選擇，對宋元以來的畫風起了重

〔註50〕 參本論文「第二章元代文人畫家產生背景—第三節元代政策對文藝創作的影響—二、漢族士大夫寄情於文人畫之第二段」。

〔註51〕 《周易·繫辭傳》；轉引自李栖，《題畫詩散論》，頁59。

〔註52〕 《周易·繫辭傳》；轉引同李栖，《題畫詩散論》，頁60。

〔註53〕 元，李衎，《竹譜》；轉引同李栖，《題畫詩散論》，頁60〜61。

要的**轉變**。在繪畫諸多題材中，把山水、草木都引爲道德的象徵，如象徵完美人格的梅蘭竹菊受到畫家的推崇，先秦儒家宣導君子的理想人格，宋人對儒學的迷戀造成重品格的繪畫觀念在兩宋確立，在元代則有具體的實現。在創作方式上，郭若虛《圖畫見聞志》裡說：「自有威重儼然之色，使人見則蕭恭，有歸仰之心。今之畫者，但貴其娉麗之容，是取悅於眾目，不達畫之理趣也。」其中所說理趣即指倫理化的趣味；藝術中的聲色之觀與耳目之樂，在宋元的繪畫觀念中已無實際的意義和影響力，取而代之的是藝術家的社會責任感，這是儒家規範所帶來的道德滿足。

　　儒家對於色彩的觀點是倫理性的色彩觀，特別注重色彩於「禮」的象徵。儒家思想將色彩與尊卑上下等級的倫理觀念相對應，運用色彩時必須合乎「禮」的要求，形成人爲規定色彩使用的適宜與禁忌，這必定會影響到畫家對色彩的自由運用。宋元時期，水墨渲染淡薄至去色彩化的程度，此即文人畫風，成爲中國畫的主流地位，致使色彩明豔的繪畫衰落，退居到民間繪畫和寺院道觀的壁畫上。

　　儒家一般把藝術納入到政治教化的範疇內，經由藝術，用比喻的方法來表示自己對世事的看法。《論語・八佾》中記述：「子夏問曰：『『巧笑倩兮，美目盼兮，素以爲絢兮。』何謂也？』子曰：『繪事後素。』」〔註54〕文中「巧笑倩兮，美目盼兮，素以爲絢兮。」前兩句語出《詩經・衛風・碩人》，後一句不見於此篇，馬融以爲此句爲逸詩；毛《詩》鄭《箋》云：「此說莊姜容貌之美。」而「素以爲絢兮」，「素」指面頰與美目，「絢」指笑倩盼動的情況，因有美好的面目，方有笑倩盼動之美。孔子以比喻的方式回答子夏：「繪事後素」，「繪事」是繪畫之事，「素」是用來繪畫的繒或絹之類的絲織品，一般是白色。全祖望的《經史問答》，據楊龜山所引《禮記・禮器篇》「白受采」之文，將「素」解釋爲素地，素地即白地。故繪畫之事後於素，繪畫時須先鋪一塊白繒或白絹，然後在這素地上面施用色彩來繪畫。這是一種比喻，「素」比喻美女的口輔美目，此是美的素質，「繪事」比喻笑倩盼動，此是美的姿態；先有美質，後有美姿，就像繪畫之事在素地之後。以上是孔子以繪畫爲比喻的有力證據，由「繪事後素」可看出孔子的審美觀，傾向於不加以雕琢的單一、純正的審美要求，此審美要求影響後世文人對藝術鑑賞的品味。

〔註54〕同眀，胡廣等，《論語》，收於《景印文淵閣四庫全書經部 199 四書類》，頁205-160。

元代趙孟頫作品是位典型的儒家文人，他通達儒家經典思想，曾說：「學文者，皆當以六經爲師，舍六經無師矣。」以及「一以經爲法，一以理爲本。」在他所畫的《翁煽圖》，內容是子貢去探望居於陋巷的原憲，子貢抱怨原憲居住的巷子太狹窄，車子難以通過。趙孟頫在畫上題曰：「要見貧無賤，富無驕之意，乃爲盡其能事耳，然二三子同出父子之門，以道德自悅，豈以富貴爲嫌哉。」透過趙孟頫的這幅畫與題畫詩，可明顯看出他極爲推崇儒家安貧樂道的思想。

倪瓚曾說：「據于儒，依於老，逃於禪。」〔註55〕這剛好可用以概括宋代以來中國繪畫藝術美學發展的大致情況。元代文人畫家重視寫意抒情，注重內心感悟兼及理性思考，而寫出清寂沉著的山水，這種對清曠思想的追崇，來自儒家文人在惡劣社會環境下追求道德人格的深情意味。雖文人悟道參禪，亦必須用儒家的浩然正氣予以支撐，才能避免陷入寂聊虛無與閑散頹廢的窘況。由於以儒家爲根據，使得元代文人的山水畫在清逸自然的總體風格下呈現多樣化的特徵，畫家也呈現多元化的風格，審美功能得到充分發揮，因而產生怡情養性的社會作用，其中儒家的理性思維對人品與畫品的提升功不可沒，此種與道德相繫的文化心理也是元文人畫家對自我的一種肯定。

四、文人畫尚簡、善、意、仁之儒家風格

儒家思想影響文人畫的繪畫風格，大致而言主要有尚簡、尚善、尚意、尚仁。古代關於禮、樂、詩、文的尚簡，旨在善於識別、觀察、概括對象，儒家把禮、樂等藝術用來輔助政教，即「夫教化、助人倫。」《禮記·樂記·樂論》說：「大樂必易，大禮必簡。」〔註56〕《論語·八佾》中說：「禮，與其奢也，寧簡。」〔註57〕指出禮必須簡單易行，才能發揮更大的政教、倫理的作用。此思想影響到繪畫的風格與表現形式，使繪畫確立簡而不繁、刪繁就簡以及「減削迹象以增強意境表達」的審美準則，因而造就文人畫簡約素樸卻饒富生意的格調，元文人畫家亦多傾向簡的儒家風尚。

儒家尚善的思想影響文人繪畫的取材，山水畫多表達士大夫階層孤傲的情感，標識元文人畫興盛的樣貌；花鳥畫多以四君子爲美感與德行的象徵；

〔註55〕引自劉綱紀，《美學與哲學》（湖北人民出版社，1986年），頁356。
〔註56〕同楊家駱主編，《宋本禮記鄭注》，頁479。
〔註57〕同明，胡廣等，《論語》，收於《景印文淵閣四庫全書經部 199 四書類》，頁205-157。

人物畫多以忠臣烈士、孝子先賢、隱士高人爲佳。元代文人藉著描繪目之所及的自然景物，抒寫心中既豪邁又抑鬱的情緒，他們眼中的山水花鳥不僅是景物，更成爲君子的化身。梅，冰肌玉骨、孤高自賞；蘭，清雅幽香、潔身自好；竹，虛心勁直、高風亮節；菊，凌霜而榮、孤芳傲骨；凡此種種皆是文人深受儒家哲學思想的薰陶，在繪畫詮釋上才有如此深刻的意涵。

　　尙意指在繪畫的價值上注重「志道」與「游藝」、人品與畫品的關聯，《禮記·樂記·祭義》中說：「致樂以治心，則易直子諒之心油然生矣。」〔註58〕受儒家此思想的影響，北宋畫家郭熙在《林泉高致·畫意》中明白的記述：「人須養得胸中寬快，意思悅適，所謂易直子諒，油然之心生。」〔註59〕除此之外，宗炳作畫以「暢神」爲目的；蘇軾表示「文以達吾心，畫以達吾意」；文同以「墨戲」表文人寫意的繪畫；倪瓚以「自娛」看待繪畫；沈周提出「漫興」；石濤則「以筆墨寫天地萬物而陶咏乎我也」；畫有崇高畫品，必先修養人品，元倪瓚、吳鎮等文人畫家皆品格高潔，借畫與詩以言志，文人畫以寫意爲主流，藉以畫出胸中丘壑，吐出胸中崢嶸，尙意便是文人畫所推崇的價值觀。

　　在儒家提出的「三綱五常」中，仁居於五常的首位。「三綱五常」源自西漢董仲舒《春秋繁露》一書，相關思想基礎上溯至孔子，「三綱」，君爲臣綱、父爲子綱、夫爲妻綱。「五常」指仁、義、禮、智、信。朱熹認爲：

> 宇宙之間一理而已。天得之而爲天，地得之而爲地，而凡生於天地之間者，又各得之以爲性；其張之爲三綱，其紀之爲五常，蓋皆此理之流行，無所適而不在。若其消息盈虛，循環不已，則自未始有物之前，以至人消物盡之後，終則復始，始復有終，又未嘗有頃刻之或停也。〔註60〕

「三綱五常」本指天理人事的應對進退，是中國儒家倫理文化中的架構，更成宇宙天地的道理而循環不止。儒家對仁的高度重視顯出道德的標準，儒家思想最高的理想即是厚養仁義之氣，達到中庸之境，韓愈〈在答李翊書〉中說：「行之乎仁義之途，游之乎詩書之源，……終吾身而已矣。」〔註61〕此種

〔註58〕同楊家駱主編，《宋本禮記鄭注》，頁505。

〔註59〕北宋，郭熙，《林泉高致·畫意》：轉引同李栖，《題畫詩散論》，頁54。

〔註60〕《朱文公文集》卷十七，《讀大紀》

〔註61〕引同李栖，《題畫詩散論》，頁14。

以仁義來涵養浩然之氣的理論，對宋代中期之後的藝術、文學影響極大，因而尚仁思想對於元文人畫的發展非常重要。

第四節　小結

　　儒家思想在文人畫意境的影響深厚，《周易‧繫辭傳》說：「一陰一陽之為道。」〔註62〕陰與陽並非處於對立的位置，而是彼此互相滲透，不可偏廢一方，此為不偏不倚的中庸之道，在元文人畫的審美觀中講求「中和之美」隨處可見。「寓剛健於婀娜之中，行遒勁於婉媚之中。」〔註63〕陽剛性與陰柔性兩相配合，則畫的風骨與韻致完全表現出來；除此之外，欣賞繪畫之思量包含筆墨、濃淡、骨肉是否合宜，及形意是否配合、情景是否交融等，皆從中庸的觀點出發。

　　文人畫的境界內涵包括自然、簡樸、平易、淡遠、逸氣、閒雅、古拙等，宋代范溫說得很透徹：「有餘意之謂韻。……必也備善而自韜晦，行於簡易閒澹之中，而有深遠無窮之味。……質而實綺，枯而實腴。初若散緩不收，反覆觀之，乃得其處。」〔註64〕清代張庚論元文人畫，評黃公望畫「平淡而沖濡」，倪瓚畫「蕭遠峭逸」〔註65〕，元文人畫意境崇高，包含著尚簡、尚善、尚意、尚仁的儒家風格，意謂畫家作畫要有畫品，必須懷有崇高的人品，畫品與人品一致。儒家重視克己復禮的要求，此種道德修養的觀念對元文人畫的影響頗大；元文人畫家個個講求學問與品德的修養，仕隱皆是，其繪畫以表現志道游藝思想為形式；因此元代從文人畫家自身修養、游藝創作，到藝術鑑賞家的品評標準，其中都有深遠的儒家精神。

　　元代文人畫受孔子儒家思想與宋代新儒學的影響，儒家哲學注入美學中，主要觀念含藝術美具有善的目的，以及主靜內省的美學思想等。儒家思想是在人間社會實現終極理想，並積極主動的實行順應自然、與天地合一，故呈現人格自然化與自然人倫化的審美觀。元文人畫家追求物我融合的境界，在作品裡尋求寧靜、自然和合諧的效果，筆墨要求溫良、含蓄，畫作蘊含平和中正、溫柔敦厚、與天地同和的儒家風韻，呈現端莊文雅或靜穆古雅

〔註62〕《周易‧繫辭傳》；轉引同李栖，《題畫詩散論》，頁65。
〔註63〕辛棄疾，〈摸魚兒〉（詞作）；轉引同李栖，《題畫詩散論》，頁65。
〔註64〕同李栖，《題畫詩散論》，頁35。
〔註65〕同李栖，《題畫詩散論》，頁66。

的繪畫風格，蒼茫而不冷澀，澹遠而不荒寒，柔潤而不萎靡，創造出「外枯而中膏，似澹而實美」〔註66〕的意境。

第六章　道家對元文人畫意境之影響

　　道家哲學延伸出中國藝術的美學，醞釀出文人畫的繪畫意境，道家主要以老莊思想爲主體，老子〔註1〕是道家美學的開創和奠基者，莊子〔註2〕則是道家美學的完成者。元代三教合一的思想盛行，文人多兼具儒釋道三家思想，在道家方面，清雅脫俗的美學追求、崇尚自由的詩意情懷、親近自然的隱逸作風，與文人畫的精神相契合，元代文人畫在特定的歷史文化背景下發展出興盛局面，也成爲道家審美文化的相關部分。元代道家思想昌盛，文人畫家大都受到影響，重要代表人物與道家的關係密切，顯示文人畫與道家兩者的興盛有著共同的時代因素，內在的精神聯繫非常緊密。本章將從道家與元文

〔註1〕老子（生卒年不詳）姓李名耳，字伯陽，中國春秋時代思想家，著有《道德經》，是道家的經典著作，其學後被莊周、楊朱等人發展。史載孔子曾向老子請教有關禮的問題，道家後人將老子視爲宗師，與儒家的孔子相比擬。史記記載老子是楚國苦縣厲鄉曲仁里人，《史記・老子韓非列傳》載：「老子者，楚苦縣厲鄉曲仁里人也。姓李氏，名耳，字聃，周守藏室之史也。」《史記正義》云：「老子，楚國苦縣厲鄉曲仁里人也。姓李，名耳，字伯陽。一名重耳，外字聃。身長八尺八寸，黃色美眉，長耳大目，廣額疏齒，方口厚唇，日月角懸，鼻有雙柱。周時人。」

〔註2〕莊子（約前369～前286年），名周，生卒年失考，約與孟子同時。戰國時代宋國蒙（今河南省商丘市東北，一說安徽蒙城）人，曾任漆園吏，他也被稱爲蒙吏、蒙莊和蒙叟。莊子是思想家、哲學家、文學家，他是老子思想的繼承者和發展者，後世將他與老子並稱「老莊」，是道家的代表人物。據傳，莊子嘗隱居南華山，故唐玄宗天寶初，詔封莊周爲南華眞人，稱其著書《莊子》爲南華經。司馬遷《史記・老莊申韓列傳》載：「莊子者，蒙人也，名周。周嘗爲蒙漆園吏，與梁惠王、齊宣王同時。其學無所不闚，然其要本歸於老子之言。故其著書十餘萬言，大抵率寓言也。……其言洸洋自恣以適己，故自王公大人不能器之。」

人畫的關係論起，接著論及老子美學精神對元文人畫意境的影響，以及莊子審美思想對元文人畫意境的影響。

第一節　道家與元文人畫的關係

在道家理論基礎上，文人畫家提出許多繪畫理論，東晉顧愷之在《論畫》提出「以形寫神」，這是我國畫論中較早成篇的文獻，其內容把道家形神理論帶入文人畫的審美趣味中，對中國繪畫產生極為深遠的影響。劉宋宗炳的《畫山水序》中論述說：

> 聖人含道應物，賢者澄懷味像，至於山水，質有而趨靈，是以軒轅、
> 堯、孔、廣成、大隗、許由、孤竹之流，必有崆峒、具茨、藐姑、
> 箕首、大蒙之遊焉，又稱仁智之樂焉。夫聖人以神法道，而賢者通；
> 山水以形媚道，而仁者樂，不亦幾乎。〔註3〕

宗炳論山水畫，一開篇就從道家玄虛的「道」談起，所提到的聖人除孔子外，其他皆為道教得道神仙，聖人神仙從自然萬物中發現道，山水既有具體的形象，又有道的顯現，聖人遊賞山水，目的也為觀道，此即將人與自然和道聯繫起來，而統一於道；這說出文人畫的意境和文人修養、內心修煉與道教的精神境界是一脈相通的，同時文人畫家把道法自然展現在繪畫作品中。文人畫於元代發展出興盛的局面，以下將探討元文人畫家受道家思想影響的原因、元文人畫多以道家思想為導向、道家思想影響元文人畫的四個面向。

一、元文人畫家受道家思想影響的原因

元文人畫家受道家思想影響的歷史原因與社會背景較為複雜，其一是因元代特殊的社會階級狀況，蒙古族在成吉思汗的帶領下滅金，忽必烈建元滅宋，統一中國，當時的漢文人和儒士的社會地位低下，但漢文化中以老莊思想為主的道家學說卻受到統治階級的庇護，這其中原因乃全真教〔註4〕的掌門

〔註3〕南北朝，宗炳，《畫山水序》，引自鄭午昌，《中國畫學全史》（上海：上海古籍出版社，2011年），頁77～78。

〔註4〕全真教是中國道教的重要派別，金代時由王重陽於山東寧海所創立。王重陽仙遊羽化後，弟子七真等人接任掌門。全真教地處金國之內，故在劉處玄、丘處機和王處一掌門時，都承認金國的政權。蒙古族成吉思汗西征時，邀請丘處機前往西域與他會面，詢問治國和養生之法，丘處機以敬天愛民、減少殺戮、清心寡欲等為回覆。成吉思汗稱丘處機為「神仙」。因丘處機見成吉思

人丘處機多次利用自己與成吉思汗的良好關係為道家文化增長勢力，而全眞教是個具有強烈民族意識、以老莊道家學說為宗旨的宗教，這使得文人士大夫找著可保存身家性命又能慰籍心靈的理想之處。

　　另一原因是元代的漢族文人畫家和知識份子雖有少數在元朝為官，但並未受到禮遇和重視，處處受異族官員的貶損和排擠，他們也和大眾一般實質是處於社會的底層；所以元代的漢文人畫家不論是在朝為官或被迫退隱山林，都希望從道家的隱士思想中找到解脫精神痛苦的藥方。另外元代取消科舉制度，渴望通過科舉入仕的文人失去管道，只能悠閒抑鬱的流連於自然山水，將己身的才情融入繪畫創作中，並從道家審美觀為出發點，以老莊思想的精神為繪畫內涵，此促成文人寫意繪畫的高峰。

二、元文人畫多以道家思想為導向

　　在元代，既然道教成為統治者宣導和推崇的宗教，並受到社會的普遍關注，致使當時文人多數崇信道家思想，這時期的繪畫也以道家思想為導向。元代文人畫家中具道士身分者就有鄭思肖、張嗣成、張嗣德、方從義、張彥輔、張雨、馬臻等人。開創元代文人畫風格的趙孟頫，他的祖父和父親曾任職於道觀，他自身則師從過茅山宗高道杜道堅，往來對象有吳全節、張雨和薛元曦、劉大彬等高道。他在《書為南華眞經》中說：「師（杜道堅）囑余作老子及十子像，並采諸家之言為列傳。十一傳見之，所以明老子之道。茲事不可以辭，乃神交千古，仿佛此卷，用成斯美。」可見趙孟頫與道教有較深的淵源，他的藝術思想和繪畫也必然受到道家思想深深的影響。趙孟頫因仕元為世人詬病，而他自己也抱有慚意，故他必然選擇在宗教和藝術上追求精神的解脫與人格的完善。今人徐復觀說：「山水畫的根源是玄學，則趙雪松的清的藝術，正是藝術本性的復歸。」趙孟頫的繪畫和畫論，顯然蘊涵道家美學思想，而表現文人畫的意趣。

　　元四家中的黃公望以道人自居，號大癡道人，又號一峰道人，是全眞教教徒，黃公望不僅遊心於藝術繪畫，還潛心修道，著有《抱一子三峰老人丹訣》、《抱一函三秘訣》、《紙舟先生全眞直指》等修性養命的丹訣。他還秉承

汗，致使全眞教在元代得以壯大。元代忽必烈偏信佛教，全眞教受到嚴重打擊，到元成宗時才重新正常發展。全眞教的教義，繼承了鍾離權、呂洞賓的內丹思想；並提倡三教合一，三教平等，認為儒家、釋教、道教的核心都是「道」；其宗教實踐的原則是「苦己利人」、「利人利己」。

王重陽的教旨，在蘇州等地開設三教堂，宣揚全眞教教義。黃公望煉性悟道的歷程也是藝術體驗的過程，他清靜心性，摒棄妄幻，以達體認本眞、合於道妙，這既是全眞道修行的狀態，也是文人畫所表現的澄靜淡泊、體物觀道的境界。黃公望的道家修煉生活對於他繪畫創作的影響是顯而易見的，他拋除塵世紛爭，復歸於自然山水間，移情於筆墨中，盡情宣洩自己的情感，以一種超於世俗功利外的道家精神描繪心中的山水境界。《莊子‧天道》說：「夫虛靜恬淡，寂漠無爲者，萬物之本也。」〔註5〕在黃公望的畫作「澹然無極」、自然率眞，將莊子思想「虛靜恬淡」的意境表達得淋漓盡致。在黃公望的畫論《寫山水訣》中說「畫不過意思而已。」〔註6〕意謂繪畫不能刻意追求形似，要順其自然，這也是他深切了解老莊思想的寫照。

吳鎮號梅花道人，又號梅道人、梅沙彌、梅花庵主等，其性高潔，所畫題材以山水、竹石等自然景物表現寧靜與孤傲情思，也以道教常用的骷髏爲意象，勸人修道，有「安得相攜山逸侶，丹梯碧磴共躋攀。」〔註7〕的神仙思想。

倪瓚，以清高不附流俗的人生思想成就純美至高的藝術境界，他出身富貴，其兄倪昭奎是道教的上層人物，受家庭影響，倪瓚的思想很早就深植道家理念。他的畫作注重精神上的「逍遙」與「寫胸中逸氣」，他的繪畫思想表現在他的詩句中：「愛此風林意，更起丘壑情。寫圖以閑詠，不再象與聲。」他的繪畫意境完全是屬於道家清淨無爲、遊心於物外的表現。在倪瓚畫作的構圖中以水的面積最大，畫面中景多是浩瀚的江水，靜謐幽深廣闊的水象徵士人的高尚德行。老子對水有大篇幅的深刻論述，如「至善若水，水善利萬物而不爭，故幾於道。」「天下莫柔於水，而攻堅強者莫之能勝。」倪瓚認爲最能表現道家精神的物象就是水，水滋養萬物而不爭，故倪瓚在繪畫素材上對水情有獨鍾。倪瓚繪畫不著色，只以單純的水墨來描繪空曠高古的畫面，這又表現出老子「知其白，守其黑」、「五色讓人目盲」的哲學思想。觀倪瓚畫，無論從構圖、題材或筆墨來看，皆能感受到虛靜恬淡、蕭疎無爲的意境，因有道家思想的滋養，使得倪瓚的畫品一直爲後人所稱頌。

王蒙，懷高風傲骨，他入仕過，也曾於元末隱居，芒鞋竹杖隱居時，大

〔註5〕晉，郭象注；清，郭慶藩集釋，《莊子》（台北：台灣中華書局，1973年），頁244～245。本論文引用之《莊子》內容引自此書。

〔註6〕元，黃公望，《寫山水訣》，引同鄭午昌，《中國畫學全史》，頁278。

〔註7〕元，吳鎮，《梅花道人遺墨‧澤山》：「茫茫震澤擁孤山，人在山間是澤間，安得相攜山逸侶，丹梯碧磴共躋攀。」

有遺世獨立、飄飄欲仙的味道。范立為其題詩說：「天上仙人王子喬，由來眼空天下士。黃鶴山中臥白雲，使者三征哪得起。」（《題叔明所贈圖》）可見王蒙深具道教仙人風韻，其繪畫靈逸蒼郁，氣勢自成一格。

　　元四家黃公望、吳鎮、倪瓚與王蒙在身世和環境上與道教過從甚厚，均深諳老莊哲學，並將老莊美學觀完全表現於繪畫之中。同樣受到道家思想影響，一樣感受老莊清淨無為的思想，元四家的藝術樣式卻是有所差異的，倪瓚的文人畫樣式是寂靜清幽的，黃公望是蒼潤渾厚的，吳鎮則是雄秀清潤的，而王蒙是樸茂紛繁的，都顯露出文人畫家對世事的態度，以及對當時道家哲學思想的認同程度。

三、道家思想影響元文人畫的四個面向

　　元代文人畫具主觀抒情、崇尚自然的意向，以簡、清、靜、淡、空、遠等形式創作，表現平和清逸的審美意境，顯現道家審美思想和意趣的深刻影響；從另一方面說，元代道家的盛行在一定程度上促進了文人畫的興盛，以下為道家思想影響元文人畫的四個面向：

（一）揮發逸氣、抒寫心靈的寫意傾向

　　道家美學思想向來有超越外在形式之美、追求內在道之至美的傳統。《道德經》認為「大音希聲，大象無形」，道美是內在的、超越有限物質形體的，這是中國美學注重「言外之意、韻外之致」的意境論基礎。在莊子筆下，得道者表現出自由瀟灑和純真自然的性情之美，這種靈動飛逸的美學觀拓展了中國美學的藝術精神。道家的哲學和美學思想影響到後來的佛教禪宗，其「自性論」之性淨自悟、徹見心源的開悟方式，將心的主觀性提高到空前的地位，對王維等人的文人畫產生莫大的影響。只有在心性上體認到本來真性，才能超越一切，「重意」正是深習道家思想的文人畫家的潛在心態，進而能在寫意繪畫上揮發逸氣，表現心靈的自由和對道的體悟。

（二）寄情自然、超越俗世的題材內容

　　在元代，由於文化上的疏離、傳統文人儒士的地位下降或儒家士氣的影響，文人士大夫不入仕途，轉向道家尋求精神的逍遙與個體人格的獨立，同時他們也寄情於文人畫藝術，作為遠離社會、隱逸山林的精神慰藉。道家具有修煉求真、出塵超越的思想，而文人畫的題材來大多是遠離社會的景物，如以山水、竹石、花鳥等自然景物為主要內容，即使偶爾畫人，也只是在大

自然中自在瀟灑的寫意人物或隱士，安閒清靜，毫無市井之氣。如吳鎮所畫
《漁父圖》，在自然山水中，漁夫安閒的泛舟，就像世外桃源；又如鄭思肖所
畫墨蘭，疏花淡葉，無土無根，清氣逼人，彷彿世外仙株。

《道德經》說「道法自然」，道的本性是自然，所謂自然，既指物態存在
的大自然，也指自然率眞的意思。元文人畫家選取未經雕飾的自然景色爲題
材，表現道的眞實樸素與淡然歸眞之美，呈現空曠、荒寒之意境，此與道家
在宇宙萬物中體驗自然眞道的美學意趣相契合。

（三）平和清逸、澄懷觀道的心靈境界

文人畫表現的是文人平和清逸的心靈境界，如趙孟頫的山水畫追求古
意，畫面含蓄清雅，設色溫潤古樸。氣氛寧靜安詳；黃公望的山水畫，無論
淺絳或水墨，都富潤秀疏朗、天眞自然的意味，顯出心境上的淡然無欲，蕭
散平和；吳鎮喜畫汀江漁情，以濕潤樸茂的水墨爲主，表現出淡泊坦然的精
神。元代文人師法自然，澄懷觀道，畫中呈現平淡、幽靜、樸素之美，此與
道家情懷和修煉有關。

宗炳在《畫山水序》中說：

> 聖人含道應物，賢者澄懷味像。至於山水，質有而趨靈。……夫理
> 絕於中古之上者，可意求於千載之下；旨微於言象之外者，可心取
> 於書策之內，況乎身所盤桓，目所綢繆。以形寫形，以色貌色也。……
> 夫以應目會心爲理者，類之成巧，則目亦同應，心亦俱會，應會感
> 神，神超理得，雖複虛求幽巖，何以加焉。……聖賢暎於絕代，萬
> 趣融其神思，余複何爲哉。暢神而已，神之所暢，孰有先焉。〔註8〕

畫山水、觀山水畫與遊歷眞山水是一樣的，無形山水之神寄託於有形中，而
感通在繪畫上，描繪形色，「理」也就進入了山水畫，因此欣賞山水畫的無窮
景致，確能窮盡山水之神靈以及相通的「道」；山水的靈氣和人的精神相互融
會，引發無限感受和思索，能暢己身之神，領會聖人之道。宗炳的論點顯現
畫家注重個人修養，創作時可以自我表現，能夠自暢其神，此觀點已爲後世
文人畫所謂「寫胸中逸氣」開啓先端。

文人畫家擁有靜定的心理狀態，即能澄心觀道，體認自然，而在畫作中
呈現清新的風格與道的意境。黃公望、鄭思肖等文人畫家都深得靜坐煉性的

〔註8〕 南朝宋，宗炳，《畫山水序》；引自俞劍華，《中國繪畫史》（上）（台北：台灣
　　　　商務印書館，1999年6月），頁53～54。

功夫，在《全眞大癡黃公望傳》的序中說：「至虛而靜極，靜極而性停，性停而命住，命住而丹成，丹成而神變無方矣。」本來眞性存於人自心中，因被妄念遮蔽迷惑，而無法知覺和覺悟，只有除情去欲、明心見性，才可體認眞性；因此澄心遣欲，使心靈清靜，是觀道修行的重要環節。

（四）簡、清、靜、淡、空、遠的表現方式

文人畫的意境是由簡、清、靜、淡、空、遠等風格表達出來的。趙孟頫作畫力求簡率，設色淡雅，以書入畫，使畫面富表現力。黃公望的畫作多將遊歷的宏大山水熔於胸中，再以簡逸清幽的筆墨繪出，其寫意山水充滿遼闊蒼茫之美。倪瓚以筆簡形具爲作畫要求，取極少的自然景物，卻表現遼遠淡雅的意味，是文人畫至簡至清的代表，其簡、其清無出其右者。簡、清、靜、淡、空、遠同樣也在鄭思肖、吳鎮和其他文人畫家的作品中表現出來。

簡、清、靜、淡、空、遠是道家獨特的美學意趣和表現方式。《老子》（第三十九章）說：「昔之得一者，天得一以清，地得一以寧，神得一以靈，谷得一以盈，萬物得一以生。」〔註9〕「一」是老子所說生生不息的原則，這個原則是透過「清」與「寧」、「無」與「虛」的作用而發展的，得一即得道，得道的過程就是簡化的過程，故尚簡成爲道家的審美準則之一。道的本性是淡然質樸、清靜無爲的，又是空靈無際、悠遠希夷的，因此受道家影響的文人畫家重內簡外、清虛淡泊，表現在文人畫上，即是清簡、靜謐、淡遠，用簡練的形式呈現意味無窮的道。

道家談人和自然的關係，充滿宏闊的宇宙精神，拓展了審美視野，由於在有限的時空中表現無限的道，故使文人畫充滿「遠」與「空」的藝術韻味。因簡而空，因遠而空，文人畫中的空白產生極大作用，簡練與空白的形式相得益彰，共同構築文人畫的獨特風格，此來自於道家思想的有無相生、虛實相映。道家的美學思想影響了文人畫的基本表現方式，眞正奠定了元文人畫的美學特徵。

第二節　老子美學精神對元文人畫意境的影響

以老子的思想爲基礎和本體，衍生出老子的美學精神，形成藝術的致用，

〔註9〕晉，王弼注，《老子帛書老子》（台北：學海出版社，1994年），頁46。本論
　　　文所引用《老子》內容引自此書。

在現象上，老子的哲學醞釀出藝術的意境。老子對於中國藝術的影響，在於老子的觀點所呈現的人生境界可演繹為一種藝術化的人生；且在客觀環境下，老子的「柔弱處上」、「大象無形」、「谷神不死」、「大巧若拙」等道家言論，對文人畫家的實際創作也產生莫大的影響，以下將探討老子思想有關美學的言論，以及老子審美精神對元文人畫的啟發。

一、老子思想有關美學的言論

老子的思想蘊藏豐富的哲理，其中，影響藝術方面的言論，在此歸類為老子的美學精神，提出六大美感，包含柔弱之美、自由之美、樸素與純真之美、無形之美、虛靜無為之美、自然之美；分析如下：

（一）柔弱之美

美的種類有很多，有剛柔之美、強弱之美、悲喜之美……。老子主張柔弱之美，在《老子》中提及柔弱的言論有第七十八章「天下莫柔弱於水，而攻堅強者莫之能勝。」「弱之勝強，柔之勝剛」〔註10〕；第七十六章「人之生也柔弱，其死也堅強。萬物草木之生也柔脆，其死也枯槁。故堅強者，死之徒；柔弱者，生之徒。」「強大處下，柔弱處上」〔註11〕；第四十三章「天下之至柔，馳騁天下之至堅」〔註12〕；第四十章的「反者，道之動；弱者，道之用。」〔註13〕以上的言論處處展現老子的柔弱哲學，強調道的作用是柔弱、和緩、循序漸進、若有若無、徐徐進行，「守柔約強，勇於不敢」，指柔弱不強勢，不敢有為而無心無為，慢慢前進似乎很微弱，卻如由冬轉春，最後真正能居上。

柔弱處世的思想表現在隱逸作風上，對中國藝術也有影響，主要從繪畫的技法傳達出風格和氣質。董其昌提出南北分宗之說，南宗山水畫從始祖王維到董源、巨然，到黃公望、吳鎮、倪瓚、再到文徵明、董其昌、清初四王（王時敏、王鑑、王翬、王原祁），這些畫家的畫作皆具有「柔」的特性。清惲南田說：「元人幽秀之筆，如燕舞花飛，揣摸不得。又如美人橫波微盼，光彩四射。」〔註14〕王原祁也說：「元之四家，化渾厚為瀟灑，變動健為和柔。

〔註10〕同晉，王弼注，《老子帛書老子》，頁89～90。
〔註11〕同晉，王弼注，《老子帛書老子》，頁88。
〔註12〕同晉，王弼注，《老子帛書老子》，頁52。
〔註13〕同晉，王弼注，《老子帛書老子》，頁47。
〔註14〕清，惲南田，《南田畫跋》，轉引自彭修銀，《墨戲與逍遙》（台北：文津出版

正藏鋒之意也，子久得其要。」〔註15〕此處所提對剛健的柔化處理，正是在北宋文人畫溫婉陰柔之美上進一步發展。元文人畫家追求淡泊、無爲和清淨的閒適生活，縱情山林間，飽覽自然美景，以求身心與自然合一；繪畫風格氣質高清，以清柔韻致爲主要特色，線條柔和、水墨溫潤，呈現寧靜、柔弱的意境。

（二）自由之美

老子認爲天地生養萬物、作育萬物，皆任其自由成長，不加約束，以「無爲」使萬物欣欣向榮，給予萬物寬廣的發展空間，成就了功德卻不居功。《老子》第二章中提到「天下皆知美之爲美，斯惡已。」〔註16〕美和醜是相依而生的，有了美醜的認識，喜好美和厭惡醜的心念就產生了，了解此道理後，「是以聖人處無爲之事，行不言之教。萬物作焉而不辭。生而不有，爲而不恃，功成而不居。夫唯弗居，是以不去。」第十章提到：「生之，畜之：生而不有，爲而不恃，長而不宰，是謂玄德。」〔註17〕美學家朱光潛在「文藝心理學」書中說：「美的特質，爲無限和自由。」老子的道具備此「無限」和「自由」兩大潛質。道孕育萬物，屬於自然的作爲即「無爲」，內含無限創造的可能，這種態度給予萬物至高的自由，這就是一種自由之美。

（三）樸素與純真之美

老子心中的美是儉約、樸素的美，《老子》第十二章說：「五色令人目盲，五音令人耳聾，五味令人口爽。」〔註18〕五色原指青、赤、白、黑、黃，這裡喻顏色繁多，因貪戀色彩而多欲多求，不易滿足，反使視覺失去正確辨色的功用。老子認爲人心有欲，所以爭，爭則亂，因此強調唯有儉約，才可做到無欲。第六十七章中也說：「我有三寶，持而保之。一曰慈，二曰儉，三曰不敢爲天下先。」〔註19〕可見老子認爲要美化人生要先從儉約的德性做起。

關於樸，《老子》書中提到「敦兮其若樸」；「見素抱樸」；第二十八章說：「爲天下谷，常德乃足，復歸於樸。樸散則爲器。」〔註20〕樸本指未曾雕琢

社，1995年），頁45。
〔註15〕清，王原祁，《雨窗漫筆》，轉引同彭修銀，《墨戲與逍遙》，頁45。
〔註16〕同晉，王弼注，《老子帛書老子》，頁2。
〔註17〕同晉，王弼注，《老子帛書老子》，頁10。
〔註18〕同晉，王弼注，《老子帛書老子》，頁11。
〔註19〕同晉，王弼注，《老子帛書老子》，頁80。
〔註20〕同晉，王弼注，《老子帛書老子》，頁33～34。

的原木，引申爲素樸、純眞與無限可能，變成「器」後，則成有限的；故「樸」指道的敦厚無虧損，使內心清虛，俗念盡除，使精神歸返樸素眞實。《老子》說：「其德乃眞」、「爲天下谿，常德不離，復歸於嬰兒。」〔註21〕把眞樸的人喻爲「嬰兒」、「赤子」，懷抱嬰兒純和安恬之心，毫無著染，回歸生命最精純的赤子心，使性情純淨，無各種雜僞，眞正的往上提升，即是一種純眞之美。

（四）無形之美

《老子》第五十一章說：「道生之，德畜之，物形之，勢成之。」〔註22〕老子認爲道是既超越又內在，道是萬物的根源，是無形的、虛無的，具絕對性，而無生滅，故是有恆的、無限的；當道生長萬物，就內化於萬物之中，成爲德性而畜養萬物，萬物有外在物質的形體，有形才具相對性，會有變化和生滅，故是有限的。

「道生一，一生二，二生三，三生萬物。」〔註23〕（第四十二章）無是天地萬物之始，無形之美是最初的美。有關無形的描述於第十四章說：「視之不見，名曰夷，聽之不聞，名曰希，搏之不得，名曰微。此三者，不可致詰，故混而爲一。其上不皦，其上不昧，繩繩不可名，復歸於無物，是謂無狀之狀，無物之象，是謂恍惚。」〔註24〕「夷」、「希」、「微」描寫使用感官無法察覺到的宇宙生化的本質，達混然一體的境界，微妙不絕，無可名狀，是爲無形，似回歸到無物質的狀態。

老子認爲有無是相依相存的，「萬物生於有，有生於無。」虛勝於實，虛而不贏滿，才有生的空間；且「無」也是一有用的空間，譬如車輪的中空、器皿的空窪、房屋的空處，才有車輪行遠、器皿盛物、房屋居住這些應有的功用，因爲虛、實相合，有、無相待，方才構成人類文明與藝術的發展和燦爛。

（五）虛靜無爲之美

《老子》第五章說：「虛而不屈，動而愈出。多言數窮，不如守中。」〔註25〕老子認爲虛空不是窮竭，倒是預留發展的空間，只要生機一動，便

〔註21〕同晉，王弼注，《老子帛書老子》，頁33。
〔註22〕同晉，王弼注，《老子帛書老子》，頁59。
〔註23〕同晉，王弼注，《老子帛書老子》，頁50。
〔註24〕同晉，王弼注，《老子帛書老子》，頁13～14。
〔註25〕同晉，王弼注，《老子帛書老子》，頁6。

會紛紛湧現；己見愈強調，終有絕盡之時，不如善用心中的虛靜，清明少欲；
看似虛心，卻為「實」，看似無為，卻無不為。「曠兮，其若谷。」〔註26〕
（第十五章），謙虛像深谷般虛無，而「谷神不死」〔註27〕（第六章），虛
谷的神妙是生生不息的，因虛心不傷神，欲念多必傷神。

　　老子主張「虛其心，實其腹，弱其志，強其骨」，持著虛靜無欲的心，除
去物欲誘惑，使心的活動符合美學精神。第十六章說：「致虛極，守靜篤。」
〔註28〕虛其心的極境是精神上的純一，由虛靜、無欲、無為而達到篤實明淨
的境界；官能的欲望與心知的執著導致「成心」，易失落天真的本性，藉著虛
靜心的觀照，才能找回自己。當人心都符合虛靜無為之道，人人皆虛心實腹，
追求人心的最高境界，也是美化世間的人心基礎。

（六）自然之美

　　《老子》第二十一章：「孔德之容，惟道是從。道之為物，惟恍惟惚。惚
兮恍兮，其中有象。恍兮惚兮，其中有物。窈兮冥兮，其中有精。其精甚真，
其中有信。」〔註29〕道在現象界的恍惚不定中，顯現大象以及萬物的形體，
其中生養萬物的元精真實不虛，萬物都能依此信實而行。《老子》第四十一章：
「上德若谷，大白若辱，廣德若不足，建德若偷，質真若渝，大方無隅，大
器晚成，大音希聲，大象無形，道隱無名。夫唯道善貸且成。」〔註30〕老子
論「道」與「德」之後，以「大方」「大器」、「大音」、「大象」用來比喻自然
中的道。「大象」是宇宙中最大的形象，是現象界可觀察的一個最大的整體；
道常處在無名無狀的境界，天道的作用透過萬物的形體而變化發展，因此最
大的垂象也是無形的，未留下有形的跡象。

　　人們觀察自然，感受自然，漸將現象界萬物歸納為一個諾大的整體，演
變成一種抽象概念。中國文學家「以意寫象」，藝術家「以形寫神」，在描繪
宇宙萬物的形象時，試圖在筆墨揮灑間表現大自然悠遠的意境，以「有形」
來顯現「無形」，表達「無形」的恆常和超越，正好連結物體的形象和本身的
內涵，這藝術的作用與老子言論思想不謀而合。

〔註26〕同晉，王弼注，《老子帛書老子》，頁15。
〔註27〕同晉，王弼注，《老子帛書老子》，頁6。
〔註28〕同晉，王弼注，《老子帛書老子》，頁15。
〔註29〕同晉，王弼注，《老子帛書老子》，頁23～24。
〔註30〕同晉，王弼注，《老子帛書老子》，頁49～50。

《老子》第四十五章：「大成若缺，其用不弊；大盈若沖，其用不窮。大直若屈，大巧若拙，大辯若訥。躁勝寒，靜勝熱，清靜爲天下正。」〔註31〕「大成」、「大盈」、「大直」、「大巧」、「大辯」都是老子思想中的自然之道。「巧」是人爲技巧，那是老子所反對的；但到達極致，則巧到和自然合而爲一，沒有一點雕琢的痕跡，此時的「大巧」反顯得「拙」，眞正已提升到自然無爲的境界。猶似許多藝術家最初學習技巧，直到把技巧運用得十分熟練，一旦成爲眞正的藝術家，即已棄置技巧，順於自然，有時甚至「拙」得像小孩，卻是自然自身的表露。自然之美既存「巧」與「拙」，可見是一體的兩面，又可合而爲一。

二、老子審美精神對元文人畫的啓發

此處探索老子審美精神對元文人畫的影響，歸納爲四點：藝術與道變化不已、藝術師法自然、藝術超越形象而追求神韻、藝術意境是眞樸人格的顯現。

（一）藝術與道變化不已

老子所說的道也有變化不已的特性，第二十五章的「大曰逝，逝曰遠，遠曰反。」及第四十章的「反者道之動」〔註32〕，逝、遠、反都是一種變。物極必反，任何宇宙事物發展至極點，必然變成相反的一面；而這相反的兩面，又會反復的變化。這種循環好像周而復始，回到原來的狀態，其實在交替之中活動的萬物，卻是永遠不停的往前發展。

「至虛極，守靜篤。萬物並作，無以復觀」〔註33〕（第十六章）「復」是事物往相反的方向變化，而又回復到道的根本，老子把復看成是道之「常」。這種說法，運用到美學的判斷上，則成了相對主義，「唯之與阿，相去幾何？善之與惡，相去何若？」〔註34〕（第二十章），「天下皆知美之爲美，斯惡已；皆知善之爲善，斯不善已。故有無相生，難易相成。」〔註35〕（第二章）由於天下萬物都往相反、相對的方向發展，美的可以變成醜的，善的可以變成惡的，有可以變成無，因此美與醜、善與惡、有與無都只是一體的兩面，彼

〔註31〕同晉，王弼注，《老子帛書老子》，頁53～54。
〔註32〕同晉，王弼注，《老子帛書老子》，頁29及頁47。
〔註33〕同晉，王弼注，《老子帛書老子》，頁15～16。
〔註34〕同晉，王弼注，《老子帛書老子》，頁20。
〔註35〕同晉，王弼注，《老子帛書老子》，頁2。

此是相對的，無絕對的意義，在藝術上亦可運用這種想法。藝術形而上的思想與道的本質同樣是不變的；但表現在現實生活中的藝術卻會流轉變化，因時因地因人而改變，元代文人畫因時代的轉變，而在繪畫形式與內容上反映了現實社會的改變，也因文人畫家的個人境遇不同而在風格上有所差異；因此，珍貴的是藝術本身，而不是色彩、形體的表面現象，從元文人畫亦看到重意的表現，而在色彩、形態等外在形式上有更清簡、淡遠的呈現。

（二）繪畫師法自然

老子的審美精神給予中國文人畫藝術很大影響，王維、董源、李成、郭熙、米芾、米友仁、趙孟頫、黃公望、倪瓚、沈周、董其昌、朱耷、鄭板橋等藝術家都能運用道家的觀念，去觀察自然，體會自然，對藝術家來說，師法古人不如師法自然，以達傳神的境界。大自然的山水以形象入畫，變得可行可觀可遊可居，並隱含老子美學精神，非常生動的顯示自然無窮的含義，即素樸、純真、虛靜、無為、無限、自由、永恆……。在自然的山水中，可以撫平人類萬物在現實經驗中的哀傷悲痛，使失落的靈魂返回自身，使生命往上提升，融入混然一體的無形境界。

文人畫的「意境」說受道家「天人合一」思想的影響。道家主張「天人合一」與「道法自然」，《老子》第二十五章說：「人法地，地法天，天法道，道法自然。」〔註36〕自然即天即道，人須回歸自然，順自然之道，人應與天地自然保持和諧的關係。莊子更從道的觀念出發，認為天地、萬物和人是齊同的，《莊子‧齊物論》說：「天地與我並生，而萬物與我為一。」〔註37〕莊子認為天與人的合一，並非以人的意志為轉移，而是人以自然的姿態與萬物為一，由於人做為大自然的一部分，與大自然本為一體，與天地在本質上是同一的；因此道家在論述天人關係時，更注重天、地、人三者的統一，人透過遵循自然規律的方法，以求得精神的自由，這就是「天與人一也」。

文人畫的「意境」說即來自對道家天人觀的深切體認，因而產生「天人合一」的思維，在宋元至明清文人畫作中都有所展現。文人畫強調從人與自然的統一中去尋找美，以獲得審美的最高境界，故文人畫家樂於遊歷山水，人與大自然情景交融，使藝術創作得到高度發展。

〔註36〕同晉，王弼注，《老子帛書老子》，頁30。
〔註37〕清，郭慶藩撰，王孝漁點校，《莊子集釋‧齊物論》（中華書局，1961年），頁79。

（三）繪畫超越形象而追求神韻

在文人畫理論中，南朝南齊謝赫在《古畫品錄》中，總結出品評繪畫的「六法」理論（氣韻生動，骨法運筆，應物象形，隨類賦彩，經營位置，傳移模寫），其中第一法「氣韻生動」注重「以形寫神」，藉由大自然的外在形象表現內在無窮變化的氣韻。〔註38〕元、明、清三代的藝術皆有復古（唐、五代、北宋）的趨勢，元之前的文人山水畫家較重視自然景物的結構和韻律，直到元代之後則以山水表達文人自我的人生思想，在繪畫上強調古樸，從寫實轉為寫意，由丘壑轉為筆墨，由華麗轉為渾厚，推崇蘇軾和米芾等的文人思想傳統，傳神為重，形似次要，以簡約的筆墨表現自然山水的精神；此思想符合老子「大象青綠溝無形」的言論，也和老子清靜無為及簡淡人生的理念相符。

老子超越現象界的精神深深影響元代文人畫藝術，使許多藝術家追求純真、追求神韻、超越形象、超越物我，故不少元文人畫家過著隱逸的生活，在虛靜、自由、素樸的態度中生活，其繪畫創作反映自身逍遙、無欲的心靈，因而產生「自然」、「逸品」等畫品極高之作。唐代美學家司空圖（837～908年）說「超以象處，得其環中。」清代神韻派王士禎（1634～1711年）也說：「天外數峰，略有筆墨，意在筆墨之外。」文人畫筆墨清簡，其中表達的是無窮無盡的意與象，此象就是「象外之象」，即老子所說的「大象」。

「氣韻生動」可說是根據道家的「氣」論說提出的。到唐末宋元時期，隨著內丹學的產生和發展，人的精、氣、神成為道教修煉理論的基本內容〔註39〕，元代陳致虛在《金丹大要》中加以闡述：「是以三物相感，順則成人，……何謂順，一生二，二生三，三生萬物，故虛化神，神化氣，氣化精，精化形，形乃成人。」〔註40〕由此，人在本質上是形、氣、神的統一體之思想，已成道教整個理論思想的核心內容，對於神仙修煉的理論和方法，都圍繞著人的形、氣、神三方面來進行。因而文人畫「氣韻生動」和「以形寫神」的理論在元代得以進一步發展，文人畫宣揚「不似之似」，求「形外形」與「畫外畫」，就是在追求氣韻與神似，顯出文人畫家對形象把握的主觀態度，並將客觀物象的精神呈現置於首要地位，客體形象可以適當的予以簡約概括，掌握形體特徵和精神風

〔註38〕 參本論文「第四章元代文人畫之美學探析—第二節元文人畫之意境美—二、追求神韻之意境」。

〔註39〕 南北朝以後，道教即是道家，道家也即是道教；為傳統文化的一個支點，其理論思想深深影響文人畫理論學說的建立。

〔註40〕 《上陽子金丹大要・精氣神說下》，道藏第 24 冊，頁 16。

貌，以創作出擁有意象、充滿神韻的畫作。〔註41〕

　　元以來之明清文人畫理論和技法，更注重氣在繪畫中的作用，清代唐岱《繪事發微・氣韻》中說「有氣則有韻，無氣則板呆矣。」〔註42〕沈宗騫《芥舟學畫篇卷三・山水・取勢》中也提到「天下之物本氣之所積而成，一石一木，無不有生氣慣乎其間。」〔註43〕可見道教理論的「氣」與文人畫理論的「氣」是一脈相通的。道教理論中「形、氣、神」相互聯繫，猶如文人畫的「形似、氣韻、神似」亦相互聯繫，同時存於繪畫作品的主體物象中。

（四）繪畫意境是真樸人格的顯現

　　在中國古代許多畫論中皆提到畫品如人品，畫的意境不僅由筆墨技巧予以營造，更是藝術家的人格精神與修養的顯現。藝術家創作時，追求「生拙」、「氣韻」、「神似」、「簡率」和「生趣」等旨趣，崇尚自然、素樸、天真等意境，均與老子的理想人格觀念中的真樸思想有關。元倪瓚說：「僕之所謂畫者，不過逸筆草草，不求形似，聊以自娛耳。」〔註44〕他認為「逸」是自然、天真的表露，筆簡形具，有素樸的特質，不刻意求工，以免流入匠氣，此追求傳神、簡約的特質，非常接近老子「真樸」的思想；倪瓚作品擁有「澹泊」、「蕭疏」的特質，這是中國畫評家給予畫家的最高讚美，稱其為逸品，即為上上之品，出於意表之作，是大自然神魄與藝術家的靈魂及筆墨媒材運作的極高度渾然融合，也就是天人合一的產物。

　　清盛大士（1771 年～？）指出，米芾的顛狂，倪瓚的孤迂，黃公望的痴呆，都是畫家的真性情，「故顛而迂且痴者，其性情於畫最近。利名心急者，其畫必不工，雖工必不能雅也。」這性情純淨天真如嬰兒般的藝術家，正是老子所認為真樸的真人。清石濤（1641～1718 年），也說：「人為物蔽則與塵交，人為物使則心受勞，勞心於刻畫而自毀，蔽塵於筆墨而自拘，此局隘人也，但損無益，終不快其心也。」藝術家從人格修養著手，除去物欲、私欲，保持心靈的虛靜與自由，在創作上也能打破規律，存真去巧，故能與天地自然精神往來。

〔註41〕同參本論文「第四章元代文人畫之美學探析—第二節元文人畫之意境美—二、追求神韻之意境」。

〔註42〕周積寅，《中國畫論輯要》（江蘇美術出版社，1985 年），頁 217。

〔註43〕引同周積寅，《中國畫論輯要》，頁 218。

〔註44〕傅抱石，《中國繪畫理論》（台北：里仁書局，民 74 年），頁 41。

第三節 莊子審美思想對元文人畫意境的影響

在先秦哲學家中，莊子的思想最富美學的意涵，他的許多哲學觀念，同時也是美學觀念。本來他的思想是爲解除亂世人民的困頓，因而揭示一套人生理想，主張追求悠遊逍遙，以得到個體人格和生命的自由，而這就是美學的極致，也是藝術表現的最高意境。

莊子的哲學思想與元代文人畫家的觀念有許多相合相通之處，而「意境」最早的思想即起源於莊學。了解莊子的哲學，也就是了解莊子的美學，莊子的美學與哲學渾然一體、相輔相成。莊子認爲「道」是自然無爲，在「道」的運作中獲得無限的自由，消解物對人的統治支配；道的達到和觀照與感性的美的達到和觀照是一樣的，充滿天地、人間和審美的愉悅。以下的探討包含：莊子的哲學和美學相互融合、莊子論審美態度、莊子論美、莊子論藝術以及莊子美學對元文人畫的啓發。

一、莊子的哲學和美學相互融合

莊子哲學力求消除人的異化，達到自由和無限，超越於利害得失之上，此種人生情感和態度，以本質來看即是審美的態度；莊子的美學與哲學相融統一，他認爲道是永恆無限、絕對自由的宇宙本體，是一切美的根源，論「道」的同時便是論「美」，在先秦美學中，從莊子得到的主觀審美感受最爲豐富深刻。

莊子對於人生價值追求「萬物與我爲一」的自由境界，並認爲這境界是最高層次的美；從對象、對象與主體之間去審察美，超越現實狹隘有限的範圍，追求廣大遼闊的美；中國「意境」之說最早的思想淵源即主要發端於莊學。

莊子的美學和他的人生哲學無法脫離而單獨存在。莊子處於充滿殺戮悲苦的戰亂時代，莊子提出生命的存亡僅是自然的現象，當美感經驗已超越了生死的拘限，而臻於不死不生、相忘生死的境界，是「至人」、「神人」、「聖人」與「眞人」的生命體現，生命的美感便能呈現清靈自在的精神意涵。因此，莊子以許多虛構的寓言、幽默嘲諷的言語和嚴肅憐憫的態度，闡述理想中自在自得的逍遙境界，也就是和諧流暢、隨意而安的在自然與人間遨遊的美學境界。

二、莊子論審美態度

關於審美態度的問題，莊子並沒有直接論述過，但人的生活如何才能達到自然無爲境界，就是人的生命如何才能達到美的境界，其中聯繫到有關審美態度、感受與意識的問題。

（一）審美的超功利性——超脫「有用無用」

莊子對審美的超功利性的看法表現在有用與無用上，但《莊子》並沒提到任何無用的東西皆美或有用的東西不美。超功利觀念在西方美學史上是十九世紀德國從哲學上強調與明確論證的，在中國則出自莊子。莊子認爲一個人若執著於有用無用、利害得失，生活將會遭受無窮盡的痛苦，反之能夠擺脫有限功利目的的束縛，就能不爲外物所支配，得以保持自我的人格自由，而獲得超出功利的精神上的愉快，就其本質來看正是審美的愉快，此種自由和愉快有利於生命的發展；通過超功利的審美態度，把人提升到能夠支配宇宙的絕對自由的狀態。

《莊子》〈逍遙遊〉云：

> 惠子謂莊子曰：「魏王貽我大瓠之種，我樹之成而實五石，以盛水漿，其堅不能自舉也。剖之以爲瓢，則瓠落無所容。非不呺然大也，吾爲其無用而掊之。」莊子曰：「夫子固拙於用大矣。……。今子有五石之瓢，何不慮以爲大樽而浮乎江湖，而憂其瓠落無所容？則夫子猶蓬之心也夫！」〔註45〕

在〈逍遙遊〉這段文中，莊子藉惠子「無用而掊之」、「固拙於大」、「憂其瓠落無所容」，顯出「有蓬之心」的成見，世俗往往以一己成見，決定事物的價值，要求一定的功用；在現實社會也一樣，以功利的成見來衡量人的價值，對於不合標準的人就忽視他、棄他。許多人仍舊依附在其體系上不自覺，用這套標準要求自己，同時也接受它的審判，遭受到「失敗」的威脅，而未察覺自我的價值。莊子透過對自我的省察，對「有用」的範圍重新認識；莊子認爲：凡物必有其自適之道，人不必自傷其性，被固有的成見加以區分或限制；若以審美的態度來看，悠哉遊哉，即爲一種逍遙之美。

〈逍遙遊〉提到：「今子有大樹，患其無用，何不樹之於無何有之鄉，廣莫之野，彷徨乎無爲其側，逍遙乎寢臥其下，不夭斤斧，物無害者，無所可

〔註45〕晉，郭象注；清，郭慶藩集釋，《莊子》（台北：台灣中華書局，1973年），頁22～24。本論文引用之《莊子》內容引自此書。

用，安所困苦哉！」〔註46〕從寬廣的角度來看，物「無用」，故「物無害」；
對一個人來說，能守住「無用」，正代表不隨波逐流，不以追求現實環境的功
利價值為人生的成就；而能肯定自我生命的價值，生命本身可以不受干擾，
維持自身的單純和形體態度的安適；能夠摒除功利及實用的角度，這正是進
入藝術心靈的起點。

　　樹，安然處在蒼穹之下，人，可以恣意的躺在它的腳下休憩。生命得以
自由解放，開闊舒展，這才是人生的大用，每個人都可以成就自身人生精神
的大樹。莊子不限定物的固定用途，摒除世俗「小用」、「無用」的成見，來
完成全宇宙的「全體大用」，逐漸進入圓融的境界，得到精神上絕對的自由，
從有用無用的層面超脫，達到逍遙大用的人生態度和審美的態度。

（二）審美的心理特徵——「徇耳目內通而外於心知」

　　莊子在提到人如何才能達到自然無為，進入一種自由的美的人生境界
時，曾多次講到人的內心修養和精神狀態的問題，這方面事實上涉及審美的
心理特徵。〈人間世〉說：「若一志，無聽之以耳，而聽之以心。無聽之以心，
而聽之以氣。聽止於耳，心止於符。氣也者，虛而待物者也。唯道集虛。虛
者，心齋也。」〔註47〕審美感受不只是單純的感官知覺，而是同時伴隨理性、
精神；「心齋」是由耳而心，再由心而氣的修養工夫，即由外而內，由有心而
無心，進而以大我姿態直接與自然對話，與大道契合的超越解消的心理歷程。
此過程是經由生理的耳目感官，進展到心理的心意感性，最後到達性理的神
志理性。

　　因此，審美感受的心理狀態，是感覺、知覺、想像、情感、理性都融匯
在一起，而集中在對象上的狀態，在這種狀態裡，滲透著理性的情感通過想
像的活躍而得到紓展和表現，對象與主體消除了疏遠和對立，從而產生忘懷
一切的自由感，一種特殊的精神愉快油然而生，這些審美的特徵也是莊子所
謂的「坐忘」。〈大宗師〉：「墮枝體、黜聰明，離形去知，同於大通，此謂坐
忘」〔註48〕，「坐忘」較「心齋」更進一步指出審美感知具有忘懷一切的特徵，
這種特有的心理狀態僅憑審美經驗的觀察就可獲知，而中國的美學不同於西
方純粹論理式的美學的地方，在於美學更是建立在創作的經驗上，莊子的審

〔註46〕同晉，郭象注；清，郭慶藩集釋，《莊子》，頁 25。
〔註47〕同晉，郭象注；清，郭慶藩集釋，《莊子》，頁 80～81。
〔註48〕同晉，郭象注；清，郭慶藩集釋，《莊子》，頁 153。

美超越，是以現象的描述建立美學；因知「心齋」和「坐忘」的說法包含莊子從哲學上對審美心理特徵的理解。

〈人間世〉說：「瞻彼闋者，虛者生白，吉祥止止。夫且不止，是之謂坐馳。夫徇耳目內通而外於心知，鬼神將來舍，而況人乎！」〔註49〕因為心中無欲，所以光明自會出現，一切吉祥便會降臨在靜止的虛空的內心；我們應該使耳目往內收斂，而把求知的欲望往外拋棄。中國的藝術家講求虛靜，指的就是在審美觀照中，所有的內部心理活動都停止了，但是沒有任何特別內容的明淨感與純粹快樂的意識依然存在。

三、莊子論美

依莊子的言論以下分三點探討：美在於無為、美在於心齋和坐忘、對於醜與美的觀點。

（一）美在於無為

「無為而無不為」是「天地有大美」的根本原因，是個體人格之自由的實現。莊子藝術思想的核心，是提倡自然之美，他認為最高最美的藝術是「應之自然」的天然的藝術，而人為的藝術雕琢造作，不只無法成為最美之藝術，還會妨礙對天然的藝術美的認識和領會，並對人們審美意識產生破壞作用。

1. 自然之美——「天下有大美而不言」

老子說：「五色令人目盲，五音令人耳聾，五味令人口爽。」又說：「美言不信，信言不美。」莊子發展了老子的此種觀點，莊子說：「擢亂六律，鑠絕竽瑟，塞瞽曠之耳，而天下始人含其聰矣。滅文章，散文采，膠離朱之目，而天下始人含其明矣。毀絕鉤繩，而棄規矩，攦工倕之指，而天下始人有其巧矣。」〔註50〕（〈胠篋篇〉）他認為用線條色彩創造的繪畫，用節奏聲音創造的音樂，用文字語言創造的文學，是人為造作的藝術；只有找回自然本色的美，才能使人了解真正的藝術美。莊子又說：「五色不亂，孰為文采；五聲不亂，孰應六律；夫殘樸以為器，工匠之罪也。」〔註51〕（〈馬蹄篇〉）因此莊子認為藝術是任真自然的；他主張無為，認為藝術是自由的活動，不帶任

〔註49〕同晉，郭象注；清，郭慶藩集釋，《莊子》，頁82～83。
〔註50〕同晉，郭象注；清，郭慶藩集釋，《莊子》，頁192～193。
〔註51〕同晉，郭象注；清，郭慶藩集釋，《莊子》，頁183。

何實用的目的。

莊子〈天道篇〉說：「夫帝王之德，以天地爲宗，以道德爲主，以無常爲常。無爲也，則用天下而有餘，有爲也，則爲天下用而不足。故古之人貴夫無爲也。」〔註52〕無爲，並非無所作爲，而是無刻意作爲，符合自然天道的運行。〈天道篇〉又說：「夫虛靜恬淡，寂漠無爲者，萬物之本也。……靜而聖，動而王，無爲也而尊，樸素而天下莫能與之爭美。」〔註53〕「虛靜恬淡，寂寞無爲」是「萬物之本」，同時也是美之本；一切任其自然，才能達到天下無與倫比的美。莊子說「游夫遙蕩恣睢轉徙之塗」〔註54〕（〈大宗師〉），他認爲以「自然無爲」爲美的本質，才可以使天地與我並生，萬物與我合一，達到最大的自由，獲得最高境界的美，逍遙自在，實現「大道之美」。

「美則美矣，而未大也」對無限之美的追求是莊子美學的重要特色。莊子認爲美在於「道」，而「道」無所不在，在無窮的時間和空間上，道是創造宇宙的無限力量；而美是人之自由的表現，不應被侷限，故美具有無限性，最高的美包容整個宇宙，廣大無涯。

莊子所頌揚的「大美」（壯美）是主體等同於無限的結果，它所產生的審美的愉快伴隨著驚嘆，絲毫沒有西方美學的「崇高」伴隨的恐怖、痛感與常有的宗教神秘意味。「大美」屬於純粹的美學範疇，包括宇宙萬物的美與個體人格的美，個體人格的表現應不被社會倫理道德等規範所束縛，而是奔放不羈的追求個體人格的無限。

2. 美與真——「聖人法天貴真」

莊子所說的「真」就是一般所認爲的合於客觀實際或客觀真理的意思，必須符合人的「性命之情」，使人的生命能自由發展，而不受到人爲的干擾；莊子的美是「返其真」、「法天貴真」，美來自於自然無爲的「道」，凡是美的事物均應真實無僞，沒有虛假做作，沒有人工雕鑿，真正的美是天然美。

進一步說，美與真結合的內涵，是讓事物本身按照它的自然天性去表現自己，不須施以任何外在的力量去強行干涉和改變，完全尊重事物自身規律，其「真」就是合規律的意思。莊子已意識到——美是自然生命在合規律的活動中所表現出的自由狀態。在美學史中莊子是第一位明確的觸及本質問題，

〔註52〕同晉，郭象注；清，郭慶藩集釋，《莊子》，頁246～247。

〔註53〕同晉，郭象注；清，郭慶藩集釋，《莊子》，頁244～245。

〔註54〕同晉，郭象注；清，郭慶藩集釋，《莊子》，頁150。

認為美是規律和自由的統一，在這意義上肯定了美與眞的一致性。

（二）美在於心齋和坐忘

莊子〈逍遙遊〉中說：「至人無己，神人無功，聖人無名。」〔註55〕「無己」就是「喪我」，也就是「心齋」和「坐忘」。「心齋」和「坐忘」足以通達自由豁達的人生至境，同時也是通達純粹的美感經驗的重要步驟。生命境界的開展與美感經驗的提升，首先必須淨化性靈，因此莊子提出了「心齋」與「坐忘」的修養歷程。

所謂「心齋」和「坐忘」，就是要徹底除去利害的觀念，不僅要「離形」、「墮肢體」，而且要「去知」、「黜聰明」、「外於心知」，擺脫物象和心知欲望的迷惑，並且超越實用功利的目的，從而能達至高度自由的境界，實現對「道」的觀照，臻於至美至眞至樂的境界；如此逍遙自適、無求無待的意境，正是美學的極致理念，藝術精神的最高表現。

莊子在〈人間世〉中提到「心齋」，「齋」是純淨的意思，莊子認為需專心一意，不用耳去聽，也不用心去聽，而是用氣去聽，耳的感官感覺和心的邏輯思考，只能掌握有限的事物，唯有用氣去聽，才能容納無限；氣以虛來對應萬物，而道和虛相合，虛就是「心齋」，內心虛淨無雜念，才能對事物有超乎功利的審美觀。

莊子在〈大宗師〉中又提出了「坐忘」的概念，拋開形體和知解之後，精神和萬物相合，就是「坐忘」。而在〈大宗師〉中提到女偊得道的歷程，先是「外天下」，而後「外物」，而後「外生」；脫去生命的困擾，使經驗和知識消解，忘掉小我，與大化相通。「心齋」和「坐忘」都是要將形體的我化為虛境，心靈得以全然自由解放，抱著「無所為而為」的想法，在獨立逍遙的情況之下，得到審美的愉悅，才能享有完全的美感經驗。

（三）對於醜與美的觀點

在中國美學史上，莊子是第一個明確談及「醜」的問題的美學家，在莊子的觀念中，人外形的美醜並不妨礙精神的美，醜的人也能得到別人的愛慕，因在醜的外形體下也可以擁有超越形體的精神美，這種對於精神美的高度重視和追求，後來在魏晉的美學得到發展。

1. 醜陋之美——「德有所長而形有所忘」

―――――――――――――

〔註55〕同晉，郭象注；清，郭慶藩集釋，《莊子》，頁13～14。

莊子的審美觀點非常特別，在〈人間世〉和〈德充符〉兩篇文章中都曾提到身體有殘缺、畸形，外表醜陋的人，然而這些人卻都得到一般人喜愛。例如：支離疏、兀者王駘、兀者申徒嘉、兀者叔山無趾、哀駘它，以及闉跂支離無脤、甕盎大癭等人；有的駝背，有的斷腿，有的脖子長瘤，有的嘴唇畸形……，皆是一些奇形怪狀，極端醜陋的人。

莊子描述這麼多狀貌極其醜陋的人，可見莊子對醜人的美化是他審美觀的一大特色。莊子的美學認為天地物我混然一體，無法也不必分別彼此。同時，「德有所長而形有所忘」的緣故，一個人外貌的醜惡，一點也不會妨害他的精神的美，反而由於他們人格精神的美，相較之下還比一些形體健全的人更令人讚美和喜愛。

莊子在〈德充符〉中藉著許多寓言傳達這個審美觀。王駘是一個斷足的人，但「王駘，兀者也，從之遊者與夫子中分魯。」〔註56〕究其原因，是王駘能「審乎無假，而不與物遷，命物之化，而守其宗也。」他使自己的心靈遨遊於最高和諧境界，能切實的洞悉天地真理，不為外物而變遷，且能主導萬物生化，把握宇宙的根本。因為王駘看萬物本是一體的，看不見有什麼缺失，所以他看自己喪失了腳，只覺得像流失一塊泥土一樣。

莊子所描述的這些醜陋的人，由於他們人格精神上的美，使人們忘記形體的美醜；但莊子並非看輕形體的美，只是更看重精神的美，即是遊於「形骸之內」，而不是索於「形骸之外」；也就是要忘掉外在形體的執著，強調內在的精神層面，這才是真正的美。

莊子說：「道與之貌，天與之形，無以好惡內傷其身。」〔註57〕（〈德充符〉）不論長相美醜、形體齊全或殘缺，都是「命」，也都是「道」。一個真正得道的人，將外在形體拋開，不會去計較美與醜、得與失、全與毀，這即是「坐忘」。莊子筆下這些殘疾者，使中國古典藝術增添許多不同的審美形象，使人們注意到外表醜陋卻有德性的人，因而擴大了人的審美觀。

2. 美醜的相對性──「孰知天下之正色哉」

莊子美學強調美醜的相對性，甚至說美醜可以通而為一。如果將美惡絕對區分，則會因美而喜，因惡而悲，就會勞形苦心，甚至傷生滅命；故美醜相對性的說法是對人生採取達觀態度。莊子發展了老子的思想，認為美是相

〔註56〕同晉，郭象注；清，郭慶藩集釋，《莊子》，頁 102。
〔註57〕同晉，郭象注；清，郭慶藩集釋，《莊子》，頁 119。

對於醜而存在的，「道」是絕對的美；而現象界中的美與醜是相對的，且在本質上並無差別。

〈德充符〉篇提到：「道與之貌，天與之形，無以好惡內傷其身。」〔註58〕美醜相對性之目的並不在於否定美醜的區別，泯滅美醜的界限；眞正目的在於實行自然無爲之道，保持個體人格的獨立與自由，實現最高意義的美。當美的追求有損生命發展，這時就要不爲所動；若美的追求不會內傷其身，莊子並不否定美的欣賞和滿足。

「毛嬙麗姬，人之所美也；魚見之深入，鳥見之高飛，麋鹿見之決驟。四者孰知天下之正色哉？」〔註 59〕莊子在〈齊物論〉中，從人和動物的美感差異，驗證「美」、「醜」的相對性，由於人和動物的生活習性不一樣，而造成對美醜的感受也不一樣，一般人認爲的美女，動物卻被嚇跑，這四者中又有誰知道天下最標準的美色是什麼？美女對於人而言才是「美」的。

莊子也說：「故爲是舉莛與楹，厲與西施，恢詭譎怪，道通爲一。」〔註60〕（〈齊物論〉）不論是細小的草莖和巨大的屋柱，醜陋的女人和美麗的西施，若超越心靈的認知，以道的觀點而言，則一切經驗對象皆可視爲同等；莊子認爲，萬物的本質相同，都是氣的聚散。「臭腐復化爲神奇，神奇復化爲臭腐。」〔註 61〕（〈知北遊〉）神奇和臭腐均隨人們依據自我的喜惡而轉化，即美醜互相流轉變化，循環不息，不僅在於人的好惡不同，更在於它們的本質是相同的。

同時，美與醜是應條件而變的，「彼知矉美而不知矉之所以美」〔註62〕（〈天運〉），因條件的不同，美與醜的感知也不同。莊子在〈山木篇〉中，以形貌和德行來論美醜，提到逆旅小子有兩個妾，其一人美，其一人惡（醜），因爲「其美者自美，吾不知其美也；其惡者自惡，吾不知其惡也。」〔註 63〕所以惡者貴幸，美者賤視；這說明了美醜僅於形貌，而貴賤在於其德行，即使外在相貌醜陋，但內在精神修養高潔，也可以使醜變美，甚至越醜者越美。

〔註58〕同晉，郭象注；清，郭慶藩集釋，《莊子》，頁 119。
〔註59〕同晉，郭象注；清，郭慶藩集釋，《莊子》，頁 53。
〔註60〕同晉，郭象注；清，郭慶藩集釋，《莊子》，頁 41。
〔註61〕同晉，郭象注；清，郭慶藩集釋，《莊子》，頁 374。
〔註62〕同晉，郭象注；清，郭慶藩集釋，《莊子》，頁 270。
〔註63〕同晉，郭象注；清，郭慶藩集釋，《莊子》，頁 359。

四、莊子論藝術

以下從藝術理念、藝術創造兩方面上所呈現的特徵，歸納莊子哲學在藝術上的思想。

（一）藝術理念的特徵──「言」與「意」

莊子主張「得意而忘言」，「荃者所以在魚，得魚而忘荃；蹄者所以在兔，得兔而忘蹄；言者所以在意，得意而忘言。」〔註64〕（〈外物篇〉）莊子用荃和蹄比喻為了達到目的而採取的手段，魚和兔才是捕獵的真正目的；意指不拘泥於文句言辭，既得其意，則忘其言；和道「不可言傳」、「言不盡意」相連繫，天地間的至理，並非言語文字所能傳達，因而不要停留於「言」而要領會「意」，一旦通達意理，就應該捨棄所憑藉的外在形式。

「道」是從宇宙萬物的生成變化中產生的抽象觀念，自然至高，「不可言傳」；同樣的，在美學上，「美」是抽象範疇之一，也是不能以個別具體的物象來加以描述美的狀態，或規定其為美，從現實形象或藝術作品所獲得的審美感受很難用語言加以明確規定，只能心領神會，進入「得意而忘言」的境界也就是審美感受的形成。

（二）藝術創造的特徵──「技」、「藝」、「道」

〈養生主〉「庖丁解牛」的寓言故事，內容說庖丁在文惠君前，做了一場神乎其技的「解牛」表演。庖丁解牛時，劃然有聲，豁然而開，一舉一動合於音樂的節奏和舞蹈的動作，在牛沒有嘶叫、沒有痛苦的情況下，完成了融於藝道的演出，文惠君大為讚歎：「技蓋至此乎？」庖丁回答：「……臣以神遇而不以目視，官知止而神欲行。依乎天理，批大郤，導大窾，因其固然。」〔註65〕（〈養生主〉）意思是感官知覺皆停止，獨有精神意識自然的發展；依著天然的理路，順著牛體的結構，刀鋒插入空隙和空處，因應固有的情狀，而沒有阻礙。在對象（牛）的物性中「解」放生命，並表現生命流轉的趣味。庖丁又說：「彼節者有閒，而刀刃者無厚，以無厚入有閒，恢恢乎其於遊刃必有餘地矣，是以十九年而刀刃若新發於硎。」〔註66〕（〈養生主〉）薄到極至的刀刃遊於牛體的空隙，象徵精神遊於人間世，悠遊自得。

〔註64〕同晉，郭象注；清，郭慶藩集釋，《莊子》，頁475。
〔註65〕同晉，郭象注；清，郭慶藩集釋，《莊子》，頁67～68。
〔註66〕同晉，郭象注；清，郭慶藩集釋，《莊子》，頁68～69。

庖丁自況一生追求道的體現，故已超過技藝的目的層次。以觀眾的立場來說，「庖丁解牛」若用世俗的肉眼感官去看，感到悅耳悅目，看到的是庖丁的刀「技」；若用知識理念的「心眼」去感受，感到悅心悅意，觀賞到的是庖丁的刀「藝」；若有眞君之人用意識精神的「天眼」去體會，則感到悅神悅志，此時欣賞到的是庖丁的刀「道」。由於藝術創造與審美無關乎目的卻又有合目的性〔註67〕，故能產生超越一切的自由愉悅。莊子藉「庖丁解牛」象徵人的生命活動，從提升生命、淨化性靈，進而體現生命、安頓生命；而「技」與「藝」貴於達至「道」的境界。

莊子指出庖丁在解牛時從「技」到「藝」至「道」的三種不同的藝術層次與生命境界。以創作者的立場來說，一是目視，肉眼——眼睛看到的是牛的血肉形體，藉著解牛來體驗生命；二是心知，心眼——內心觀賞的是牛的骨幹架構，藉此來顯現生命；三是神遇，天眼——神志欣賞的是牛的神韻風骨，藉著「神遊」的遊戲，來品味生命的無限可能。

「道」與「技」、「藝」的關係就是道與藝術的關係，「道」是實質的自由，「技」與「藝」指藝術創造的活動，前後結合，就是一種具有自由創造性的藝術活動。藝術創造活動是種合規律、合目的性的活動，同時又是一種不受規律束縛的自由活動，超出了個人功利的考慮而不計較利害得失。莊子將「道」與「技」、「藝」聯繫，本意是通過「技」、「藝」使人明白「道」；又揭示藝術創造活動所具有的根本特徵在於道。

莊子的審美觀念，也具體地表現在藝術創造方面。例如在音樂方面，莊子認爲最好的音樂是「天籟」、「天樂」。莊子〈齊物論〉中把聲音之美分爲三類：「人籟、地籟、天籟」〔註68〕，而由「天籟」與「道」相和的樂，就稱爲「天樂」；天樂的特徵是「聽之不聞其聲，視之不見其形，充滿天地，苞裏六極。」〔註69〕（〈天運〉）郭象注道：「此乃無樂之樂，樂之至也。」這種「無樂之樂」，就是莊子心中最美的音樂。

〔註67〕康德說：美的判斷只以某種形式的主觀的合目的性（一個概念從其客體來看的原因性）爲基礎，其合目的性沒有一個最終的目的，完全不依賴於善的表象，不同於善以客觀的合目的性爲先決條件。康德（ImmanuelKant）著，鄧曉芒譯，《康德三大批判之三—判斷力批判》，（台北，聯經出版事業股份有限公司，2006年），頁226。

〔註68〕同晉，郭象注；清，郭慶藩集釋，《莊子》，頁27。

〔註69〕同晉，郭象注；清，郭慶藩集釋，《莊子》，頁267～268。

在繪畫方面的特徵，〈田子方〉篇說：「宋元君將畫圖，眾史皆至，受揖而立；舐筆和墨，在外者半。有一史後至者，儃儃然不趨，受揖不立，因之舍。公使人視之，則解衣般礴臝。君曰：『可矣，是眞畫者也。』」莊子強調自然眞率，他認爲用筆墨所描繪出來的畫，都是有筆墨和形象的侷限性，不如自然本身展現的完美。一位技藝高深的畫家，也無法毫無遺漏地把自然的美描繪出來，故只有自然本身所呈現出來的，才是最眞最美的繪畫。

又如在文學方面，〈知北遊〉中，「可以言論者，物之粗也。可以意致者，物之精也。言之所不能論，意之所不能察致者，不期精粗焉。」莊子主張不受語言文字的拘限，宜求於「言意之表」，體會自然之美。因此，在莊子的審美感受中，「不可以言傳」指無法用語言表達自然的妙理，所以不要拘泥於言，奉言是一切，而是要去體會「意」，並進入「得意以忘言」的境界，而完成審美的感受；再進一層，自然的妙理，是不能用言和意來全部表達的，而只能求之於「無言無意之域」。

五、莊子美學對元文人畫的啓發

莊子的美學由其人生哲學發展出來；莊子的美學理論無法單獨存在，而是與其生命理想和自由思想相融合；莊子的論點一向成爲後代美學家、藝術家努力追求的目標。元文人畫的意境受莊子思想影響極大，莊子的哲學與美學的確是一活水源頭，爲藝術生命注入無限生機。莊子思想對於美與審美的問題蘊含著合理人生的普遍基礎，故能有永恆不朽的價值，形成繪畫藝術的極高境界。生命本身即是如此令人喜悅，在複雜生成背後，卻是質樸的渾然天成；莊子的道對萬物活躍的生命有著高度體貼，莊子的「美」超越所有藝術形式，表現生命至眞至樂之美。以下將探討三點有關莊子美學對元文人畫的啓發，包含繪畫是心靈悠遊逍遙的創作、繪畫強調虛的藝術表現、繪畫中的醜提升爲審美意境。

（一）繪畫是心靈悠遊逍遙的創作

莊子理想中的美，是合於自然的天地大化之美，也唯有不拘限於人爲的造作，一切皆順應天然的道，才能眞正體現無爲的道理。元代文人畫家在特定時代的社會環境中，能夠順應天道，擺脫形體欲望和心知執著，追求道家莊子悠遊自適、逍遙愉悅、精神與萬物合而爲一的境界，正是美的終極表現，也就是藝術審美的至高境界。

　　莊子的審美具有超功利性，美的意境超乎語言概念明確規定，藝術創造
具有無規律而合規律、無目的而有合目的性的特徵，且著重自由表現；元文
人畫主寫意、求意趣、尚氣韻，文人畫家寄情寫意，超乎世俗功利的目的，
美的意境上溯莊子審美觀。至元代，「逸筆」發展成熟，由一般美學概念提升
爲文人畫的重要範疇，成爲元文人畫家的繪畫規律，首先是在精神上的極度
自由超越；其次是在筆墨簡約的基礎上，產生空靈抽象的美學效果；最終成
爲心靈的自由創作。正如今人徐復觀所說：

> 自元季四大家出，逸格始完全成熟，而一歸於高逸、清逸的一路，
> 實爲更迫近於由莊子而來的逸的本性。所以，眞正的大匠，便很少
> 以豪放爲逸，而逸乃多見於從容雅淡之中。〔註70〕

由上可知莊子美學對元代文人畫的影響。莊子的藝術審美境界非常精妙，形
而上的道與藝術之間能夠契合無間，道的生命灌注於藝術，藝術的表現來自
道的啓發；境界的呈現需要個體思維的成熟作爲前提，只有在人格修養圓融
的條件下，道才能顯現於心中，美才能表現於生命與藝術中，對應到元文人
畫的高逸、清逸才能顯現於畫家生命與繪畫創作中。

（二）繪畫強調虛的藝術表現

　　莊子哲學的有無思想影響了藝術中的虛實關係，在繪畫和書法中，形象、
文字是「實」的部份，而周圍的空白就是「虛」的部份。我國古代的音樂、
繪畫、書法、文學、戲劇、建築……中，都注重虛實相成，特別強調虛的藝
術表現，因而產生獨特的藝術效果，這作法和老莊以「無」爲根本的思想是
分不開的。

　　「虛」在創作上的呈現又以繪畫最爲突出。元文人畫家皆強調畫面上留
有空、白，令人感到「無畫有畫」，使「畫中之白即畫中之畫，亦即畫外之畫。」
（華琳《南宗抉秘》）如此除有筆墨之畫外，也在無筆墨處產生畫之美妙。
「虛」、「無」、「空」與黑白是道家的色彩觀，道家在人生上虛靜的審美觀和
在繪畫上樸素的審美觀有緊密的聯繫，莊子的「虛實生白」、「心齋坐忘」，以
及老子的「知白守黑」、「致虛守靜」等，都表示道家對虛、空、白的重視；
元文人畫中的虛白對此有所呼應，虛白是追求「逸格」的重要表現。〔註71〕

〔註70〕徐復觀，《中國藝術精神》（春風文藝出版社，1987 年），頁 280。
〔註71〕本論文「第四章元代文人畫之美學探析—第四節元文人畫之形式美—二、色
　　　　彩美學」對於元文人畫中的虛白有所論述。

元文人畫中，飛舞的墨色和畫中的虛白融成一片，可以生發無窮之情，今人宗白華在《美學散步》中說：「中國畫的光是動蕩著全幅畫面的一種形而上的、非寫實的宇宙靈氣的流行，貫徹中邊，往復上下。……西洋傳統的油畫塡沒畫底，不留空白，畫面上動蕩的光和氣氛物理的目睹的實質，而中國畫上的畫家用心所在，正是無筆墨處，無筆墨處確是飄渺天倪的境界。」說明中國畫意象遼闊，「無筆墨處」的「畫中之白」予人無限想像空間。

（三）繪畫中的醜提升為審美意境

從莊子美學中的美醜觀點來看中國藝術史，有些藝術家也都在作品中創造出醜怪的形象。在文學上，清代劉熙載於《藝概‧詩概》說：「昌黎師往往以醜爲美；而杜甫詩中也常用『醜』一類的字眼來描繪醜的事物和景象。」唐代韓愈、杜甫皆常用艱澀難懂的詞句描寫怪異黑暗的事物。在繪畫上例如：五代前蜀畫家禪月大師貫休的人物畫就是一個詭怪的例子〔註 72〕；又如：五代宋初人物畫家石恪筆下的人物也同樣具有醜怪的特點〔註 73〕；在後世有些藝術家看來，藝術中的醜不僅不低於美，甚至比美更能表現出生命的力量與活力。

文人畫到宋代，已出現不忌醜怪的情形，開始除破形式美的原則，宋代劉道醇在《宋朝名畫評》中說：「所謂六長者：粗魯求筆一也，僻澀求才二也，細巧求力三也，狂怪求理四也，無墨求染五也，平畫求長六也。」〔註 74〕其中「粗魯」、「僻澀」、「狂怪」已成爲當時文人畫的重要內容，如蘇軾、黃庭堅等人皆有這些「醜」的表現，以助個性的充分發揮，宋代陳師道明確的說：「寧拙毋巧，寧樸毋華，寧粗弱，寧僻俗，詩文皆然。」其中的拙、樸、粗、僻在很大的程度上帶著醜的意思。但宋人的尚醜，仍是尚美中的醜，在追求怪誕時，還要合乎理性，因而狂怪與情理達到和諧統一。

〔註 72〕參自楊佳蓉，〈禪餘水墨畫—人物題材之賞析〉，《工筆畫》第 27 期（台北：工筆畫學會，2003 年 6 月），頁 45～51。五代貫休所畫的人物形象「狀態古野，殊不類世間所傳」、「胡貌梵相」，非常怪異甚至醜陋，卻又讓人感到一股內在的精神力量，他的十六幅水墨羅漢名作，如《那伽犀那尊者》，骨相奇特古怪，爲前代所不曾見。

〔註 73〕參自同楊佳蓉，〈禪餘水墨畫—人物題材之賞析〉。五代宋初石恪作品《二祖調心圖》筆法奇特，梵僧的奇特面容，苦思冥想的姿態，和馴伏猛虎異獸的神力，成功表現神聖光輝。

〔註 74〕宋，劉道醇，《宋朝名畫評》，轉引自彭修銀，《墨戲與逍遙》（台北：文津出版社，1995 年），頁 165～166。

蘇軾說：「石文而醜。」清代美學家劉熙載也說：「怪石以醜爲美，醜到
極處，便是美到極處。一『醜』字中丘壑未易盡言。」〔註75〕（〈藝概·書概〉）
怪石之所以「以醜爲美」，就在於它表現了宇宙元氣運化的生命力，石醜則出
現千萬態狀，醜石能顯秀美之妙。所以，美醜並非絕對的，是沒有定論的，
不要因過於重視美醜而無法領略天地萬物眞正的美感；一件藝術作品，只要
有氣韻，能表現「一氣運化」的活力，即是一種美的展現。

　　宋的尙醜觀延續到元文人畫，畫家在繪畫中不排斥醜，常有蕭竦、荒寒、
樸拙、僻澀等情景與形式，但又加以節制與融化，雖增加一點「醜」的變化，
卻更添加一番妙趣，且具和諧統一之美感，更提升爲審美的意境，這是來自
莊子美學思想的影響。

　　在中國一般認爲帶有近代性質的醜，是元明以後才出現的，自此醜的地
位逐漸上升，表現方式是：「形式醜向內容醜、本質醜的深化；形式醜和內容
美的日趨尖銳對立。」〔註76〕明代以醜爲美，醜勝過美，例如以孤僻怪誕著
稱的文人畫家徐渭，他不忌醜、俗，反對文飾巧扮、矯揉雕琢。清代將醜上
升爲一重要美學範疇，書法家傅山提出「寧醜勿媚」的觀點；「揚州八怪」都
以狂狷醜怪爲美，鄭燮爲「揚州八怪」之一，他的繪畫美學深深受到徐渭的
影響，尙「醜」、尙「陋劣」，比徐渭更勝一籌，他的文、書、畫都以「拙」、
「怪」爲美；這一類求醜怪之美的藝術創造，以及玩世滑稽的諷刺作風，探
求美學思想的源頭，是和莊子的美學非常有關的。

第四節　小結

　　道家哲學思想蘊含美學精神，其美學精神對元代文人畫家的影響極大，
道家老莊思想崇尙自然自由、樸素純眞、虛靜無爲、悠遊逍遙等，關於人心
與天心，永遠是往上提升的超越意念，提及清靜無爲與素樸天眞，是對世俗
功利態度的超越；提及柔弱重虛、無形忘象，是對現實現象世界的超越；提
及自由自然、渾然一體、悠遊逍遙是對物我天人界限的超越。

　　道家審美精神對元代文人畫藝術的影響表現出注重本質意境的「寫意
美」，而非講究形似逼眞的「寫眞美」，故藝術超越形象而追求神韻、傳神，

〔註75〕清，劉熙載，《藝概·書概》，轉引同彭修銀，《墨戲與逍遙》，頁 164。
〔註76〕同彭修銀，《墨戲與逍遙》，頁 165。

師法自然的特質，並回歸自然，向前推進，以達「天人合一」的境界。在藝術本身和道的根本之下，藝術與道變化不已意謂永遠不停的往前發展；透過虛靜心的追求，把有執的成心放開，即成「天地與我並生，萬物與我為一」的真人，且使藝術意境成為真樸人格的顯現。

　　元代文人畫呈現出符合道家老莊美學精神的實質現象，文人畫具有追求意境的特色，許多畫論皆與老莊的理念相通；道家的美學思想融進元代文人畫，使繪畫藝術蘊含無為、超越、物我合一、自然簡單的理想，充滿無限創造的可能。

第七章　禪宗對元文人畫意境之影響

在中國歷史上，禪宗哲學是繼儒家、道家之後，又一個深刻影響中國美學與藝術發展的哲學，「禪」的梵語是 Dhyana，意爲沉思、冥想或靜慮。在中國佛教思想歷經東漢至唐代數百年的演變，整合儒道玄佛各家思想，尤其揉合老莊思想，終成完全中國化的禪宗。自唐至宋元，禪宗爲各階層普遍接受，文人與禪僧間的文化活動愈見頻繁，以思惟修定爲主旨，追求豁然通悟，並由對禪宗的信仰，開啓藝術創作的途徑，此作風承續至明、清。禪宗浸濡中國文化思想至深，許多哲學論述與審美和藝術思想十分相合，禪宗的出現增進中國美學的發展，使文人思想更具多面性，在文人畫上更富多樣風格，對於元文人畫意境產生深遠的影響。本章首先探討禪宗與元文人畫的關係，接著探討禪宗哲學思想概況，以及禪宗通向元文人畫意境的審美思想。

第一節　禪宗與元文人畫之關係

自唐以來，文人畫與禪宗有密切的關係，無往禪師說：「禪宗興，繪道昌，禪宗萎縮而畫壇冷落。」文人畫家多具禪家精神，繪畫多爲禪境的顯現，文人畫隨禪宗的盛行而興盛，文人也爲禪宗的發展造成推動作用。禪家的境界在文人畫的灑脫筆墨中得到充分表現，文人畫以寫心爲主，帶著很大的主觀隨意性，此來自禪宗的心性論，這抒發自我內心情感的畫風至元代達到最高峰，出現抒情寫意的繪畫，此時元文人畫家對前途感到渺茫無力，轉向追求心靈自由與人格完美，創造出有意無意、若有若無、幽靜恬淡的審美意境；以下將從禪宗的開始與發展談起，論及禪宗與藝術和文人畫，從中探析禪宗與元文人畫的關係。

一、禪宗之開展

　　古印度迦毘羅衛國的釋迦牟尼，在大約西元前 6 世紀對於佛弟子所開示的教導，後發展為佛教。相傳當年靈山會上，如來拈花，迦葉微笑，如來就傳法給迦葉，因而傳下此種不立文字、以心傳心的法門，即是禪宗之源始。在印度傳授到二十八世菩提達摩〔註1〕，於南北朝（西元 1 年）時期到中國弘法，是為中國禪宗初祖，傳到五祖弘忍後，禪宗一分為南北宗，南宗的六祖慧能〔註2〕，主張頓悟，當時活動地區在南方；北宗的神秀主張漸悟，當初活動地區在北方，但北宗不久就沒落，南宗的勢力日漸擴大，成為中國禪宗主流；因此目前所說的禪宗都是指南宗禪，之後分為五家七派，現在還流傳的是臨濟宗與曹洞宗。

　　佛教於東漢明帝永平十年（67 年），正式由官方傳入中國〔註3〕。佛教早先與黃老相通，至魏晉轉依附於玄學，東晉時佛教大乘般若學開始流行，一大批有才學的佛教家走進中國思想史，如支遁（314〜366 年）、慧遠（334〜416 年）、僧肇（384〜414 年）等，當時的佛教含有明顯的玄學色彩，雜揉不少老莊思想，偏重於玄理的抽象演繹和推理。入唐以來佛教進一步發展，佛教與道家思想有更多的融和，包含內在精神、心性修養、思維方式、體認外觀等方面的全面融合，禪宗之南宗因而更為開展。禪宗可說最具有中國哲學理論特色的佛教流派，它是佛教與中國本土思想相結合的思想，禪宗又常被稱為「莊禪」思想，在很大程度上，可將禪宗視為莊學的佛學化，或在莊學

〔註1〕菩提達摩（？〜535 年）於中國南朝劉宋時，乘商船到達廣州，北魏末活動於洛陽，倡二入四行之修禪原則，後以四卷《楞伽經》教授弟子。禪宗以菩提達摩為中國始祖，故又稱達摩宗；因其得佛心印為佛陀之正統法脈，又稱為佛心宗。

〔註2〕慧能（638〜713 年），俗姓盧氏，唐代嶺南新州（今廣東新興縣）人，佛教禪宗祖師，得黃梅五祖弘忍傳授衣缽，繼承東山法門，為禪宗第六祖，世稱禪宗六祖。唐中宗追諡大鑑禪師。是中國歷史上有重大影響的佛教高僧之一。陳寅恪稱讚六祖：「特提出直指人心、見性成佛之旨，一掃僧徒繁瑣章句之學，摧陷廓清，發聾振聵，固我國佛教史上一大事也！」

〔註3〕在佛教史上，多以東漢明帝永平十年（67 年），迦葉摩騰與竺法蘭以白馬馱經像來華，是為佛教傳入中國之年。韓愈在上唐憲宗的《論佛骨表》中也說，「佛者，……自後漢時流入中國……漢明帝時始有佛法」。《後漢書·卷八十八·列傳·西域傳第七十八》記載：「世傳明帝夢見金人，長大，頂有光明，以問群臣。或曰：『西方有神，名曰佛，其形長丈六尺而黃金色。』帝於是遣使天竺問佛道法，遂於中國圖畫形像焉。」

的基礎上強調補充心性修養，讓莊學更加直觀、感性，使道家哲學更加精緻化，更易被文人階層接受。

　　佛教思想歷經東漢末期、魏晉南北朝至初唐數百年的水乳交融，最後演變成完全中國化的禪宗，前後共經歷六代祖師的共同努力，終成為中國傳統文化中重要的哲學思想，也是中國人心靈相通的一條途徑。今人葛兆光說：

　　　　它（禪宗）把日常生活世界當作宗教的終極境界，把人所具有的性
　　　　情當作宗教追求的佛性，把平常的心情當作神聖的心境，於是，終
　　　　於完成了從印度佛教到中國禪宗的轉化，也使本來充滿宗教性的佛
　　　　教漸漸卸卻了它作為精神生活的規訓與督導的責任，變成了一種審
　　　　美的生活情趣、語言智慧和優雅態度的提倡者。〔註4〕

禪宗在文化因素下形成中國化的佛教，它是從佛教中選擇出與中國傳統文化較契合的部分，這也是與中國文人士大夫心理狀態與人生觀念較適合的部分；因而它對於具有文化修養與思辨能力的文人士大夫產生深遠的影響，相對的文人士大夫又為禪宗的盛行起了推波助瀾的作用。

　　中國士大夫向來講立德、立功，所謂「窮則獨善其身，達則兼濟天下」，當他們身陷於政治紛亂中或個人理想不能實現的情況，正如元代文人，就產生出人生難以消解的矛盾，而「不離世間覺」的禪宗剛好解決此問題，對入世間與出世間的矛盾予以調和，衍生出居士文人這種特有的文化現象。

二、禪宗與藝術

　　禪宗與藝術取得一種默契、協調與融合，禪宗的「自心」、「本性」找到與藝術心靈的契合點，成為禪藝合流的生命哲學、審美哲學。一方面藝術家「引禪入藝」，以禪喻詩書畫等；另一方面禪僧也權借翰藻、藝術，弘宣禪宗義理。在元代，禪宗透過對文人士大夫思想的滲透，進而對元代的審美文化產生重大影響，孕育了文人畫家獨特的審美心理和審美旨趣，禪宗的宗教思想亦藉此走向藝術審美的領域。元文人畫把禪宗的美學思想吸收到山水畫藝術中，突破傳統山水畫的創作思想和表現手法，開拓了淡泊高遠意境的畫風，北宋韓拙《山水純全集》說：「是以山水之妙，多專於閑隱逸幽之流，名卿高蹈之士，悟空識性，明瞭燭物，得其趣者之所作也。」元代很多文人畫家有

〔註4〕葛兆光，《中國思想史》第二卷（上海：復旦大學出版社，2001年），頁89～
　　　　90。

的掛冠歸田，居於林泉或僧舍，他們多是參禪高人，與當時的禪門高僧交遊甚篤，形成士大夫禪僧化和禪僧士大夫化的傾向。

元代皇帝重視儒、道、佛三家思想，採用「以佛治心，以道治身，以儒治世」〔註5〕的政策，《元史》〈釋老傳〉開篇即說：「釋老之教，行乎中國也，千數百年。而其盛衰，每繫乎時君之好惡。」元代佛教的興盛與十代皇帝的崇奉非常密切。在對待藝術這一方面，中國化的禪宗與佛教有很大不同，佛教要求藝術表現教化功用，在視覺感官上直接達到宣傳教義的目的，例如佛教的繪畫、雕塑就是如此。以元代在敦煌莫高窟的佛教藝術來說，塑像據文獻記載有：「佛像 1 尊，菩薩像 5 尊，天王像 2 尊」〔註6〕，主要是對前代洞窟中的塑像進行重塑和改塑；石窟壁畫有尊畫像、供養者像等，尊畫像以顯教〔註7〕諸尊畫像為主，另有屬西藏密教圖像，例如第 465 窟的壁畫展現薩迦派密教藝術，為敦煌晚期的石窟藝術注入一股新氣象、新風格〔註8〕。元代於石窟中的尊像與壁畫，其旨在宣揚佛教義理，勸導浮世眾生修行；佛教利用塑像與壁畫藝術以感動世人，此賞心悅目的視覺藝術比說教更易被大眾接受。

禪宗對美與藝術的領會，不是通過直接感官的刺激，也不直接談美或藝術，而是透過自己內心的體驗，進入一種境界去領悟藝術的美。以禪宗畫來看，禪宗的「頓悟」心法引導出禪宗畫清簡率意的風格，宗教性的釋家人物

〔註5〕元，劉謐，《三教平心論》，《大正大藏經》52 冊，頁 781（台北：中華電子佛典協會 CBETA 電子佛典集成，2010 年）。

〔註6〕引自轟鋒，《敦煌莫高窟》（甘肅：甘肅人民美術出版社，1999 年），頁 133。

〔註7〕林聰明編撰，《敦煌學講義》（台北），頁 64：「密宗（瑜伽密教，真言宗）將佛教分為顯密兩教，顯教是釋迦牟尼為啓導眾生而公開說教，密教則是大日如來向個別親信傳密真言實語。凡是非密宗的各派佛教，均為顯教。……密宗傳入中國後，有『漢密』與『藏密』之分。『漢密』主要經典有《大日如來經》和《金剛經》……『藏密』傳入後，『漢密』衰落」……然密教盛行於敦煌時，卻以『漢密』為主，故敦煌保存一些珍貴的『漢密』資料。」

〔註8〕參自楊佳蓉，〈敦煌莫高窟之元代石窟藝術探析〉《歷史文物》第 23 卷第 06 期（台北：國立歷史博物館，2013 年 6 月）。第 465 窟的壁畫內容有以大日如來為中心的五方佛，其下在東、南、西、北四個斜面繪有四佛：阿閦、寶生、無量壽、不空成就。還有各種明王的憤怒像；以及「聖嗣金剛降魔圖」，即歡喜天人或歡喜金剛，並有釋迦牟尼為調伏欲界眾生而顯現的雙身合抱像。窟頂可見到各種伎樂、持花菩薩等，窟頂南面寶生佛右脇的供養菩薩，造型與色彩極美，顯示異於中原人物的容貌。從這些壁畫可看到畫像的繪畫手法深受印度與尼泊爾影響，並且含有西藏原始宗教—苯教的成分，可窺見屬於蒙古族自身的文化淵源。此石窟畫風細密，色調鮮明濃厚，極其美豔，令人驚歎，藝術效果表現強烈，意境極為獨特，成為薩迦派密教藝術的代表作。

畫在文人畫風的影響下逐漸轉變爲禪宗畫，今人黃河濤在《禪與中國藝術精神的嬗變》中說：「禪宗畫是在文人畫的基礎上，畫家主觀心靈極端開放的產物。」〔註9〕禪宗水墨畫（即禪畫）的題材常有深刻的宗教內容和禪家思想，並將個人體驗寄託其中，期待觀畫者藉以解開人生疑惑，獲得感悟。自唐至宋，文人與禪僧之間交流頻繁，經由對宗教的信仰，開闢創作的新意。文人墨戲，始於五代石恪的衣紋，線條勁挺；南宋梁楷繼石恪之後，以寫意筆法作畫；而牧谿是發揚禪宗畫之大家，此風承續至元、明、清。南宋的禪宗人物畫將宗教畫和文人畫相互交融，內容不再只是描述經文，而是藉由觀音、羅漢……等人物的形象，寄託對心性的探討，這比一般花鳥畫、山水畫更具有禪意，例如：梁楷的《潑墨仙人》，此畫將潑墨、減筆技法合而爲一，以大筆快速揮出或刷出，用濃、淡墨塊表現形象，完全捨棄線條，筆酣墨飽，氣勢磅礡，另創潑墨新禪境。人物禪畫的最高追求，不只形象，更重要的是神情的表現，運用藝術筆法，由人體軀殼傳達修禪悟道境界，傳揚禪宗思想；到清代，八大山人和石濤將禪宗畫與文人畫完全融爲一體。

　　南宋末元初的禪僧畫家牧谿，在他的畫《崖中暝思》中畫有一羅漢，羅漢身披白衣，冥坐處大蛇盤繞，蛇頭自左側探出，蛇表貪、瞋、癡，牧谿透露出個人狀況危險，期求不畏強權、安然若素之境。此畫造形線條簡潔流暢；以水墨染出山崖間雲霧、光影，造成虛幻幽秘的氣氛；構圖猶如大圓圈包小圓圈，象徵大千世界環環相扣，彼此呼應。另一幅《觀音猿鶴圖》，牧谿要表現的是白衣觀音內在心靈，觀音趺坐岩石岸邊，靜靜凝視前方清澈的水面，思考人間悲苦，無限禪意蘊藏其中。〔註10〕禪宗南宗崇尚簡約，禪宗畫畫法也崇尚簡約，在技法上又一次與文人畫契合，元代至明前期，逸筆草草但意義深遠的禪宗畫融入到文人畫中。隨著文人畫成爲繪畫主流，加上儒、道、釋三家合流，禪宗畫完全融於文人畫中；禪宗畫與文人畫的合流對傳統文人畫的個人主義則更爲助長。

三、禪宗與文人畫

　　由於董其昌的大力宣導，文人畫與禪宗的關係逐漸爲人所稱道，出世的

〔註 9〕黃河濤，《禪與中國藝術精神的嬗變》（北京：商務印書館國際有限公司，1994年），頁 345。

〔註10〕參自楊佳蓉，〈禪餘水墨畫——人物題材之賞析〉，《工筆畫》第 27 期（台北：工筆畫學會，2003 年 6 月），頁 45～51。

思想落實到藝術上，在明代中期以後，禪宗在文人畫上受到的推崇達到至高的程度；此際正是禪學與王陽明的「心學」以及後繼學派的思想交融的時期，不僅出現三家合流的情況，且由此興起一股禪風蔚然的社會思潮，董其昌完全置身其中，並成爲推波助瀾的鼎力人物。董其昌一直不間斷的參禪，探究禪理，並成爲以禪喻畫的核心人物，他在《畫旨》中以禪家南北二宗與繪畫作類比，把中國山水畫分成南北二宗，進而直接提出「文人之畫」之詞，以唐代王維爲文人畫宗師〔註 11〕，王維被認爲是文人士大夫中最先領悟南宗禪法者之一，在董其昌的美學觀點中，天真幽淡而蘊含禪意的文人山水畫達到最高的繪畫境界。董其昌的南北宗說如下：

> 北宗則李思訓父子著色山水，流傳而爲宋之趙幹、趙伯駒、伯驌，
> 以至馬夏輩。南宗則王摩詰始用渲淡，一變鈎斫之法，其傳爲張、
> 荊、關、董、巨、郭忠恕、米家父子，以至元之四大家。〔註12〕

其中元四大家即被董其昌列入一脈相傳的南宗畫家中。董其昌所說「南宗畫」與「文人畫」的畫家還是有些出入的，如被列入文人畫家之列的李成、范寬、王詵等人被排除在「南宗畫」畫家之外，而增加張璪、荊浩、關仝、郭忠恕這些未入文人畫家之列的畫家爲「南宗畫」畫家。

禪學的南宗派系以六祖慧能爲代表；北宗派系則以神秀爲代表。董其昌認爲繪畫中的南宗和北宗，在藝術風格上，南宗表現士氣與雅，北宗表現精工；在藝術技法上，南宗重渲染，北宗重著色、鈎斫之法；故南宗和北宗是根本不同的。禪學的南北宗在達到「涅槃」佛境所吸取的途徑和方法亦是不同，南宗「一超直入如來地」，北宗「積劫方成菩薩」，禪學與畫學是相通和類似的，正好作爲類比。董其昌推崇繪畫的南宗，認爲這一派系的畫家「皆其正傳」；相反的，對於北宗則是拒斥的，所謂「此派畫殊不可習」、「大李將軍之派非吾所宜學也」；此與禪學的南宗派系興盛、北宗派系衰落的兩種狀況是相關聯和相呼應的。董其昌在繪畫上提出的南北宗論，引起中國繪畫史上幾百年的爭論。

禪宗原本就是儒道玄佛各家思想整合而成，濡染中國文化思想非常深，且受到許多老莊思想的影響，所論述的許多內容都與審美和藝術有相通和相似之處。從某種意義上來說，禪宗是屬於中國文人士大夫的佛教，禪宗哲學

〔註11〕參本論文「第三章元代文人畫興盛緣由與發展—第一節文人畫意義」。

〔註12〕明，董其昌，《畫旨》卷上：引自吳孟復、郭因，《中國畫論》卷一（安徽美術出版社，1995 年），頁 307。

在中國文化史上的出現，有力的推動中國美學的發展，且使得文人思想具多面性，產生文人畫風格的多樣性，例如倪瓚年輕時以儒家思想為主要地位，明顯表現在他對詩的看法上；他三十歲習道，五十歲後參禪，因而在文人畫上逐漸呈現禪宗的思想。禪宗思潮影響到世人，尤其是文人士大夫的人生觀念和思維方式，禪宗藝術精神對心靈的強調，以及追求絕對自由的人生境界，給文人畫的發展帶來根本性的轉變，在禪宗的滋育下，文人畫家對繪畫創作方式與最高理想境界的探尋都更富意趣。禪宗是「貴生」、「執有」的生命哲學，今人皮朝綱在《禪宗美學論綱》中說：

> 禪宗所要解決的根本問題與傳統佛教一樣，仍然是個人如何在現實的苦海中得以解脫，如何「明心見性」，以「自成佛道」這一人生的根本問題。……禪宗思想的鮮明特色（還在於）對人的生命的關注，對人的生命意義、價值的追問以及對生命存在本身的反思，它是在般若直覺的方式中表達了對人生意蘊的熱切關注，在超越的空靈態度中透露了對生命自由的迫切渴望。〔註13〕

由此可知禪宗本身即內含一種活潑的生活思考，期盼生命的高度自由。在中國繪畫史上，受到禪宗影響的畫家非常多，禪宗為文人畫畫家提供了一種圓融通達的人生境界，以及「寓意於物，而不留意於物」的生活態度，表現出一種極高極深的審美與藝術境界。

　　佛教對中國繪畫藝術的影響從魏晉南北朝開始，佛教思想進入繪畫審美領域中，南朝宗炳研習般若空觀，信奉觀音彌陀，作《明佛論》、《難黑白論》以弘揚佛法，其畫論《畫山水序》明顯受到佛教思想的影響。唐代佛教進入榮盛時期，成就當時特殊繪畫風貌和許多名家，其中首推文人畫家王維，王維世家禮佛，對禪學的體悟直接表現於藝術創作上，其詩句空靈深邃，盡現禪機，且能以詩入畫，以畫表禪，他是以禪入畫的始祖。唐宋流傳的說法：「詩不如，禪意必淺；畫無禪，意境必俗。」蔚然成風，因此唐宋的詩詞繪畫皆盡現禪味，其中的禪理也確實為文人畫家的創作增添無限的玄妙情趣和深邃的內涵意境。此後五代時期的貫休，宋代的蘇軾、梁楷、法常，元代的趙孟頫、倪瓚，明代的董其昌，明末清初的四僧〔註14〕，都是信奉禪宗的畫家；

〔註13〕皮朝綱，《禪宗美學思想的嬗變軌跡》（成都：電子科技大學出版社，2003年），頁2。
〔註14〕明末清初「四僧」是指原濟（石濤）、朱耷（八大山人）、髡殘（石溪）、漸江

而禪僧也日漸融入文人的生活與情趣中，與士大夫結友吟唱、遊歷山川、填詞寫詩，鼓琴作畫，如五代著名山水畫家巨然、仁濟等都是禪僧。歷代文人畫家中居士很多，如鹿門居士米芾、六如居士唐寅、衡山居士文徵明、淨名居士倪瓚、香光居士董其昌等人。

元代文人畫家的畫風與意境與禪宗的關係密切；元文人畫家趙孟頫自稱「三教弟子」，他精通禪宗，常與僧侶交遊，在他的畫作中流露遁世而安的心境；黃公望中年後隱居不仕，皈依佛門，寄情於山水與繪畫。

倪瓚深受禪宗思想的影響，他與眾多文人畫家一樣信佛參禪，修身養性，他抱持儒者仁愛之心來吸取禪宗思想，同時採取禪宗的「淨性」、「空心」之說來抗衡現實生活裡魔怪亂舞的情況，以求得精神的解脫，抒發人生的感慨，故他仍立足於儒家，是「逃於禪」，而非棄儒以從禪，他在詩裡說「長教明月照中庭」（《人我二首》）、「春風惟振，亮月在席」（《義興異夢篇》），都是希望在心靈上戰勝鬼物，保持儒者平和怡然的心境。倪瓚對山水草木寄予主觀的個人感情，將空寂無人的大自然，幻化為虛靜空靈的禪宗意境，在畫面無筆墨處也有靈氣流動，呈現飄渺天倪的境界，這使作品蒙上濃重的虛無和空寂的意念，今人徐復觀說：「與政治的距離愈遠，則所寄託於自然者愈深，而其所表現於山水的意境亦愈高，形式亦愈完整。」倪瓚的山水畫就是表現得如此純粹。

第二節　禪宗哲學思想概況

禪宗哲學思想幽邈深遠，今人吳言生於《禪宗哲學象徵》中說：

禪宗在表徵生命體驗、禪悟境界時，於「禪不可說」的無目的性中建構起一個嚴謹而闊大的禪宗哲學體系。這個體系主要由本心論、迷失論、開悟論、境界論四大基石構成。本心論揭示本心澄明、覺悟、圓滿、超越的內涵與質性；迷失論揭示本心擾動、不覺、缺憾、執著的狀況及緣由；開悟論揭示超越分別執著以重視清淨本心的方法與途徑；境界論揭示明心見性回歸本心時的禪悟體驗與精神境

（弘仁）。前兩人是明宗室後裔，後兩人是明代遺民，四人均抱有強烈的民族意識，他們借畫抒寫身世之感和抑鬱之氣，寄託對故國山川的熾熱之情；藝術上主張借古開今，反對陳陳相因，重視生活感受，強調獨抒性靈。

界。禪宗哲學爲了表徵這一宏大瞻博的體系，大量運用了詩意象徵。
〔註15〕
由上可知「本心論」是禪宗思想的理論基礎；在此探討禪宗哲學思想其中奧
妙概況，尤其是與美學、藝術有關的部分作綜合探析，以下內容包含禪宗思
想注重心性的修養、注重生活的體驗與理解、注重自然山水，以及物我同化
的美學觀。

一、注重心性的修養

禪宗的重要特色是注重心性修養，此點深刻的影響到宋代理學心性論的
形成。「本心論」是禪宗的理論根基，「本心」即指自性、心性，主張「一切
般若智，皆從自性而生」、「方法盡在自心」、「自性能含方法」等，只要悟得
自性，就能達到成佛境界，講求「即心即佛」。

佛教最根本的觀念、最核心的問題可說是尋求解脫，佛教的任務是讓人
從「無常」中解脫出來，透過實現佛性而進入「涅槃」〔註16〕；而禪宗的解
脫最終歸到「心」的解脫，今人吳言生說：

> 在禪宗看來，本心自性如同虛空，廣袤無垠，清虛靈明，不動不搖，
> 無聖無凡。眾生逐物迷己，迷己逐物。只要放下一切，不被聲色物
> 相所迷惑，領悟到奇妙澄明的本心就像虛空一樣，無凡無聖，此時
> 內而身心，外而世界，都一起消殞無痕……雖然一切都消殞了，此
> 心又絕非木石，而是了了分明，清清楚楚。〔註17〕

領悟到本心自性的清虛靈明、奇妙澄明，猶如虛空，就能放下一切，一切消
殞，然本心卻是分明清楚。傳統佛教說「四大皆空」，「四大」指地、水、火、
風，是構成「色法」（相當物質現象）的基本要素，世界萬物包含人身皆由「四
大」組成，因而人身不實、無常、受苦，禪宗主張看破四大和合的人身，以
獲得心靈的解脫，並認爲通過「清淨本心」、「破執」即可悟道。禪宗的理論
講求天人合一，自然萬物皆有佛性的表現，因而人是具有佛性的，但人的佛

〔註15〕吳言生，《禪宗哲學象徵》（北京：中華書局，2001年9月），頁224。
〔註16〕涅槃，佛教術語，意譯爲圓寂、滅度、寂滅、無爲、解脫、自在、安樂、不
　　　　生不滅等。佛教教義認爲涅槃是將世間所有一切法都滅盡而僅有一本住法圓
　　　　滿而寂靜的狀態，所以涅槃中永遠沒有生命的中的種種煩惱、痛苦，從此不
　　　　再受後有，也就是不再有下一世的六道輪迴。
〔註17〕引同吳言生，《禪宗哲學象徵》，頁14。

性因世俗的薰染而被遮蔽，如「眼翳空花」、「水中撈月」〔註18〕等皆是執幻成眞而致使本心迷失的象徵。主張漸悟的北宗神秀說：「身是菩提樹，心如明鏡台。時時勤拂拭，莫使惹塵埃。」〔註19〕即要求對於本心需時時予以清淨與修煉，這首偈（佛經中的唱誦詞）表達出堅持一直修行的原因和結果，這就是「磨鏡漸修」的方法。

禪宗六祖慧能的南宗主張頓悟，其主旨是「明心見性」、「見性成佛」，他說：「菩提本非樹，明鏡亦非台，本來無一物，何處惹塵埃。」〔註20〕慧能認爲人的本心就是一切，只要見到這天生清淨的本心，即能頓悟成佛。如何「明心」，慧能提出「無念」：「我此法門，從上以來，先立無念爲宗，無相爲體，無住爲本。」（《壇經·定慧品第四》）可見「無念」是「於諸境上心不染」，就是對一切境界不起念頭，六根無染。「無念」不是勉強己身追求清淨，「無念」也不是心不在焉，「無念」更非死寂，眞正的「無念」是要在流通不息的日常生活所聞所見中，不生一絲雜念、一點妄想。

由慧能的思想，看到禪宗南派主張「不離世間」的修行，不坐禪，不苦行，也不念經，實際上已與傳統佛教分道揚鑣，因此禪宗的世俗化與士大夫化即開始出現，尤其是晚唐經五代至宋元，禪宗已擺脫嚴肅的宗教型式，完全士大夫化，禪宗將佛教的修行轉化爲對自身「心性」的照料，落實到去除欲念的「禪心」上，這是禪宗的一大貢獻，也促使禪宗思想過渡成世俗化，爲文人士大夫階層普遍接受，並使之審美化，因而文人畫家的精神得到極大的自由、解放，禪宗與藝術相繫的審美觀與意境得以開展。

二、注重生活的體驗與理解

禪宗宣導從自然與生活悟道，因爲佛的精神無處不在，在宇宙千萬事物中顯現出來，所以禪宗崇敬自然、熱愛生活，禪宗認爲要體悟佛理，須重視體驗生活，不必整日冥思苦修，能理解生活也就可以悟道。禪宗主張：「若欲直會其道，平常心是道，謂平常心無造作，無是非，無取捨，無斷常，無凡無聖經云：非凡夫行，非聖賢行，是菩薩行。只如今行住坐臥，應機接物盡是道。」其中「平常心是道」的「平常心」即指自然的心、本來的心，此心不被任何私欲所

〔註18〕引同吳言生，《禪宗哲學象徵》，頁257。
〔註19〕法海本《壇經》，大正藏第48冊；引同吳言生，《禪宗哲學象徵》，頁269。
〔註20〕同法海本《壇經》，大正藏第48冊；引同吳言生，《禪宗哲學象徵》，頁3。

遮蔽；無門慧開解釋「平常心是道」說：「春有百花秋有月，夏有涼風冬有雪。若無閒事掛心頭，便是人間好時節。」〔註21〕「閒事」是指妨礙平常心、耗費心智的事情，心靈沒有蒙上「閒事」的塵埃，才能映現出萬事萬物本來面目。

禪的體驗在日常生活中，如從吃飯、洗缽都能感悟到真實與道，這才是修行的真意，《頌古・橫川珙頌》說：「只將乍入來申請，一到叢林志便高。吃粥了也洗缽去，宗師不用更切切。」〔註22〕只要放下貪求的心，就可在單純的生活行為中，感受到人生無限美好。

又如《大珠禪師語錄卷下》記述：「和尚修道，還用功否？師（慧海）曰用功。曰如何用功，師曰飢來吃飯，睏來即眠。曰一切人總如是，同師用功否，師曰不同。曰何故不同，師曰他吃飯時不肯吃飯，百種須索，睡時不肯睡，千般計較，所以不同也。」〔註23〕飢餐睏眠的生活形象，是禪宗隨緣、率性、適意的精神表現，此即從生活中自然達到「無念」的境界，即「一念修行，自身是佛」、「自心見性，皆成佛道」，若能體認到自身擁有的佛性，做到「無所住心」、「明心見性」，就可以「見性成佛」，達到頓悟的狀態。

禪宗認為「佛法在世間，不離世間覺。離世覓菩提，恰如求兔角。」大道既在聲色語言的人世間，求道者就無法與世隔絕，要在日常生活中感悟到道，所以禪宗非常注重在世間的生活體驗與理解，類似的例子還有：「擔水背柴，莫非妙道。」「飢來要吃飯，寒到即添衣，困時伸腳睡，熱處愛風吹。」「無事是貴人。」「長舒兩腳睡，無偽亦無真。」「神通並妙用，運水及搬柴。」「吃茶吃飯隨時過，看水看山實暢情。」「熱即取涼，寒即向火。」〔註24〕等，禪道正是透過這些平易親切的生活形式而表現出來；強調這些生活的體驗並非把道庸俗化，而是使平常生活呈現出高情遠韻。禪宗講求從聖境轉身而出，開展一般日常生活，並且不被紅塵所染，這都影響到文人士大夫的作風，對於元文人畫家更有一番切身體悟與外在表現。

三、注重自然山水

禪宗注重從自然的起伏變化中體悟佛道，一方面優美的自然山水，是凝聚佛性最多之處，在此環境中修行，易於得獲靈感，產生頓悟；另一方面是

〔註21〕《無門關》第十九則，引同吳言生，《禪宗哲學象徵》，頁277。
〔註22〕《頌古・橫川珙頌》，引同吳言生，《禪宗哲學象徵》，頁277。
〔註23〕《五燈》卷3〈慧海〉，引同吳言生，《禪宗哲學象徵》，頁374。
〔註24〕引同吳言生，《禪宗哲學象徵》，頁387。

爲了擺脫世間的紛擾，稀釋在現實世界不得實現內心欲望的痛苦，禪宗五祖弘忍大師說：「棲神山谷，遠避塵囂，養性山中，長辭俗事，目前無物，心自安寧，從此道樹花開，禪林果出也。」（《楞枷師資論・卷一》） 因而禪宗重山林輕俗世，隱居以養性。

禪宗三境以自然爲題而喻，第一境「落葉滿空山，何處尋形跡。」（韋應物，〈寄全椒山中道士〉）描寫尋找禪的本體而不得的情況；第二境「空山無人，水流花開。」（蘇軾，〈十八大阿羅漢頌〉）描寫已破法執、我執，似已悟道然實尚未的階段；第三境「萬古長空，一朝風月。」（禪宗名言）描寫在一瞬間得到永恆，刹那間已成終古之得禪的最高境地。文人以自然創作詩文，禪宗以自然喻悟道的三種境界，故禪可入詩也可入畫，詩可參禪，畫亦可參禪，禪宗對文人水墨畫有著至深影響。

佛教本強調在清幽的自然環境中靜思冥想，爲的是攝心收念；佛教傳入中國後受玄學思想影響，吸收道家的自然觀念，將山水作爲「法身」的象徵，因而在自然觀上起了重大的變化。大乘佛學的「空觀」理論精密靈敏，強調心智而將物象看空，經由觀色相以了悟空幻，具有「不出有無，不在有無」等觀念，把自然觀朝著精神性的方向推進。自然界提供世人觀察的萬象，又被佛教「空觀」的思維轉換爲色相，作爲相，既是色，又是空，有相只不過是無相的證明。「空靜」是絕對的、永恆的境界，但還要借助自然萬物的變化，來揭示和體認這寂滅實相；人若看空萬象，就是把握到眞實，獲得覺悟。擁有虛靜之心本是文人審美觀照與藝術創造的前提，而佛教「寂」的觀念引入後，虛靜觀念所蘊涵的本體性就由「寂」轉換承接，直指人的心智世界或佛性本來面目，是心之光明，而虛靜反被貶落爲單純的心理調節技巧而已；人透過看空來否定客觀世界，並對主觀心靈加以肯定。

文人的自然觀與佛學相連後，審美有了新境界。佛教的「寂」是清淨，是徹底的空，是最高的境；而文人無論以玄或以佛對自然，皆是以審美的觀點看待自然，透過寄託山水，期求從現實的矛盾中脫身，尋求與無形的玄理、佛理相通的精神境界。宗炳在《畫山水序》中說：「至於山水，質有而趣靈。」自然界充滿生機活潑，時時處於生命節律的變化過程裡，蘊藏流動和靈趣的道體，文人畫家身在自然的流轉當中，興起無限的感慨，人的情感在自然中得到淨化疏通，心靈歸於平靜，在自然中更易驅除胸中的欲望雜念，更能獲得安寧的心境。

四、物我同化的美學觀

禪宗「涅槃」說中所追求的是「物我同化」的理想境界，是空、寂、靜、淨的絕塵境界，以藝術規律和審美特點來看，禪宗講究的是深邃涵蓄的情思、清幽淡雅的風格，以及虛靜空靈的意境，深刻影響了中國傳統美學的價值取向。

禪宗的「物我同化」，它克服自身欲望，反對理性認識，對客體的體驗採取直覺頓悟的方式，具有濃厚的審美意味，因而禪宗的「物我同化」觀點顯得更加感性與人性化，它擅長從日常生活的眞實例子闡釋觀點，而更易使人信服。禪宗的「物我同化」觀點最早來自佛教的玄學化，東晉僧肇提出「玄道在於妙悟，妙悟在於即眞。即眞則有無齊觀，齊觀則彼己莫二。所以天地與我同根，萬物與我一體。」禪宗的「物我同化」、「心物合一」、「物我兩忘」，最終達到「物我泯滅」超塵脫俗的境界，這種境界在現實生活中存在，在藝術上則觸及創作的內部規律，文人畫藝術的意境也因此從禪宗的「物我同化」得到啓發。

禪宗慧遠則持「形盡神不滅」論，認爲神與佛是不消弭的，並在萬事萬物中顯現其表徵，亦即世間萬事萬物都是「神」與佛的顯形，神、佛其實都是「道」的表現，慧遠於〈佛影銘〉中說：

> 法身之運物也，不物物而兆其端，不圖終而會其成。理玄於萬化之表，數絕乎無形無名者也。若乃語其筌寄，則道無不在。是故如來或晦先跡以崇基，或顯生塗而定體，或獨發於莫尋之境，或相待於既有之場，獨發類乎形，相待類乎影。推夫冥寄，爲有待耶，爲無待耶。自我而觀，則有間於無間矣。求之法身，原無二統。形影之分，孰際之哉。而今之聞道者，咸摹聖體於曠代之外，不悟靈應之在茲，徒知圓化之非形，而動止方其跡，豈不誣哉。遠昔尋先師奉侍歷載，雖啓蒙慈訓，托志玄籍，每想奇聞以篤其誠，遇西域沙門輒餐遊方之說，故知有佛影而傳者尚未曉然，及在此山值罽賓禪師南國律學道士，與昔聞既同，並是其人遊歷所經，因其詳問乃多先徵。然後驗神道無方，觸像而寄，百慮所會非一時之感。〔註25〕

「神道無方，觸像而寄。」即是講各種有形有名之物皆是無形無名的佛的表現，都是佛的形和影，這種觀點與當時流行的「形神論」是一致的，宗炳在

〔註25〕　（梁釋）僧祐撰，（唐釋）道宣撰，（宋釋）賾藏主編，《廣弘明集》卷第十五（上海：上海古籍出版社），頁 15。

《明佛論》說：「夫佛也者非他也，蓋聖人之道。」其中帶有明顯的玄學的影子，在此哲學原則下，萬物與人都是佛的表現形式。禪宗《指月錄》說「青青翠竹，盡是法身，鬱鬱黃花，無非般若。」「山河及大地，全露法王身。」「月白風恬，山青水綠。法法現前，頭頭具足。」〔註26〕所說的法身或般若〔註27〕，指的是生命的眞實相，鬱鬱黃花、青青翠竹、遼闊大地、白月恬風、青山綠水等都是本然的在呈顯生命的眞實相，這些均說明「一切現成」、「本來現成」〔註28〕的觀念，宇宙萬象皆是佛性的顯現；因而禪宗追求「物我同化」的理想境界。

第三節　禪宗通向元文人畫意境之探析

　　禪宗的出現直接帶動中國審美思想的發展，並滲進具體的文人畫藝術創作中。禪宗理論彰顯人性的自覺，蘊含深刻的哲學思想與人文精神，對中國繪畫產生重要影響，對文人畫影響最深的是意境說。佛經中多處提到境界，如《染譬如經》中說：「神是威靈，振動境界。」《無量壽經》中說：「斯文宏深，非我境界。」佛教的境界指理想王國，與美學上的意義有所不同，但在想像、迷離、空幻等特徵上，兩者又有相通的地方，佛教的境界說對藝術意境理論的形成起了催化作用，藝術家將佛教境界與傳統的易象說等理論進一步融合，產生獨具中國特色的「意境」美學理論〔註29〕。禪與藝術交融的意境主指人的心境，乃經自我淬鍊後呈現對人生的體驗，以及對永恆生命的認識與把握，藝術若能表現情景相融、超然物外、似空非空、似有非有的特點，即富意境。以下將探討禪宗通向元文人畫意境主要表現在幾個方面：追求簡靜淡泊與虛白空靈、不離不即與含蓄朦朧的禪境、藝術創作是主觀心靈的抒發、藝術靈感來自直覺觀照的思維方式、尚雅與尚拙的禪宗風尚。

〔註26〕引同吳言生，《禪宗哲學象徵》，頁4。
〔註27〕般若一詞最早出現於《道行般若經》，爲東漢高僧支婁迦讖所譯。般若在中國多指爲智慧，《世說新語·文學》說：「殷中軍被廢東陽，始看佛經，初視《維摩詰》，疑般若波羅密太多，後見《小品》，恨此語少。」佛教徒認爲，般若智慧與世間智慧不同，後者「智慧輕薄，故不能稱於般若」，般若是經由內觀所產生的正見；因證得金剛性如來藏空性心而生起實相智慧。般若雖意爲智慧，仍不足以表顯般若的含義，故譯經家不直接譯爲「智慧」，而以音譯。
〔註28〕引同吳言生，《禪宗哲學象徵》，頁4、5。
〔註29〕見本論文「第四章元代文人畫之美學表現—第一節「意境」之探討」。

一、追求簡靜淡泊與虛白空靈

　　由於禪宗觀念的影響，文人畫風格趨於簡靜淡泊與虛白空靈。「詩貴有禪意，畫貴有禪趣。」禪宗宣導「我心即佛」，主張排除一切外在規範的束縛，重視生活體驗，尊重個人內在思考，從大自然的欣賞陶冶中得到領悟。潘天壽《中國繪畫史》中說：

> 中唐以下，佛教各宗多理論深豔與當時的時代不能適合，只有禪宗的宗旨，意遠簡直，自有清真灑脫的情調，簡靜清妙的一種別調語錄，很適合當時文人士大夫文雅的思想與風尚。而於繪畫一面，趁此時代思潮轉運的中間，王維、盧鴻一、鄭虔等，皆當代文士，在思想相通之處，自然興起寄性寫情的畫風，別開淳秀幽淡的淡彩的水墨大法門。〔註30〕

禪宗藝術精神賦予山水畫新的活力，文人畫家尊崇「以心傳心」的禪宗宗旨，超越紛亂的外象，達到「物我同一，物我兩忘」、空寂寧靜的境界；並把簡淡的境界落實到用墨與構圖，視覺創作的極致就是簡略，趨近「無墨無求」、「筆不到意到」、「虛實相生，無畫處皆成妙境」，能簡便能淡，故能在藝術生活上灑脫淡泊，閑和嚴靜，寄性寫情，因象悟道，表現禪宗的無所執思想。

　　文人畫自唐開始以水墨為基調的表現形式，文人畫的發展過程也與禪宗的興衰同步。信奉禪宗的文人畫家談禪悟道，無禪不雅，以禪入畫，以繪畫怡情養性，畫作氣息恬淡虛靜、含蓄自然、清澈空明。文人畫論中由此也產生「我師我心」、「師心自用」、「論畫以形似，見與兒童鄰」、「外師造化，中得心源」等蘊含禪意的理念。禪宗對文人畫家頗富吸引力，根本原因在於其具有還本歸真、見心見性、暢揚心道、自證自悟等禪理；禪宗改變了文人畫家的創作思維，使文人畫不只重視形的表現，同時更注重意境的呈現，亦即回歸心性自然、追求簡靜淡泊的意境表達。

　　宋元以來的山水畫多富禪意，其藝術境界不貴濃豔而貴淡遠，藝術帶有超功利的性質，淡遠之境是藝術家淡泊情懷、高潔道心的外化，意境中的淡是淡而永恆，淵然而深。禪境的創造多用白描，讓藝術形象自由的躍現，把觀者帶入幽深曠渺的意境中，如「芙蓉露下落，楊柳月中疏。」狀物精確，意象清空，此清空意境來自藝術家的高超藝術手法，才能取境空闊、善狀難寫之境。

〔註30〕潘天壽，《中國繪畫史》（上海：上海商務印書館，1936年）。

禪宗的簡淡之風逐漸滲透到詩歌和書畫藝術的創作中，唐代張懷瓘在《文字論》中說：「文則數言乃成其意，書則一字已見其心，可謂得簡易之道。」元代趙孟頫嚮往古代的樸素風格，他說：「作畫貴有古意……吾所作畫，似乎簡率，然識者近古。」將古和簡予以統一；倪瓚自稱：「逸筆草草，不求形似」筆墨趨於簡率。清代惲格在《南田畫跋》中說：「畫以簡為尚，簡之入微，則洗盡沉卒。」《宣和畫譜》強調：「形似少精，則失之整齊，筆墨太簡，則失之闊略，精而造疏，簡而意足，唯得筆墨之外者知之。」畫譜拈出疏，簡，這樣不但無損於意境的抒發，反而更突出、更耐人尋味。

禪宗的尚簡淡走向禪境的空靈美，空靈亦是藝術的生命，只有空，才能靈，空靈使藝術形象隱含著豐富深遠的生意，留給觀者廣闊的想像空間，所謂「不著一字，盡得風流」，充滿禪意的作品，往往呈現水月空花般的空靈美。

禪宗視宇宙萬物色相為空，以虛白空靈為追求的境界，要求以平常心看待人間事物，揚棄一切雜塵俗念，歸於本真；文人畫受禪宗思想影響，以墨代色，以簡化繁，追求真實自然的純真境界。文人畫家對於水墨的運用，省略物體的固有色彩，施以一種抽象或半抽象、人為設計的墨色，取代物質世界繽紛複雜的色彩，使畫更易脫離形似，而注重象外之趣，文人畫還有「求神似不求形似」、「以少勝多」、「以一當十」的特徵。這與禪宗所謂的「無相」、「即相而離相」、「說似一物即不中」思想有所聯繫，《壇經》云：；「外離一切相，名為無相；能離於相，即法體清淨。」「相」指外物現象的形貌和性質，也指認識思維中的表像和概念，能離「相」而不染萬境，就能擁有真性而常自在。文人畫家接受禪宗此說法，認為外在物象非本質所在，若能不被外在物象限制、迷惑，即能直探本質；表現在繪畫理論中，就是堅持反對「被物所役」，反對依據外物做精細刻畫，如同禪理「不執有無」、「於相離相」、「不住心於物」，故文人畫藝術滿溢佛理禪趣的「淡」。倪瓚曾說：「餘之竹聊以寫胸中逸氣耳，豈複較其似與非。」尤其到倪瓚最晚期，絕少著色，甚至連顆紅色的印都不鈐；他的典型畫貌是一河兩岸，河中無水紋，一片空明，表現乾淨、明潔、疏朗、清雅，令人俗慮盡空。

文人畫內容包含虛無飄渺的雲煙霧雪與透明清澈的水等，以空白這一獨特的化繁為簡的方式來表現，得其自然，順其自然，此時無色勝有色，所謂「即其筆墨所未到，亦有靈氣空中行」（杜甫《論畫歌》）、「虛實相生，無畫處皆成妙境」（清笪重光《畫筌》）、「江天無點墨，雲水自然生」、「計白當黑」、

「無墨求染」、「筆不到意到」。空白具備一種審美價值，它自身也是一種存在，因空白並不是真正的空、無，它「以大藏來大露」，暗示雲煙霽雪、水天一色等景物，呈現靜與淨渾一的意境，象徵著禪宗思想的無所執。文人畫的空白手法，表現時空無限、超塵絕世、清空淡蕩、萬物歸空的審美情趣，亦表現「色不異空，空不異色，色即是空，空即是色。」〔註31〕「色緣空、空化色、色歸於空、空含以色」的禪理。今人金丹元說：

> 「空」是指一種純淨的可以進行審美靜觀的形象氛圍。這個詞源於佛學，所謂「涅槃妙心，實相無相」、「四大皆空」云云。《大智度論》卷五十二中有「若法無常，即是空相」。熊十力⋯⋯：「無常即變動不居義，故曰是動相。既是變動不居，即無實自體，故曰是空相。空者，謂諸行自體空故。」這是說因為無常，因為不斷地變動，所以就不存在一個固定的實體。「空」實在是借「空」來說出萬事萬物的無常變化。所以空濛的背景是一個包羅著萬象變化的背景。「靈」⋯⋯指靈氣、生氣的自由往來。「空」與「靈」合作一詞，便是指在純淨、虛靜、空蕩的氣氛中時時透出生命靈氣的那種藝術境界。〔註32〕

虛白空靈的畫境實取決於文人畫家自身心境的虛白空靈。宋米友仁說：「畫之老境，於世海中一毛髮事泊然無所染，每靜室僧趺，忘懷萬慮，與碧虛寥廓同流。」〔註33〕其中所說「一毛髮事泊然無所染」即是禪宗所謂的「無念為宗，無相為體，無住為本。」的理念。

　　禪境非空亦空、非寂亦寂；既不偏執於空寂，又不偏執於實有，精神實體是在空與有、虛與實、主體與客體的雙向交流中產生。元代文人畫藝術的意境，表現的就是創作主體的「心境」，歷經畫家的自我提煉，對人生有真實的體驗，形成深刻的生命哲學，所呈現的意境具有超然物外、是空非空、是有非有的意味和情景交融的特點，於本質上就是禪境的藝術化。

二、不離不即與含蓄朦朧的禪境

　　禪宗自悟佛性的參禪方式，既不離生活現實，又不執著於生活現實，因

〔註31〕《心經》，引自吳言生，《禪宗思想淵源》（北京：中華書局，2001年9月），頁76。

〔註32〕金丹元，《禪意與化境》（上海：上海文藝出版社，1993年），頁95。

〔註33〕引自宗白華，《美學散步·中國藝術意境之誕生》（上海：上海人民出版社，1981年），頁73。

而形成一種不離不即與含蓄朦朧的禪境；禪宗採取「於相而離相」、「於念而離念」、「不在聲色又不離聲色」的修行方法，禪境的妙處即在於著境又離境之中。中晚唐以後，文人士大夫在禪宗境界中融合了人生哲學與審美情趣，到元代更表現出蕭條淡泊、清幽曠遠的意境。

元文人畫家對於山水草木、寒潭冷月寄予更多的感情與想像，於是寧靜恬淡、空寂無人的大自然，幻化爲幽深清遠、含蓄朦朧的禪宗意境。文人畫家以清遠的構圖形式表現出清疏平和、含蓄蘊藉的意趣，在深層的美學意味上，清遠與沖淡、超脫、靜穆相聯繫；文人畫家也「以不全求全」、以有限表無限的構圖方法表現「不離不即」的審美感受，例如：繪彩霞呈天宇，借落葉寫秋意，以空白展現江面上飄渺空曠、寒意蕭條的氣氛，這種朦朧美是禪境的特徵，也是意境最重要的審美形態。在藝術形象上，元文人畫家注重意象的表現，倪瓚的「不求形似」強調主體的「神」，對意境產生重要作用，畫家以「不似之似」爲眞似，不追求自然形象的寫實感、透視感、立體感和光色變化，而是把「意」提高到首要地位的寫意，「意」指客觀物象的「神」，亦包含藝術家主觀的「神」。

含蓄朦朧是意境最本質的特徵，主要表現在情景宛然在前，但主旨若現若隱；意象飄忽可感，卻是可望而不可即；神韻可以意會，但不能言傳。如陶淵明所說：「此中眞有味，欲辨已忘言。」（〈飲酒〉詩），體悟天地本心、萬物之美的刹那，眞要清楚描述時，才發現一切盡在不言中。唐司空圖說：「遇之匪深，即之愈希。脫有形似，握手已違。」（《二十四詩品》〈沖淡〉） 詩境在於自然的遇合，不在於極力的深究；如勉強追索，反而渺然難求，表面縱使相接，偶爾有些許形似，但詩道的精神卻已遠離；詩境如此，畫境亦如此，皆以朦朧意境的形態表現，因而予人「象外之象」、「景外之景」、「弦外之音」等審美感。

禪宗在自心與宇宙的融匯中，體悟生命的永恆，即以「心」的外射，通過「遠」向無限延伸，然後往復盤桓，返觀終極的自心；文人畫首要講求的「氣韻」在視覺上總表現爲一種「遠」，呈現不離不即與含蓄朦朧的審美意趣，這一境界爲元代在現實中托足無門的士大夫，提供心靈最大的安全感與創造的可能性。

在繪畫史上，畫論家提出「六遠」（即高遠、深遠、平遠、闊遠、迷遠、幽遠），前三遠爲北宋郭熙在《林泉高致》中所提出，後三遠爲北宋韓拙在《山

水純全集》中所做的補充：「有近岸廣水，曠闊遙山者，謂之闊遠。有煙霧暝漠，野水隔而髣髴不見者，謂之迷遠。景物至絕，而微茫縹緲者，謂之幽遠。」〔註34〕所說「迷遠」、「幽遠」有其獨到的見解，具有朦朧縹緲的表現形式。元黃公望亦在《寫山水訣》也提出：平遠、闊遠與高遠，其中闊遠的「從近隔開相對」〔註35〕，顯示元文人畫常出現一河兩岸與遼闊水景的特色，表現遠而不離不即的意境。

　　總之，文人畫此種獨特繪畫藝術形式，是文人畫家對自身存在和所生存環境的審美觀照，文人畫家將物象的「神」與自身主觀的情懷交融爲一，產生特有的意趣，在禪宗美學思想的浸透下，藝術家用一種「不離不即」與含蓄朦朧的審美眼光審視自然與生活，禪境是不可言喻的，禪境的奧妙深深影響元文人畫家的審美情趣。

三、藝術創作是主觀心靈的抒發

　　佛法自心來，《壇經》說：「故知方法盡在自心，何不從自心中頓見眞如本性？」禪宗強調「心」的作用，其自性論在哲學上是唯心的，在禪宗的影響下，文人畫家創作亦來自內心，以抒寫心靈爲主要藝術傾向。唐代張璪主張「外師造化，中得心源」，與禪宗的自性論有內在的聯繫，其「得於心，應於手」、「得之於玄悟，不得之於糟粕」（《唐文粹》卷九十七）的創作理念，表現出禪的心性理論。清初石濤在《畫語錄》中說「我自用我法，法自我立。夫畫者，從於心者也。借筆墨以寫天地萬物而陶泳乎我也。」文人畫描繪的自然山水，是畫家心靈化的自然山水，畫作中的自然山水傳達出創作者的主觀情思和審美趣味；元文人畫家的山水畫，出於自然，又高於自然，是自然景物與主觀心靈交融的結果，其抒情寫意的山水畫，創造出意到筆不到、簡淡寧靜的審美意境，如倪瓚描繪的太湖景色，山水蒼茫，水天無際，表現主觀中的客觀，是畫家胸中情懷的抒發。

　　禪宗提倡以「無住爲本」，即萬相過而不住，來去順之，在瞬間頓悟的心境中發現「自心」、「自性」，這就是禪宗的自悟成佛，亦是禪宗的解脫。空寂純靜、毫無矯飾的元文人畫，畫出物象精神，直指本體，令觀者在黑白水墨

〔註34〕北宋，韓拙《山水純全集》；引自傅抱石，《中國繪畫理論》（台北：里仁書局，1985 年 3 月），頁 193。

〔註35〕元，黃公望《寫山水訣》；引自鄭午昌，《中國畫學全史》（上海：上海古籍出版社，2011 年 12 月），頁 277。

中感受到自然事物的本來面目，正是對造化的一種本質還原；這與禪宗宣導的「明心見性」、「頓悟成佛」的悟禪方式是一致的。元文人畫家在筆墨創作中張顯自己的心性，表現在對「逸」的推崇，「逸」從一種生活態度、精神境界和人格理想，轉換爲書畫的至高藝術境界，人有逸氣，藝有逸品，鑒有逸格、逸趣，「逸」成爲藝術家對深刻藝術內容、精純筆墨技巧和優美超脫意境的最高審美追求。

文人畫有著深刻的政治社會背景，元文人「辱於狄之變」，無國可忠、無君可憂，又加上失去科舉晉身之階，因而產生「閒逸」之氣，藉由繪畫藝術抒發「逸氣」和描寫理想意境，成爲當時普遍作法。文人畫禪所追求的並非畫中之景，而是畫中之禪，尋求「言外之意，韻外之旨」，這種意旨需以「法眼觀之」才能詮釋，所謂「法眼」，亦可稱「菩薩智」，按《佛學大辭典》的解釋：「謂菩薩爲度眾生照見一切法之智慧」〔註36〕，要求觀者須破除眼目所見到的圖像，朗照其心靈意蘊的本體，也就是「逸氣」生發之來源。

四、藝術靈感來自直覺觀照的思維方式

禪宗教義講求「不立文字」，《壇經》說「諸佛妙理，非關文字」如拘泥於語言文字、概念判斷和邏輯推理，就必定會防礙參悟佛性、把握真理，若要把握真如佛性，只有靠「頓悟」，一方面全然不顧世間所有是非、善惡、美醜和好壞，另一方面對佛性只靠直覺體悟，此途徑也是在某種意義上否定由文化積累而達到禪宗境界。「不立文字」還表現出禪宗對簡約美的追求，不依賴繁瑣的文字著述形式，純粹追求簡潔的知覺體驗。

在藝術創作過程中，「靈感」與「頓悟」很類似，靈感源於藝術創作者自身的發現，從事物、觀念、經驗中產生美感的衝動，得到想像的編織，對作品而言是一種執行的計畫，最後以創新的形式實現。靈感來臨的經驗猶如不由自主的被一陣神奇的旋風拖曳進去，然後某種意象就自然的呈現，中國古哲人稱靈感爲「神」或「變」或「悟」，清代畫家沈宗伝認爲作畫時「機神所到，無事遲回顧慮，以其出於天也，曠然千古，天人合發，應手而得，固無待於等畫，亦非等畫之所能及也。」今人趙雅博說：

> 我們並不是說藝術家能創作全新的形式，但是由他的直觀所得、情
> 感所注、理智所知、意志所擇，也絕不能與他人的形式盡同，他應

〔註36〕 丁福保，《佛學大辭典》（北京：文物出版社，1984年）。

　　該具有創新的形式或色調。〔註37〕

因此，靈感是一種內在的精神、本能的氣息，是藝術作品的生命，讓藝術家感覺到未曾知覺的境界，此情感的力量導引他心向一個有內容的形式，將作品以理想形式完成。「靈感」與「頓悟」兩者的思維方式都是非理性的直覺體驗，藝術靈感的閃現會使人豁然開朗、大徹大悟，與禪宗頓悟有著異曲同工之妙。

　　禪悟原本是大乘佛教的一種修行途徑，瑜伽行派提出「一心見道」的「現觀」，不需借助語言文字，只要憑藉感悟即能親證絕對事實，而只有通過禪觀才能悟入中道。禪宗宣導內心頓悟，認爲一切盡在目前，要悟直下便悟，從一鐮月色、一叢翠竹、一朵黃花、一聲蛙鳴，就可悟入大道。慧能認爲頓悟與漸悟是根基利鈍問題，不是法的問題，印順指出：「從應機的利鈍說，直捷的開示悟入，是頓；須種種方便，漸次修行而悟入的是漸。」〔註38〕由於靈感和禪宗頓悟有許多相似的地方，也可借助頓悟來解釋靈感的心理過程。《壇經‧付囑品第十》中說：「自性動用，共人言語，外於相離相，內於空離空。若全著相，即長邪見。若全離空，即長無明。」頓悟是一種直覺悟性體驗，需要借助形象又得超越形象，從中領悟某種情致，所謂可意會不可言傳；直觀所得的靈感亦須有超越形象的創新表現形式。

　　直覺觀照、沉思默想的參禪方式，刹那頓悟的領悟方式，含蓄、自然、凝練的表現自我方式，以上都是禪宗的特徵，使得禪宗畫家在繪畫時不自覺的運用禪宗的思維方式，文人畫家亦受到影響。禪師認爲眞正的玄旨無法用語言、文字和色彩去描繪，表現越簡潔，餘韻也越豐富，此正是元文人畫家創作靈感的表現形式；清代畫家惲壽平在《南田畫跋》中說：「須知千樹萬樹，無一筆是樹；千山萬山，無一筆是山；千筆萬筆，無一筆是筆。有處恰是無，無處恰是有，所以爲逸。」也就是在有限的畫面中蘊含無比充盈的思想和情意，用含蓄的方式表達複雜微妙的內在世界。

　　禪宗主張「悟」，對人生產生深邃洞察和省思，在對自然的思索中尋求心靈的安頓。惟信禪師表達禪悟境界三階段：

　　　老僧三十年前未參禪時，見山是山，見水是水。及至後來，親見知

　　　識，有個入處，見山不是山，見水不是水。而今得個休歇處，依前

〔註37〕趙雅博，《中外藝術創作心理學》（台北：中央文物供應社，1983年），頁401。
〔註38〕印順，《中國禪宗史》（上海：上海書店，1992年），頁316。

見山只是山，見水只是水。〔註39〕

第一階段是原悟（原我）；第二階段是執迷（自我）；第三階段是明心見性（超我）。以禪宗分析，意寓更深遠，激盪出更豐富的人生哲理。禪宗認為萬物皆空，追求「物我兩忘」，在禪定狀態下，物我交融，在意識中進行非理性思維，突然受到融動而昇華，瞬間超越一切時空，即達到第三階段「見山只是山，見水只是水」的澄淨境界，這種感受就是頓悟。

五、尚雅與尚拙的禪宗風尚

元文人畫家推崇「雅」，不喜「俗惡」，所謂「高古」，也就是「高雅」；畫中之雅，也只有精於詩書畫、文化修養極高的文人才能領會，《宣和畫譜》說：「李公麟畫《陶淵明歸去來兮圖》，不在於田園松菊，乃在於臨清流處。」〔註40〕正表示李公麟運思精微，筆墨不同俗流，力求「高雅」。宋代鄧椿云：「以含蓄蘊藉之雅，反對縱橫習氣之俗。」說出對文人畫的審美標準，為何須抑制豪放的筆勢，目的是求雅免俗，故縱橫習氣被「木強之氣」取代，所謂「木強」是「板實中有風韻，沉著內饒姿態」，並非僵死、呆板。

元代四家黃公望、王蒙、倪瓚、吳鎮，共同特色是雅潔淡逸、禪風十足，對文人水墨畫的發展有很大的影響。黃公望山川深厚，草木華滋；吳鎮山水蒼茫沉鬱；王蒙山水千岩萬壑，迴環重迭；倪瓚山水天真幽淡，蕭疎寂寞，具荒涼空寂、疏簡消沉的意趣；他們的藝術風格多自於禪宗思想。明代項穆於《書法雅言·奇正》中說：「奇即連於正之內，正即列於奇之中，正而無奇，雖莊嚴沉實，恒樸厚而少文，奇而弗正，雖雄爽飛妍，多極厲而乏雅。」明末清初的石濤的風格頗具正奇混成，除了吸取前代傳統筆法的精髓，做到功力深穩，歸於雅正，同時又習倪瓚的筆法，在澀中見骨之筆上加以錘煉和突破，達奇闢而至險峭。

雅在斂約、除霸氣的過程中，不免陶醉於古拙，正因生拙和古拙，所以又孕育出拙的藝術風格。禪宗在繪畫上的生拙，是從斂約的雅或中和的美之審美觀點出發，如宋黃庭堅在《山谷文集》中說：「凡書要拙多於巧，近世少年作字，如新婦子梳妝，百種點綴，終無烈婦態也。」又說：「余初未賞識畫，

〔註39〕 《五燈》卷17〈惟信〉，引自吳言生，《禪宗詩歌境界》（北京：中華書局，2001年9月），頁16。

〔註40〕 宋，《宣和畫譜·卷7·人物3》（台北：台灣商務印書館，1983年），頁199～200。

然參禪而知無功之功，學道而知至道不煩，於是觀畫悉知其巧、拙、工、俗，造妙入微，然此豈可爲單見寡聞者道哉？」黃庭堅主張無意的於拙中見出畫的奧妙，亦反映出當時文藝理論上儒道禪三家思想的結合，歸以天眞稚拙爲美。而蘇軾說：「壁勢崢嶸，文采炫爛，漸老漸熟，乃造平淡，實非平淡，炫爛之極也。」他的出發點和黃庭堅不同，不以生拙表示倔強，而是讚美自然而然的、伴隨老熟而來的疏放或生拙。「元人用筆生，用意拙，有深義焉。善藏其器，惟恐以畫名不免於當世。」（《畫學集成》）元文人畫家天眞古拙的風格，頗合禪宗生拙之審美意趣。

第四節　小結

　　佛教於東漢傳入中國，南北朝時期菩提達摩到中國弘法，是爲中國禪宗初祖，佛教在中國歷經數百年的演變，與本土思想相互結合，整合儒道玄佛各家思想，終成完全中國化的禪宗。自唐以來，文人畫與禪宗關係密切，文人畫家多具禪家精神，繪畫多富禪境，元文人畫的藝術表現有著深刻的現實政治背景，以抒發自我內心情感而蘊含禪風的文人畫，因而至元代達到最高峰。禪宗的自性、心性與藝術心靈相互契合，成爲禪藝合流的生命哲學與審美哲學。由於董其昌的南北宗說，加以推崇繪畫的南宗，文人畫與禪宗的關係逐漸爲人所樂道，元文人畫意境與禪宗思想極爲切合，趙孟頫、黃公望、倪瓚等人都是信奉禪宗的文人畫家，人生與畫風均受禪宗影響。

　　禪宗哲學思想嚴謹闊大，「本心論」是禪宗思想的理論基礎，因而禪宗注重心性修養，講究「即心即佛」，六祖慧能的南宗主張頓悟，其主旨即「明心見性」、「見性成佛」。禪宗認爲悟道須自日常生活中，故注重生活的體驗與理解；禪宗亦注重從自然的起伏變化中體悟佛道；由於宇宙萬象皆是佛性的顯現，因而主張對於「物我同化」理想境界的追求，藝術審美與禪宗修行有著相似之處，都是以主體與客體的相互融匯爲其心理契機。

　　禪宗思想影響中國審美思想的發展，並滲進繪畫創作的意境理論中。由於禪宗的影響，文人畫趨於簡靜淡泊與虛白空靈的風格；形成一種不離不即與含蓄朦朧的禪境。文人畫家的繪畫以抒寫心靈爲主要藝術傾向，創作「靈感」與禪宗「頓悟」的思維都是直覺體驗的方式，畫與禪所以相通，在於兩者都需要通過「悟」才能得其妙境。文人畫家推崇「雅」與天眞古拙的風格，

頗合禪宗生拙之審美意趣。元文人畫意境與禪宗思想息息相關，在文人畫中，禪境藉著畫境表達出繪畫色相所不到之處，正是最高心靈境界所能到之處。

第八章　元文人畫代表畫家繪畫之意境

　　元代文人畫家抒情寫意的畫風，代表元代繪畫有新的發展方向，在繪畫的筆墨技法和表現風格上皆較宋代有所突破，宋代的學術思想，尤其是蘇軾、米芾等文人在繪畫理論和創作上的啟發，都是元代文人畫轉變的源泉，經過元初趙孟頫等人的宣導，促成了中晚期「元四家」文人畫最後的變革，他們在繪畫中師法古人與造化，而不拘泥於古人的技巧，在筆墨上大膽進行創新，將詩的境界、書的筆法和畫的墨色，融匯儒、道、禪的思想精神與對自然景物的神會感受，創造出屬於元代文人氣質的新意境，簡率、寫意的畫風讓文人畫達致成熟時期。本章將探討元代表性畫家趙孟頫與「元四家」的繪畫，分別從文人畫家的生平述略、藝術風格與意境以及作品賞析予以探析。

第一節　趙孟頫的繪畫

　　元初趙孟頫（1254～1322 年）在元文人畫發展中具有開創性作用，趙孟頫出身宋代宗室，他的書畫藝術繼承唐、宋的優良傳統，他博採眾長，自成一家。趙孟頫在元廷雖居顯貴地位，但由於受到自身心靈的愧責，以及旁人的猜忌和排擠，所以內心深處有著難言的苦衷，時時處於入世和逃世的矛盾中。然而在藝術表現上，透過辛勤創作，留下大量優秀書畫於世間，對於文人畫的承繼與發展有深刻的貢獻和影響。

一、生平述略

　　趙孟頫，吳興（今浙江湖州）人，字子昂，號松雪道人，別號鷗波等。趙孟頫是宋室後代，是宋太祖第三子秦王趙德芳的後裔，四世祖名伯圭，是

南宋孝宗的兄長，賜宅於湖州，此後這支子孫成湖州人。宋亡，趙孟頫曾歸隱故鄉吳興，元世祖至元二十三年（1286 年）程鉅夫奉詔到江南搜訪遺逸，趙孟頫為被選中的二十餘人之首，隔年入朝受召見，被元世祖忽必烈驚呼為「神仙中人」，受命起草詔書揮筆立成，忽必烈稱讚說：「得朕心之所欲言者矣。」是年被授予擔任奉訓大夫、兵部郎中，之後倍受朝廷器重，累官至翰林學士承旨、榮祿大夫，世稱「趙承旨」，於元英宗至治二年逝世，享年六十九歲，死後晉封魏國公，諡文敏。趙孟頫的妻子管道昇也是位書畫家與詩人，兩人志同道合，相伴終生，其子趙雍能作畫，畫家王蒙是他的外孫。趙孟頫與畫家錢選等人並稱「吳興八俊」。

趙孟頫在詩、書、畫、印上均有很高的造詣，《松雪齋集》為其詩著作；書法精通行書、楷體，並獨創「趙體」，對後代書法藝術影響頗大；繪畫上首次提出書畫用筆相同的理論；篆刻以「圓朱文」著稱。由於趙孟頫在藝術上的成就，又加上元帝的青睞，使他晚年的聲望日益顯赫，書畫作品也流傳到日本、朝鮮和印度等地。趙孟頫與朝廷一些地位較高的畫家如高克恭、李衎、何澄等人都有往來；一些年輕畫家如黃公望、柯九思、唐棣、朱德潤等都相繼拜其門下。趙孟頫一生「名滿五朝，榮際四海」，青少年時經歷南宋末年風雨飄搖的年代，進入元代朝廷之後，經過「海內翕然」的盛世，但他始終受元政府擺布，心情是矛盾且羞愧的，卻在藝術的創作上，留給後世許多的寶藏；就在這種安定的基調與各種矛盾心理的交織下，度過他充實的人生。

趙孟頫在青少年時期受傳統儒家教育的薰陶，使他入世仕進的積極心勝過亡國的恥辱感，楊載《行狀》曾評趙孟頫說：「性持重，未嘗妄言笑，與人交，不立崖岸，明白坦夷，始終如一。」「直而不奸，故罕有怨者。被遇五朝，官居一品，名滿天下而未始有自矜之色，待故交無異布衣時。」這就是孔子所謂「恭、寬、信、敏、惠。」而「能行五者於天下，為仁」。趙孟頫初仕元朝廷的幾年中，曾力排眾議，為減免地震災區的賦稅，敢與權臣桑哥抗衡，據理力爭，有勇有謀，頗有作為；在參與剷除桑哥的鬥爭時，曾說：「夫捐一旦之命，為萬姓除去殘賊，此仁人之事也。」在濟南為官時，也都以「仁」與「禮」為準則行事，不以酷刑而以安撫治盜，使得「戶版自多無訟獄，儒冠相應有賓遊」。但趙孟頫總覺以宋朝宗室身分仕元有愧於父母和先朝聖皇，故常於藝術作品中流洩「失足之恨」，後悔最初仕元的「罪出」。然而趙孟頫更時時於書、畫、詩、文中曲折的表示他仕元乃體國之忠，是仁義之舉。

二、藝術風格與意境

　　趙孟頫的地位雖不同於一般文人，但他的思想卻可代表元代大多數文人，簡言之，就是消極中有積極，積極中有消極，儒家與道家的思想在矛盾交織並存的心理中，通過文人內省而得到統一。趙孟頫由少壯到垂暮的心理有所變化，反映出他逐漸濃厚的消極思想。精通佛、道的他常與僧侶、道人交遊，在他的作品中流露出遁世而安、獨善其身的觀念和心情，從「人生亦何爲，耳目皆幻適」的宿命論到「千古不磨唯佛法，百年多病只儒冠」的悲觀厭世態度，與他對元朝日衰的失望及對流年奔走的厭倦有關。

　　趙孟頫書畫詩文中的隱逸觀是他的矛盾心情的表露，也有著開脫仕元的慚愧成分。趙孟頫的人物畫大多描繪巖穴上士、逸士高人，而以陶淵明的形象最特別，在《元趙孟頫畫淵明歸去來辭》卷中，由於沒有款印，舊傳爲趙孟頫的畫作，據《故宮書畫圖錄》所載：

> 畫中陶淵明持杖歸來，二僕隨行，一人囊琴攜卷，一人背負酒罈。
> 門前五株柳樹，清楚點明畫中人物即五柳先生。人物衣紋用筆剽疾，
> 流暢有力。柳幹皴紋描繪仔細，圭稜畢現。又以淡墨微染水天，但
> 覺暮色已沈，秋氣襲人。〔註1〕

畫中柳枝正隨風搖曳，陶淵明的衣帶也隨風揚起，只見此位隱逸的典型人物在暮色已重、清氣秋聲襲人的山林裡，怡然自得；可知其中寄託著趙孟頫思隱的情緒。

　　在大德三年，趙孟頫四十六歲時作的《自寫小像》中明顯帶有「在廊廟而不忘山林」的意趣，畫中人物曳杖凝神，佇立於溪波竹林之際，宋濂題曰：「趙文敏公以唐人青綠法自寫小像僅寸許，而鬚眉活動，風神蕭散，儼然在修竹清流之地，望之使人塵慮銷鑠，不問可知爲文敏公也。……」〔註2〕畫面色彩清麗，畫中清風拂面，竹枝搖曳，溪流潺潺，流溢出古樸寧逸的情趣。然而此種美好的意境只能出現在繪畫中，現實上他不能決然歸隱，只能企求心境的寄託。趙孟頫的文人畫基調是寧謐與安逸的，細細品味卻可察覺其中蘊含多種對立的情感因素在內，藉著畫面中某些意象的象徵與形象間的關係表現出來。

〔註1〕《故宮書畫圖錄》第十七冊（台北：國立故宮博物院），頁 161～162；《故宮書畫錄》卷八第四冊（台北：國立故宮博物院），頁 37。

〔註2〕元末明初，宋濂題字；元，趙孟頫，《自寫小像》，1299 年，絹本，設色，24×23 公分，台北故宮博物院藏。

　　趙孟頫的繪畫題材很廣泛，風格多樣，其後各代畫家幾乎無人可超過，他的畫作包括山水、、竹石、人物、動物、鞍馬、花鳥等；繪畫手法則水墨、青綠、寫意、工筆諸體兼備；前期的畫作設色有「絢麗之極，仍歸自然」的獨到之處；後期則大多繪作淡墨畫，幾近白描。

　　趙孟頫求「復古」以致「中和」，在文學上趨於《詩經》的雅正〔註3〕而以弦歌三百篇爲樂，《清容居士集》說：「松雪翁詩法高踵魏晉，爲律詩則專守唐法。」可知趙孟頫耿耿於「古道」。在繪畫上，他對元初流行的南宋院體畫風的積習，提出「作畫貴有古意」的主張，他所說的「古意」實指取法唐、五代與北宋重氣韻，追求自然神妙的藝術風格，以及雄偉壯闊、氣勢奔放的創造力度。趙孟頫反對南宋院體畫風的用筆纖細工巧、色彩濃厚、風格柔媚，他提倡「存古意」，並於繪畫創作中實踐。他的山水畫吸收董源、李成、郭熙等畫家技法的優點，最後形成自己清麗含蓄、秀潤雅致的總體風貌。又根據不同的心理需要，採取不同的繪畫手法，因而形成多種風格面貌。趙孟頫的繪畫美學思想有三個特點：一、注重古意傳統。二、重視師法自然。三、著重書法筆意。他成爲元初畫壇的領導人物，在元文人畫發展的過程中有著關鍵性的地位，並對明、清的文人畫影響深遠。

　　趙孟頫在書、畫方面追求「古意」的宗旨與文論的要求基本上是一致的。他在繪畫中提出「古意」的幾段話：「予自少小愛畫……雖筆力未至，而粗有古意。」「作畫貴有古意。若無古意，雖工無益……吾所作畫，似乎簡率，然識者知其近古……」〔註4〕「唐人畫馬者甚眾，而曹、韓爲之最，蓋命意高古，不求形似，所以出眾工之右耳。此卷曹筆無疑，圉人太僕，自有一種氣象，非世俗所能知也。」「（此）乃賈師古故物也，圖雖尺許，而氣韻雄壯，命意高古，精彩飛動，眞可謂神品者矣。」以及在《紅衣羅漢圖》〔註5〕卷中，趙孟頫畫有一位印度僧人，自題：

〔註3〕「雅」即《詩經》中「風、雅、頌」的「雅」，參本論文「第五章儒家對元文人畫意境之影響—第二節儒家主要藝術美學思想—四、中和之美是儒家中庸原則的審美表現」。

〔註4〕引自高木森，《元氣淋漓：元畫思想探微》（台北：東大圖書股份有限公司，1998年10月），頁62、63。

〔註5〕元，趙孟頫，《紅衣羅漢圖》，卷，無年款，紙本，設色，26×52公分，遼寧省博物館藏。以上引自劉龍庭，《中國：巨匠美術週刊·趙孟頫》（台北：錦繡出版社，2002年4月），頁20。

余嘗見盧楞伽羅漢像，最得西域人情態，故優入聖域。蓋唐時京師多
有西域人，耳目所接，語言相通故也。至五代王齊翰輩，雖善畫，要
與漢僧何異？余仕京師久，頗嘗與天竺僧遊，故於羅漢像，自謂有得。
此卷余十七年前所作，粗有古意，未知觀者以爲如何也？〔註6〕

因趙孟頫推崇盧楞伽羅漢，透過接觸與熟悉之後，才繪出西域僧的情態，故
所繪羅漢也「粗有古意」。可見其追求的「古意」是擷取優良傳統中的注重生
活體驗，以眞實傳達情態神韻，故風貌似「古」而實「新」。

由以上這幾段趙孟頫的「古意」說法，從審美觀點來看，所謂「古意」
即簡樸、自然、中和的意韻與意趣；趙孟頫與元代其他文人畫家通過「古意」，
以抒寫心中雅逸與沖和之情。從形式技巧來看，所謂「古」主要上宗晉唐及
北宋名家的畫法，例如以線爲主的描繪、較簡整的結構、偏圓正的筆墨等。
趙孟頫以追求「古意」爲出發點，也弘揚了北宋文人畫強調抒情、注重表現
形式、崇尚神韻氣韻的宗旨。

趙孟頫在作品中「中和」多種情感因素形成繪畫特點，他指出只有在書
畫當中能夠「得天下之精一於中者而與之語哉！」他強調要抒寫當時文人自
身「中和」之度，「中和」的根本宗旨與儒家的「中庸」是一致的。趙孟頫的
情感「中和」包括「不變性」與「可變性」。屬於「不變性」成分的情感，指
非偶然衝動，而是有意無意的從現實的事件和因果關係中抽取出來，即是貫
穿於不同時代的一種情感類型，也就是「中和」型的情感，趙孟頫有「中和
之美」的理想模式與各時代的推崇對象。屬於「可變性」成分的情感，則指
因時代變化所導致的特定情感，即元代文人共具的時代情感，並加上個人性
格情感。在「可變性」方面，對於封建文人情感有著重要制約力的是傳統的
儒、道、釋思想，趙孟頫自稱「三教弟子」，這顯出他思想觀念和情感的複雜
性。但中國講「三教合一」，通常不是均等綜合，而是以儒爲本的「中和」，
在元代文人中，趙孟頫尤其是這種趨向，直到他晚年，這種趨向才逐漸淡化，
而符合「三教弟子」之名。

趙孟頫崇「雅」，「雅」的實質還是「中和之美」。《論語‧八佾》說：「子
謂《韶》盡美矣，又盡善也。謂《武》盡美矣，末盡善也。」〔註7〕「美者，

〔註6〕元，趙孟頫自題於《紅衣羅漢圖》，引同劉龍庭，《中國：巨匠美術週刊‧趙
　　　孟頫》，頁32。
〔註7〕明，胡廣等，《論語》，收於《景印文淵閣四庫全書經部199四書類》（台北：

聲容之盛。善者，美之實也。」其中顯示存有相對於盡善的盡美存在，卻都
使「美」具有比德與良善的意義；這都是一種融合道德的美感型態。趙孟頫
等元文人追求正統的「中和之美」，主要強調《詩經》的抒情傳統與形式美的
律度，他們力圖在藝術形式中表現合度，以趨於含蓄、沖虛、內在的「雅」，
並沒有強調道德倫理的因素和功利性。他們注重藝術情感的「淨化」以合乎
「禮」，但不是用一些宋人的「說理式」去表現。

　　「雅」最早存在於貴族文人間，晉、唐、五代、北宋的繪畫中都存有貴
族「雅」氣，到南宋以後才淡下來。趙孟頫追求「古意」多少帶有一些「王
孫」貴族氣味，他曾說：「宣和帝手摹唐人《明皇訓子圖》，設色不甚深，而
人物古雅，筆意精巧。……風神態度，可與顧、陸爭衡，眞英筆也。」〔註8〕
他對畫中人物的古雅表示推崇。他最常用一方「大雅」印章，他在著作《印
史》序中說：

> 余嘗觀今世士大夫圖書印章，一是以新奇相矜；鼎彝壺爵之制，遷
> 就對偶之文，水月木石花鳥之象，蓋不遺於巧也，其異於流俗以求
> 合乎者，百無二三焉。……（今吾）采其古雅者……漢魏而下，典
> 型質樸之意，彷彿可見之矣，念於好古之士，固應當於其心，使好
> 奇者見之，其亦有改弦以求音，易轍以由道乎。〔註9〕

他對士大夫中表現「新奇」與「巧」的「流俗」不滿，認爲不合「雅」，故提
倡「典型質樸」的古意。一般來說，質樸的形式要素是拙、簡、粗、生等，
可概括爲簡和拙，與藻飾相對，卻又須有適當修飾，以合於「典型」的要求，
這就是舊法、常規的意思，因而又稱爲「典雅」。

　　在藝術理論上，趙孟頫主張「書畫同源」，即繪畫與書法的原理在基本上是
相通的；而且文人畫家的學養思想、品格操守及感情能透過筆墨的韻味表現出
來，因此優秀的書畫作品都能反映出書畫藝術家的內在涵養。趙孟頫明確的提
出「書畫同源」的理論，爲元代文人畫強調用筆尋得理論根據，在他的作品《秀
石疏林圖》自跋中得到「書畫本來同」〔註10〕的結論，繪畫用筆不再只是顯現

　　　台灣商務印書館，1983 年），頁 205-175。
〔註 8〕元，趙孟頫，《印史》；引自高銘潞，《論趙孟頫的古意（下）》，頁 10。
〔註 9〕同元，趙孟頫，《印史》；引同高銘潞，《論趙孟頫的古意（下）》，頁 8、9。
〔註10〕元，趙孟頫，《秀石疏林圖》；收於《古代題畫詩分類選編·第一編山水園林
　　　類》（嶺南美術社，1991 年），頁 45。此段落之論述參見本論文：第四章元代
　　　文人畫之美學表現—第三節元文人畫之風格美—二、筆墨簡淡，以書入畫。

線條的剛柔流暢，且將書法的具體筆法呈現在繪畫中，使繪畫具有書法的形式美，增強了筆墨於畫面的表現力，此種繪畫語言形成新的審美風範。在趙孟頫的《窠木竹石圖》中，石頭的皴法不再是簡單的描繪紋理結構，而是用草書筆法在畫面上疾速揮灑，連勾帶皴，皴擦並用，形成秀朗的飛白效果；枯木枝幹則用淡墨闊筆運行，顯得圓潤挺拔。此種對書法筆意的創新追求，突破宋代傳統中畫家重視描摹刻畫的形態，將筆墨的表現空間予以擴大。

　　在書法上，趙孟頫是元代書法的核心人物，他主張遵從古法，認爲書法應以用筆爲上，因而勤摹古人書法，探究筆法形式，他深受東晉王羲之的影響，從《行書右軍四事》卷可看出趙孟頫對王羲之的崇敬。他以行書、楷書最爲著名，他所創立的楷書趙體與唐代楷書之歐體、顏體與柳體並稱四體，成爲後代臨摹的主要書體，表現的風格爲「溫潤閒雅」、「秀研飄逸」。他在中國書法史中還有兩大貢獻，一爲振興章草，當時的書法家大多受他影響，喜寫章草；二爲振興小楷。趙孟頫的書法審美觀趨向飄逸的超然姿態，朝向獲得一種精神的解脫。

三、作品舉隅

　　在繪畫創作上，趙孟頫主張師法造化，他說：「久知圖畫非兒戲，到處雲山是我師。」強調繪畫應注重對自然的感受。他的山水畫作品中有許多都是寫生和旅遊所得到的山水印象，如《鵲華秋色圖》、《水村圖》與《洞庭東山圖》等，展示了不同地方的山水面貌，可看出他筆墨運用的純熟精練。董其昌曾在卷後題：「此卷爲子昂得意筆，在《鵲華秋色圖》之上，以其蕭散荒率，脫盡董、巨窠臼。」趙孟頫的山水畫首重氣韻，並擅長將水墨和重墨、鈎斫和渲染綜合融成一體，他促使「遊觀山水」畫轉化爲「抒情山水」畫，使詩意化與造境在繪畫中得到全面的統一。由此趙孟頫爲之後的元四家山水畫開闢出一條道路，而在畫史上具有承前啓後的重要作用。《鵲華秋色圖》是趙孟頫疏放畫風的代表作；《水村圖》是他最後一幅可靠的紀年作品；《洞庭東山圖》表現出江南景色的秀麗風貌；由以上三幅畫作皆可看出趙孟頫的藝術風格與意境，茲探析如下：

（一）《鵲華秋色圖》

　　《鵲華秋色圖》〔註11〕作於元貞元年（1295 年），此圖描繪的是今山東省

〔註11〕元，趙孟頫，《鵲華秋色圖》，1295 年，卷，紙本，設色，28.4×90.2 公分，
　　　　台北故宮博物院藏。

境內濟南北郊一帶鵲山、華不注山兩座山的秋天景色，圖中以披麻皴法繪出漫圓的鵲山，以解索皴或稱荷葉皴繪出高尖的華不注山，構圖使用平遠法，並聯繫兩座主山形成左右平衡，樹則以樸拙直筆繪成，他將自然山水、水墨山水和青綠山水融為一體，全畫富清逸古雅的風格，回復到唐五代北宋的古樸。

地平線上矗立著兩座山，左方和緩圓平頂的是鵲山；右方有雙峰突出，陡峭傾斜的是華不注山，兩座山以深藍色為主，與洲渚和樹葉深淺不一的墨青色，成為同色系的變化，而斜坡和淺水邊施以淺赭色，並點綴幾株葉片橙紅的秋樹，暖色系與寒色系形成互補，色調運用的相當協調。兩山之間為一片平坦的原野，散落著幾間茅舍，河灘上有張網的漁人，河中緩行著數艘扁舟。觀看此圖，油然產生平靜、淡泊的感覺，不以宋代的繪畫作品追求形似和質感為滿足，而是以瀟灑、鬆動、乾澀相間之筆寫出景物，獨具清幽淡遠的意境。

此圖是趙孟頫在四十二歲時的作品，是替他的朋友周密所畫的，畫上有題字，敘寫作畫的動機與經過：

> 公謹父，齊人也。余通守齊州，罷官歸來，為公謹說齊之山川，獨
> 華不注最知名，見於《左傳》，而其狀又峻峭特立，有足奇者，乃為
> 作此圖。其東則鵲山也，命之曰鵲華秋色圖。元貞元年十有二月吳
> 興趙孟頫制〔註12〕

趙孟頫的朋友周密，字公謹，故籍在濟南。趙孟頫在濟南任官，後來辭官回鄉時，周密已六十三歲，無法回故鄉濟南，因此趙孟頫就為周密畫出濟南的山川美景，給他觀賞以解鄉愁，並將這幅畫命名為《鵲華秋色圖》。

（二）《水村圖》

《水村圖》〔註13〕此卷作於大德六年（1302年），趙孟頫時年四十九歲，款識：「大德六年十一月望日，為錢德鈞作。子昂。」下鈐「趙氏子昂」朱文印，此圖是趙孟頫任江浙等處儒學提舉時，巡行到姑蘇一帶，為他的朋友錢德鈞所繪的山水畫，此畫雖非面對景物寫生完成，但也不是憑空捏造，而是趙孟頫根據看過的風景，加以取捨並結合成構圖，概括的描繪出江南一帶的山光水色。

〔註12〕同元，趙孟頫，《鵲華秋色圖》。
〔註13〕元，趙孟頫，《水村圖》，1302年，紙本，水墨，24.9×120.5公分，北京故宮博物院藏。

　　此畫以水墨平遠法寫水鄉開闊的景色，從用筆到構圖都可看到受董源的影響，而開創自己的風格，可說是趙孟頫的山水畫中技法最為成熟的作品。畫中遠山以枯淡簡練的披麻皴揮寫出來，皴筆變化多端，表現了書法的審美趣味，沙灘汀渚則用淡墨橫拖縱掃顯現，山石樹木配以點苔，以乾溼濃淡相宜的筆墨畫出農舍三五處，忽隱忽現在綠樹叢竹中，天高水闊，山川悠遠，畫面韻味含蓄而豐富，具有歸隱田園的文人情調，畫家借景抒情，呈現一種靜穆的心態及對天真平淡的追求，形成元代山水畫雅秀、質樸的典型風貌。

　　《水村圖》有清乾隆皇帝詩題兩段，乾隆、嘉慶內府藏印及「楞伽真賞」等收藏印二十六方，半印八方。尾紙題跋：「後一月，德鈞持此圖見示，則已裝成軸矣。一時信手塗抹，乃過辱珍重如此，極令人慚愧。子昂題。」鈐「趙氏子昂」、「松雪齋」印二方。並詩題：「向來寫意思卜居，住處只今成畫圖。胸中本自瀁江海，主人相挽寫分湖。鄧楎題。」鈐「覺非齋」朱文印。另有覺非叟、無名氏、顧天祥等人題記總計五十六段。此圖卷曾為董其昌所收藏，後收入清內府；收錄在《鐵網珊瑚》、《清河書畫舫》、《式古堂書畫匯考》、《石渠寶笈初編》等書。

（三）《洞庭東山圖》

　　《洞庭東山圖》〔註14〕描繪洞庭東山的景色，洞庭山位於江蘇吳縣西南太湖中，分東西兩山，此圖為東山，古名胥母山，又名莫釐山，為伸出太湖的半島。圖中有趙孟頫題字：「洞庭波兮山嶵嶵，山可濟兮不可以涉；木蘭為舟兮桂為楫，渺於懷兮風一葉。」表現出他送別朋友的離愁，作者自題詩中抒發了閑和怡悅的情緒，下鈐「趙氏子昂」朱文方印。畫幅中有清高宗弘曆題詩，裱邊有明人董其昌題跋。

　　圖上山勢不高，圓渾平緩，山徑曲折，以深遠法繪出東山風光。遠方霧氣迷濛，崗巒隱現，湖面微波流動，一葉輕舟搖晃，與右岸上的人物遙遙相對，近處小土丘浮起，雜木叢生。此畫筆墨受董源影響，尤其是對照於董源的《龍宿郊民圖》，無論在筆法和構圖上都有相通的地方，兩者都以流暢柔和的披麻皴畫山，並佈上疏密相間的苔點，表現出江南草木秀麗的山水形貌；也都施以細密的魚鱗水紋，寫出太湖瀲灩的波光；並都有小青綠的色彩，山巒和坡石染上淡淡的石青、石綠和赭石，加以花青染樹葉，畫面色調清雅明

〔註14〕元，趙孟頫，《洞庭東山圖》，絹本，設色，61.9×27.6公分，上海博物館藏。

澈，這種淺絳山水是趙孟頫在小青綠山水基礎上演變而來，對元代山水畫風影響很大。

第二節　黃公望的繪畫

　　黃公望（1269～1354 年）被尊爲「元四家」之首，也是「元四家」中年歲最長者，曾師於趙孟頫，親自接受指導，他在趙孟頫的《千字文卷》後題詩曰：「當年親見公揮灑，松雪齋中小學生。」黃公望自五十歲左右才開始從事山水畫創作，在畫史上地位與吳鎮、倪瓚、王蒙合稱爲「元四家」，其中倪瓚與王蒙都曾向黃公望請益過。黃公望發展了趙孟頫的畫法，並上追董源與巨然，多用披麻皴，到晚年畫法大變，自成一家，作品有淺絳山水和水墨山水兩種風貌，他的淺絳山水筆墨秀逸，煙雲流潤，氣勢雄渾；水墨山水則筆墨灑脫、蕭散蒼秀、境界高遠。黃公望作品深受後世的董其昌、王原祁等畫家推崇，在繪畫藝術史上獨樹一幟。

一、生平述略

　　黃公望生於南宋度宗咸淳五年（1269 年）中秋節，字子久，號大癡、大癡道人、一峰道人，江蘇蘇州常熟人。黃公望曾任小吏，延祐二年（1315 年）九月因張閭貪汙事被牽連入獄，開釋後入全眞教出家，並與張三豐、莫月、冷謙等道友交往，浪跡江湖，隱居在常熟（今虞山西麓），因而以書畫大振。至正十四年（1354 年）在常熟逝世，享年八十六歲。

　　由於黃公望浪跡江湖，關於黃公望的籍貫，目前也有多種說法，分別有杭州、松江、常熟、富陽、衢州、徽州、莆田和永嘉等說法。元末明初，陶宗儀認爲黃公望是永嘉人（今溫州市），他在《南村輟耕錄》卷八《寫山水訣》裡寫道：「黃子久散人公望，自號大癡，又號一峰，本姓陸，世居平江常熟，繼永嘉黃氏。」陶宗義認爲陸姓出繼黃姓。清初版本的《錄鬼簿》（元代鍾嗣成著）擴大說黃公望本姑蘇陸姓，名堅，「髫齡時，螟蛉溫州黃氏爲嗣，因而姓焉。其父年九旬時，方立嗣，見子久，乃云：『黃公望子久矣』。」〔註 15〕於是改姓黃，名公望，字子久；後人對此說法較爲信服且廣爲流傳。

　　黃公望自幼聰敏，學識淵博，工書法、詩詞，並擅散曲、音律，元代鍾

〔註 15〕元，鍾嗣成，《錄鬼簿》；引自朱玄，《中國山水畫美學研究》（台北：台灣學生書局，1997 年 8 月），頁 95。

嗣成說：「公之學問，不在人下，天下之事，無所不知，薄技小藝亦不棄。」
〔註16〕他年五十歲始學繪畫，曾得趙孟頫的指教，陶宗儀說他「畫山水宗董、
巨」他居住在富春江一帶，平日領略山水的壯麗，故他的山水畫由內在轉化
出屬於自己的風格，平淡天眞，不做作刻意，繪畫對他來說彷彿是個人修行
之餘的寄情筆墨，使藝術創作回歸到人性的自在。

　　黃公望晚年浪居山林，在常熟泛舟夜遊，拉斷繫酒瓶的繩，撫掌大笑，
山谷回音迴盪在靜夜裏。又於山間水邊暢飲，空酒瓶投入河中，當村民疏濬
河道，發現沉河酒瓶可裝滿一船。黃公望常到荒山野林、泖中通海處獨坐徜
佯，在富春山隱居時，面對門外松檜、青山、四季日月，晨昏陶醉在山水中，
於山水畫表現對山水的眞實感受，他的畫作正是他曠達心境的鮮明寫照。據
今人高居翰對黃公望晚年的記述：

> 年老時，面貌仍如少年般光滑細嫩，目光澄如碧玉，兩頰紅潤。卒
> 於 1354 年，可是晚年見到他的人似乎都認爲他已經快要得道成仙。
> 這類羽化登仙的奇聞逸事在死後一直流傳，據說還有人見到他在山
> 間逍遙的吹弄笛子。〔註17〕

由上可見黃公望生前爲道教方外之士，行蹤自由無定，生活放達超脫，晚年
隱遁山林傳道修練，面貌猶如少年般，於他去世後仍然流傳種種他羽化成仙
的傳說。

二、藝術風格與意境

　　黃公望重視寫生，他習慣隨身攜帶畫本和墨筆，時時觀察寫生，常在風
景名勝地區隨筆摹寫，遇有奇石、老樹與美景，立即用筆描寫出他們的模樣
形狀，元代夏文彥稱他的創作是「探閱虞山朝暮之變幻，四時陰霽之運氣，
得之於心，而形之於畫。故所畫千丘萬壑，愈出愈奇，重巒疊嶂，愈深愈好。」
〔註18〕明代董其昌說：「黃子久每袖筆墨山行，見奇樹即寫之。」〔註19〕可見
黃公望對身歷其境的作畫態度十分認眞，故能畫出奇山奇壑奇樹。

〔註16〕元，鍾嗣成，《錄鬼簿》；引自薄松年，《中國：巨匠美術週刊・黃公望》（台
　　　　北：錦繡出版社，2002 年 4 月），頁 32。
〔註17〕高居翰，《隔江山色：元代繪畫》（台北：石頭出版股份有限公司，1994 年），
　　　　頁 107。
〔註18〕引同薄松年，《中國：巨匠美術週刊・黃公望》，頁 22。
〔註19〕明，董其昌，《董華亭書畫論》；引同薄松年，《中國：巨匠美術週刊・黃公望》，
　　　　頁 26。

他在著作《寫山水訣》裡呈現中國山水畫的重要理論，其中談到寫生時說：「皮袋中置描筆在內，或於好景處，見樹有怪異，便當模寫記之，分外有發生之意。」「山頭要折搭轉換，山脈皆順，此活法也。眾峰如相揖遜，萬樹相從如大軍領卒，森然有不可犯之色，此寫真山之形也。」〔註20〕正是黃公望深入觀察自然景色，並細緻的追模記寫，以致他的山水畫能形神兼備、真實生動。

在黃公望的思想中，道家思想佔有重要地位，以他是當時全真教中的特殊人物有關。此道家思想影響到他的繪畫，他仔細觀察自然而從事創作，對於畫中的形象，他還要求表現出形象個性和不同的形象特徵，以確認其「身份」，可見他很注重「形似」，他認為「形似」是繪畫的基礎也是關鍵，追求神韻雖為首要之事，但並非「不求形似」。

黃公望的山水畫，丘壑林木層層相連，技法成熟精妙，留下許多長卷大軸的巨幅著作，如《富春山居圖》等。他的水墨山水非常出色，山石少用皴擦，多以淡墨染色和逸筆寫出，風格清逸瀟灑。並創始「淺絳山水」，又叫「赤者墨山水」，即先以水墨勾勒皴染為基礎，再加以赭石為主色的淡彩山水畫。《芥子園畫傳》說：「黃公望皴，仿虞山石面，色善用赭石，淺淺施之，有時再以赭筆鉤出大概。」〔註21〕就是指「淺絳山水」的畫法，黃公望提出螺青與藤黃加墨使用，再多一赭石，成為後來山水畫的主要三種色彩。山巔多畫礬頭，表現山頂上的石塊，黃公望在《寫山水訣》中說：「董源小山石謂之礬頭。」〔註22〕用筆繁複，顯出山石的紋理和立體感；他的許多畫法成為晚明以來山水畫的正統典型。

他的山水畫既保留董、巨的風格面貌，又接受趙孟頫「書畫本來同」的藝術思想，講求以書法入畫，重骨法用筆，筆中見墨，乾濕並用，勾皴擦染點交替進行，達到簡淡天真的藝術境界，明末清初鄒之麟在《富春山居圖》的題跋中稱讚他：「筆端變化鼓舞，右軍之蘭亭也，聖而神矣！」〔註23〕明代王世貞評論黃公望的畫法：「無筆不靈，無筆不趣，於宋法之外，又開生面。」

〔註20〕元，黃公望《寫山水訣》：引自鄭午昌，《中國畫學全史》（上海：上海古籍出版社，2011年12月），頁277～278。

〔註21〕《芥子園畫傳》：引同薄松年，《中國：巨匠美術週刊・黃公望》，頁4。

〔註22〕元，黃公望《寫山水訣》：引同鄭午昌，《中國畫學全史》，頁277～278。

〔註23〕元，黃公望，《富春山居圖》（無用師本），1350年，紙本，水墨，33×636.9公分，台北故宮博物院藏。

「山水畫……大癡、黃鶴（王蒙）又一變也。」〔註24〕清代王原祁說：「子久以平淡天眞爲主。」〔註25〕他的畫風於宋代以來有所創新，使傳統山水畫爲之一變，開創出新的風貌，對後世山水畫發展影響很大。

三、作品舉隅

黃公望的繪畫一方面追求主觀情趣與筆情墨韻；一方面也重視繪畫的方法技巧，以及形象的塑造，他主張「大抵作畫，只是一個理字最緊要。」〔註26〕清惲壽平也說：「學癡翁須從董巨用思，以瀟灑之筆，發蒼渾之氣，游趣天眞復追茂古，斯爲得意。」〔註27〕可見黃公望作品以眞實自然山水的形象與規律爲依據，且表現眞切的生活感受，並能掌握繪畫法度，故能融匯情趣與理法，既遊趣天眞，創造意境，又追尋古意，瀟灑得意。以下將探析黃公望三幅畫作：《富春山居圖》是他傳世的代表作；《天池石壁圖》是其淺絳山水畫的代表作品；《九峰雪霽圖》則是黃公望作品中風格奇特的一幅畫。

（一）《富春山居圖》

《富春山居圖》是黃公望於八十歲左右的作品，他在晚年定居於杭州西部，經常往來於富春江一帶，從中汲取繪畫創作素材，興之所至，隨意提筆在紙上描寫佈置，把富春山周圍風景的實況與精神陸續記錄下來，累積不少畫稿。從至正七年（1347年）開始，大約畫了三、四年的時間，到至正十年（八十一歲）的夏季才完成這幅六百多公分的長卷，將富春江兩岸長達數百里風景概括於筆端。黃公望在卷末記述整段創作歷程，並特別指明是爲道士好友鄭無用畫的。黃公望《富春山居圖》題款如下：

> 至正七年（1347年），僕歸富春山居，無用師偕往。暇日於南樓援
> 筆寫成此卷，興之所至，不覺布置如許，逐漸填搭，閱之四載，未
> 得完備，蓋因留在山中，而雲游在外故爾。今特取還行李中，早晚
> 得暇，當爲著筆。無用過慮有巧取豪奪者，俾先識卷末，庶使知其
> 成就之難也。十年，青龍在庚寅，歇節前一日，大癡學人書於雲間
> 夏氏知止堂。〔註28〕

〔註24〕引同薄松年，《中國：巨匠美術週刊・黃公望》，頁30。
〔註25〕引同薄松年，《中國：巨匠美術週刊・黃公望》，頁16。
〔註26〕引同薄松年，《中國：巨匠美術週刊・黃公望》，頁30。
〔註27〕引同薄松年，《中國：巨匠美術週刊・黃公望》，頁28。
〔註28〕同元，黃公望，《富春山居圖》（無用師本）。

《富春山居圖》為黃公望代表作，他深入真山真水，描寫富春桐廬山水，畫中層巒起伏，江水平靜，點綴樹林亭舍，疏密相間，山巒、江水、樹木、房舍、人物、舟楫等看似隨興安置，卻又處處可見匠心獨具。

全畫結構完整紮實，用筆簡練，使用較多披麻皴的線條，將董、巨那濃密、有秩序的披麻皴演變為更輕鬆自由的長披麻皴；以中鋒筆法畫成渾厚的山勢，同時以乾筆皴擦，以表現山巒豐富的質感和層次；叢樹平林多用橫點，筆墨紛落；並以濃墨點苔，使具有節奏感及書法的筆意。此畫突顯物我兩忘的意象的抒寫，清代張庚於《圖畫精意誠》說：「富春山卷，其神韻超逸，體備眾法，脫化渾融，不落畦徑。」〔註29〕全圖氣勢恢宏，可見功力深厚。

《富春山居圖》全卷以水墨畫於紙本上，可看到紙開始替代絹，成為中國繪畫主要的材料，水墨也代替了色彩，成為中國畫的正宗。《富春山居圖》的「三遠」法構圖運用自如，《寫山水訣》中說：「山論三遠：從下相連不斷，謂之平遠；從近隔開相對，謂之闊遠；從山外遠景，謂之高遠。」〔註30〕其中以「闊遠」替代了宋人的「深遠」，使得元畫的構圖形式有了轉變；且帶出「遠水無痕，遠人無目。」「水出高源，自上而下，切不可斷脈，要取活流之源。」「山腰用雲氣，見得山勢高不可測。」〔註31〕以表現遠近與高低的空間感。並用散點透視法，一步一美景，一眼一奇觀，視點移動特別豐富，有時用高遠法，覺得山近在眼前，高大雄渾，有時用平遠法，山被推得極遠，由近山而可望遠山，這種視覺的轉移方式是中國長卷繪畫的特色，在此幅畫中也被黃公望發展到了極致。

《富春山居圖》的流傳既曲折又帶傳奇性，它也有許多的摹本與倣本。由於原畫卷後有歷代收藏者和鑑賞者的題跋，又屢獲明清人於著作中提及流傳情形，故流傳有緒，較無疑問。這幅黃公望為無用師所作的畫卷，在明初為蘇州的沈周所收藏；此後經弘治年間樊舜舉、隆慶年間無錫談思重、明末董其昌所有，後來押給宜興的吳正志；清初吳氏將畫傳其子吳洪裕，吳洪裕非常珍視此畫，後來竟將此卷投擲火中殉葬，所幸其姪吳子文乘機搶出，雖卷首已遭焚毀，還好留存大部分畫卷；清代前期先後歷經季寓庸、高士奇、王鴻緒和安歧收藏；

〔註29〕清，張庚，《圖畫精意誠》；引同薄松年，《中國・巨匠美術週刊・黃公望》，頁 12。

〔註30〕元，黃公望《寫山水訣》；引同鄭午昌，《中國畫學全史》，頁 277～278。

〔註31〕同元，黃公望《寫山水訣》；引同鄭午昌，《中國畫學全史》，頁 277～278。

至乾隆十一年由安家賣給內府。當時乾隆皇帝已在前一年將收得的另卷《富春山居圖》定爲眞跡〔註32〕，也反覆於此圖上題詠多達數十處，幾無空隙，因而將眞正的《富春山居圖》定爲倣本，以致長期被煙沒。直到清朝被推翻後，《富春山居圖》歸台北故宮博物院收藏，經過專家鑑定，此幅畫爲眞迹無疑。而被裁剪下來的燒毀卷首一段，另裱成一小幅畫，名爲《剩山圖》〔註33〕，也從火前的摹本中覓得原貌，使其成爲一幅獨立完整的的山水畫。

（二）《天池石壁圖》

《天池石壁圖》〔註34〕是黃公望的淺絳山水畫代表作，千巖萬壑，山石上多置礬頭，景物都敷以淺絳色彩，全畫構圖繁密嚴謹，可見作者胸有丘壑，才能呈現如此壯觀動人的境界。黃公望十分喜歡天池山，畫了多幅《天池石壁圖》，天池山在蘇州城西三十里處，因於半山間有一巨池而聞名，天池山景色秀麗，自東晉以來，多有高僧名士隱居在此，故又稱爲「隱山」，山的東半也稱爲華山。

本圖是全景式的大立軸，畫中山從山腳到山頂占滿全部畫幅，山巔巨石組成蓮花狀，高達數丈，表現一種流動性發展，連細節部分也都配合整體的流動。山下有古松樹木鬱鬱成蔭，其間有房屋、橋樑和溪流，相當的幽靜。後面有一條彎曲小徑可以通往山上，小徑兩旁都是樹木山石，山石的形狀千變萬化，或聚或散，山腰平臺上有一座涼亭，再更上去一點就可看到天池，位於畫幅右上方中部，石壁拱立，壁間瀑布飛洩，石壁上面山峰起伏，湧入雲端，景觀雄偉動人；左側深谷被雲霧籠罩，又是一番幽深的感覺。

畫上有作者的題款：「至元元年十月，大癡道人爲性之作《天池石壁圖》，時年七十有三。」〔註35〕右上方有元代詩人柳貫在至正二年所題的長詩，可知此畫是爲張性之而作，張性之爲文人錢良佑的門婿，兩人與黃公望皆有往

〔註32〕此圖卷尾作者題跋中寫有子明隱居而作，故後俗稱爲《富春山居圖》「子明卷」，因爲此卷爲眞跡被焚前的摹本，所以保留有起首遭焚的一小段景物，對研究與了解《富春山居圖》的原貌，仍具有重要的參考價值。《富春山居圖》「子明卷」，紙本，墨筆，32.9×589.2公分，台北故宮博物院藏。
〔註33〕元，黃公望，《剩山圖》，1350年，紙本，水墨，31.8×51.4公分，浙江省博物館藏。2011年6月2日～9月5日，在台北故宮博物院曾舉辦「山水合璧—黃公望與富春山居圖特展」，闊別360年的《富春山居圖》與《剩山圖》終又聯璧呈現。
〔註34〕元，黃公望，《天池石壁圖》，1341年，軸，絹本，設色，139.4×57.3公分，北京故宮博物院藏。
〔註35〕同元，黃公望，《天池石壁圖》。

來。柳貫在詩中對此畫的評價極高，稱黃公望為「吳興（即趙孟頫）室內大弟子」〔註36〕，讚揚他的畫藝可與唐代的王宰並駕齊驅；並讚揚他在心性修為方面的境界，詩裡多次用到「騎鯉魚」、「神山」、「蛾綠」等與神仙修道有關的典故：「連峯嶢嶢雲簇簇，石壁天池秋一幅。大癡道人騎鯉魚，夢入神山采蛾綠。覺來兩鬢風泠泠，顥氣湧出芙蓉青。」〔註37〕使人彷彿看到一名修道已成的神仙人物悠遊於天地山水，騎著鯉魚，夢入神山，來去自在，坦蕩無牽掛。可見黃公望在當時文人的心目中，既是畫家，也是全真教德高望重的名士，故筆下的紙墨有源源不絕的「顥氣湧出」，呈現壯闊的山水畫作。

（三）《九峰雪霽圖》

《九峰雪霽圖》〔註38〕在黃公望傳世畫作中可說別開生面，張庚認為此畫為「大癡極經意之作，無平日本色一筆。」〔註39〕卻呈現靜穆幽深的意境。此作品為絹本水墨立軸，黃公望以水墨寫意的方法，畫出江南松江一帶的九座道教名山，當時稱為「松郡九峰」，顯現作者對道教全真教的崇拜；畫中繪出寒冬山景，山峰高聳入天，冰天雪地，山巒一片白茫茫，山上的枯樹直立，氣氛顯得非常蕭瑟。

黃公望於畫上題記：「至正九年春正月，為彥功作雪山。次春雪大作，凡兩三次，直至畢工方止，亦奇事也。大癡道人，時年八十有一，書此以記歲月云。」〔註40〕可知當時正逢連日大雪，給予黃公望創作的靈感與興致。題中的彥功為班唯志，是書法家鄧文原的高足，此畫就是應彥功的請求而作。

黃公望用空鈎畫出山巒，卻生動的表現山石的肌理結構與凹凸層次；再染上淡墨，不加皴擦，採用「冬景借地為雪」〔註41〕的方法畫雪景，用原絹的素白表現晶瑩的冰雪山峰。並用細筆勾勒出山間小樹，立幹出枝，多用斷筆啄點，以表達積雪壓枝，非常巧妙。且用濃墨暈染出天空和冰河，更加襯托出雪白明淨的山景。

畫面上分三層描繪隆冬景致，近景畫有平坡冰河、寒樹碎石；中景是孤

〔註36〕同元，黃公望，《天池石壁圖》。
〔註37〕同元，黃公望，《天池石壁圖》。
〔註38〕元，黃公望，《九峰雪霽圖》，1349年，軸，絹本，墨筆，117×55.5公分，北京故宮博物院藏。
〔註39〕清，張庚；引同薄松年，《中國：巨匠美術週刊·黃公望》，頁12。
〔註40〕同元，黃公望，《九峰雪霽圖》。
〔註41〕傅抱石，《中國繪畫理論》（台北：里仁書局，1985年3月），頁119。

峰兀立、密林屋舍；遠景是刀削般的群峰直衝寒空。方硬的筆觸和山石結體
更加突顯凜冽逼人的寒冷氣息，全圖布局充實，幾無空隙。黃公望以超高的
技巧，僅靠對色彩的掌握，將全畫都籠罩在寒冽的冰雪當中，真切的傳達出
陣陣襲人寒意；黃公望在此畫中充分施展藝術的想像力，構圖新穎，山形怪
異，造境奇偉。

第三節　吳鎮的繪畫

　　吳鎮（1280～1354 年）處於動盪不安的現實環境和被忽視的社會地位，
使他的情緒思想非常消極悲觀，不只否定了世俗榮華，並否定了文人一向注
重的名節情操，一股心中的不平愁緒，最後化作激忿之情，憑藉筆墨發洩這
人生感觸，形成了吳鎮山水畫中特有的沉鬱的風格。吳鎮的作品主要表現自
身的隱逸情懷以及毫不隨俗的性格，被稱為「有山僧道人氣」，其高遠志節的
繪畫風格對後人的影響頗大，但他的畫在生前並不為人賞識，直到明代中葉，
被列入四家後，才得到世人肯定。

一、生平述略

　　吳鎮生於元世祖至元十八年（1280 年），字仲圭，號梅花道人、梅沙彌等，
嘉興魏塘鎮（今浙江嘉興）人，魏塘景色秀麗，常表現於他的山水畫中。他出
生時是南宋滅亡後第二年，故幼年常聽到父老提及喪國之痛與遺臣殉國的悲壯
事蹟。吳鎮性情孤介清淨，崇尚隱逸，畢生不入仕途，也很少與官宦往來，一
生貧寒窮困。吳鎮博學多識，能詩文，工書法，善草書，並善水墨山水畫。

　　吳鎮的畫作自他五十歲以後才漸出名，在他四十九歲前的活動無法以編
年法敘述，自明中葉後，吳鎮生平的傳說才愈來愈多，也愈奇特，有關吳鎮
的傳說可分四類：一為少好劍術，清代孫承澤《庚子消夏記》有唯一的記載：
「世傳仲圭少好劍術，偶讀易，乃一意韜晦，隱武塘賣卜，又厭而潛跡委巷
中，屋植梅，日哦其間，因號梅道人。」〔註42〕如以上所言，二為學易賣卜，
與其兄璋從昆陵（江蘇武進）柳天驥學易經，吳鎮受當時流行的理學，即陸
學（南宋陸九淵、陸九齡兄弟倡導）的影響，並以學易經而知人情，曉事勢；
三為與盛懋（當時以繪畫為職業的名家）比門而居的故事，董其昌題「梅道

─────────────────

〔註42〕清，孫承澤，《庚子消夏記》；引自李霖燦等（故宮叢刊編輯委員會），《元代
　　　　畫家吳鎮》（台北，國立故宮博物院，1983 年 6 月），頁 5。

人漁父圖」說：

> 吳仲圭本與盛子昭比門而居，四方以金帛求子昭畫者甚眾，而仲圭
> 之門闃然，妻子頗笑之。仲圭曰二十年後不復爾，果如其言。盛雖
> 工，實有筆墨蹊徑，非若仲圭之蒼蒼莽莽有林下風氣，所謂氣韻非
> 邪。〔註43〕

以上這段故事僅為傳說，但可顯示明、清人評畫的準則，也說明好的藝術作
品可歷經年代考驗。傳說之四為吳鎮自書墓碑「梅花和尚之塔」，據傳吳鎮精
於奇門先天易言，明正德《嘉善縣誌》記載，吳鎮未歿時，即預題其墓，沈
周「題梅花和尚之塔」云：「梅花空有塔，千載莫欺人，草證鎏光妙，山移北
苑真，斷碑猶臥雨，古橡未回春，欲致先生奠，秋塘老白蘋。」〔註44〕除了
沈周有「梅花和尚之塔」的說法，陳繼儒則強調吳鎮有預知的能力，在所作
《梅花菴記》中說：「尤邃先天易，言機祥多中，先題墓額於生前，而獲脫兵
火於身後。」〔註45〕事實上，由於元末亂象早出，能預知天下將大亂的人頗
多，吳鎮為其一。

吳鎮的人品孤高隱匿，清代錢棻在《梅花道人遺墨》（收輯吳鎮的題畫詩）
一書的序中，曾強調吳鎮的人品：

> 元之末抱才高蹈放浪湖山者，良不乏人。……先生獨匿影菰蘆，日
> 與二三羽流衲子為群，所畫殘縑斷楮，惟自署梅花菴主，不容他人
> 著一字，蓋至性孤騫，終不肯傍人籬落如此。〔註46〕

吳鎮淡泊處世的志節為後世特別推崇。吳鎮一生的活動範圍不出浙江與太湖
流域，大都在嘉興，由畫上的題跋知其曾遊歷杭州和吳興，吳鎮的交遊如今
所知有書畫家如李衎、陶宗儀、盛懋、倪瓚、王蒙、鮮于樞、吳孟思、唐明
遠和吳瓘等人，交遊較多的仍為禪僧、道士，如竹叟禪師、古泉禪師、周元
真道士等人。

〔註43〕明，郁逢慶，《郁氏書畫題跋記》卷八，頁386，董其昌題「梅道人漁父圖」。
　　　　引同李霖燦等（故宮叢刊編輯委員會），《元代畫家吳鎮》，頁2～3。
〔註44〕明，沈周，《石田先生集》卷二，頁373，明代藝術家集彙刊。引同李霖燦等
　　　　（故宮叢刊編輯委員會），《元代畫家吳鎮》，頁1。
〔註45〕明，陳繼儒，《梅花菴記》：引同李霖燦等（故宮叢刊編輯委員會），《元代畫
　　　　家吳鎮》，頁2。
〔註46〕清，錢棻，《梅花道人遺墨》：引同李霖燦等（故宮叢刊編輯委員會），《元代
　　　　畫家吳鎮》，頁4。

二、藝術風格與意境

　　吳鎮的繪畫題材多描寫漁夫與隱逸生活，寄託他避世隱遁的思想。他的山水繪畫具有氣勢磅礴的畫風，董其昌評論說：「吳仲圭大有神氣。」指吳鎮畫元氣淋漓而不入野，具獨特風格。吳鎮與黃公望、倪瓚、王蒙三家有明顯不同之處，在筆墨方面，黃、倪、王三家重筆，多用乾筆，皴擦較多；而吳鎮重墨，多用濕筆，表現山林鬱鬱蒼蒼的茂密景色，筆墨雄勁沉厚。在構圖方面，黃、倪、王三家皆趨於平穩，吳鎮則尋求奇險，畫面或長松倒掛，或危峰突起，或截取景色一角，掀天揭地，直迫人前。在畫面題款上，三家都用楷書，吳鎮獨用草書，從書寫內容與豪放不羈的書風中，令人感受到他蓄積於胸懷的不平之氣。

　　吳鎮師法董源、巨然，元代夏文彥的《圖繪寶鑑》中說吳鎮「畫山水師巨然」〔註47〕，明代何良俊《四友齋畫論》說：「黃子久、叔明、仲圭皆宗董巨。而雲林專學荊關。」〔註48〕明末董其昌在《畫眼》中也有吳鎮師董巨之說，清代盛大士的《谿山臥游錄》說：「元倪雲林、王叔明、吳仲圭、黃子久四家皆出於董巨。」〔註49〕但吳鎮靈活運用，畫出山林郁茂的景色，畫面上布有礬頭，筆法上用長披麻皴，兼以斧劈皴，筆力蒼勁，並以濕墨渲染，墨氣渾厚，改變了巨然「淡墨輕嵐」的風格，頗具原創性，此出於吳鎮觀察青山自然的親身體驗，以及他自己的思想內涵。吳鎮也畫其他題材，畫松竹，或畫古木、怪石，挺勁有力，生意滿紙。明代沈周、文徵明等文人畫家多師法吳鎮，明末董其昌、陳繼儒等人以學問、隱居與志節來評論吳鎮，清代四王、吳惲都從他的作品中得到啟發，明清兩代書畫家皆受吳鎮影響。

　　吳鎮的思想深遠，從他的題畫詩與畫作可以了解，他的思想依然根植於儒家，他晚年作畫、讀書以及與禪僧靜坐，並課子讀論語、孟子等儒家經典，可知他早期學易經至晚期仍是偏向現實的人生哲學，而傳統的儒家學說、道家莊子與中國詩文於吳鎮心中蘊釀成為對人生世事的想法，這些經書與詩文裡的典故，彌補了他作品中繪畫語言的不足。吳鎮重視題詠詩文於畫面，且與繪畫風

〔註47〕元，夏文彥，《圖繪寶鑑》；引同李霖燦等（故宮叢刊編輯委員會），《元代畫家吳鎮》，頁103。

〔註48〕明，何良俊，《四友齋畫論》，藝術叢編本，頁36；引同李霖燦等（故宮叢刊編輯委員會），《元代畫家吳鎮》，頁103。

〔註49〕清，盛大士，《谿山臥游錄》，藝術叢編本，頁80；引同李霖燦等（故宮叢刊編輯委員會），《元代畫家吳鎮》，頁103。

格協調統一，吳鎮在題畫詩中曾引用北宋蘇軾、蘇轍、文同的詩文，以及陳與義的詩句：「意足不求顏色似，前身相馬九方皋。」〔註50〕元代鮮于樞的詩句：「涼陰生研池，葉葉秋可數，京華客夢醒，一片江南雨。」〔註51〕吳鎮愛竹畫竹，他的題竹詩有：「相逢盡道休官去，林下何曾見一人。」〔註52〕他將竹子比喻成君子，其重視節操與修身養性的意念即是儒家君子的觀念；吳鎮的修德治學與藝術涵養有益於世道人心，故其文人畫藝術有移風易俗的功效。

　　若從純粹繪畫的立場來說，在畫作上題詩以點醒畫題，並非最適當的方式，可能阻礙繪畫作品的發展；但從另一角度來看，文人能持筆繪畫，往往能提升繪畫的意境，使畫的內容更富思想與情感，這也就是文人畫與畫工畫不同的地方。吳鎮的文人畫一方面技巧高，一方面意境高，充分流露出文人畫家稱頌平淡天真的生活樂趣，此即吳鎮的繪畫可貴之處。

三、作品舉隅

　　吳鎮一生雖畫許多畫，但現在可看到作品卻不多，流傳至今的有《洞庭漁隱圖》、《漁父圖》、《清江春曉圖》、《松泉圖》、《嘉禾八景圖》、《雙檜平遠圖》等畫。吳鎮作畫不僅追求筆墨變化，也重視法度，他將用筆之道與運墨之法落實於形與神的刻畫上，以及景與情的構成上，畫中每一筆觸與細節都認真處置，行筆沉靜，嚴謹精微，做到「筆不乖於形，跡不悖於象」，只恐筆墨過於張揚，所以儘管吳鎮以「墨戲之作」著稱，卻從不背離物象原本的特徵。《洞庭漁隱圖》、《漁父圖》顯示元代文人畫家聚於江南的漁隱形式，《雙松圖》則呈現吳鎮少見的畫風，這些畫作既符合元文人的生活脈動，又富吳鎮個人藝術特色，在意境與風格表現皆具代表性，故探析如下：

（一）《洞庭漁隱圖》

　　吳鎮的山水畫《洞庭漁隱圖》〔註53〕採用一江兩岸式的構圖法，圖中安排了一艘漁舟由右駛往左邊，把觀者的視線焦點引入畫中央，與松樹頂端相

〔註50〕《墨竹譜》譜十四；引同李霖燦等（故宮叢刊編輯委員會），《元代畫家吳鎮》，頁105。

〔註51〕《墨竹譜》譜十二；引同李霖燦等（故宮叢刊編輯委員會），《元代畫家吳鎮》，頁105。

〔註52〕引同李霖燦等（故宮叢刊編輯委員會），《元代畫家吳鎮》，頁105。

〔註53〕元，吳鎮，《洞庭漁隱圖》，1341年，軸，紙本，墨筆，146.4×58.6公分，北京故宮博物院藏。

應，以避免畫面出現一分為二的狀況，漁船的造型、傾斜度和漁人也都恰當的增加了視覺效果。上方遠景的山巒從左側向畫面中心探進，自左向右下斜，顯露山巒的一部分，前景坡石上矗立著兩棵高聳的松樹，和對岸相呼應，有棵枯樹穿插在兩樹之間，既有補空的功能，使兩松樹在視覺上能結合在一起，增強穩定的力量，也緩和松樹分別直立向上的角度，將視線導引向右上導引，以與漁舟相應，協助一河兩岸的連繫；整個畫面安排得十分巧妙，充分運用到「勢」的原理。吳鎮《洞庭漁隱圖》的一河兩岸構圖相當早，甚至早於倪瓚的山水作品。

畫中以濃墨點苔、葉、小草的方法仍持續著，有此襯托，石頭、樹幹、樹根的受光面和形體更突顯。蘆葦、漁舟和松葉的線條細緻有力，可看出吳鎮的筆法隨著物性而能隨心所欲的表現。

《洞庭漁隱圖》上方題有〈漁父詞〉一首：「洞庭湖上晚風生，風攪湖心一葉橫，蘭棹隱，草花新，只釣鱸魚不釣名。」吳鎮生活於江南水鄉，在取材、畫題上經常採用漁父駕舟、湖澤沙渚與水禽蘆葦的情景。有關漁父的傳說和寓言從戰國時期到晚唐十分興盛，唐代張志和與太守顏眞卿作〈漁歌子〉相唱和，而張志和依據詞意來作畫，成為美談；天寶亂後到唐末，漁隱人士增多了。元代文人畫家聚於西湖、太湖、長江流域、洞庭湖和鄱陽湖區域，成為一種漁隱形式，於是「漁父」以及遊湖文會的情景成為當時重要的繪畫創作題材。

（二）《漁父圖》

《漁父圖》〔註 54〕描繪的同樣是江南水鄉澤國的景色，以水墨表現出山石、湖水的清靜秀美，畫的下半部有一大片寬廣的湖水，湖中有一位漁父正坐著小舟前進，岸邊水草叢生、在微風吹拂下搖曳生姿；近景樹木林立，遠山巒秀麗，整幅畫的意境深幽、清麗宜人。

《漁父圖》也是屬於一河兩岸式的基本構圖，以一葉扁舟向左划行表現動態，並利用對岸水紋平行排列向右流動，以及水草向右波動，使畫面連成一體，左右力量均衡，使觀者的視線停駐於畫面中央。前景的杉樹與隔著河流的山峰，顯現突出的三角錐形狀，強烈指向上方，為了緩和此種畫面，又添加平緩的遠山和坡岸來做調和。此幅作品包含了靜態與動態的景觀，予人靜中有動、動中

〔註54〕元，吳鎮，《漁父圖》，1341～1342 年，軸，絹本，水墨，176.1×95.6 公分，台北故宮博物院藏。

有靜的奇妙感受，整體呈現出均衡、平穩、寧靜、平和的效果。

　　吳鎮的墨色和構圖一般偏向溫潤圓融，而非枯澀蕭竦，故其所描繪的山水景致予人愉悅的感受。《漁父圖》上的題畫詩云：

> 西風瀟瀟下木葉，江上青山愁萬疊，長年悠優樂竿線，簑笠幾番風雨歇。漁童鼓枻忘西東，放歌蕩漾蘆花風，玉壺聲長曲未終，舉頭明月磨青銅，夜深船尾魚撥刺，雲散天空煙水闊。至正二年爲子敬戲作漁父意。梅花道人書。〔註55〕

以上詩句描寫出文人徜徉於秀麗山川間的愉悅心情與經歷，詩中可見畫的題材取秋天夜景，水上月光浮動，四周一片靜寂，只有秋風吹動樹葉的瀟瀟聲以及船尾魚兒跳躍的撥刺聲，一位文人怡然自得的坐在小舟上欣賞美景，氣氛祥和靜謐，吳鎮平和的個性也融在這自在舒緩的詩與畫中。

（三）《雙松圖》

　　吳鎮的《雙松圖》〔註56〕題贈給雷思齊，右邊有款題：「泰定五年（1328年）春二月清明節，爲雷所尊師。吳鎮。」這是他傳世的作品中，最早署有年款的畫作，由此可得知這幅畫是他四十九歲的作品；鈐印二爲「仲圭」、「鑑廬」，皆是吳鎮的印章。雷思齊學養富厚，著作流傳於當世，泰定五年，雷思齊已過世二十七年，吳鎮作畫於清明節以表追思。畫中重重山巒涵育出溪流，滋長雙樹上凌於空，以表示雷思齊精神長留人間。

　　《雙松圖》表現出吳鎮的另一種畫風，空間表現深遠，此構圖是從唐宋以來流行的「松石畫格」變化而來，「松石畫格」通常描繪參天古木的景象，也用來描繪「明月松間照，清泉石上流」的情景；元初的趙孟頫畫雙松圖開始以平遠山水當背景，而後吳鎮也使用此法，這是十分少見的構圖，吳鎮的《雙松圖》表現得更爲源遠流長、平靜祥和，尤其獨特。這幅畫受李成《寒林圖》風格的影響，挺立參天的雙樹虯曲在偏右的位置，佔據了大半個畫面，坡岸多畫礬頭，是董、巨山水畫的重要特色；全畫墨氣沈厚，筆力雄勁。樹旁有一條蜿蜒的溪流潺潺向後方推延，遠處搭配了茅舍與山崗長林，意境深邃，格調清新，氣勢雄偉挺秀。此種構圖方法充滿古意，有別於平淡天眞的元代風格。

　　雖然這件圖的畫題是《雙松圖》，但從畫上這兩棵樹的枝幹來看，實應是

〔註55〕同元，吳鎮，《漁父圖》。
〔註56〕元，吳鎮，《雙松圖》，1328年，軸，絹本，水墨，180×111.4公分，台北故宮博物院藏。

檜樹才對。畫中的檜樹枝幹糾結，延續了李成、郭熙畫樹的風貌；樹皮以淺淡長披麻皴表現，方法又和董源、巨然相似。嘉興地數平隰，松樹常見，檜樹極少，吳鎮畫檜樹有其特殊用意。泰定三年（1326 年）杭州玄妙觀中的檜樹有異象，檜樹頂端的枝葉結成鳳冠的模樣，人稱祥瑞的象徵，觀看者眾，喧騰一時，當時的袁桷作《瑞檜贊》以記載這件盛事。蘇軾曾詠雙檜寫成《王復秀才所居雙檜二首》，詩云：「吳王池館編重城，閑草幽花不記名。青蓋一歸無覓處，只留雙檜待昇平。凜然相對敢相欺，直幹凌空未要奇。根到九泉無曲處，世間惟有蟄龍知。」〔註 57〕詩中歌詠檜樹的悠久，並頌其直梗不阿的氣節，「蟄龍」指將變化成龍的檜樹；此種以樹喻人的手法，在文學上十分常見，在元代文人畫中亦為普遍。

第四節　倪瓚的繪畫

　　倪瓚（1301～1374 年）是元代最有影響力的畫家之一，他生活在社會非常動盪的年代，由此賦予他豐富獨特的人生體驗，形成他深刻的性格，在他的繪畫作品中表現「不求形似」、「逸筆草草」的風格，我們感受不到他人生的複雜或內心的痛苦，這是他受儒、道、禪三家思想的影響，經過長久修養，達到一種「平淡天真」的人生境界。

一、生平述略

　　倪瓚生於元成宗大德五年（1301 年）卒於明洪武七年（1374 年）。原名珽，字泰宇，後字元鎮、玄瑛，別號很多有：雲林、雲林生、雲林子、蕭閒仙卿、海嶽居士、朱陽館主、幻靈子、如幻居士、無住菴主、淨名居士等。倪瓚是江蘇無錫梅里祇陀村人，他的父親倪炳和伯父皆善於治家，是當地出名的富豪，資財雄厚，他為庶母嚴氏所生，幼年喪父，靠長兄倪昭奎（文光）撫養成人，長兄持家有方，倪瓚在〈述懷〉詩中回憶說：

> 礎余幼失怙，教養自大兄；勵志務為學，守義思居貞。閉戶自讀書，
> 出門求友生；放筆作詞賦，覽時多論評。白眼視俗物，請言屈時英；
> 富貴烏足道，所思垂令名。〔註 58〕

〔註 57〕引自陳擎光，《中國：巨匠美術週刊・吳鎮》（台北：錦繡出版社，2002 年 4 月），頁 4。

〔註 58〕引自白適銘，《中國：巨匠美術週刊・倪瓚》（台北：錦繡出版社，2002 年 4

由以上詩句知倪瓚受長兄照料，在思想與學問上皆受其啓發。倪瓚一生沒有做過官，他從小聰穎敏捷，受儒學教育，飽讀儒家經史，詩文俱佳，精繪畫，擅書法，且會操琴，熟音律。他曾自建具江南特色的園林，於其中築清閟閣、雲林堂、誨嶽書畫軒，環境清幽怡人，屋外遍植松、桂、蘭、竹、菊等，遠望一片蔥籠秀麗，由此號爲「雲林」，閣中藏書畫文物多不勝數，他在此讀書吟詩，寫字作畫，並與詩畫朋友往來，青年時期他過著這種閒雅安逸的生活。

倪瓚二十八歲時兄長和嫡母相繼過世，家庭失去保護，倪瓚只得負起照顧家庭的重任，在生活上也發生變化。但他仍常在清閟閣等處舉行詩酒雅集，並遊歷杭州、蘇州、常州、松江等地，與當時最仰慕的道士張雨頗有交誼，且與文人畫家黃公望、柯九思、王蒙、鄭元祐、楊維楨、虞集等人交遊，結爲至交。他也開始信仰全真教，嚮往清靜無爲的隱逸生活。

倪瓚五十歲前，元代還維持安定局面，他過著莊園地主的閒適隱居生活；他五十歲後，元代的統治已極端腐壞，階級和民族的矛盾日漸增加，最後終於爆發元末農民大起義，社會動亂加劇，倪瓚十分痛恨官逼吏索的生活，他曾敘述：「輸租膏血盡，役官憂病嬰，抑鬱事汙俗，紛攘心獨驚。」〔註59〕內心滿是恐懼和憂鬱。至正十二年（1352 年）春，他終於忍受不了官府的苛捐繁役，決定棄田逃遁，於是他分次賣掉田產，離開家園，遠離塵世，開始長達二十餘年浪跡不定的漂泊生活。他多居住於太湖和吳淞江的交匯處，漫遊周圍的宜興、常州、湖州、嘉興、松江一帶，或以扁舟爲家，或於僧寺道觀、友人山莊借宿。

倪瓚長期在外泊居，他的思緒更加空幻，心情更加鬱悶，尤其是妻子蔣氏因病去世後，他失去長期共同浮游的伴侶，相當悲痛。明洪武七年（1374 年），社會趨於安定，年老孤苦的他從「五湖三泖」走出來，返回故里，寄住親戚家中，七十四歲的倪瓚也已臨近人生終點，結束了他清高閒逸，實又悽楚艱辛的一生。倪瓚的晚年好友周南爲他寫的墓誌銘上敘述：

> 平生無他好玩，惟嗜蓄古法書名畫。……雅趣吟興，每發揮於縑素間，蒼勁妍潤，尤得清致……。晚益務恬退，棄散無所積，屏慮釋累，黃冠野服，浮游湖山間，以遂肥遁。氣采愈高，不爲諂曲以事上官，足跡不涉貴人之門。與世浮沉，恥於衒暴，清而不汙，將依

隱焉。〔註60〕

倪瓚性情孤傲，不慕權貴，不愛功名利祿，他接受了道家老莊和佛教的觀念，希望在道教的「虛靜」和佛教的「淨心」中逃離現實，解脫自我，他對於人生抱持著「厭聞塵世事，緬邈不相關」的態度，完全過著一種遠離社會人群的隱匿生活，此種性情、思想與生活影響了他在文人畫上的創作與意境的創造。

二、藝術風格與意境

　　泛舟湖上、杖履山中的倪瓚，表面上猶如神仙般自在瀟灑，實際上內心十分孤寂。他浮游於五湖一帶，熟悉太湖的平緩山巒、疏林草亭，一動畫筆則描寫清幽曠遠的山水風貌，以自己的寂寞情感進入荒寒、蕭疏的意境；更因他自身好潔，使畫境毫無凡塵之氣，充分表現倪瓚的人格修養以及徜徉山林的精神。倪瓚曾說：「晚年隨意抹掃，如獅子獨行，脫落儔侶。一日燈下作竹樹，傲然自得，曉起展視，全不似竹。笑曰：『全不似處，不容易到耳。』」〔註61〕他畫竹、樹如此，畫山水也是一樣，有形的世界被幻化成太虛，所畫似物非物，似形非形，呈現一個寧靜而超然的理想境地，故自然一切似乎都於不經意之中，虛實並出，情景共存，在山水疏林中求得心靈的淨化與意境的舒展。

　　清代王原祁說：「雲林纖塵不染，平易中有矜貴，簡略中有精彩，又在章法筆法之外，為四家第一逸品。」〔註62〕清人王昱說：「畫之妙處不在華滋，而在雅健，不在精細，而在清逸。蓋華滋精細可以力為，雅健清逸，則關乎神韻骨格，不可強也……。」〔註63〕此即將雅健清逸作為對山水畫境界的最高追求。自然物象經畫家賦予意象的任務而求得象外之趣，經由取捨、提煉、歸納、概括等方法，重現自然之美與人性之美。由於倪瓚的生活經歷與人生態度等特色，形成他畫作獨特的風格與意境。陳傳席在《山水畫史話》中說：

　　　　倪瓚的畫以簡勝，表現出一種極其清幽、潔淨、靜謐和恬淡的美，

　　　　給人一種淒苦、悲涼、索寞的感覺。在倪之前，山水畫能表現這樣

　　　　一種美的境界是沒有的。〔註64〕

〔註60〕引同白適銘，《中國：巨匠美術週刊・倪瓚》，頁31。
〔註61〕引自潘運告編，《清人論畫》（長沙：湖南美術出版社，1997年），頁348。
〔註62〕引同潘運告編，《清人論畫》，頁80。
〔註63〕引同潘運告編，《清人論畫》，頁356。
〔註64〕陳傳席，《山水畫史話》（南京：江蘇美術出版社，2001年），頁109。

倪瓚作畫筆墨的特色在於簡淡中顯意趣，畫面上的景物簡而不少，所表達的意味情趣十分濃厚。倪瓚廣學董、巨、荊、關的風格筆墨，而後自成一家，明代董其昌於《畫禪室隨筆》說：

> 雲林畫法，大都樹木似營丘寒林，寒林山石宗關仝。皴似北苑，而各有變局，學古人不能變，便是籬堵間物，去之轉遠，乃由絕似耳。
>
> 倪雲林亦出自郭熙、李成，稍加柔雋耳。〔註65〕

可見倪瓚轉益多師，迄當代的趙孟頫、黃公望等人，都是他師法的對象，畫學淵源頗為深廣。他惜墨如金，以乾筆淡筆皴擦，一反中鋒為主，多用側鋒，輕鬆自如；以簡疏鑄造出意境；以遠山、闊水、疏林、空亭構成一水兩岸式的畫面格局，並成為他山水畫的個性化樣式。倪瓚的繪畫在平淡無奇中見秀俊雋永，剛好表達孤獨幽清的心境，這一切來自他曲折的生活遭遇、淡泊的人生態度與孤傲的性情學養，而獨創出元代文人畫中江南山水的荒寒蕭索的意境。

到了元代，「逸」從一般風格類型提升到美學範疇，元文人畫強調「士氣」、「逸氣」，即文人的高雅情懷和淡泊的境界，其中倪瓚的藝術個性最突出，他的繪畫風格疏簡蕭散，意境虛靜空靈，別具一格，他在特別的時代形成了特定的繪畫語言，更能表現元文人放逸的審美傾向，不僅為他個人作品增加「聊寫胸中逸氣」的意趣，更對後來文人畫的逸格產生深遠、重大的影響。倪瓚所謂的「逸氣」、「逸筆」是畫家內在品格的外在呈現，「逸氣」是文人畫家在作品中流露的氣質、人格、思想與情感，「逸氣」的獲得即來自「逸筆」的運用；「逸筆」是文人畫的筆墨形式，倪瓚首次提出「逸筆」的概念，指的是與文人的精神境界和審美觀念相對應的筆墨，他自稱「逸筆縱橫意到成」、「逸筆草草」，所謂「逸筆草草」，即文人畫的「筆簡」形式，是在「形似」的基礎上再進一步的昇華，用簡潔的筆墨而達到神形兼備、形簡意淡的境界。倪瓚關於「逸氣」、「逸筆」的繪畫、美學思想，主要表現於三篇詩文裡：「跋畫竹」、「答張藻仲書」、「為方厓畫山舊題」。〔註66〕

〔註65〕明，董其昌，《畫禪室隨筆》；《歷代論畫名著彙編》（台北：世界出版社，1974年），頁258、250。

〔註66〕詩文內容與探析詳見本論文「第四章元代文人畫之美學表現—第三節元文人畫之風格美—一、逸筆草草，不求形似」。元，倪瓚，《雲林集》、《清閟閣全集》卷九、十、二；引自彭修銀，《墨戲與逍遙》（台北：文津出版社，1995年9月），頁46、47；以及俞劍華，《中國古代畫論類編》（上）（下）（北京：

　　倪瓚所說的「不求形似」，並非根本不要形的描繪，也不是可任意描繪形，而是要讓形的描繪完完全全成為「胸中逸氣」的展現。他要讓畫中的筆墨都為抒寫逸氣而發，而不只為物形而設，他主張畫心中的形，正如他所說「渚上疏林枯柳，似我容髮，蕭蕭可憐。」〔註67〕的意態之形，而不只求物象之似。倪瓚的畫，與對物象的觀察與描繪精細的宋畫相比，固然是「逸筆草草」，實則經過精心的提煉、概括與組織，在高度嚴謹下，顯得隨意天然。倪瓚的「寫胸中逸氣」，在美學上非常明確的將藝術家的思想、心境、情感的表現提高到第一地位，此理念在中國繪畫的發展上有著關鍵性的重大意義。

　　倪瓚的繪畫表現了元代繪畫的高逸品格，對後世產生深遠的影響，在明清文人畫家心中，倪瓚地位崇高，並給予他極高的評價。明代陳洪綬認為「夫人欲作畫，先發雲林心。」明末年清初金陵八家之首的龔賢深受倪瓚影響，他聲稱：「疏林寫就饒寒重，要與先生一併傳。」而受倪瓚影響最深的是清代僧人弘仁說「迂翁筆墨予家寶，歲歲焚香供作師。」〔註68〕他一生宗法倪瓚，畫學與書法全仿倪，得倪瓚真髓後，專繪黃山之景，並開創「新安畫派」，此派畫家都師法倪瓚，在清代畫史上造成巨大震憾。清代惲壽平說：「高逸一種，蓋欲脫盡縱橫習氣，淡然天真，所謂無意為文乃佳，故以逸品置神品之上。若用意模仿，去之愈遠。」「純是天真，非擬議可到，乃為逸品。當其馳毫，點墨曲折，生趣百變。千古不能加，即萬壑千崖，窮工極研，有所不屑。此正倪迂所謂『寫胸中逸氣』也。」〔註69〕所言對倪瓚的高逸繪畫奉為典型。

　　明代董其昌，對倪瓚人品和繪畫的評價特別高，把倪瓚的繪畫列為「逸品」，是區別繪畫的「清」與「俗」的標誌。董其昌在《畫禪室隨筆》中說：

　　　　迂翁畫在勝國時，可稱逸品。昔人以逸品置神品之上，歷代唯張志
　　　　和、盧鴻可無愧色。宋人中米襄陽在蹊逕之外，餘皆從陶鑄而來。
　　　　元之能者雖多，然承稟宋法，稍加蕭散耳！吳仲圭大有神氣，黃子
　　　　久特妙風格，王叔明奄有前規，而三家有縱橫習氣，獨雲林古淡天
　　　　然，米癡後一人而已。〔註70〕

　　　　人民美術出版社，1986年），頁702。
〔註67〕引同白適銘，《中國：巨匠美術週刊・倪瓚》，頁32。
〔註68〕引自《倪瓚研究》（朵雲62集）（上海書畫出版社，2005年）。
〔註69〕清，惲壽平，《甌香館畫跋》；引同傅抱石，《中國繪畫理論》，頁43。
〔註70〕明，董其昌，《畫禪室隨筆》，引同白適銘，《中國：巨匠美術週刊・倪瓚》，
　　　　頁30。

這裡所指的「古淡天然」包含畫家的品格修養、作品內容與藝術形式。董其昌另言:「元季四大家,獨倪雲林品格尤超,早年學董源,晚乃自成一家,以簡淡為之。余嘗見其自題《獅子林圖》曰:『此卷深得荊關遺意,非王蒙諸人所夢見也。』其高自標許如此。」〔註71〕董其昌對倪瓚的高度讚美,其目的亦在於宣揚南宗文人畫的思想要旨,強調文人畫家的精神傳承。

倪瓚的「寫胸中逸氣」說,在中國文人畫的發展上得到充分的展現,可說是一種表現主義的藝術,與後來西方在繪畫上興起的後印象派〔註72〕和表現主義〔註73〕相當相近,倪瓚堅定的表現自我,顯露出「逸氣」的美學內涵,因此「逸氣」成為文人畫家抒發情志的繪畫境界,在後世得到極高的評價。

「逸氣」、「逸筆」境界惟有經由不斷的修煉才能達到,而倪瓚所修得的高尚的人品,是儒、道、禪三家思想的交融,他所說的「逸氣」就是他「據於儒,依於老,逃於禪」的人生體驗與境界,由此創造出屬於他特有的繪畫新境界,雖有道家與禪宗對人生的深沉感慨,但不走向虛無、頹喪,而仍保有儒家對家國、鄉土和故人的眷戀情感。

倪瓚「天真幽淡」的風格、情味,正是來自他強烈主張文藝中的情感表現應高度真摯自然,同時需要「寄興深遠」,不是虛假的、膚淺的,倪瓚的思想既來自儒家美學所說的「發乎情」、「修辭立其誠」,而且也結合道家莊子「法天貴真」的思想。道家一切任從自然,超越功名利祿,因遁世或超脫而追求自我的逍遙,要求真我、唯我與忘我,倪瓚提出「寫胸中逸氣」、「聊以自娛」,極為坦率的道出對繪畫的看法,於是藝術始終成為文人畫家修身養生之術。禪宗強調「自性」,透露虛幻孤寂的人生感受,也提供給「逸品」許多理論根據,

〔註71〕明,董其昌,《畫禪室隨筆》,引同白適銘,《中國:巨匠美術週刊‧倪瓚》頁30。
〔註72〕後印象派(Post-Impressionism):十九世紀末、二十世紀初西方美術流派,藝評家認為繪畫必須帶進主觀的感受,當時日本浮世繪和中國水墨畫也對歐洲繪畫造成影響,加上領悟到攝影不能取代藝術,因此反對客觀的描繪,形成後印象派各大畫家獨特的風格,如塞尚、梵谷和高更。以上引自楊佳蓉,《藝術欣賞—絢彩西洋繪畫》(台北萬卷樓圖書股份有限公司,2013年),頁9。
〔註73〕表現主義(Expressionism):是時代處於動盪不安的情況下的美學反映,1910年由德國的橋社展開運動,以直接表達情緒和感覺為真正的目標,而不把自然當作主要標的;在線條、形體、色彩、構圖上不再追隨傳統,也捨棄印象派的繪畫理論,而以「扭曲」為表現的手段,代表畫家:孟克(橋派;半抽象表現派)與克利(青騎士派;抽象表現派)。以上引同楊佳蓉,《藝術欣賞—絢彩西洋繪畫》,頁12。

例如：情由心生、重意輕形、頓悟妙悟等，在倪瓚的題畫詩裡，也有不少表現空、寂、閑、靜的「淨心」境界，例如：「松石夜燈禪影瘦，石潭秋水道心空。」（《寄照本明》）「冷然滌心塵，寂照光不滅。」（《略上人松月軒》）這些詩類似禪語，在畫中則用藝術形象表現出詩的境界，頗富詩情畫意與生活氣息。

三、作品舉隅

倪瓚是一位絕俗的高人，他好潔成癖，據《清閟閣全集》所載的「潔癖」如：叫僕人去七寶泉挑水，只用前桶的水烹茶，他說：「後桶的水恐爲挑者屁薰，故不宜飲用，只可洗腳。」又如有次留客住宿，客夜間吐痰於桐葉上，倪瓚立刻遣人把梧桐樹洗淨，並剪下著痰的桐葉，丟到十餘里外。〔註74〕在他的畫中也可發現這種好潔特質，他的畫表現澹泊蕭疏的特質，是他遠離塵囂的心境寫照。

倪瓚作畫題材以表現太湖和松江附近的江南水鄉的山水爲主，他自題畫作說：「郊行及城遊，物物歸畫笥。」〔註75〕可見十分重視對自然的觀察與學習。董其昌於《畫禪室隨筆》卷二中說：「倪雲林生平不畫人物，惟龍門僧一幀有之。」〔註76〕倪瓚以詩畫聞名，但他幾乎不畫人物，從文獻中只可見龍門僧一幀中有人物畫。

他的山水畫面常以「一河兩岸」式的構圖，佈局十分單純，畫中多只出現山河、樹石、亭子，幾乎不見人跡，當別人問倪瓚爲何在山水畫中不畫人物，據說他如此回答：「天下無人也。」他的話的確發人深省〔註77〕，因而他的畫呈現一種寧靜的氣氛，筆法清淡，用墨不多，常被形容爲「惜墨如金」。明清兩代的文人畫家對倪瓚的畫作品推崇備至，流傳作品中較重要的有《容膝齋圖》、《梧竹秀石圖》、《六君子圖》、《漁莊秋霽》、《幽澗寒松》、《古木幽篁圖》等。《容膝齋圖》可說是倪瓚的心靈寫照，達最高的「逸品」境界；《六君子圖》表達畫家的君子風範；《漁莊秋霽圖》表現簡約淡泊的意境；這些畫具有元文人畫的特性，且呈現倪瓚的風格，深具代表性，茲探析如下：

〔註74〕參自吳長鵬，《倪瓚研究》（台北：國立編譯館，1998 年 2 月），頁 44。

〔註75〕引自陳傳席，《中國山水畫史》（天津：人民美術出版社，2001 年），頁 296。

〔註76〕明，董其昌，《畫禪室隨筆》，收於《景印文淵閣四庫全書子部 173》（台北：台灣商務印書館），頁 867。

〔註77〕參自高木森，《元氣淋漓：元畫思想探微》（台北：東大圖書股份有限公司，1998 年 10 月），頁 134。

（一）《容膝齋圖》

倪瓚的畫作《容膝齋圖》〔註78〕頗負盛名，也可看出他晚年的成熟畫風，這幅畫如同畫家一生畫藝的縮影。《容膝齋圖》內容描繪潘仁仲醫師的居所——錫山（今江蘇省無錫市西）容膝齋附近的景物，表現陶淵明「審容膝之易安」（〈歸去來辭〉）的詩意。倪瓚於畫完成後款記：「壬子歲七月五日雲林生寫。」〔註79〕洪武五年（1372年）當時倪瓚七十二歲，洪武七年重題詩文如下：

> 屋角春風多杏花，小齋容膝度年華，金梭躍水池魚戲，彩鳳栖林澗竹斜。疊疊清淡霏玉屑，蕭蕭白髮岸烏紗，而今不二韓康價，市上懸壺未足誇。甲寅三月四日，檗軒翁復攜此圖來索謬詩，贈寄仁仲醫師，且錫山，余之故鄉也。容膝齋則仁仲燕居之所，他日將歸故鄉，登斯齋，持卮酒，展斯圖為仁仲壽，當遂吾志也。雲林子識。
>
> 〔註80〕

從上面的題畫詩可知倪瓚借由一典故，即東漢韓康隱居灞陵山中，不受桓帝徵召〔註81〕，以喻他自身雖晚年得官，但還是心懷田園隱逸之志趣，藉朋友攜畫轉贈以表對同鄉老友的敬意。倪瓚山水藝術的獨特還包括他的題畫詩，幾乎每幅畫作都有詩，以詩文配合畫面，相互補充與結合。

《容膝齋圖》筆簡意周，氣勢平和沖淡，達「逸品」的最高境界，表現倪瓚山水畫的典型畫風，在畫面上無任何人跡、禽鳥，將繁雜糾纏的景物予以高度的提煉概括，呈現一種離群索居、冀求平和、遠避塵世的意識形態；把山水構圖化為「三段式」的平遠形式，此種構圖具有很強的形式美感，表現了倪瓚獨特的審美情趣；畫裡下筆用側鋒，山石施以特殊斫礫的折帶皴，並用乾染的淡墨，似嫩反蒼的寥寥數筆，傳達出山水草木的精要與靈氣，成為後世仿傚的倪瓚法則。近景坡石上有幾株枝葉疏落的林木，樹後一座空蕩的茅亭；中景一大片空白為平靜遼闊的湖水，右邊露出一小段坡石；遠景為斜緩山巒。景致疏闊、曠遠，氣氛靜謐、寂寞，蕭瑟荒寒的意境含蓄著「大音希聲，大象無形」的意蘊，在簡淡中見逸氣，傳達出深邃的內涵。

〔註78〕元，倪瓚，《容膝齋圖》，1372年，軸，紙本，水墨，74.7×35.5公分，台北故宮博物院藏。

〔註79〕同元，倪瓚，《容膝齋圖》。

〔註80〕同元，倪瓚，《容膝齋圖》。

〔註81〕此典故出自《後漢書》113卷。宋，范曄，《後漢書》，收於《二十五史》（台北：藝文印書館，1962年）。

（二）《六君子圖》

倪瓚的代表作《六君子圖》〔註82〕，在右上角有黃公望題詩云：「遠望雲山隔秋水，近看古木擁坡陁。居然相對六君子，正直特立無偏頗。大癡贊雲林畫」〔註83〕，畫中以六棵各具姿態的直立樹木，表達出畫家的君子情懷。畫面左邊中間有倪瓚的自題跋文：「盧山甫每見，輒求作畫，至正五年四月八日，泊舟弓河之上，而山甫籌燈出此紙，苦徵余畫。時已憊甚，只得勉以應之。大癡老師見之，必大笑也。」〔註84〕倪瓚的船到無錫停泊時，友人取出畫紙苦苦徵求他的畫，他在疲憊之下勉強應付，故說若黃公望老師看到必會大笑。當時倪瓚四十五歲，而黃公望已是七十七歲老者，兩人相交甚深，黃公望曾為倪瓚畫《江山勝覽圖》淺絳山水卷長達十年時間，倪瓚尊稱他「老師」以表推崇，黃公望見此圖便欣然題詩。

此畫仍是典型的倪畫三段式構圖，章法極簡，一水間隔兩岸，近景土坡上直立著六棵古木，據辨析是：松、柏、樟、楠、槐、榆樹〔註85〕，皆為良材，諸樹分別以兩棵和四棵聚合，樹幹挺拔，彰顯「正直特立」的君子風範，比喻為「六君子」，此正是宋元以來文人畫借物寓志的一大特色；而樹葉則兩棵以線勾，四棵以點葉，或介字點，或橫點，或直點，前濃後淡，錯落有致。中景有大面積留白，表示河水茫茫，遼闊的水面不著一筆，境界空靈，在有限的畫面中融會無限的空間感。遠景是坡岸，上有微微起伏的山峰；倪瓚的筆墨靈動，山石以具特色的折帶皴勾、皴，用筆峭拔方折，也與太湖岸邊的水層岩結構的特徵相互一致，而土坡兼用披麻皴與解索皴，使土坡與山石的形態和質感更為顯明，並以乾筆在樹身和坡石的折轉處和陰暗面略施擦筆，再以淡墨破染，用濃墨點苔，達到結構緊密與層次分明的效果。倪瓚以簡約的意象加上簡潔的構圖，烘托出清遠蕭疏、淡泊幽深的意境。

（三）《漁莊秋霽圖》

《漁莊秋霽圖》〔註86〕描繪的秋景在太湖畔的友人漁莊，畫於 1355 年，

〔註82〕元，倪瓚，《六君子圖》，1345 年，軸，紙本，墨筆，61.9×33.3 公分，上海博物館藏。

〔註83〕同元，倪瓚，《六君子圖》。

〔註84〕同元，倪瓚，《六君子圖》。

〔註85〕資料參同吳長鵬，《倪瓚研究》，頁 198。

〔註86〕元，倪瓚，《漁莊秋霽圖》，1355 年，軸，紙本，墨筆，96×47 公分，上海博物館藏。

而於 1372 年補上題記，詩及跋文云：

> 江城風而歇，筆研晚生涼，囊楮未埋沒，悲謌何慷慨。秋山翠冉冉，
> 湖水玉汪汪。珍重張高士，閒披對石床。此圖余乙未歲寫於王雲浦
> 漁莊，忽已十八，不意爲子宜契藏，而不忍棄捐，感懷疇昔日，成
> 五言。壬子七月二十日瓚〔註87〕

此圖是倪瓚爲他的朋友王雲浦所畫的，十八年後寫下題畫詩，感嘆優秀的人才被埋沒，而自身青春徒逝，卻一事無成。畫面的構圖與《六君子圖》（1345年）並無不同，只是筆墨間增添人生的滄桑與悽涼。

　　前景淺短的緩坡上有幾株樹枝四蔓的秀木，坡石以側鋒渴筆爲主，橫向斜勢的折帶皴層層折疊，疏密有致，濃密的苔點夾雜其間；坡後一大片空白爲秋水連綿；隔著湖水，在畫面的最上方有遠山橫臥，氣勢蕭森。畫名雖爲《漁莊秋霽》，卻不實寫漁莊人跡，而是在簡單的構圖中，以仰視的角度，透過遠山的「翠冉冉」，平靜湖水的「玉汪汪」，以及近處疏林坡石的描繪，表現秋雨初歇的景色，使人沉浸在這平淡無奇而又簡約超然的山水中。這種高度精練的筆墨，已達到空曠清氣、渾然天成的境界，實是寫其「逸氣」的文人思想，故明清文人對倪瓚極爲推崇，當作淡泊超塵的高士典範，並稱其作品爲「逸品」。

第五節　王蒙的繪畫

　　元末明初的文人畫家王蒙（1308～1385 年），是元四大家中最年輕者，他的繪畫意境具繁密深邃、蒼茫秀潤之美，此獨特的意境表達出畫家的人格精神和文人情懷，因而生發的意境美是複雜而多層次的。在他的畫上取意造境的重要標幟包含崇山縈回、澗曲谷深與草堂高士等，以蒼鬱深秀呈現自然物象，實則傳遞他本身對現實環境不滿不甘的情緒。

一、生平述略

　　王蒙生於元武宗至大元年，字叔明（一作叔銘），號黃鶴山樵、香光居士，浙江湖州人。出身於富貴之家、書香門第的王蒙，自幼多讀書，趙孟頫是其外祖父，王文彥於《鐵網珊瑚圖》題詩云：「王公外家襲金紫，不比尋常布衣

〔註87〕同元，倪瓚，《漁莊秋霽圖》。

士。」〔註88〕此說明王蒙與趙孟頫的關係。

　　王蒙早年學藝入仕，繪畫方面受外祖父趙孟頫等知名畫家的影響，得黃公望的指點，又常與倪瓚等人相互切磋，故對山水畫產生獨到的創新，並曾於元代末年入仕。中年棄官隱入山林，於今浙江杭州黃鶴山隱居達三十年之久，終日與山林相伴，專心詩畫，大部分畫作都創作於此時，並以詩書畫會友，樂於從事藝術活動。晚年入仕明廷，出任山東泰安知州，後因案所累，由於曾在當時宰相胡惟庸家中觀畫，胡被捕時他也受牽連入獄，卒於獄中。王蒙的人生如《明史·文苑傳》所記載：

> 王蒙，字叔明，湖州人……敏於文，不尚榘度。工畫山水，兼善人物。少時賦宮詞，仁和俞友仁見之，曰「此唐人佳句也」，遂以妹妻焉。元末官理問，遇亂，隱黃鶴山，自稱黃鶴山樵。洪武初，知泰安州事。蒙嘗謁胡惟庸於私第，與會稽郭傳、僧知聰觀畫。惟庸伏法，蒙坐事被逮，瘐死獄中。〔註89〕

王蒙處於富貴時能讀書上進、修身養性，繁華過後亦能出凡塵隱山林，一派灑脫自然，俗世境遇的變化使他對現實心有不甘，卻未曾放棄人生的理想，他在《泉石閑齋圖》的題畫詩中云：「去隨流水遠，歸與雲相從。天心任玄化，泊然齊始終。」在《漁夫圖》中題：「虎鬥龍爭萬事休，五湖明月一扁舟。」〔註90〕於《蘿壁山房圖》又自題：

> 綠蘿蔓蒼壁，花香散春雲，松房孤定回，袈裟留夕薰。山高蘿月白，獨立霜滿巾，迴風振層巔，崖雲灑餘芬。昔在淨名室，雨花不霑身，心室諸觀寂，漏盡本無因。孰與幽境會，賞竟去纖塵，心期後來者，矯首空嶙峋。〔註91〕

從王蒙的題畫詩中可看出他對於人品氣節的追求，他嘯傲烟霞，不爲俗物所役，隱遁山林，怡然自得；然王蒙最終敗落潦倒，甚無安身之所，他凄苦、悲涼的人生著實令人感嘆。

〔註88〕引自朱玄，《中國山水畫美學研究》（台北：台灣學生書局，1997 年 8 月），頁103。

〔註89〕《明史·文苑傳》；引同朱玄，《中國山水畫美學研究》，頁 101。

〔註90〕元，王蒙，《泉石閑齋圖》、《漁夫圖》：張萬夫編，《元四家畫集》（天津：天津人民美術出版社，1997 年），頁 11。

〔註91〕元，王蒙，《蘿壁山房圖》：引同朱玄，《中國山水畫美學研究》，頁 102～103。

二、藝術風格與意境

　　王蒙的藝術早年宗王維，後宗董巨，並得外祖父趙孟頫眞傳，明王世貞於《藝苑巵言》說：「叔明師王維，穠郁深至。」〔註92〕董其昌《畫禪室隨筆》說：「王叔明畫，從趙文敏風韻得來……凡氾濫唐宋諸名家，而以董源、王維爲宗，故其縱逸多姿，又往往出文敏規格之外。」〔註93〕清代王原祁《麓台題畫稿》中說：「元畫至黃鶴山樵而一變，山樵少時，酷似趙吳興，祖述輞川，晚入董巨之室，化入本宗體例，縱橫離奇，莫可端倪。」〔註94〕由上知王蒙法王、董、巨，學趙，又不爲所縛，獨闢蹊徑，而自成一家。

　　王蒙與黃公望的關係也很密切，在《竹趣圖》中王蒙自題說：「樸暇日爲郡曹劉彥敬畫竹趣圖甫華，而一峰黃處士見過，樸出此求印正，處士以爲可添一遠山並樵徑，天趣迥殊，頓增深峻矣。」〔註95〕據此可知王蒙的繪畫曾得黃公望指點，他求教於當時名家，終成自身風格。黃公望跋《竹趣圖》說：「叔明公子，……天姿神品。其於翰墨深入晉漢，至於鑒裁，尤所精詣。鷗波之宅相，非子而誰邪。」〔註96〕可知王蒙不只工於書畫，且精於鑒賞；黃公望對王蒙亦十分讚賞。

　　王蒙畫中有倪瓚題詩云：「臨池學書王右軍，澄懷觀道宗少文；王侯筆力能扛鼎，五百年來無此君。」〔註97〕又說：「畫山林水石，高尚書之氣韻閒逸，趙榮祿之筆墨娺拔，黃子久之逸邁，王叔明之秀潤清新，其品第自有甲乙之分，然皆予歛袵無間言者，外此則非予所知矣。」〔註98〕可見倪瓚對好友王蒙的評價極高，王蒙的繪畫藝術具有很強烈的個性與獨特的風格，他獨以繁密取勝，既能承繼傳統又能開拓創新。

　　王蒙的刻畫細緻入微，董其昌說：「王叔明……若於刻畫之工，元季當爲第一。」〔註99〕王蒙的山水畫多爲隱逸題材，表達隱居高士的恬淡思想與生

〔註92〕明，王世貞，《藝苑巵言》；引同朱玄，《中國山水畫美學研究》，頁103。
〔註93〕明，董其昌，《畫禪室隨筆》；引同朱玄，《中國山水畫美學研究》，頁103。
〔註94〕清，王原祁，《麓台題畫稿》；引同朱玄，《中國山水畫美學研究》，頁104。
〔註95〕元，王蒙，《竹趣圖》，見《珊瑚網》卷十一；引自馬季戈，《中國：巨匠美術週刊·王蒙》（台北：錦繡出版社，2002年4月），頁32。
〔註96〕引同朱玄，《中國山水畫美學研究》，頁105。
〔註97〕引同馬季戈，《中國：巨匠美術週刊·王蒙》，頁30。
〔註98〕引同馬季戈，《中國：巨匠美術週刊·王蒙》，頁30。
〔註99〕明，董其昌，《畫禪室隨筆》；引同馬季戈，《中國：巨匠美術週刊·王蒙》，頁32。

活情趣，隱逸是王蒙的生活狀態，這種生活狀態直接影響著他的繪畫創作。王蒙以他的生活經歷和生存環境爲創作的基礎元素，所描繪的都是尋常之景、人間可到之處，此景既出自造化，又自出胸懷，故畫面情趣盎然，並能超於物象。今人王毅說：「隱逸文化的全部目的就在於保證士大夫相對獨立的社會理想、人格價值、生活內容、審美情趣等。」〔註100〕王蒙在隱逸的生活中選擇山水畫作爲畢生追求的類型，創作出許多獨具匠心的經典畫作。

　　王蒙在繪畫筆墨上，吸取趙孟頫運用中鋒細筆的筆法，並在董源、巨然的披麻皴以及郭熙卷雲皴的皴法基礎上，形成細筆捲曲的解索皴和牛毛皴，這些皴法具外柔內剛的特色，透露書法的筆法，需有很深的筆墨功力才能充分表現，清代錢杜《松壺畫憶》中說：「山樵皴法有兩種，其一世所恃解索皴，一爲澹墨鈎石骨，純以焦墨皴擦，使石中絕無餘地，望之鬱然深秀，此翁胸具造化，落筆岸然不顧俗眼。」〔註101〕可見王蒙於山水皴法獨出機杼而富變化，且他善用濃墨苔點，佈局繁密多層次，所畫山水景物稠密，山重水複，表現林巒鬱茂蒼茫、清潤華滋的氣象，成爲他獨到之處。後代明清畫家受到王蒙的影響十分巨大，如明代中期的沈周，再如「清初四王」與四僧之一的髡殘等著名畫家的作品都可看到王蒙畫風。

　　王蒙的繪畫在「元四家」中形成一獨特的面貌，在很多方面剛好與倪瓚的畫風形成對比，王蒙的畫面繁複稠密，與倪瓚的冷寂簡逸恰好相反。王蒙的獨特處在於畫面上的山石樹木有一種濕潤感，物象蒼中含潤；並施以一層一層疊墨，加上細筆皴擦，且使用許多厚重豐富的顏色，故感覺蒼茫渾厚；王蒙比較重視物體的量感、體積感和表面的質感，且畫面空白不多；而題詠詩文有時兼用篆隸行楷。流傳後世的作品有《青卞隱居圖》、《夏山高隱圖》、《具區林屋圖》、《谷口春耕圖》、《太白山圖》、《葛稚川移居圖》等作品。

　　王蒙承繼北宋山水畫繁密的風格，構圖安排有序，遠望渾然一體，近看層次井然，疏密變化與虛實對比得宜，他的山水在實中求虛，密中求疏，流出氣機，使全畫密而不塞，滿而不窒。王蒙對生活一向沒有喪失信心和熱情，大自然在他眼中充滿光和色彩，爲了表現出深秀壯美的山水，他運用各種方法，精心經營刻畫，畫出重巒疊嶂，千山萬壑的景物。

　　王蒙的創作以深沉悠遠的意境爲理想，爲保持清淨澄明的心胸，他尚雅

〔註100〕王毅，《園林與中國文化》（上海：上海人民出版社，1990年），頁195。
〔註101〕清，錢杜，《松壺畫憶》；引同朱玄，《中國山水畫美學研究》，頁104。

好古、讀書明智，拓展視野，陶冶性情，以全面的藝術修養作為藝術創造的基礎，才能使得畫面的意境超然不凡。王蒙的詩詞和書法的造詣都很高，而詩與畫都是情景交融、寓意抒情的，詩境與畫境融合，使得意境的表達更加深刻完善；並以書法入畫，王蒙晚年曾說：「老來漸覺筆頭迂，寫畫如同寫篆書。」〔註102〕此說明他的繪畫用筆好似篆書等書法，線條蘊含動感與活力，筆墨得到了充分展現。故王蒙的作品中詩書畫印相輔相成，共同緊密維繫著意境的創造。

今人宗白華說「山川草木，造化自然，此實境也。因心造境，以手運心，此虛境也。」〔註103〕王蒙山水畫的意境不僅是情景相融、主觀與客觀的統一，更深層次的為一種對於現實的超越，以有形表現無形，以實境表現虛境，以有限表現無限，使具體的實景的實境表現象徵的想像的虛境，從而揭示畫家對本真的回歸，抒發自身對整個人生的感受。意境的創造表現人與自然的統一，更是表現超越人自身所面臨的現實生存困境，而達到精神境界，畫雖有盡而意卻無窮。在意境創造上代表了藝術家所處時代的精神特徵，因而彰顯個性，師古求新，故作品富內在張力、蘊藉豐盈，王蒙文人畫中的繁密幽深和沉鬱朴茂，昭示出以儒教修身的人生操守，表達隱士的恬淡生活與思想，反映出一個文人的入世情懷，其內心深處對人間的眷念與盼望。

三、作品舉隅

王蒙的畫作主要表現隱逸思想，如《青卞隱居圖》、《夏山高隱圖》、《花谿漁隱圖》等作品，畫面風貌顯得個性突出，形象鮮明，與人深刻的感染力，《青卞隱居圖》是王蒙家鄉吳興卞山的景色，《夏山高隱圖》、《花谿漁隱圖》呈現王蒙一貫的繁密沉鬱特有風格，這三幅畫皆是隱逸的主題，頗符元文人的心緒與胸懷，且藝術風格與意境強烈反映出王蒙的特色，茲探析如下：

（一）《青卞隱居圖》

《青卞隱居圖》〔註104〕這幅畫繪於一三六六年，畫面右上方題云：「至正二十六年四月黃鶴山人王叔明畫青卞隱居圖。」可知此畫是王蒙晚期的作

〔註102〕羅一平，《造化與心源》（廣州：嶺南美術出版社，2006年），頁196。
〔註103〕宗白華，《美從何處尋》（南京：江蘇教育出版社，2005年）。頁62。
〔註104〕元，王蒙，《青卞隱居圖》，1366年，軸，紙本，墨筆，140.6×42.2公分，上海博物館藏。

品，據畫上收藏印來推測，王蒙作此畫贈給表弟趙麟。畫境蒼茫雄渾，將歸
隱避亂，寄趣山林的情感無比渲泄。

　　王蒙常年隱居避世於山水天地，體悟自然的變幻無窮，此畫的構圖法相
當創新，畫面飽滿，運用從下往上堆積景物的方法畫成，山體具扭曲的動態，
王蒙以一條龍脈當主軸線，統合複雜的山勢變動，山色蒼郁，鬱然深秀。這
畫風的變化源自對客觀景象深入觀察、敏銳感受，才有細緻的描繪，明代董
其昌曾泊舟卞山下，感歎只有王蒙才能「為此山傳神寫照」，故於此畫提上：
「天下第一王叔明畫」〔註105〕，給予王蒙高度的讚譽。

　　此畫重山復嶺，密樹流泉；畫面下段，近景處畫水邊山麓，樹的表現方
法有點葉、夾葉、勾葉等多種變化，樹叢茂密而又層次清楚，靈秀縱逸；右
下角在茂盛樹林中，有一人曳杖而行。中段山巒起伏，山勢逶迤而上，深遠
處有茅屋數間，屋內一隱士抱膝而坐。上段，最高處危峰聳立，表現險峻的
山勢。畫中眾多皴法兼施並用，包括牛毛皴、解索皴、披麻皴、斧劈皴、卷
雲皴等，層層疊累，極富質感，可見王蒙的筆墨功力深厚，黃賓虹曾評論王
蒙的筆墨：「筆力勁利而無怒張之態，墨氣醇厚而無癡肥之病。」〔註106〕這些
筆墨方法成為王蒙描寫取勢的重要手段，更表現出沉郁秀潤，幽深蒼茫的高
雅意境。

　　以西洋的藝術觀點來分析，《青卞隱居圖》予人一種不穩定的感覺，山石
似蠢蠢欲動，光線增強這種不安定感，非自然光的光源從下方而來，忽斷忽
續的照耀景色，山頂與某些部分卻籠罩在陰影下。畫中的造型豐富，此起彼
落，而且觀看、描繪的視點變換游移。此畫猶如西方的表現主義，依據主觀
的情緒、情感來呈現景物，線條、物象皆有變形的現象，今人高居翰說：

> 沒有人能在《青卞隱居圖》中找到出路，觀眾一再嘗試與一再挫折，
> 是這幅畫看起來令人惴惴不安的部分原因。另一方面當然也是因為
> 它似乎在描寫大自然某種神秘的變動。〔註107〕

這幅畫對於觀者的衝擊很大，因它打破了觀者想進入畫中循線悠遊的期待，
西人羅越（Max Loehr）研究王蒙的畫時，也說：「這幅畫似乎不是在描繪某段
山水景致，而是在表達一椿恐怖的事件，一段噴迸的視覺經驗。現在我們眼

〔註105〕同元，王蒙，《青卞隱居圖》。
〔註106〕上海書畫出版社編，《王蒙山水》（上海：書畫出版社，2004年）頁19。
〔註107〕同高居翰，《隔江山色：元代繪畫》，頁144。

前呈現的是大地生滅消長的寫照。」〔註108〕故看此畫感受到一股內在的變動即將引發，它的構圖佈局大膽雄肆，帶給觀者強大的震撼。

（二）《夏山高隱圖》

《夏山高隱圖》〔註109〕中山巒層層疊疊，構圖繁密，令人驚歎王蒙的耐心與苦功。王蒙因避亂而隱居山林，鬱鬱滿腔之才情似欲一吐為快。畫面右上自題：「夏山高隱，至正二十五年四月十七日，黃鶴山人王蒙為彥明徵士畫於吳門之寓舍。」王蒙當時五十七歲，正是他創作的高峰期，畫作多以隱居為題材。此畫為彥明徵士而作，經考察推測，此彥明為華亭縣尹的張德昭較有可能；王蒙作於吳門的寓舍，或是二人同遊蘇州時所作。

畫面右下角有高士持羽扇斜臥榻上，屋內的小童持盤侍奉，屋外小童正在調鶴；山中有士人漫步；前景的樹木交錯，種類繁多，鉤染得當，畫葉用積墨法與勾葉法相結合，刻劃精細。《夏山高隱圖》代表王蒙成熟時期的典型畫風，既做法五代董源、巨然的山水畫風格，又自出新意，筆法兼工帶寫，皴筆細密如麻，山石多用解索皴、披麻皴，並以濃墨點苔，用筆極為豐富；並經由對墨色的掌握，使畫面層次分明，秀潤明淨，突顯南方夏季山水所特有的的韻致。

畫中以高遠、深遠法構圖，重巒複嶺，千岩萬壑，草木蒼茫，卻無壓迫窒抑的感覺，畫裡的山巒、樹木、溪水、飛瀑、房舍的合理安排，使畫面在繁密中透露出疏鬆的靈氣。蜿蜒的溪流、纖細的清泉、飄動的輕嵐與丘壑山石形成對比，增添山林幽靜的氣氛，山勢起伏而有韻律，虛實相生，真是高士隱逸的人間仙境，也給觀看者一種可遊可居、靜寂幽深的意境。

（三）《花谿漁隱圖》

《花谿漁隱圖》〔註110〕是王蒙贈給他的舅舅的一幅畫，內容描繪雪溪（浙江省吳興縣南）的景象，寄詠漁隱的情懷，右上角以篆書題上：「花谿漁隱」，並以楷書題詩；右中另有邾良次的題跋，分列如下：

〔註108〕羅越（Max Loehr），*The Great Painters of China*，p.251；引同高居翰，《隔江山色：元代繪畫》，頁144。

〔註109〕元，王蒙，《夏山高隱圖》，1365年，軸，絹本，設色，149×63.5公分，北京故宮博物院藏。

〔註110〕元，王蒙，《花谿漁隱圖》，軸，紙本，設色，124.1×56.7公分，台北故宮博物院藏。

禦兒西畔雪溪頭，兩岸桃花淥水流，東老共酣千日酒，西施同泛五湖舟。少年豪俠知誰在，白髮煙波得自由；萬古榮華如一夢，笑將青眼對沙鷗。黃鶴山中樵者王蒙敬為玉泉尊舅畫並賦詩於上。

終日垂竿古渡頭，時人誰識舊風流，暫依此處種桃者，還憶當年載藥舟，對景使人懷角綺，入山容我問巢由，得魚沽酒共妻飲，一醉忘機笑狎鷗。邥良次韻。〔註111〕

　　王蒙十分重視向自然學習，並依據自身深沉的累積去擇取最典型的繪畫題材，此畫重巒疊嶂中，出現草堂、高士、漁舟、桃樹、柳樹等藝術意象，一間小小的草堂正是他隱逸心靈的象徵。王蒙在山水畫中重視人物的描繪，此畫中表現出漁隱生活，帶有濃厚的生活氣息，大都是他自我悠遊生活的寫照，反映出他注重人自身價值，對隱居生活的肯定，人物的出現更能表現他悠遠、淡泊、恬適的心境，意味深邃雋永。

　　此畫充實飽滿，構圖呈「S」形，從前景坡石樹林，到中央偏左的攀升山巒，直到上面的遠山，畫面有一種向上的張力、動勢，布局很清晰。從下方桃花樹、泛舟垂釣高士（受畫人）為全圖的開場，到左下茅舍前的楊柳樹和屋內婦女，至右上山麓村落，右上方水面也有一漁夫，遙遙呼應前下方的漁隱高士；此動線帶領觀者遊覽全畫景象，呈現真實可履及的漁隱佳境。

　　此畫呈現王蒙一貫的特有風格，鬱鬱蔥蔥，山石皴法多變，山頭用重墨點苔，充分表現南方的溫潤清秀、山巒的華滋。畫中景物雖繁密，但多而不亂，形成渾厚蒼茫的藝術效果，畫面的留白部分是河流，恰好作為緩衝；透過崇山複嶺、曲折縈回的構圖表現幽深蒼茫的意境。

第六節　小結

　　元代文人畫風格的變化受當時政治環境與藝術思潮的影響，又是對前人傳統的承繼與發展，故元文人畫的變化是一種漸變和轉化，而非突變和斷裂。在北宋繪畫觀念中，對客觀自然寫實再現的推崇，對元代的文人山水畫有深遠的影響，元文人畫家秉承「宋法」的同時，對前人的筆墨進行大膽改革創新，形成元畫主觀抒情寫意的風貌，並與客觀山水形態相互統一。趙孟頫主張追求「古意」、追溯唐宋，他的貢獻是啟導當時畫家與後起之秀，使他們從

〔註111〕同元，王蒙，《花谿漁隱圖》。

古人文化藝術的內在特質中去尋求最高的做法標準。

在元代特殊的社會文化情況下，一般文人在仕途上得不到公平發展，轉向藝術文學的鑽研，造成隱逸文化與文人畫的「逸」風盛行。趙孟頫詩畫創作中的隱逸觀是他矛盾心緒的顯露；元四家的繪畫從不同面向表現「逸」的特徵：倪瓚以簡爲逸，而黃子久、王蒙以密爲逸，吳鎮以重筆爲逸，都是由能、妙、神而上升的逸，是逸的正宗，盡現逸的情態。

元文人畫家追求寫意精神，但沒有放棄對客觀自然山水的觀察和感悟，在師法造化上並不遜於宋人。趙孟頫在濟南、江浙等處任官時時常描寫美景；黃公望居虞山、富春江邊，遇佳山麗水隨手摹記；吳鎮和倪瓚同繪太湖山水，構圖共同特點是一河兩岸形式，但由於觀察與心境的不同，形成簡枯與濕潤兩種相異畫風。王蒙隱居時則常描繪家鄉吳興這一帶的景色。

元文人畫在詩、書、畫都有深厚根基，造詣非凡，他們將詩的意境、書的筆法與畫的抒情裡揉合對自然景物的感受，並超越現實自然，蛻化成爲創作的嶄新風貌。元代文人畫家大都深通儒、道、釋三教，融貫爲一體，發爲藝術的表現，故在作品中常蘊藏儒的真性、道的自然與禪的機趣，而於繪畫藝術的成就豐碩，對後世明清文人造成極大的影響。

第九章　結　論

　　元代文人畫家具有逍遙隨緣、自愛自持的心境，在繪畫意境中多有表露，從而顯現此一特殊時代對淡然超脫、蕭索閑和、無欲無求的意境追求，並構成美學特徵，這種淡泊、清靜、飄逸的意境美是其他朝代難以比擬的，只有元代文人畫家因擁有特別的時代背景與審美體驗，以及儒、道、禪三家合流的影響，才可於繪畫中以逸筆、簡淡、古雅與含蓄的方式表現，在尚意的審美傾向裡，注重主觀逸趣，將文人畫的人生意境提升至最高。此章呈現研究結果，共有七點，接著是研究省思與展望。

第一節　研究結果

　　經由以上的研究，本論文得到研究結果如下：

　　第一，元代的社會背景影響了文人畫家對藝術的審美取向，由於社會政治的變革、生活狀態的改變，讓元文人畫家歷經世俗的磨練與考驗，使人格更趨完美，並對審美理想與藝術價值有新的追求，更於意境創造上產生重大轉變，這些變化與創新皆是來自社會背景的特殊性。

　　元代統治者輕文尚武，忽視科舉制度多年，限制了漢人藉由科舉考試走上仕途；加上蒙元為鞏固蒙人地位，設立階級制度，在法律和任官各方面對蒙古人與色目人的待遇較優，但對漢人與南人採民族歧視政策，當時的文人階層更被劃分到社會的底層，歷代知識份子從未淪落至此地步，大批漢族文人失去優越的社會地位，也擺脫對政權的依附。故大多數江南文人帶著對社會現實的無奈，遊蕩隱逸於山村水鄉之間，造成文人隱逸的普遍性，他們生

活於世俗的社會中，當仕途渺茫、力不從心時，只好放棄仕進之路，轉向文藝創作上發展，追求精神自由、人格完美與性情的抒發，恣情於文人畫的山水寫意之中，顯示自身的脫俗超塵。

由於元代東西交通方便、商業經濟發達，使得元代成為一個強盛富裕的大帝國，因民族文化的交流，也使元朝思想意識、文藝風貌呈現多元化，在元代背景和政策之下呈現民族性、開放性與異變性等審美特性。蓬勃的經濟狀況促使文人畫茁壯；元代統治者的態度也有助於文人畫的發展，當時元世祖忽必烈、仁宗、英宗等多位統治者都很喜愛漢族文化，元代的漢族文人雖非仕途坦順、生活富裕，卻擁有藝術創作的自由，此種特殊的文藝環境使文人畫家放任於繪畫，文人畫遂蔚為風尚。故元文人畫家一方面謀取生活所需，一方面加強獨立意識，從超世的思想，培養藝術風格，創造抽象超然的境界，其人生意境、審美情趣、創作理念與以往所謂「士人」畫有明顯的轉變，確實獨具開創性。

第二，文人畫的意境、內涵與形式隨著各時代向前進展，在不同的朝代所呈現的作品意涵與審美價值皆會有所差異，所謂「唐人尚巧，北宋尚法，南宋尚體，元人尚意。」（明張泰階）元代文人畫受魏晉南北朝、唐、宋歷代的影響，卻開創出不同於前的境界，又影響到明清後代。

文人畫的意義，最早由文人對於繪畫藝術的追求與畫工的繪畫不同，分辨出其為文人畫，明代董其昌首次提出南北二宗的畫派理論，以禪家南北二宗與繪畫作類比，在中國繪畫史上，直接顯示「文人之畫」一詞。從文獻上來看，解釋文人畫的角度有多種，包括繪畫用筆、繪畫風格、畫家身份等，經研究歸結出文人畫家分為三個類型，第一，文人出身，具有業餘性質的文人畫家；第二，文人出身，具有專業性質的文人畫家；第三，非文人出身的文人畫家。從文人畫發展的過程來看，文人畫以文人的心性與思想為繪畫的內涵，因而文人畫是文人畫家涵蓋胸懷氣度、學問修養、人生經驗與精神情感的藝術表現。

文人畫歷經相當長的演進過程，魏晉南北朝的畫學是文人畫的重要根本，因而形成文人畫的開端，宗炳《畫山水序》中「聖人含道應物，賢者澄懷味像」等觀點為元文人畫「寫胸中逸氣」開啟先端；南朝南齊謝赫在《古畫品錄》提出「六法論」，首重「氣韻」，為文人畫構建理論基礎，成後來元代文人畫所追求的意境。唐代為文人畫奠下基礎，唐文人受到儒、道、禪三

家思想的薰陶和修養，老莊的自然之道，使水墨山水有著筆簡形具的特質，加上虛無飄渺的表現方式，更使繪畫呈現樸素、大象的境界，禪悟則化爲創作上對「韻」的追求；詩畫結合亦從唐代開始，王維融合詩與畫，從理論、風格、技法奠定文人畫基礎，被稱爲「文人畫之祖」，在精神與意境上都對元文人畫有所啓發。董源、巨然的山水藝術符合文人畫的風格趣味，對元代文人畫的影響有直接的關係。

北宋爲文人畫掘起時期，當時文人在繪畫的審美理論與創作表現上開始不斷探索，繪畫理論有沈括、郭熙、郭若虛的、鄭椿、韓拙等人的著作。北宋著名理學家周敦頤、張載、程顥和程頤的思想，反映出「畫品即人品」，畫品的高下決定於畫家人格的修養，對於元文人畫深具影響。蘇軾最先提出「士人畫」，也就是「文人畫」的觀念，主張「詩畫本一律」，使詩畫結合成爲文人畫的一項特徵，並注重繪畫內含「意氣」，此即顯露文人所特有的氣質、修養與情感。

由於前人的蘊釀與推展，到了元代，進入文人畫的成熟期、興盛期，從藝術表現來審視元代文人畫，元拋卻南宋剛健急烈的傳統，而上追唐與北宋的風格，元文人畫家將生活環境、人生理想、山水自然轉化爲繪畫表現的重心，承接董源、巨然之畫風，更爲強調氣韻生動的筆墨情趣，抒發內在眞性情，心靈超然灑脫，以「逸」爲藝術的表現，元畫的變化，既受時代背景影響，亦是文人畫長期發展的表現。元代之後，明清文人繼承元文人的文藝思想；晚清西方文化始入中國，文人畫經趙之謙、吳昌碩等人，影響至現代潘天壽、齊白石等畫家，中國繪畫逐漸跳脫傳統，而文人畫的美學精神仍然迴盪於中國藝術中。

歷經前述各代的演進，以及主要以成熟期的元代文人畫爲審察對象，得知文人畫的特徵包含：儒、道、禪三家思想爲文人畫的精神要旨、文人意氣來自社會變革與生活磨難、山水成爲抒發情感的最佳題材，以及文人畫強調水墨情趣；而書法與繪畫的筆法墨趣相通，具有關鍵作用；詩與畫的理趣相合，發揮於意境與內容，詩、書、畫三者合一，成爲文人畫的重要特徵。

第三，元文人畫以淡然寂靜爲樣貌，卻飽含豐富的內涵，畫中十分注重文人隱士所崇尚的意趣，題材以顯露心靈、親近自然爲主導，繪畫風格以淡泊清新爲目標，繪畫形式以簡淡樸素爲要求；元代的審美觀表現在文人畫上，其意境是含蓄而豐盈的。

　　元文人畫既表現自然的神韻，又超越自然物象，於作品中寄託暢懷和高逸的人生理想，在畫作裡呈現物我相融、追求神韻、清靜空遠與蕭疏澹泊等意境美。文人畫自前人的「師造化」、「尚法」，導向元代的「法心源」、「尚意」、重「意氣」，文人畫家欲在宇宙的自然、神與人三者之間，提升人的份量，此指抽象的「心性」，並不是人的具體物質形態，這超越自然形體的限制，使自然從屬於人的「心性」，而終極目標就是空無的宇宙本體。元文人畫家推崇「意氣」、「心性」，以此爲審美情趣，形成元代文人畫興盛的標誌，這美學觀念在當時獲得許多文人畫家的認同，他們在思想上取得默契，相互交流，在文學藝術的領域中自主自發的產生強大的創作動力。元文人尋求精神的自由與超越，在呈現繪畫的意境時，表現出「逸筆草草，不求形似」、「筆墨簡淡，以書入畫」、「詩畫融合」以及「崇古尚雅」的風格美，創造出意到筆不到、有意無意、若有若無、靜謐恬淡的審美意境。

　　元文人畫家筆下的山水，大都是主觀中的客觀山水，荒寒蒼茫的自然山水畫面，是畫家內在情懷的抒寫，在繪畫構圖上運用山水三遠法與散點透視法，使畫面中的形象和布置靈活自由，突破時空的限制，增強畫境的創造；元文人畫所要表現的是蘊含「虛」、「無」、「空」的時空統一體，他們借物寓志，推崇人與自然的和諧統一，把意與境完美的表達出來，而成意境，此屬形式美的自然空間美學。而在色彩美學上，元文人畫的色彩獨具淡雅的特色，用單純的墨色概括絢麗的大自然，以虛白爲藝術與情感表達的樣式，予人無窮無盡、深遠悠長的感受。在圖像美學上，元文人畫使圖像的符號性和抽象性得到眞正的實現，元人圖像尚意念，主觀的情感和對應的形式結合而成創作表現，圖像所承載的意義最後提升爲意境。由以上歸結得知元文人畫以繪畫形式表現主觀心靈，使意境呈現物我合一的追求。

　　第四，儒、道、禪三大哲學流派對元文人畫的人生意境有直接的影響，以孔子爲代表的儒家哲學，構建文人畫家精神人格的基礎，加上宋代新儒學（理學）影響，由元文人畫藝術可體會其中蘊藏形而上的氣息，在畫面上可看到許多道德的比喻與象徵，也反映出文人畫家的心性修養、養氣在藝術創作上的重要性，因而文人畫的道德精神在作品的外觀與創作過程中同時反映出來。

　　元文人畫家總是將自由的藝術人格與道德的人生人格集於一體，他們將儒家仁義道德的規範化爲人的本性，一起融注於繪畫生命中，此觀念來自儒

家主要的藝術美學思想，亦即藝術美具有善的目的，這是融入道德的美感型態，使得「美與善」、「美與倫理道德」有必然的聯繫。儒家的美學思想尚有：主靜內省的美學思想、人格自然化與自然人倫化的審美觀、中和之美是儒家中庸原則的審美表現等；一如儒家的終極理想是實踐順應自然、與天地合一，元文人畫家追求物我融合的境界，畫作內蘊含蓄平和、寧靜合諧、溫柔敦厚的儒家風韻，呈現中和文雅的繪畫風格，故其意境蒼茫而不冷澀，澹遠而不荒棄，柔潤而不萎靡。

　　元文人畫意境崇高，表示文人畫家懷有崇高的人品，有崇高人品方有崇高的畫品，人品與畫品的關係密切；元文人畫家追求學問與品德的修養，仕者與隱者皆然，「可以仕則仕，可以止則止，可以久則久，可以速則速，孔子也。」儒家的仕隱觀在元代得到映現。儒家克己復禮的要求對元文人畫的影響頗大，在繪畫上同樣以表現儒家志道游藝思想為形式，並包含著尚簡、尚善、尚意、尚仁的儒家風格。因此元文人畫從畫家的自身修養、游藝創作至藝術審美，都含有儒家精神。

　　第五，道家哲學蘊含美學精神，元文人畫家大都受其影響，元代的文人畫與道家思想兩者的盛行在共同的時代背景下，因而於內在精神有著非常緊密的聯繫，道家崇尚自然自由、虛靜無為、悠遊逍遙的美學追求，以及在現實生活中的詩意情懷與隱逸作風，與元文人畫的精神相互契合，因而孕育出文人畫的人生意境。

　　元文人畫多以道家思想為導向，道家美學影響元文人畫的四個面向，包括揮發逸氣、抒寫心靈的寫意傾向；寄情自然、超越俗世的題材內容；平和清逸、澄懷觀道的心靈境界；簡、清、靜、淡、空、遠的表現方式；由上顯示道家美學思想和意趣對元文人畫具深刻影響，使藝術表現出重視本質意境的「寫意美」，使繪畫充滿無限創造的可能，藝術家「以意寫象」、「以形寫神」，在描繪自然萬物的形象時，揮灑筆墨表現悠遠的意境，表達「無形」的恆常和超越，連結物質形象和精神內涵，完成藝術的創作。

　　道家主要以老莊思想為主體，道家美學的開創和奠基者是老子，老子的美學精神，有關清靜無為與素樸純真之美，是對世俗功利的超越，有關柔弱重虛與無形忘象之美，是對現實現象的超越；有關自由與自然之美，是對物我天人界限的超越。老子審美精神對元文人畫的啟發極大，在藝術本身和道的根本之下，藝術與道變化不已意謂一切不斷往前發展，猶如元文人畫在繪

畫形式與內容上反映了現實社會的改變；元文人畫家師法自然，回歸自然，且往上提升，以達「天人合一」的境界；繪畫追求神韻，超越形象；並尋求虛靜心，放開有執的成心，使藝術意境成爲眞樸人格的呈現。

道家美學的完成者則是莊子，「意境」說最早的思想淵源主要發端於莊學，莊子審美思想對元文人畫意境的影響深遠，原本莊子追求自適逍遙，是以解除亂世人民的困頓爲目的，因而認爲「道」自然無爲，主張個體的人格與生命在「道」的運作中獲得無限的自由，這就是美學的極致，也是繪畫藝術表現的最高意境。莊子的美學歸納爲論審美態度、論美與論藝術的思想，蘊含合理人生的普遍基礎，有著永恆不朽的價值；對元文人畫的啓發，包含繪畫是心靈悠遊逍遙的創作、繪畫強調虛的藝術表現、繪畫中的醜提升爲審美意境等。故元代文人畫家能夠順應天道，超乎世俗功利的目的，於繪畫寄情寫意，在精神上極度超越，在筆墨上追求簡約，終成心靈的創作。

第六，佛教在中國歷經數百年的演變，與本土文化思想結合，整合儒道玄佛各家思想，成爲全然中國化的禪宗。自唐至宋元，文人由對禪宗的信仰，開啓繪畫創作的禪境；禪宗促進中國美學與藝術的發展，使得蘊含禪風、抒發情感的文人畫，至元代達到最高峰，對於元文人畫意境產生幽遠的影響，由於禪宗的自性、心性與藝術心靈互相契合，元文人畫內含禪藝合流的審美精神。

明董其昌的南北宗說推崇繪畫的南宗，並直接提出「文人之畫」一詞，文人畫與禪宗的關係逐漸爲人稱道，元四大家被歸類於一脈相承的南宗畫家中，他們的人生與畫風也多富禪宗思想。從繪畫南北宗理論來看，董其昌似乎是絕對的崇南宗、貶北宗，然實際上，他對北宗並沒有一概否定，也沒有嚴格區別，他曾於《畫禪室隨筆》中說：「南能北秀，二宗各有意趣。」意謂北宗非無可取，但不當學，這是一種調和兼取的做法。

禪宗哲學思想以「本心論」爲理論基礎，注重心性修養，六祖慧能的南宗主張頓悟，其主旨即「明心見性」、「見性成佛」。禪宗注重生活的體驗與理解，認爲悟道須自日常生活中；禪宗亦注重從自然山水體悟佛道，「空靜」是絕對與永恆的境界，藉著自然萬物的變化以體認寂滅實相，人若看空萬象就能獲得覺悟；禪宗具「物我同化」的美學觀，主張「心物合一」、「物我兩忘」，最終達到「物我泯滅」超塵脫俗的境界，文人畫的意境亦從此處得到啓發。

禪宗思想滲進元文人畫創作的意境中，包含元文人畫追求簡靜淡泊與虛

白空靈的風格，所呈現的意境具有超然物外和情景交融的特點，於本質上就是禪境的藝術化。元文人畫幻化爲一種不離不即與含蓄朦朧的禪境，運用「以不全求全」、「以有限表無限」的構圖方法，以及運用「不求形似」強調主體的「神」，皆表現出「不離不即」的審美感受；含蓄朦朧是意境最本質的特徵，主要表現在情景、意象、神韻飄忽可感，卻若現若隱，不能言傳。文人畫藝術創作是主觀心靈的抒發，猶如禪宗強調「心」的作用；創作「靈感」與禪宗「頓悟」都是直覺觀照的思維方式，繪畫與禪宗相通之處在於都需通過「悟」方能得其妙境；還有，文人畫家推崇雅與拙等的風格，皆頗合禪宗之審美意趣。在元文人畫中，禪境藉繪畫意境呈現，正是到達最高心靈境界。

第七，元文人畫在精神內涵上眞正回歸中國藝術的精神，成爲民族文化的代表。元文人畫家創造的境界取之於造化天地，但施展筆墨描繪的山木水石，卻是在自然之外另行構築一種新的景象，此種創作產生的藝術美感展現生命的淡泊飄逸。元初趙孟頫與中後期的元四家黃公望、吳鎮、倪瓚、王蒙，更爲其中的代表性人物，他們的繪畫語言雖極其樸素，但皆能讓觀者感受到境中之意、畫外之音，而被畫面意境與所生發的精神所薰染、感動。

元文人畫家著重筆墨構圖、用筆鬆開、用色典雅，無論表現手法或簡或繁，都是爲立意與造境的需要。元文人畫所創造的意境頗耐人尋味，蘊含的精神需用心體悟，意境既來自大自然，更源於藝術家自身的學識修養及感悟能力，因畫家的主觀意志與情感體驗不同，故從自然萬千氣象中各取其所需的元素，加上繪畫形式的表現力，而使畫面意境各有千秋。

趙孟頫主張追求「古意」、上溯唐宋，從審美觀點來看，所謂「古意」即簡樸、自然、中和、雅正的意韻；啓發當時與後起畫家從古人的藝術特質中尋求最高的標準。趙孟頫在書畫詩文中所顯露的隱逸觀是其仕元矛盾心情的表露；他的繪畫美學思想有三特點：注重古意傳統、重視師法自然、著重書法筆意與主張「書畫同源」；趙孟頫在元文人畫發展中具有開創性，使他成爲元代畫壇的領導人物。其代表作之一《鵲華秋色圖》富清逸古雅的風格，獨具清幽淡遠的意境。

元四家新的審美追求，源於元文人的隱逸心態和山林精神，繪畫意境的創造過程，也是舒緩內心、以山水慰藉心靈的過程。元四家的繪畫從不同風貌表現「逸」的特徵：倪瓚以簡爲逸，而黃公望、王蒙以密爲逸，吳鎮以重筆爲逸，四者盡現逸的情態。黃公望隨手摹記虞山、富春江的佳山麗水；吳

鎮和倪瓚皆繪太湖山水，構圖形式有一河兩岸的共同特點，但形成簡枯與濕潤兩種相異畫風，此與觀察與心境不同有關；王蒙則常描繪家鄉吳興一帶的景色。元文人畫家既秉承「宋法」，又於筆墨大膽創新，形成主觀抒情寫意的特色，他們在詩、書、畫合一的作品裡揉合對自然景物的感受，又超越現實自然，並在作品中蘊藏儒的眞性、道的自然與禪的機趣，而於繪畫意境的表現特出。

第二節　研究省思與展望

　　元代文人畫在魏晉南北朝、唐、宋的基礎上，有顯著的發展，捨形取神，以簡逸為上，重視心靈情感的發揮，在審美品味上發生顯著的變化，表現文人畫創造性的發展，將文人畫意境提高到一個新的高度，這一切對明清文人畫家及繪畫內容的影響極大。晚明出現徐渭的大寫意，到清初四僧的狂野之風，揚州八怪的怪俗之氣，文人畫的諸多流派與風格紛紛出現，豐富了中國畫的藝術美學；晚清開始，西方文化藝術思潮進入中國，文人畫又經趙之謙、任伯年、吳昌碩、虛谷、蒲華等畫家的努力，相繼為文人畫創作推到高點，使中國藝術有新的發展，逐漸跳脫傳統，如任伯年初仿北宋，師法石濤、沈周等人，並上追元代吳鎮、王蒙，以勁眞和縱肆的筆法見長；又如吳昌碩提倡「以書之法作畫」，發揮文人畫「水墨為尚」的特點到極至，更將文人畫意境往上提升，吸引王震、陳師曾等年輕畫家追隨其腳步。以書入畫的形式顯示具近代性質的審美理想，甚且影響到現代的齊白石、潘天壽等人，這些「古典革新派」的畫家，努力為文人畫的藝術形式創造新意，堅守水墨的創作之外，突破傳統的筆墨、造型、構圖等形式和方法，並拓展文人畫的題材，融入新的時代內涵，深化了文人畫的意境，也表現新時代文人的藝術法則與審美理想，發展出「現代文人畫」。關於這一部分在本論文中雖有所論及，但只點到為止，冀望在未來的研究上，能就元代文人畫對後代與現代文人畫家的影響，再延伸作深入的研究。

　　明清之後中國繪畫主流之文人畫逐漸失去生長的沃土，文人畫賴以生存的時代背景和社會環境發生巨大變化，其發展方向也受到普遍質疑和批判，西方文化思想、藝術觀念與各種思潮大量湧入，強烈衝擊著文人畫藝術，繪畫中單純的以筆墨來表現氣韻已不再是被關注的重點，文人畫強調追求書法

與詩意靈魂的「以書入畫」、「以詩入畫」，逐漸被西方藝術精神與法則所替代。例如中國「水墨寫實主義」的代表徐悲鴻，強調運用西方古典造型及科學透視法來改革中國畫；「水墨表現主義」代表林風眠，具有平面裝飾畫傾向與色彩主觀表現，藝術的主要追求是畫面的視覺感染力，與傳統文人畫大異其趣。現代人不再像古代文人具有閒情逸致，也少以欣賞蕭散表現爲審美價值。中國的藝術家進行探索之後，逐漸有創新與多元形式的表現，爲當代中國藝術帶來生機和繁榮。對於中國當代繪畫究竟與文人畫有何不同，或者仍隱藏古代文人畫所遺留下的意境精神、創作理念與美學觀念，這是一個很大的探討題材，亦可作爲未來另一議題的研究。

前人很少對元文人畫做深入研究，因恐落入形式主義的模式，本論文特以人生意境進入主題，從元時代橫剖面與文人畫歷史縱線探析，再直驅整體內部核心做研究，全面性的從文學與藝術、美學觀點以及儒、道、禪三家思想影響，深探元文人畫意境，且具體的以代表畫家的文人畫探討人生意境，期冀在前人各方面文獻與理論基礎上，經過不斷的探索、深思與研究，以對所開啓的研究範圍提出研究成果，然或仍有不足之處，有待繼續努力。

意境的論點至今仍爲後代美學家努力追求的目標，文人畫的人生意境是文人精神與自然萬物合而爲一的境界，也就是藝術審美的境界，正是美的終極表現；元代文人畫繼承前人的特點，造成中國文人畫新格局的出現，亦對明清後代有深刻的影響，雖然元時代並不長，元文人畫卻具有絢爛、重要的地位；經由本論文對於「元代文人畫之人生意境」的研究，引起研究的省思與展望，啓發新的探討契機。在研究的未來展望中，唯有讓內在心靈更爲清澄、虛靜，以吸收、發現、衍生新的文學、美學與藝術想法，並秉持堅毅的決心繼續探討學術議題，及探索文學、藝術與生命的奧妙關係，讓研究的熱忱不斷延續。

參考文獻

一、古籍（依年代排序）

1. 先秦，《尚書》，收於《十三經注疏》，台北：藝文印書館，1993 年 9 月。

2. 漢，司馬遷撰；宋，裴駰集解；唐，司馬貞索引；唐，張守節正義；（日本）瀧川龜太郎考證，《史記會注考證》，台北：萬卷樓圖書有限公司，1993 年。

3. 漢，王逸章句；宋，王興祖補注，《楚辭》，台南：北一出版社，1972 年。宋，洪興祖《楚辭補註》，台北：藝文印書館，1986 年 12 月。

4. 魏，何晏注；宋，邢昺疏，《論語》，收於《十三經注疏》，台北：藝文印書館，1993 年。唐文治編纂，《十三經讀本：論語》，台北：新文豐出版公司，1980 年。

5. 晉，王弼注，《老子帛書老子》，台北：學海出版社，1994 年。樓宇烈校釋，《王弼集校釋‧老子道德經注》，台北：華正書局，1992 年 12 月。

6. 晉，郭象注；清，郭慶藩集釋，《莊子》，台北：台灣中華書局，1973 年；台北：萬卷樓圖書股份有限公司，1993 年。清，郭慶藩編，王孝魚整理，《莊子集釋》，台北：木鐸出版社，1988 年。清，王先謙，《莊子集解》，台北：廣文書局，1972 年。

7. 晉，慧遠大師，《盧山慧遠法師文鈔》，法嚴寺出版社，1998 年 6 月。

8. 南朝，蕭統，《昭明文選》，台北：三民出版社，1997 年。

9. 梁，劉勰；黃叔琳注，《文心雕龍》，《四庫全書‧集部：文心雕龍輯注卷》，上海：上海古籍出版社；及台北：世界書局，1984 年 4 月。

10. 唐，道宣；宋，贖藏主編，《廣弘明集》卷第十五，上海：上海古籍出版社。

11. 唐，孔穎達疏，《詩經》，收錄於《十三經注疏》，台北：藝文印書館，據

嘉慶二十年南昌府學刻本影印，1997 年。

12. 唐，楊倞注；清，王先謙集解，《荀子集解》，台北：世界書局，2000 年 12 月。唐，楊倞注，《荀子》，收於《四部叢刊初編》中第 312～317 冊，景上海涵芬樓藏黎氏景宋刊本本書二十卷。

13. 唐，張彥遠，《歷代名畫記》，江蘇美術出版社，2007 年 8 月。及收於《百部叢書集成‧學津討原叢書》，台北：藝文印書館，1965 年。

14. 唐，李延壽，《北史》，收於《二十五史》，台北：藝文印書館，1962 年。

15. 唐，徐堅，《初學記‧職官部尚書令‧畫省》，台北：新興書局，1972 年。

16. 宋，《宣和畫譜》，收錄於《景印文淵閣四庫全書》，台北：台灣商務印書館，1983 年。

17. 宋，鄧椿，《畫繼雜說》，收於《百部叢書集成‧學津討原叢書》，台北：藝文印書館，1965 年。

18. 宋，范曄，《後漢書》，收於《二十五史》，台北：藝文印書館，1962 年。

19. 宋，孟珙，《蒙韃備錄》（蒙古史料四種），台北：正中書局，1962 年。

20. 宋，彭大雅，《黑韃事略》（蒙古史料四種），台北：正中書局，1962 年。

21. 宋，韓拙，《山水純全集》，收於《文淵閣四庫全書‧子部第 813 冊》，台北：商務印書館，1931 年。

22. 宋，孫紹遠編，《聲畫集》；收於《文淵閣四庫全書》冊 1435、1349，台北：商務印書館，1931 年。

23. 宋，朱熹，《四書集注》，台北：世界書局，1966 年 10 月。

24. 宋，朱熹，《詩經集註》，台北：萬卷樓圖書股份有限公司，2002 年 1 月。

25. 元，湯垕，《畫鑑》，收於《欽定四庫全書‧子部八‧藝術類》（影印古籍）。

26. 元，鄭思肖，《鄭思肖集》，上海：上海古籍出版社，1991 年。

27. 元，徐元瑞，《吏學指南》，杭州：浙江古籍出版社，1988 年。

28. 元，陶宗儀，《南村輟耕錄》，台北：中華書局，1959 年。

29. 元，蘇天爵，《元朝名臣事略》，北京：中華書局影印本，1962 年。

30. 元，蘇天爵，《元文類》卷 13、14，收於《四部叢刊》，台北：台灣商務印書館，1967 年。

31. 元，蘇天爵；陳高華、孟繁清點校，《滋溪文稿》，北京：中華書局，1997 年。

32. 元，姚燧，《牧庵集》三十六卷，收於《四部叢刊》，台北：台灣商務印書館，1965 年。

33. 元，夏文彥，《圖繪寶鑑》，台北：台灣商務印書館，1970 年。

34. 元，劉謐，《三教平心論》，收於《大正大藏經》52 冊，台北：中華電子佛典協會 CBETA 電子佛典集成，2010 年。

35. 元，黃公望，《寫山水訣》；收於《中國畫論類編·山水下》，台北：華正書局，1984 年。

36. 元，倪瓚，《雲林集》、《清閟閣全集》；收於俞劍華，《中國畫論類編》，北京：人民美術出版社，1986。

37. 明，宋濂等撰：《元史》，收於《景印文淵閣四庫全書》史部正史類第 295 冊，台北：台灣商務印書館，1983 年。

38. 明，胡廣等，《論語》、《孟子》、《中庸》，收於《景印文淵閣四庫全書經部 199 四書類》，台北：台灣商務印書館，1983 年。

39. 明，董其昌，《畫禪室隨筆》，收於《景印文淵閣四庫全書子部 173》，台北：台灣商務印書館，1983 年；收於《歷代論畫名著彙編》，台北：世界出版社，1974 年。

40. 明，唐志契，《繪事微言》，收於《景印文淵閣四庫全書：816》，台北：台灣商務印書館，1983 年。

41. 明，李日華《六研齋筆記》，收於《欽定四庫全書·子部十·雜家類》（影印古籍）。

42. 明，宋濂，《宋學士全集·卷 25·畫原》，收於《百部叢書集成·金華叢書》，台北：藝文印書館，1965 年。

43. 明，董其昌，《容台別集》，台北：國立中央圖書館，1971 年。

44. 明，尹耕，《岷峨山人譯語》，國朝紀錄彙編本，台北：民智書局。

45. 明，何良俊，《四友齋叢說·四友齋畫論》，北京：中華書局，1959 年。

46. 明，顧凝遠，《畫引》；收於《中國畫論類編》上卷第一編泛論上，台北：河洛圖書出版社，1975 年。

47. 清，劉熙載，《藝概》，台北：金楓出版社，1986 年 12 月。

48. 清，嵇璜，《續文獻通考》，台北：台灣商務印書館，1987 年。

49. 清，王漁陽，《蠶尾集·卷 10·跋聲畫集》，收於《四庫全書存目集成·集部第 227 冊》，台北：莊嚴文化公司，1997 年。

50. 清，華琳，《南宗訣秘》，收於于玉安編，《中國歷代美術典籍匯編》，天津：天津古籍出版，1997 年。

51. 清，唐岱，《繪事微發·墨法》；收於《中國畫論類編》下冊，台北：華正書局，1984 年。

52. 清，鄭績，《夢幻居學畫簡明·論墨》；收於《中國畫論類編》下冊，台北：華正書局，1984 年。

53. 清，笪重光，《畫筌》；收於《中國畫論類編》下冊，台北：華正書局，1984 年。

54. 清，查慎行，《蘇詩補注》卷十七，《四庫全書》，台北：台灣商務印書館，1983 年。

55. 清，惲格，《南田畫跋》；收於《榮寶齋畫譜・現代編（21）：山水人物部分》，榮寶齋出版社，2004 年。

56. 《壇經》（法海本），大正藏第 48 冊。賴永海主編，尚榮譯注，《六祖壇經》，台北：聯經出版公司，2012 年 10 月。

二、專書（依姓氏筆劃排序）

（一）文史哲類

1. 丁福保，《佛學大辭典》，北京：文物出版社，1984 年。

2. 文幸福，《孔子詩學研究》，台北：台灣學生書局有限公司，2007 年 3 月。

3. 文幸福導讀，朱熹集傳，《詩經》，台北：金楓出版有限公司，1987 年 11 月。

4. 方滿錦，《元好問〈論詩三十首〉研究》，台北：萬卷樓圖書股份有限公司，2002 年。

5. 方東美，《人生哲學概要》，台北：先知出版社，1974 年。

6. 王雲五等，《四書今註今譯》，台北：台灣商務印書館，1995 年 1 月。

7. 王國軒編，《中庸》，北京：中華書局，2006 年。

8. 王邦雄等編著，《中國哲學史》，台北：國立空中大學，1998 年。

9. 王毅，《園林與中國文化》，上海：上海人民出版社，1990 年。

10. 皮朝綱，《禪宗美學思想的嬗變軌跡》，成都：電子科技大學出版社，2003 年。

11. 左丘明（原著），《國語》，台北：台灣古籍出版有限公司，1997 年。

12. 任繼愈，《中國哲學八章》，北京：北京大學出版社，2010 年。

13. 李栖，《題畫詩散論》，台北：華正書局，1993 年。

14. 李澤厚，《中國古代思想史論》，台北：漢京文化事業有限公司，1987 年出版。

15. 印順，《中國禪宗史》，上海：上海書店，1992 年。

16. 杜保瑞，陳榮華，《哲學概論》，台北：五南圖書出版公司，2008 年 1 月。

17. 杜保瑞，《反者道之動》，台北：鴻泰圖書公司出版部，1995 年 7 月。

18. 成琳、程章燦，《詩品注釋》，台北：三民書局，2003 年 5 月。

19. 吳言生,《禪宗思想淵源》,北京:中華書局,2001 年 9 月。

20. 吳言生,《禪宗詩歌境界》,北京:中華書局,2001 年 9 月。

21. 吳言生,《禪宗哲學象徵》,北京:中華書局,2001 年 9 月。

22. 吳怡,《莊子內篇解義》,台北:三民書局,2004 年。

23. 吳怡,《逍遙的莊子》,台北:東大圖書股份有限公司,1991 年。

24. 吳怡,《老子解義》,台北:三民書局印行,1996 年。

25. 金丹元,《禪意與化境》,上海:上海文藝出版社,1993 年。

26. 林聰明編撰,《敦煌學講義》,台北。

27. 林慶彰,《詩經研究論集》,台北:台灣學生書局,1992 年。

28. 屈萬里,《詩經詮釋》,台北:聯經出版事業公司,1994 年 12 月。

29. 柯金虎,《左傳精選讀本》,新竹:玄奘大學,2010 年。

30. 胡雲翼,江應龍校訂,《增訂本中國文學史》,台北:三民書局,1994 年 8 月。

31. 施國祁,《元遺山詩集箋注》,北京:人民文學出版社。

32. 姜義華、黃俊郎,《新譯禮記讀本》,台北:三民書局,2007 年。

33. 徐元瑞,《吏學指南》,浙江:浙江古籍出版社,1988 年。

34. 唐文志編纂,《十三經讀本:禮記》,台北:新文豐出版公司,1980 年,

35. 袁國藩,《元代蒙古文化論集》,台北:台灣商務印書館,2004 年 5 月。

36. 袁行霈主編,《中國文學史》,台北:五南圖書出版股份有限公司,2012 年。

37. 陶秋英編選,《宋金元文論選》,人民文學出版社,1984 年。

38. 馬承源,《孔子詩論》,《上海博物館藏戰國楚竹書(一)》,上海:上海古籍出版社,2001 年。

39. 張健,《大唐詩聖杜甫詩選》,台北:五南圖書出版股份有限公司,1998 年。

40. 張健,《中國文學批評》,台北:五南出版社,1984 年。

41. 張節末,《禪宗美學》,浙江人民出版社,1999 年 12 月。

42. 張伯偉,《禪與詩學》,浙江人民出版社,1992 年 9 月。

43. 馮承鈞譯,《多桑蒙古史》,台北:台灣商務印書館,1967 年。

44. 馮承鈞譯,《馬可波羅行紀》,台北:台灣商務印書館,2000 年;及台北:中華書局,1954 年。

45. 淺見洋二,《距離與想像—中國詩學的唐宋轉型》,上海:上海古籍出版

社，2013 年 10 月。

46. 黃錦鋐註譯，《莊子讀本》，台北：三民書局，1992 年。

47. 黃永武，《中國詩學—思想篇》，台北：巨流圖書公司，2009 年 8 月。

48. 黃河濤，《禪與中國藝術精神的嬗變》，北京：商務印書館國際有限公司，1994 年。

49. 斌宗上人，《般若波羅密多心經要釋》。

50. 陶黎銘、姚萱編著，《中國古代哲學》，北京：北京大學出版社，2010 年出版。

51. 陶秋英編選，《宋金元文論選》，人民文學出版社，1984 年。

52. 莊雅州，《經學入門》，台北：台灣書店，1997 年 9 月。

53. 楊春時，《文學理論新編》，北京：北京大學出版社，2009 年 4 月。

54. 楊樹達，《論語疏證》卷三，上海：上海古籍出版社，1986 年。

55. 楊伯峻，《春秋左傳注》，高雄：復文圖書出版社，1991 年。

56. 楊家駱主編，《宋本禮記鄭注》，台北：鼎文書局，1972 年。

57. 葉海煙，《老莊哲學新論》，台北：文津出版社，1999 年 10 月。

58. 鄭文惠，《詩情畫意》，台北：東大圖書股份有限公司，1995 年 4 月。

59. 鄧曉芒譯，康德（ImmanuelKant）著，《康得三大批判之三—判斷力批判》，台北：聯經出版事業股份有限公司，2006 年。

60. 劉澤，《元好問論詩三十首集說》，山西人民出版社，1992 年。

61. 劉大傑，《中國文學發展史》（上）（中）（下），台北：華正書局，2001 年 9 月。

62. 劉繼才，《中國題畫詩發展史》，瀋陽：遼寧人民出版社，2010 年 3 月。。

63. 劉禎，《勾欄人生》（《華夏審美風尚史》第七卷），鄭州：河南人民出版社，2000 年 11 月。

64. 劉啓彥，《中國學術思想史》，台北：書林出版有限公司，2006 年。

65. 陳植鍔，《詩歌意象論》，秦皇島：中華社會科學出版社，1992 年 11 月。

66. 陳鼓應，《老子今註今譯》，台北：台灣商務印書館，1998 年 8 月。

67. 陳鼓應，《莊子今註今譯》，台北：台灣商務印書館，1999 年。

68. 陳開俊等合譯，《馬可‧波羅遊記》，福建科學技術出版社，1982 年。

69. 錢鍾書，〈中國詩與中國畫〉《開明書店二十周年紀年文集》，中華書局，1985 年。

70. 葛兆光，《中國思想史》第二卷，上海：復旦大學出版社，2001 年。

71. 蔣伯潛，《新刊廣解四書讀本》，台北：商周出版社，2011 年 5 月。

72. 蕭振邦，《深層自然主義：《莊子》思想的現代詮釋》，台北：東方人文學研究基金會，2009 年 10 月。

73. 關世謙，《中國禪宗史》，台北：東大圖書股份有限公司，1986 年 2 月。

74. 羅宗濤，《詩與畫》講義，新竹：玄奘大學，2011 年。

75. 羅宗濤，《唐宋詩探索拾遺》，天津：天津教育出版社，2012 年。

76. 羅一平，《造化與心源》，廣州：嶺南美術出版社，2006 年。

77. 《中國文明史：第七卷元代》上、下冊，台北：地球出版社，1994 年 2 月。

（二）美學藝術類

1. 于民，《中國美學思想史》，上海：復旦大學出版社，2010 年 1 月。

2. 王克文，《山水畫談》，上海：上海人民美術出版社，1993 年 8 月。

3. 王進祥，《中國美學史資料選編》上、下卷，台北：漢京文化事業有限公司，1983 年 4 月。

4. 王伯敏，《中國繪畫通史》，台北：東大圖書股份有限公司，1997 年 11 月。

5. 王毅，《園林與中國文化》，上海：上海人民出版社，1990 年。

6. 王秀雄，《美術心理學》，台北：台北市立美術館，1994 年。

7. 方珊，《美學的開端》，上海：人民出版社，2001 年。

8. 孔壽山，〈杜甫的題畫詩〉，《中國畫論》，台北：駱駝出版社，1987 年。

9. 石守謙等，《中國古代繪畫名品》，台北：雄獅圖書股份有限公司，1997 年。

10. 石守謙，《風格與世變》，台北：允晨文化，1996 年。

11. 白適銘，《中國：巨匠美術週刊・倪瓚》，台北：錦繡出版社，2002 年 4 月。

12. 朱玄，《中國山水畫美學研究》，台北：台灣學生書局，1997 年 8 月。

13. 李澤厚，《美的歷程》，台北：三民書局，2007 年 9 月。

14. 李澤厚，《華夏美學》，台北：時報文化出版公司，1989 年）。

15. 李澤厚，《美學三書》，天津：天津社會科學院出版社，2003 年。

16. 李澤厚《中國美學史》，台北：穀風出版社，1987 年出版。

17. 李霖燦等人（故宮叢刊編輯委員會），《元代畫家吳鎮》，台北：國立故宮博物院，1983 年 6 月。

18. 李渝譯，JamesCahill 原著，《中國繪畫史》，台北：雄獅圖書股份有限公司，1998 年 4 月。

19. 何惠鑒，〈元代文人畫序說〉，《海外中國畫研究文選》，上海：上海人民美術出版社，1992 年。

20. 沈以正，《敦煌藝術》，台北：雄獅美術公司，1995 年。

21. 季羨林主編，《敦煌學大辭典》，上海：上海辭書出版社，1998 年。

22. 吳長鵬，《倪瓚研究》，台北：國立編譯館，1998 年 2 月。

23. 吳孟復、郭因，《中國畫論》卷一，安徽美術出版社，1995 年。

24. 邵洛羊主編，《中國美術大辭典》，上海：上海辭書出版，2002 年。

25. 邵彥，《中國繪畫欣賞》，台北：五南圖書出版股份有限公司，2002 年 8 月。

26. 林木，《中國古代畫論發展史實》，上海：上海人民美術出版社，1997 年。

27. 林木，《論文人畫》，上海：上海人民美術出版社，1987 年。

28. 林木，《明清文人畫新潮》，上海：上海人民美術出版社，1991 年。

29. 周積寅，《中國畫論輯要》，江蘇美術出版社，1985 年。

30. 金維諾，《中國美術史論集》，台北：明父書局，1984 年。

31. 宗白華，《美學的散步》，安徽：安徽教育出版社，2006 年；及上海：上海人民出版社，1998 年。

32. 宗白華，《美從何處尋》，新北：駱駝出版社，1987 年 8 月。

33. 宗白華，《中國美學史論集》，合肥：安徽教育出版社，2006 年。

34. 俞劍華，《中國繪畫史》（上）（下），台北：台灣商務印書館，1999 年 6 月。

35. 俞劍華，《中國古代畫論類編》（上）（下），北京：人民美術出版社，1986 年。

36. 俞劍華，《俞劍華美術論文集》，山東美術出版社，1986 年。

37. 俞崑，《中國繪畫史》，台北：華正書局有限公司，1984 年 1 月。

38. 郭小平譯，《藝術心理學新論》，台北：台灣商務印書館，1997 年。

39. 馬季戈，《中國：巨匠美術週刊‧王蒙》，台北：錦繡出版社，2002 年 4 月。

40. 袁金塔，《中西繪畫構圖之比較》，台北：藝風堂出版社，1999 年。

41. 姚一葦，《美的範疇論》，台北：台灣開明書店，1985 年 3 月。

42. 姜一涵、邱燮友、曾昭旭、楊惠南、陳清香、張清治編著，《中國美學》，台北：國立空中大學，1992 年 2 月。

43. 郭因,《中國繪畫美學史稿》,北京:人民美術出版社,1981 年 8 月。

44. 徐復觀,《中國藝術精神》,桂林:廣西師範大學出版社,2007 年。

45. 高居翰,《隔江山色:元代繪畫》,台北:石頭出版股份有限公司,1994 年。

46. 高居翰,李渝譯,《中國繪畫史》,台北:雄獅圖書股份有限公司,1998 年。

47. 高居翰,〈繪畫史和繪畫理論中董其昌的「南北宗論」再思考〉,《文人畫與南北宗論文匯編》,上海:上海書畫出版社,1989 年。

48. 高木森,《中國繪畫思想史》,台北:東大圖書股份有限公司,1992 年 6 月。

49. 高木森,《元氣淋漓:元畫思想探微》,台北:東大圖書股份有限公司,1998 年 10 月。

50. 高木森,《亞洲藝術》,台北:東大圖書股份有限公司,2000 年 11 月。

51. 高木森,《東西藝術比較》,台北:東大圖書股份有限公司,2012 年 9 月。

52. 高銘潞,《論趙孟頫的古意》,台北。

53. 袁金塔,《中西繪畫構圖之比較》,台北:藝風堂出版社,1999 年。

54. 敏澤,《中國美學思想史》,濟南:齊魯書社,1989 年 8 月。

55. 馮作民,《中國繪畫史》,台北:藝術圖書公司,1998 年 7 月。

56. 戚廷貴主編,《美學:審美理論》,長春:東北師範大學出版社,1989 年 3 月。

57. 戚廷貴、劉坤媛、趙沛林,《美的發生與流變》,長春:吉林文史出版社,1992 年 4 月。

58. 黃椿昇,《藝術導論—談美》,台北:全威圖書公司,2005 年 9 月。

59. 黃河濤,《禪與中國藝術精神的嬗變》,北京:商務印書館國際有限公司,1994 年。

60. 張少康,《古典文藝美學論稿》,台北:淑馨出版社,1989 年。

61. 張法主編,《美學讀本》,北京:中國人民大學出版社,2008 年 5 月。

62. 張懋鎔,《書畫與文人風俗》,西安:陝西人民出版社,1988 年 12 月。

63. 彭修銀,《墨戲與逍遙》,台北:文津出版社,1995 年 9 月。

64. 彭吉象,《中國藝術學》,高等教育出版社,1997 年 12 月。

65. 程明震,《文心後素—文人畫藝術研究》,南京:東南大學出版社,2007 年 12 月。

66. 曾祖蔭,《中國古代美學範疇》,台北:丹青圖書公司,1997 年。

67. 曾堉、葉劉天譯，《藝術史學的基礎》，台北：東大圖書公司，1992 年。

68. 傅抱石，《中國繪畫理論》，台北：里仁書局，1985 年 3 月。

69. 葛路，《中國古代繪畫理論發展史》，台北：華正書局有限公司，1987 年 5 月。

70. 黃專、嚴善錞，《文人畫的趣味、圖式與價值》，上海：上海書畫出版社，1993 年 12 月。

71. 黃椿昇，《藝術導論—談美》，台北：全威圖書公司，2005 年 9 月。

72. 黃光男，《美感與認知—美術論文集》，高雄，復文圖書公司，1985 年。

73. 楊仁愷，《中國書畫》，台北：南天書局有限公司，1992 年 5 月。

74. 楊大年，《中國歷代畫論采英》，江蘇教育出版社，2005 年。

75. 楊佳蓉，《藝術欣賞—絢彩西洋繪畫》，台北：萬卷樓圖書股份有限公司，2013 年。

76. 莊申，《中國畫史研究》，台北：中正書局，1959 年。

77. 葉朗，《中國美學史》，台北：文津出版社，1996 年。

78. 葉朗，《中國美學史大綱》，台北：滄浪出版社，1986 年 9 月。

79. 滕固，〈關於院體畫和文人畫之史的考察〉，《文人面與南北宗論文匯編》，上海：上海書畫出版社，1989 年。

80. 閻麗川，《中國美術史略》，台北：丹青圖書有限公司，1987 年 1 月。

81. 鄭午昌，《中國畫學全史》，上海：上海古籍出版社，2011 年 12 月。

82. 趙士林，《當代中國美學研究概述》，台北：穀風出版社，1988 年 6 月。

83. 趙雅博，《中外藝術創作心理學》，台北：中央文物供應社，1983 年。

84. 劉文潭，《現代美學》，台北：台灣商務印書館，1993 年。

85. 劉龍庭，《中國：巨匠美術週刊・趙孟頫》，台北：錦繡出版社，2002 年 4 月。

86. 劉綱紀，《美學與哲學》，湖北人民出版社，1986 年。

87. 萬新華，《元代四大家》，遼寧美術出版社，2003 年。

88. 陳師曾（陳衡恪），《中國繪畫史》，徐書城點校，中國人民大學出版社，2004 年。

89. 陳師曾（陳衡恪），《中國文人畫之研究》，中華書畫出版社；及上海：上海中華書局，1922 年。

90. 陳望衡，《中國古典美學史》，武漢：武漢大學出版社，2007 年 10 月。

91. 陳滯冬，《中國書畫與文人意識》，成都：四川美術出版社，2006 年 6 月。

92. 陳懷恩，《圖像學：視覺藝術的意義與解釋》，台北：如果出版社/大雁文化事業股份有限公司，2008 年 1 月。

93. 陳龍海，《名畫解讀》，長沙：嶽麓出版社，2005 年。

94. 陳傳席，《中國繪畫理論史》，台北：東大圖書股份有限公司，1997 年 9 月。

95. 陳傳席，《中國山水畫史》，天津：天津美術出版社，2001 年 1 月。

96. 陳傳席，《山水畫史話》，南京：江蘇美術出版社，2001 年。

97. 陳傳席，《中國繪畫美學史》，人民美術出版社，1998 年。

98. 陳高華，《元代畫家史料》，上海：人民美術出版社，1980。

99. 陳擎光，《中國：巨匠美術週刊・吳鎮》，台北：錦繡出版社，2002 年 4 月。

100. 潘知常，《中西比較美學論》，南昌：百花洲文藝出版社，2000 年 7 月。

101. 潘運告，《清人論畫》，長沙：湖南美術出版社，1997 年。

102. 潘天壽，《中國繪畫史》，上海：上海商務印書館，1936 年。

103. 賴賢宗，《意境美學與詮釋學》，台北：國立歷史博物館，2003 年。

104. 蔣勳，《美的沈思》，台北：雄獅圖書股份有限公司，1993 年 10 月。

105. 韓經太，《清淡美論辨析》（《中國美學範疇叢書》之十八），南昌：百花洲文藝出版社，2005 年 12 月。

106. 薄松年，《中國：巨匠美術週刊・黃公望》，台北：錦繡出版社，2002 年 4 月。

107. 謝東山，《當代藝術批評的疆界》，台北：帝門藝術，1995 年。

108. 聶鋒，《敦煌莫高窟》，甘肅：甘肅人民美術出版社，1999 年。

109. 嚴善錞，《文人與畫—正史與小說中的畫家》，南京：江蘇教育出版社，2005 年 9 月。

110. 《上陽子金丹大要》，道藏第 24 冊。

111. 《元朝書畫家研究論集》，台北：國立故宮博物院，1979 年。

112. 《元四大家》，台北：國立故宮博物院，1984 年 5 月。

113. 《王蒙山水》，上海書畫出版社編，上海：書畫出版社，2004 年。

114. 《中國美術全集—繪畫編—敦煌壁畫》，敦煌研究院編著，上海：上海人民美術出版社，1988 年。

115. 《中國歷代美術典籍匯編》，于玉安編，天津：天津古籍出版，1997 年。

116. 《古代題畫詩分類選編・第一編山水園林類》，嶺南美術社，1991 年。

117. 《故宮書畫圖錄》、《故宮書畫錄》，台北：國立故宮博物院。

118. 《敦煌藝術寶庫 1～5》，敦煌文物研究所主編。

119. 《趙孟頫研究論文集》，《朵雲》特輯，上海：上海書畫出版社，1995 年。

三、論文（依姓氏筆劃排序）

（一）期刊論文

1. 朱蔚恆，〈錢選浮玉山居圖〉，《文物》第九期，1978 年。

2. 朱學瓊，〈詩的意象與象徵〉，《大陸雜誌》，1985 年 9 月第 71 卷第 3 期。

3. 李澤厚，〈論形象思維〉，《文學評論》，1959 年第 4 期。

4. 李澤厚，〈形象思維再續談〉，《文學評論》，1980 年第 3 期。

5. 何寄澎，〈詩經比興二義探究〉，《幼獅月刊》，1972 年 36 卷 2 期。

6. 何三本，〈元好問論詩絕句三十首箋證〉（二），《中華文化復興月刊》第七卷第四期，台北，1974 年。

7. 吳柯，〈試論元代文人畫的形似與神似〉，《藝術探索》第 23 卷第 4 期，2009 年 8 月。

8. 馬躚非，〈董其昌藝術理論中的儒家思想〉，《書畫世界》第 133 期，2009 年 5 月。

9. 張寬武，〈文人畫的美學意境探微〉，《中州學刊》總第 171 期，2009 年 5 月。

10. 康有爲，〈萬木草堂論畫〉，《美術論集》第四輯，北京：人民美術出版社，1986 年。

11. 啓功，〈山水畫南北宗問題的批判〉，《美術》1954 年 10 月號。

12. 張安治，〈論中國文人畫〉，《中國畫研究》第一輯，北京，1981 年。

13. 楊佳蓉，〈《人物龍鳳/御龍》帛畫與楚人信仰〉，《國文天地》第 347 期，台北：萬卷樓圖書股份有限公司，2014 年 4 月。

14. 楊佳蓉，〈《左傳》夏姬史事與美學探析〉，《育達科大學報》第 36 期，苗栗：育達科技大學，2013 年 12 月。

15. 楊佳蓉，〈敦煌莫高窟之元代石窟藝術探析〉，《歷史文物》第 23 卷第 06 期，台北：國立歷史博物館，2013 年 6 月。

16. 楊佳蓉，〈《左傳》〈季札觀樂〉之內容與美學探析〉，《育達科大學報》第 32 期，苗栗：育達科技大學，2012 年 9 月。

17. 楊佳蓉，〈元好問論詩第十一首詩畫同律之美學探析〉，《育達科大學報》第 31 期，苗栗：育達科技大學，2012 年 6 月。

18. 楊佳蓉，〈從康德之品味判斷思考現代藝術〉（上），《花藝家》No.81，台

北：中華花藝文教基金會，2009 年。

19. 楊佳蓉，〈禪餘水墨畫—人物題材之賞析〉，《工筆畫》第 27 期，台北：工筆畫學會，2003 年 6 月。

20. 鄭秉珊，〈山水畫南北宗的創説及其影響〉，《美術研究》第三期，1957 年。

21. 劉毅，〈論文人畫理論的藝術思想〉，《書畫世界》第 136 期，2009 年 11 月。

22. 劉龍庭，〈趙孟頫及其藝術〉，《朵雲》第五集，上海，1983 年。

23. 陳慶坤，〈《莊子》美學的詮釋脈絡之探討〉，《育達科大學報》第 22 期，苗栗：育達科技大學，2011 年 3 月。

24. 陳彥峰、楊銀巧，〈再談文人畫的藝術風格〉，《甘肅高師學報》第十四卷第三期，2009 年。

25. 盧興基，〈元遺山和范寬〈秦川圖〉〉，載《文學遺產》1986 年第 2 期。《中國傳統文化與元代文獻國際學術研討會會議論文集》（《元代文化研究》第二輯），北京：中華書局，2009 年 3 月。

26. 謝稚柳，〈董其昌所謂的「文人畫」與「南北宗」〉，《中國畫研究》第四輯，北京，1983 年。

27. 謝稚柳，〈董源、巨然與江南畫〉，《上海博物館集刊》總第二期，上海，1983 年。

28. 鍾屏藍，〈元遺山《論詩絕句》第十一首—「眼處心生句自神」的美學觀點銓證〉，《屏東師院學報》第八期，屏東：屏東師院。

29. 顏慶餘，〈畫言志—元好問題畫詩研究〉，《漢學研究》第 26 卷第 3 期，台北，2008 年。

30. 薛永年，〈納爾遜博物館董其昌國際學術討論會綜述〉，《朵雲》1993 年第 3 期，上海。

（二）專書論文

1. 大野修作，〈文學與書畫〉，《中國文學研究指南》，興膳宏編，世界思想社，1991 年。

2. 孔壽山，〈杜甫的題畫詩〉，《中國畫論》，台北：駱駝出版社，1987 年。

3. 朱榮智，〈儒家知止思想的普世價值〉，《2011 第三屆東方人文思想國際學術研討會》論文集，新竹：玄奘大學，2011 年 6 月。

4. 啓功，〈山水畫南北宗説考〉，《輔仁大學學志》第七卷第一、二合期，1939 年。

5. 楊佳蓉，〈莊子的藝術審美境界 〉，《玄奘大學第三屆東方人文思想國際

學術研討會論文集》，新竹：玄奘大學，2011 年 6 月。

6. 楊佳蓉，〈從老子的美學精神論中國繪畫藝術〉，《玄奘大學第二屆東方人文思想國際學術研討會論文集》，新竹：玄奘大學，2010 年 6 月。

7. 楊佳蓉，〈《詩經》〈關雎〉之意象與美學探析〉，《玄奘大學通識教育教學發展學術研討會&論文集》，新竹：玄奘大學，2013 年 5 月。

8. 陳文昌，〈《淮南子》的無為治道〉，《人文關懷與社會發展—人文篇》，高雄：復文圖書出版社，2003 年 2 月。

9. 陳文昌，〈從儒道學術性格論《淮南子》的禮學觀〉，《2013 年東方人文思想國際學術研討會》，2013 年。

（三）學位論文

1. 任淑華，《文人繪畫美學中的雅俗觀》，成功大學藝術研究所，2001 年碩士論文。

2. 李簡瑗，《論文人畫的禪宗美學精神》，四川師範大學文學院，2005 年碩士論文。

3. 林顯庭，《從文人畫論美善一致》，東海大學哲學研究所，2002 年碩士論文。

4. 易珍珍，《文人畫色彩的美學分析》，湖南師範大學美術學科，2009 年碩士論文。

5. 施纓姿，《元末明初太湖地區文人畫家群之研究》，文化大學藝術研究所，1995 年碩士論文。

6. 施筱雲，《六朝山水詩畫美學研究》，玄奘大學中國語文研究所，2008 年博士論文。

7. 柯夢田，《意境理論體系之美學意蘊闡述研究》，高雄師範大學國文學系，2006 年博士論文。

8. 楊孝鴻，《中國文人畫史上的「四大」坐標》，南京藝術學院美術學科，2001 年博士論文。

9. 鄭文惠，《明代詩畫對應關係之探討—以詩意圖、題畫詩為主》，政治大學中國文學所，1991 年博士論文。

10. 劉曉歐，《古代文人畫對中國畫發展的消極影響》，東北師範大學美術學科，2005 年博士論文。

11. 陳文生，《倪瓚文藝研究》，輔仁大學中文研究所，2000 年博士論文。

12. 賴俊傑，《應用中國文人畫中禪宗美學特質之水墨動畫創作》，亞洲大學資訊與設計學研究所，2007 年碩士論文。

附　圖

圖 1：元，趙孟頫，《鵲華秋色圖》，1295 年，紙本，設色，28.4×90.2 公
　　　分，台北故宮博物院藏。

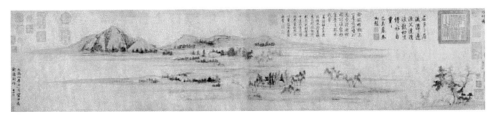

圖 2：元，趙孟頫，《水村圖》，1302 年，紙本，水墨，24.9×120.5 公分，
　　　北京故宮博物院藏。

圖 3：元，趙孟頫，《洞庭
東山圖》，絹本，設色，61.9
×27.6 公分，上海博物館
藏。

圖 4-1：元，黃公望，《富春山居圖》（無用師本），1350 年，紙本，水墨，
　　　　33×636.9 公分，台北故宮博物院藏。

圖 4-2：元，黃公望，《剩山圖》（原《富春山居圖》前面一段），1350 年，
紙本，水墨，31.8×51.4 公分，浙江省博物館藏。

圖5：元，黃公望，《天
池石壁圖》，1341 年，
軸，絹本，設色，139.4
×57.3 公分，北京故宮
博物院藏。

圖 6：元，黃公望，
《九峰雪霽圖》，
1349 年，軸，絹本，
墨筆，117×55.5 公
分，北京故宮博物
院藏。

圖 7：元，吳鎮，《洞庭漁
隱圖》，1341 年，軸，紙
本，墨筆，146.4×58.6 公
分，北京故宮博物院藏。

圖 8：元，吳鎮，《漁父圖》，1341～1342 年，軸，
絹本，水墨，176.1×95.6 公分，台北故宮博物院藏。

圖9：元，吳鎮，《雙松圖》，1328年，軸，絹本，
水墨，180×111.4公分，台北故宮博物院藏。

圖 10：元，倪瓚，《容膝齋圖》，1372 年，軸，紙
本，水墨，74.7×35.5 公分，台北故宮博物院藏。

圖 11：元，倪瓚，《六君子圖》，1345 年，軸，紙本，
墨筆，61.9×33.3 公分，上海博物館藏。

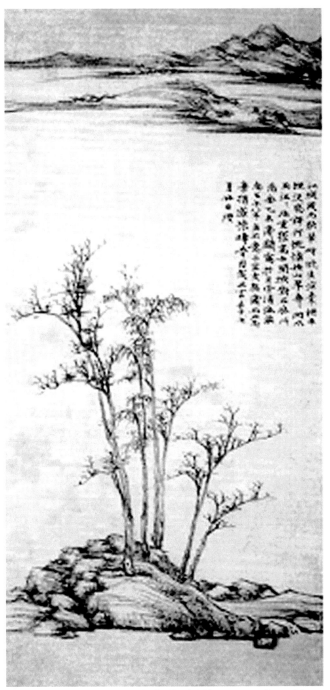

圖 12：元，倪瓚，《漁莊秋霽圖》，1355 年，軸，
紙本，墨筆，96×47 公分，上海博物館藏。

圖 13：元，王蒙，《青卞隱居圖》，
1366 年，軸，紙本，墨筆，140.6
×42.2 公分，上海博物館藏。

圖 14：元，王蒙，《夏山高隱圖》，1365 年，軸，
絹本，設色，149×63.5 公分，北京故宮博物院藏。

圖 15：元，王蒙，《花谿漁隱圖》，軸，紙本，
設色，124.1×56.7 公分，台北故宮博物院藏。